中国抗日根据地社会保障研究

Research on Social Security in
Anti-Japanese Base Areas of China

谭忠艳 著

图书在版编目(CIP)数据

中国抗日根据地社会保障研究/谭忠艳著.—北京:北京大学出版社,2021.9
ISBN 978-7-301-32455-4

Ⅰ.①中⋯ Ⅱ.①谭⋯ Ⅲ.①农村革命根据地—社会保障—研究—中国 Ⅳ.①K269.5

中国版本图书馆 CIP 数据核字(2021)第 178770 号

书 名	中国抗日根据地社会保障研究 ZHONGGUO KANGRI GENJUDI SHEHUI BAOZHANG YANJIU
著作责任者	谭忠艳 著
责任编辑	刘书广
标准书号	ISBN 978-7-301-32455-4
出版发行	北京大学出版社
地 址	北京市海淀区成府路 205 号 100871
网 址	http://www.pup.cn 新浪微博:@北京大学出版社
电子信箱	pkuwsz@126.com
电 话	邮购部 010-62752015 发行部 010-62750672 编辑部 010-62767315
印 刷 者	天津中印联印务有限公司
经 销 者	新华书店
	650 毫米×980 毫米 16 开本 20.25 印张 380 千字 2021 年 9 月第 1 版 2021 年 9 月第 1 次印刷
定 价	68.00 元

未经许可,不得以任何方式复制或抄袭本书之部分或全部内容。
版权所有,侵权必究
举报电话:010-62752024 电子信箱:fd@pup.pku.edu.cn
图书如有印装质量问题,请与出版部联系,电话:010-62756370

国家社科基金后期资助项目
出版说明

后期资助项目是国家社科基金设立的一类重要项目,旨在鼓励广大社科研究者潜心治学,支持基础研究多出优秀成果。它是经过严格评审,从接近完成的科研成果中遴选立项的。为扩大后期资助项目的影响,更好地推动学术发展,促进成果转化,全国哲学社会科学工作办公室按照"统一设计、统一标识、统一版式、形成系列"的总体要求,组织出版国家社科基金后期资助项目成果。

全国哲学社会科学工作办公室

序　言

天地之大，黎元为先，民生是人民幸福之基，社会和谐之本，让老百姓过上好日子是中国共产党一直以来一切工作的出发点和落脚点，所以在中国共产党的治国理政实践中，解放和改善民生没有终点，只有连续不断的新起点。抗日战争时期中国共产党在敌后抗日根据地开展的持续、深入、有效的社会保障工作，铸牢了中国共产党开展社会保障工作的历史起点，不仅在当时体现了重要的政治意义和社会意义，而且为解放战争时期社会保障工作的开展以及中国现代社会保障体系的建立提供了借鉴，从这个角度讲这本关于抗日根据地社会保障的学术专著体现了重要的现实意义。

"苟利国家生死以，岂因祸福避趋之"，在抗日战争那段山河激荡的时光中，在无限艰苦而又充满希望的岁月里，无数中华优秀儿女前仆后继，在辽阔、顽强、离乱凋零的国土上，以慷慨赴难的决心进行长期的战斗，今天我们仍能追寻到绵延的钢筋铁骨以及胜利者的荣光。对抗日战争相关问题的学术研究既是对历史的追问，对先烈的告慰，更是对现实的观照，所以这一研究领域一直是学术研究的热点问题和重点问题，具有重要的学术价值。

抗日战争时期，中国共产党在满足战争需要的基础之上，积极开展社会救助、社会优抚、社会保险、社会福利以及文教卫生工作，在生产力水平有限的情况之下，人民的基本生活得到了保障，抗日根据地得以巩固，并促进了抗日根据地的社会进步。

该书是作者在博士毕业论文的基础之上进一步思考、研究而成。作为其博士生导师，我对其学习以及学术研究有充分的了解，在博士学习期间，作者对抗日战争史特别是抗日战争时期的社会生活史表现出了浓厚的兴趣，并以此为基础，不断阅读文献、查找材料、撰写并发表文章，使学术视野不断开阔，学术能力不断得到提升。通过三年时间的研究，完成了毕业论文，顺利毕业。之后，以博士学习期间的研究成果为基础，作者展开了更加深入的研究，克服种种困难，拓展材料来源，搜集了大量的档案材料，对书稿不断地进行补充、完善，经过五年的坚持不懈的努力，最终完成了本书稿。

该书总体体现了以下特点：第一，选题视角新颖。该书运用马克思主义保障理论与现代社会保障理论，采用历史学与社会学研究的方法，透析抗日根据地的社会保障问题，对丰富中国近现代社会史以及抗日战争史的研究具有重要的学术价值。第二，具有强烈的现实意义。社会保障作为关乎国计民生的重要命题，是一个国家现代化程度与社会文明程度的重要标志。该书以抗日战争时期的社会保障为研究对象，总结出超越特定历史时期的历史结论，为现实提供借鉴，真正发挥"以史为鉴"的作用。第三，综合性和系统性较强。该书以中国共产党领导的敌后抗日根据地整体为研究对象，涉及抗日根据地的民政、财政等内容，从研究体系和研究内容方面体现了综合性和系统性。第四，资料丰富。该书查阅了大量的原始材料，并掌握了一定的档案材料，数据翔实，实现了图文并茂。另外，该书以抗日战争时期的社会保障工作为线索对材料进行了充分的梳理，体现了重要的史料价值。第五，比较研究透彻。该书从横向角度对抗日战争时期中国共产党领导的各抗日根据地之间的社会保障工作进行了比较，另外将其与国民党领导的社会保障工作进行了比较，从纵向角度对中国新民主主义革命各阶段中国共产党的社会保障工作进行比较，通过比较研究实现宏观视野下对微观历史的观照，并得出基本的历史结论。

总之，该书具有重要的现实意义以及深刻的学术价值，引用的材料丰富、翔实、可靠，征引规范，论证有理有据，论述透彻有深度，提出了自己独到的见解，结构科学合理，文笔通顺、流畅。该书使人们对中国共产党在抗日根据地实行的社会经济政策和为人民服务的宗旨有更为深入、全面的了解，进而为读者全面了解中国共产党为取得抗日战争胜利所做的巨大努力奠定基础。

该书作为一部学术专著，虽然仍存在一些不足，但是表现出了扎实的学术功底以及端正、客观的学术态度，希望作者在抗日战争史以及相关领域的研究方面能够继续努力，不断深入，取得更大的突破。

刘信君

2021 年 5 月

目 录

第1章 绪 论 ··· 1
1.1 研究背景与研究意义 ································· 1
1.2 文献综述与研究现状 ································· 6
1.3 研究思路与研究方法 ································· 21
1.4 研究创新 ·· 24

第2章 中国抗日根据地社会保障的基础 ··············· 25
2.1 理论基础 ·· 25
2.2 历史基础 ·· 45
2.3 现实基础 ·· 69

第3章 中国抗日根据地社会保障的概况 ··············· 78
3.1 中国抗日根据地社会保障的发展过程 ············ 78
3.2 中国抗日根据地社会保障资金 ···················· 85
3.3 中国抗日根据地社会保障的管理机构 ············ 112

第4章 中国抗日根据地社会保障的内容 ··············· 125
4.1 社会救助 ·· 125
4.2 社会优抚 ·· 139
4.3 社会保险 ·· 151
4.4 社会福利 ·· 162
4.5 文教卫生 ·· 173

第 5 章　中国抗日根据地社会保障的特点 …… 183
  5.1　高覆盖率和低水平相结合 …… 183
  5.2　行政立法与思想动员相结合 …… 188
  5.3　发展过程中对社会保障政策的反思与完善 …… 194

第 6 章　中国抗日根据地社会保障的作用、经验及启示 …… 205
  6.1　中国抗日根据地社会保障的作用 …… 205
  6.2　中国抗日根据地社会保障的经验 …… 221
  6.3　中国抗日根据地社会保障工作的启示 …… 235

第 7 章　中国抗日根据地社会保障比较研究 …… 243
  7.1　各抗日根据地社会保障政策比较分析 …… 243
  7.2　新民主主义革命时期不同历史阶段社会保障政策比较分析 …… 257
  7.3　抗日战争时期共产党与国民党社会保障政策比较分析 …… 277

结　论 …… 297

参考文献 …… 301

后　记 …… 315

第1章 绪 论

1.1 研究背景与研究意义

1.1.1 研究背景

社会保障是关乎民生的重要内容,中国共产党执政以来非常重视社会保障工作。2017年10月中国共产党第十九次全国代表大会召开,关于社会保障的内容进一步明确提出"坚持在发展中保障和改善民生",认为必须多谋民生之利、多解民生之忧,在幼有所育、学有所教、劳有所得、病有所医、老有所养、住有所居、弱有所扶上不断取得新进展,深入开展脱贫攻坚,保证全体人民在共建共享发展中有更多获得感,不断促进人的全面发展、全体人民共同富裕。在加强社会保障体系建设方面,按照兜底线、织密网、建机制的要求,全面建成覆盖全民、城乡统筹、权责清晰、保障适度、可持续的多层次社会保障体系。

社会保障是工业化和城市化进程中抵御社会风险的必然产物,是一个国家现代化程度与社会文明程度的重要标志。马克思和恩格斯的著作,在论述社会产品的分配问题时初步涉及了对劳动者的保障问题,社会养老与社会福利在其著作中也有一定程度的体现。马克思和恩格斯首先认为对劳动者进行社会保障是"一切社会生产方式所共有的基础"[1],是维系整个社会存在及发展的基础。社会保障资金是社会保障发展的必要条件,是"剩余价值的一种扣除"[2]。马克思在《哥达纲领批判》中清晰地论述了资本主义社会中劳动保障事业的资金来源,其实质是劳动者自己的劳动所创造的价值,而且是一种超额的价值剥削,社会保障的终极目标是实现人与

---

[1] 马克思:《资本论》(第3卷),北京:人民出版社,1975年版,第990页。
[2] 马克思:《资本论》(第2卷),北京:人民出版社,1975年版,第198页。

社会的全面发展。列宁提出"工人在年老和完全或部分丧失劳动能力时,得享受国家保险,国家向资本家征收特别税作为这项支出的专用基金"①。列宁的论述体现出国家和雇主作为社会保险的主体,对社会保障的设想包括了国家保险、失业保障、社会保障缴费原则和保险的组织方式等几个方面。列宁的这种考虑,既是为了解决当时苏维埃政府面临的内忧外困的形势,保护十月革命胜利果实,从更深层次、更长远方面讲又是为了保障工人阶级的基本劳动权和生存安全。毛泽东将马克思、恩格斯、列宁的社会保障思想与中国的革命与建设的实际情况相结合,将马克思主义社会保障理论中国化,形成了具有中国特色的社会保障理论。他认为社会保障的水平必须同社会生产力的发展水平相适应,建立合理的社会保障体系,必须遵循客观的经济规律,社会政策与社会经济发展互相促进。毛泽东的社会保障思想,体现了社会公平的基本理念。社会保障的对象主要是国有企业的职工,在社会保障的模式上偏重于社会救济,社会保障的资金由国家和企业共同承担。毛泽东对农村及农民非常关注,将农业的发展与对农民的保障结合起来,互相促进。

进入工业社会后,社会保障成为各国政府与国民共同关注的重要问题,社会保障的重要性越发凸显,对社会保障的研究愈发广泛。社会保障事业对于一个国家的发展以及社会的进步有重要的意义,资本主义国家深入、持续地开展社会保障工作,在促进社会经济发展的同时,产成了一定的弊端。

中国共产党自成立之日起就非常重视社会保障工作,抗日战争时期,基于社会形势的变化,中国共产党将社会保障工作提升到一个新的高度。1939年4月公布的《陕甘宁边区政府组织条例》,规定民政厅所管辖的社会保障的有关事务主要有:"关于卫生行政事项,关于赈灾、抚恤、保育及其他社会救济事项,关于劳资及佃业事项。"②根据以上概念界定及相关材料,本书认为抗日根据地的社会保障是指中国共产党敌后抗日根据地基于当时的历史形势和生产力水平,为满足人民基本生活及战争需要而采取的社会措施的总称,包括社会救助、社会优抚、社会保险、社会福利。社会救助包括对灾民、难民的临时救助,对根据地贫困人口的救助,对社会脆弱群体的救助以及政府指导下的人民互助。社会优抚方面颁布了许多法令保障抗日军人、军属的利益。社会保险方面的成就体现在对工人以及雇工利益的

---

① 列宁:《列宁全集》(第29卷),北京:人民出版社,1985年版,第489页。
② 陕西省档案馆编:《陕甘宁边区政府大事记》,北京:档案出版社,1991年版,第35页。

维护,劳动立法的不断发展。社会福利涉及党政人员的社会福利,士绅名宿及教育等特殊人才的福利,妇女保健及婴幼儿保育。由于所处环境的特殊性,抗日根据地在医疗保障方面也采取了一定的措施,逐步健全卫生防疫组织,开展防疫宣传活动,培训医护人员,改善医疗条件。

中国传统史学研究提出 8 年抗战的概念,随着史学研究的逐步深入,这一观念逐渐发生变化,在众多的学术观点中,以王维礼教授和程舒伟教授为代表的东北学人首先提出并长期坚持、论证"十四年抗战"的观点。程舒伟教授在《关于抗日战争开端问题的几点认识》中,对抗日战争的历程进行了论证,强调 1931 年 9 月到 1945 年 8 月的抗日战争是一个不可分割的整体,将九一八事变作为抗日战争的开端,是历史的客观事实。"十四年抗战"的观点,突出了东北人民抗日斗争的地位与作用,具有重要的学术价值和现实意义。为了全面反映日本侵华罪行,落实中央关于纪念中国抗日战争暨世界反法西斯战争胜利 70 周年有关精神,教育部组织历史专家进行认真研究,对教材修改工作进行全面部署,教材修改要求"将 8 年抗战一律改为 14 年抗战,全面反映日本侵华罪行,强调九一八事变后的 14 年抗战历史是前后贯通的整体,应在课程教材中予以系统、准确体现"[①]。14 年抗战的概念更加全面地诠释了中华民族的整个抗战过程。本书主要研究对象为中国共产党领导之下的敌后抗日根据地的社会保障,抗日根据地在抗日民族统一战线中占有重要的地位,对其展开研究具有重要的价值与意义。对于东北地区抗日武装力量的后勤保障工作,本书在写作过程中将作为抗日根据地社会保障的历史背景进行分析和论述。

1.1.2 研究意义

(1) 理论价值

社会保障作为一个重要的话题,对其进行研究具有重要的价值。马克思和恩格斯在其著作中多次进行了论述,产品分配、社会养老、社会福利等内容在其著作中都有不同程度的体现。列宁立足于俄国革命和建设的基本情况,更加深入地探讨社会保障理论,提出"凡丧失劳动能力的人以及遭到失业的人,都由雇佣者和国家给予生活保障",列宁对社会保障的设想包括国家保险、失业保障、社会保障缴费原则和保险的组织方式等。毛泽东的社会保障理论更加具体、更加具有针对性,体现了历史色彩和中国特色。本书立足于中国抗日战争的基本史实,对中国共产党领导的敌后抗日根据

---

① 《教育部:8 年抗战一律改为 14 年抗战》,人民网 2017 年 1 月 11 日。

地的社会保障工作进行综合研究，体现了毛泽东的社会保障理论发展的过程以及指导意义，从这个角度讲本书的研究具有重要的理论价值。

社会保障作为社会学的一个重要命题，一直是学者研究的重点。中国抗日根据地的社会保障工作虽然属于历史事件，但是对其进行研究不能脱离社会学范畴。本书在研究过程中采用社会学的理论论述历史问题，把社会学中的社会保障理论与抗日根据地的社会保障工作的实践相结合，以史为鉴，为中国新时期的社会保障工作提供借鉴；并且力图实现多学科的融合，从历史以外的角度看待历史问题，希望能够得到更深刻的历史结论。另外本书建立在马克思主义关于社会保障理论的基础之上，通过对抗日根据地社会保障工作系统、全面的论述，希望可以对马克思主义关于社会保障的理论有更深入的理解，更好地指导社会保障的实践。

学术界关于抗日根据地社会保障的研究侧重于这一时期的某一根据地的某项工作，系统、综合、具体的研究比较匮乏。本书试图运用比较史学，对中国共产党领导下的十九块抗日根据地的社会保障工作进行系统分析，探讨这一时期社会保障的特点、作用以及经验教训。希望通过这种全面、系统的论述与分析，描绘出抗日战争时期根据地社会保障的全貌，从而对其进行公正、客观的分析。同时这一领域与现实联系密切，具有可持续研究的空间和价值，希望对这个问题的研究可以为抗日根据地的研究以及社会保障的研究做出贡献。

中国抗日根据地社会保障研究这一选题在研究过中体现了重要的学术价值：首先，通过对敌后抗日根据地的综合、系统性分析，对相关史料进行梳理，深化对这一学术问题的研究；其次，通过对敌后抗日根据地社会保障的横向和纵向研究实现对这一学术问题研究的综合提升；最后，通过强化土地革命时期、抗日战争时期以及解放战争时期社会保障政策的联系的研究，厘清中国共产党新民主主义革命时期社会保障的整体结构，推动学术研究的建设性思考。总之，本书以史为据，梳理敌后抗日根据地社会保障的发展演变；以史为基，把握敌后抗日根据地社会保障发展的客观规律；以史为鉴，为当代社会保障的健康、持续发展注入理性。

（2）现实意义

人类在进入工业社会以后，社会保障发展成为事关各国国民切身利益，并对许多国家的政党与政治家的前途产生重要影响的全球性的社会措施。在中国历史上，再没有任何一个时代像现在这样，社会保障成为举国上下乃至许多西方国家和国际组织都十分关注的领域。中国共产党第十八次全国代表大会报告提出：公平正义是中国特色社会主义的内在要求，在全体人民共同奋斗、经济社会发展的基础上,加紧建设对保障社会公平正义具有重大作用的制度,逐步建立以权利公平、机会公平、规则公平为主要内容的社会保障体系,努力营造公平的社会环境,保证人民平等参与、平等发展的权利[①]。十八届三中全会将十八大提出的社会保障的目标具体化,坚持建设有中国特色的社会主义保障体系,使人民更容易从中受益。由此可以看出社会保障是一个国家社会工作中必须要解决的重要问题,而且随着经济的发展,社会保障的重要性愈发显现。中国共产党第十九次全国代表大会进一步明确提出"坚持在发展中保障和改善民生",认为必须多谋民生之利、多解民生之忧,在幼有所育、学有所教、劳有所得、病有所医、老有所养、住有所居、弱有所扶上不断取得新进展,深入开展脱贫攻坚,保证全体人民在共建共享发展中有更多获得感,不断促进人的全面发展、全体人民共同富裕。

革命老区的扶贫工作一直是党和国家工作的重点,2013年习近平指出:"我们不能忘记历史,不能忘记那些为新中国诞生而浴血奋战的烈士英雄,不能忘记为革命作出重大贡献的老区人民。"[②]习近平对于革命老区的扶贫工作高度重视,提出"全面建成小康社会,没有老区的全面小康,特别是没有老区贫困人口脱贫致富,那是不完整的"[③]。由此可见,研究抗日根据地的历史具有重要价值与意义。对中国抗日根据地社会保障进行深入、细致的研究,总结历史经验,对于新时代社会主义思想体系下社会保障体系的建立以及精准扶贫运动的开展有重要的借鉴意义。

认真研究某一历史时期历史事件的发展演变,不仅能够洞悉这段历史的全貌,而且可以从中分析出超越特定历史时期的基本历史结论,并用这些基本的历史结论指导历史的发展,能够真正发挥"以史为鉴"的作用。抗日根据地的社会保障工作虽然一定程度上是战时的社会措施,具有一定的特殊性和战时特征,与现代意义上的社会保障有一定的区别,是一种区域性社会保障,处于过渡阶段,同时由于生产力水平的限制没有形成完善的体系。但是在进行系统的梳理之后,我们发现这种社会保障措施由非正式的制度安排逐渐发展为正式的制度安排,由单纯地为军事斗争服务转变为

---

① 胡锦涛:《坚定不移沿着中国特色社会主义道路前进为全面建成小康社会而奋斗——在中国共产党第十八次全国代表大会上的报告》,北京:人民出版社,2012年版,第14页。
② 《认真贯彻党的十八届三中全会精神 汇聚起全面深化改革的强大正能量》,《人民日报》2013年11月29日,第一版。
③ 《向全国人民致以新春祝福 祝祖国繁荣昌盛人民幸福安康》,《人民日报》2015年2月17日,第一版。

为边区社会的稳定与和谐服务,许多超越这一特定时期的历史经验呈现在我们面前。例如必须将民生工作与军政工作结合起来,并将民生工作放在首位,实事求是,根据社会形势调整方针、政策,同时对于社会保障工作必须强调群众参与的主体性。在这些经验的基础上总结教训,要注意社会保障的系统化发展,在强调社会保障中生存保障的基础上注重发展保障。这些经验教训不仅对了解历史上中国的社会保障有重要的价值,对于现阶段中国建立有中国特色的社会主义保障体系也有一定的借鉴作用,所以对中国共产党领导的抗日根据地社会保障工作进行系统地、综合性地研究具有重要的现实意义。

1.2 文献综述与研究现状

本书的构思与写作建立在对大量文献资料的爬梳、分析的基础之上,因此对相关的文献资料进行系统、全面地综述有重要的意义。在本书所依托的文献资料中,已经出版的抗日根据地的各种史料集是主要部分。本书力图通过对大量公开出版的资料集、著作、论文等材料的阅读、整理和分析,并借鉴学术界既有的研究成果,对抗日根据地社会保障的概念进行界定;梳理和论述抗日战争时期根据地社会保障发展演变的过程、发展概况,进而对中国共产党领导的抗日根据地的社会保障工作有一个完整的认识;得出相关的历史结论,总结经验教训,以期为之后各个时期的社会保障良好、有序发展提供借鉴。现将查阅到的文献资料进行分类梳理、综合评述如下。

1.2.1 原始史料

傅斯年曾经说过"史学便是史料学",这句话从一个侧面说明了史料对于历史研究的重要性,史料是历史研究的最重要的基础。本书研究参考的原始史料来源主要分为三个部分,即档案材料、当时公开出版的报纸以及抗日根据地所在地相关机构出版的各种史料集。

本书研究过程中参考的档案材料包括中国第一历史档案馆、中国第二历史档案馆以及各抗日根据地所在地区档案馆的馆藏材料,这些一手材料对于了解中国共产党、国民党的社会保障、政权建设以及关于民生的措施有重要的意义和价值。另外,满铁作为当年日本的"国策会社",在其解体时遗留了大量文献资料,这些文献材料中包含了满铁调查机构对于敌后抗日根据地的调查以及对于国民政府的调查。例如,陕甘宁边区农村经济关系诸问题;晋北自治政府管内经济资料;社会保险关系法规等。这些材料对于从另一个侧面了解国民党和共产党的政策有一定参考价值,对于研究抗日根据地边区政府以及国民政府的社会保障政策有一定的参考价值。满铁调查部进行了"中国抗战力调查",形成了《中国抗战力调查报告》,该报告从两个方面阐释了对中国抗日根据地的认识,"首先,从中国以分散落后的农业经济为主的特点入手,提出农村可以不依赖于大城市而独立存在及建立农村抗日根据地的可能性;其次,提出根据地的重要性,即八路军的作战方针是持久战,因此其最基本的问题就是根据地问题"①。《中国抗战力调查报告》用最大的篇幅从抗战力的角度论述根据地,认为中国共产党在敌后抗日根据地进行的民众动员时间早、影响大、效果好。满铁在抗战力调查的基础上提出了基本的观点。例如对于八路军和新四军的活动,尾崎秀实在《关于中国抗战力调查委员会"昭和14年度总括资料"》中提出"中共独特的抗战方式是如何地倾注深刻的努力抓住广泛的农村社会"(《满铁资料汇报》,第6卷第4号,第10页)。另外,1941年9月满铁北支经济调查所对陕甘宁地区进行了调查,总结为调查报告《陕甘宁边区ニ於ケル农村经济ノ二、三ノ问题》,1941年12月满铁华北经调所撰写了调查报告《岚县地方经济状况并に共产党工作概况调查报告》,1942年1月满铁上海事务所在调查的基础之上撰写了《清乡地区内ニ於ケル新四军ノ概况ト之カ对策ニ就テ》。满铁调查部对中国抗战力、中国共产党以及中国抗日根据地的调查的本质目的是为日本制定侵略政策服务,但是也为更加全面的认识敌后抗日根据地的地位、作用以及财政经济状况提供了另一个视角,对于研究有一定的借鉴意义。

《申报》和《大公报》作为中国近代史上发行量比较大、影响比较广泛的报纸,记录了当时对社会影响巨大的事件,同时对一些微观的事件也有记载,对这些报纸的深入阅读及研究有利于了解当时中国社会的基本形势以及各种政策和措施。《红色中华》作为第二次国内革命战争时期中国共产党在革命根据地创办的第一份中央机关报,对于土地革命时期的重要事件、党政方针有详细的记载,有重要的历史地位。《抗敌报》1937年12月创刊,由晋察冀军区政治部抗敌报社编辑出版,1940年改名为《晋察冀日报》,详细地记录了晋察冀边区的史实。《战线》1938年创刊,是晋察冀省委机关

---

① 祁建民:《满铁调查部〈中国抗战力调查报告〉及其根据地认识》,《历史教学》,1992年第8期,第14页。

刊物。《抗战日报》1940年9月创刊，是记录晋绥根据地的重要报纸。《解放日报》创刊于1941年，是中国共产党早期的重要报纸。《胜利报》1938年5月创刊，初为晋冀特委机关报，后成为晋冀豫区委机关报。晋冀鲁豫抗日根据地创办的《新华日报》（华北版）是中共中央北方局机关报，是敌后抗日根据地第一张铅印报纸。另外，华中抗日根据地的《抗敌报》《拂晓报》《江淮日报》，华南抗日根据地的《东江日报》《前进报》等，对本书研究有重要的意义。这些报纸一定程度上反映了抗日战争时期社会发展的面貌，特别是社会生活的变化，其中包含了许多珍贵的历史信息，对于了解革命根据地和抗日根据地的政策、方针以及基本的历史活动有重要的帮助，一些微小的信息弥补了史料集等宏观文献的缺失。这些报纸具有重要的史料价值，但是由于信息量比较大，要充分挖掘这部分史料的价值，必须进行仔细地甄别、筛选。

写作过程查阅到的史料集包括以时间作为线索的综合性史料集，例如魏宏运主编的《中国现代史资料选编（抗日战争时期）》（黑龙江人民出版社，1981年版）、江西省档案馆主编的《闽浙赣革命根据地史料选编》（江西人民出版社，1987年版）、江西档案馆选编的《中央革命根据地史料选编》（江西人民出版社，1982年版）、淮南抗日根据地编审委员会主编的《淮南抗日根据地》（中共党史资料出版社，1987年版）、中共山东省委党史资料征集研究委员会主编的《山东抗日根据地》（中共党史资料出版社，1989年版）、江苏省档案馆主编的《苏南抗日根据地》（中共党史资料出版社，1987年版）等，这些史料集介绍了革命根据地和抗日根据地的各种政策、活动以及一些当事人的回忆录。对这种史料集必须要仔细阅读，从庞杂的资料中找到与本书相关的史料。

另外还包括以内容作为线索的史料集，例如陕西省档案馆、陕甘宁边区财政经济史编写组主编的《抗日战争时期陕甘宁边区财政经济史料摘编》（陕西人民出版社，1981年版），中国科学院经济研究所主编的《中国近代经济史参考资料丛刊·中国近代手工业史料》（三联书店出版社，1957年版），这些史料集以根据地的经济发展为线索，对于理解劳动保护、社会救济等内容有重要的意义。通过韩延龙、常兆儒主编的《中国新民主主义革命时期根据地法制文献选编》（中国社会出版社，1981年版），可以查阅根据地的各种法律文献。雷志华、李忠全主编的《陕甘宁边区民政工作资料选编》（陕西人民出版社，1992年版）对于了解陕甘宁边区的民政工作有重要的帮助。另外一些文件选编对理解当时的政策方针有重要的作用，例如《近代史资料》编译室主编的《陕甘宁边区参议会文献汇辑》（知识产权出版社，2013年版）。

以研究主体作为线索的资料集有工人运动资料集、妇女运动资料集等。中华全国总工会主编的《中共中央关于工人运动文件选编》（档案出版社，1985年版）、中华全国总工会中国职工运动史研究室主编的《中国历次全国劳动大会文献》（工人出版社，1957年版）、战士出版社1982年出版的《军队政治工作历史资料》，资料比较集中、专业，可以帮助笔者对社会保障中某一方面的内容进行深入理解、升华。

《东北地区革命历史文件汇集》是中央档案馆和东北三省档案馆联合编纂的大型档案史料汇编，这部史料系统汇编了1923年至1945年间东北地区各级党组织及其领导下抗日联军和革命群众团体形成的档案资料，内容丰富、系统，真实可靠，反映和再现了中共东北地方党组织领导人民进行第一次和第二次国内革命战争的史实，特别是领导东北人民进行长达14年的艰苦卓绝的抗日武装斗争，具有较高的史料价值，是研究东北党史、革命史和东北现代史的宝贵资料。《东北地区革命历史文件汇集》对于理解东北人民抗日武装力量后勤保障的发展，形成中国抗日根据地社会保障历史基础的完整模式有重要的史料价值。

1.2.2 相关论著

《马克思恩格斯选集》《列宁全集》等经典著作对本书的撰写有重要的指导意义。毛泽东、周恩来、刘少奇、朱德、任弼时、彭德怀、聂荣臻、张闻天等党和国家的领导人，亲历了这一时期的历史，这些人的文选、年谱及回忆录等资料，比较详细地记录了当时历史发展的基本状况。对这些论著的深入阅读和整理对于从宏观上了解当时的历史形势有重要的帮助。

郑功成的《社会保障学——理念、制度、实践与思辨》（商务印书馆，2000年版）对社会保障理念、制度及其实践进行了系统的、理性的概括和思辨，对社会保障制度的发展进程及其规律、模式、经验教训进行考察。刘燕生著《社会保障的起源、发展和道路选择》（法律出版社，2001年版）较系统地阐述了社会保障理论的诸多体系，分析了具有典型代表意义的国家和地区社会保障模式的形成演进、历史作用、面临的问题以及改革的走向，并对建设和完善中国社会保障制度进行了探讨。这些关于社会保障基本理论的论著对于笔者理解社会保障的概念及内容有重要的意义，相关的社会学理论和社会保障的理论对于本书理解抗日根据地时期的社会保障有重要的作用。

黄惠运著《中央苏区社会保障研究》（社会科学文献出版社，2013年版),作为研究中国共产党新民主主义革命时期的社会保障的著作,是较前沿的研究成果,以中央苏区革命根据地为研究对象,微观切入,对其社会保障的概况、特点、经验、教训等方面进行介绍及总结,分析了与中央苏区社会保障密切相关的社会动员、妇女解放、社会教育、财政审计、互助合作等内容。该书论述清晰、深刻,史料翔实,对抗日根据地社会保障研究的结构构建有一定的借鉴意义,具体史料对于理解抗日根据地社会保障的历史背景有一定的帮助。

清庆瑞主编的《抗战时期的经济》(北京出版社,1995年版)介绍了抗日战争时期的中国经济发展状况,主要包括这一时期的敌占区的殖民地经济、国统区的半殖民地半封建经济和解放区的新民主主义经济,对七七事变前的中国经济情况也有介绍,内容比较全面,资料比较翔实。陈廷煊《抗日根据地经济史》(社会科学文献出版社,2007年版)依据抗日战争的历史进程和中共中央关于抗日根据地经济政策的发展阶段进行论述,分为抗日根据地创建初期、相持阶段、战略反攻时期的经济。

岳宗福《近代中国社会保障立法研究(1912—1949)》(齐鲁出版社,2006年版)首次全面系统地考察了近代中国社会保障立法发展的历史进程,从总体上考察了中国近代社会保障立法的概况,为研究近代中国社会保障立法提供了基本架构,符合中国近代社会保障立法的实际情况。蔡勤禹《国家、社会与弱势群体——民国时期的社会救济(1927—1949)》(天津人民出版社,2003年版)比较系统全面地研究考察了民国时期的社会救济,从民国社会救济立法、社会救济设施、社会救济思想、社会救济体制、社会救济措施,到社会救济的绩效和水平等,都作了具体的考察。刘荣臻《南京国民政府时期社会保障事业研究》(北岳文艺出版社,2012年版),全面论述了南京国民政府时期社会保障事业运行状况、所取得的成就及其历史局限性,论证周密严谨,文字表达准确到位,体现了一定的学术价值。

张希坡著《革命根据地的工运纲领和劳动立法史》(中国劳动出版社,1993年版)是新中国成立以来第一部论述中国革命根据地的工运纲领和劳动立法史的专著。以根据地的劳动立法为研究对象,着力于革命根据地劳动立法成就及其经验教训的研究与总结,梳理了中国共产党在各个历史时期提出的工人运动的斗争纲领,这对于本书分析抗日根据地劳动立法的发展有重要的意义。

朱汉国主编《中国社会通史·民国卷》(山东教育出版社,1996年版),力图改变社会史研究重微观轻宏观的现象,填补社会史研究的空缺,把对社会史学科的理论认识,应用于历史变迁研究之中,力图描摹出社会存在的前提、社会构造、社会运行机制、社会运行状态以及社会变革的情况,以期对其发展规律有较为清晰的认识。社会史作为史学的一个分支学科,既有独特的客观存在实体为学科的对象,又有准确规范的概念,完整、清晰的研究范围,各层次、各部分之间的内在的逻辑联系。对社会史研究著作的研读会使本书的研究建立在社会史这一宏大的命题之上。

夏明方著《民国时期自然灾害与乡村社会》(中华书局,2000年版),对民国时期自然灾害与乡村社会各个方面的互动关系进行了系统分析,揭示了自然灾害生成、演化的规律,它的特征及其在乡村社会层层扩散的过程,论述了自然灾害与人口变迁、乡村经济、社会冲突的关系,指出灾害源与社会脆弱性的相互作用。蔡勤禹著《国家、社会与弱势群体——民国时期的社会救济(1927—1949)》(天津人民出版社,2003年版),陆仰渊、方庆秋著《民国社会经济史》(中国社会经济出版社,1991年版),朱斯煌著《民国经济史》(台湾文海出版有限公司,1985年版),吴至信、李文海主编《民国时期社会调查丛编(社会保障卷)》(福建教育出版社,2004年版),这些著作对于分析国民政府的社会保障的发展历程以及对其做出公正、客观的评价有重要的作用。

1.2.3 学术论文

对于抗日战争的研究是史学界重点关注的问题,成果丰富,现阶段对抗日根据地历史的研究已经转向了社会史方面。现有的研究成果中尚没有全面、系统研究抗日根据地社会保障的相关内容,只是在某一区域、某一角度或从整体粗略地研究上有一些成果。一方面,很多学者考察了社会保障中的某一项工作,另一方面,某些学者从宏观的视角对某一抗日根据地的社会保障工作进行了研究。关于社会保障问题,研究比较充分的是社会救济的相关内容,由于抗日根据地自身的局限性,研究比较薄弱的是社会保险。

(1) 对社会保障理论及概念的研究

中国社会保障发展历程漫长、福利思想多元、实践内容丰富、制度模式独特,将现代社会保障理论与历史发展结合的研究范式是中国社会保障以及历史研究的新的突破点。对社会保障理论的研究首先在于对历史视阈下社会保障概念的研究,郑功成在这个方面进行了深入的研究。2014年郑功成邀请丁建定、王文涛、王卫平、张文、林闽钢等多位社会保障学者与历史学者就现代社会保障与历史上的社会保障的概念界定问题进行了四次专题研讨,形成了原则性意见并达成初步共识。郑功成以当代社会保障理论与政策为参照,将历史概念与当前社会保障视阈结合,对社会保障、社会救助、社会优抚、社会福利、慈善以及家庭保障的概念进行了界定,对于中国社会保障史的研究有重要的意义。郑功成从宏观角度揭示了中国社会保障历史发展的六大基本特征,认为"中国社会保障思想与实践具有鲜明的本土性特征;中国社会保障自古以来贯穿着高度的国家(政府)责任,具有家国存于一体的特征;中国社会保障一直秉承等级差序与中庸之道的传统;中国社会保障自古以来是柔性传承,靠传统文化维系;中国社会保障对国家长治久安影响重大;家庭在中国自古以来就占有极为特殊的地位"[①]。从历史角度对社会保障概念进行界定以及对中国社会保障史进行深入研究对于中国社会保障的研究有重要的意义。周荣"从'社会保障史'的视野,从更久远的时空维度对社会保障进行定位,同时从观念和操作层面正确处理这一概念的本土化问题"[②],另外,他对社会保障史的研究提出了自己的观点,"中国社会保障史研究的深化和健康发展需要经历很大的视野调整,既不能以西方为中心,又不能停留于对中国特色的单向强调,而要将中国历史的特殊性融入到世界历史的普遍性之中,依'普遍历史'的眼光,在同一时间维度中对中西社会保障问题进行思考,并通过历史实证研究,揭示中国社会保障演进的特殊道路"[③]。

赵世瑜对20世纪中国社会史研究进行了回顾与思考,提出了整合的历史观,"整合的历史观是自下而上看历史的进一步发展,它是观察历史的两种视角的有机综合,整合的历史观时刻要求我们把一个社会看作一个整体,这个整体的各个部分之间究竟有怎样的关系,它们是怎样进行着相互间的调适,从而使社会能够正常地运行,这个整体的背后究竟有哪些力量或因素在起作用"[④]。这种整合的历史观对于研究抗日根据地的社会保障提供了一个全新的视角,有重要的指导意义。

梅哲从三个层面论述马克思和恩格斯的社会保障思想,关于资本主义社会的社会保障思想,关于未来理想社会的社会保障思想,社会保障为一

[①] 郑功成:《中国社会保障演进的历史逻辑》,《中国人民大学学报》,2014年第1期,第5—9页。

[②] 周荣:《"社会保障史"语境中社会保障概念的界定》,《湖北行政学院学报》,2006年第6期,第86页。

[③] 周荣:《学识与事实:中西会通背景下的中国社会保障史研究》,《武汉大学学报(人文科学版)》,2007年第2期,第226页。

[④] 赵世瑜、邓庆平:《二十世纪中国社会史研究的回顾与思考》,《历史研究》,2001年第6期,第172页。

切生产方式所共有的思想①。周沛从社会保障的阶级属性、资金来源与建立原则等角度对马克思主义社会保障观进行了初步分析,提出社会保障在不同的社会形态,特别是在资本主义社会与社会主义社会,既有本质属性各不相同的一面,也有某些具体方面相类似的一面②,周沛的观点既考虑了马克思主义社会保障观的一般意义,又兼顾了其特定的历史背景,对其进行深刻地分析有助于理解马克思主义的基本观点。

梅哲对列宁的社会保障思想进行了研究,认为"到1922年底,全国逐步形成了一种全新的、以国家保险为主要内容的、各阶层群众广泛享受的社会保障制度,在人类发展史上,首次实现了工人阶级及其广大的劳动者享受社会保障并得到自己阶级专政政权下的制度保障"③。梅哲对列宁社会保障的研究立足于俄国历史发展的基本情况,全面、深入、透彻。王振宇理顺了列宁社会保障思想的形成与发展,提出"列宁社会保障思想成熟的标志之一,列宁认为最好的工人保险形式是国家保险"④。

侯远潮认为毛泽东确立了中国社会主义保障理论的基本框架,确立了在中国建立社会主义保障体系的基本原则,确立了社会保障的基本内容。⑤ 李静、柯卉兵对中国土地革命时期、抗日战争时期以及解放战争时期的社会保障思想及其实践进行了分析,认为毛泽东战争时期社会保障思想同马克思主义经典作家的社会保障思想是一脉相承的;求解放的政治诉求是毛泽东战争时期社会保障思想及其实践的根本目标;为人民谋福利是毛泽东战争时期社会保障思想及其实践的根本宗旨和核心内容。⑥ 对于毛泽东社会保障思想的研究能够根据中国历史发展的分期进行系统的梳理,针对性强,研究比较透彻。

(2) 对抗日根据地社会保障的综合研究

这类文章从总体上介绍了某一根据地的社会保障工作,综合性强,史料翔实,借鉴意义比较大。郭健对延安时期的社会保障进行了分析,总结了社会保险制度的一些有益探索,并概括了社会保障的管理制度,"延安时

---

① 梅哲:《马克思恩格斯的社会保障思想研究》,《马克思主义研究》,2005年第6期,第77—82页。
② 周沛:《社会保障的阶级属性、资金来源与建立原则——马克思主义社会保障观初析》,《南京大学学报》,1997年第2期,第126—130页。
③ 梅哲:《列宁的社会保障思想研究》,《马克思主义研究》,2007年第8期,第113页。
④ 王振宇:《列宁社会保障思想探析》,《理论界》,2012年第4期,第9页。
⑤ 侯远潮:《毛泽东社会保障思想研究》,《毛泽东思想研究》,2005年第5期,第66—68页。
⑥ 李静、柯卉兵:《毛泽东战争时期社会保障思想及其实践》,《学习与实践》,2010年第1期,第117—124页。

期共产党的工会组织在机构设置上和法律制定上发挥了特殊时期的特有作用,有力地保障了抗战后方的安定团结,为抗日战争胜利作出了巨大的贡献"①。张丹对陕甘宁边区社会保障机构进行论述,分析了陕甘宁边区历史发展过程中社会保障管理机构的具体演变,另外具体分析了陕甘宁边区的赈济救灾及拥军优抗。胡国胜、董娟根据历史文献对特定时期的社会保障的概念进行了界定,陕甘宁边区民政厅所掌管的社会保障有关的事务主要有:关于卫生行政事项,关于赈灾、抚恤、保育及其他社会救济事项,关于劳资及佃业争议事项。对抗日根据地社会保障概念的界定有重要的借鉴意义,有助于本书研究框架的确立。本书将从边区政府的赈灾救济、军人军属及老人妇女儿童的权利保护、卫生防疫体系和劳动立法保护劳工权益方面加以探讨。

蔡勤禹在对山东抗日民主政权的基本史实进行论述的基础之上,对战时优抚、战时救济、战时福利、战时保险政策进行了概括分析,总结出山东抗日民主政权的这样一些特点:突出优抚;强调政府、社会、群众参与的主体性;寓社会保障于战时社会经济政策之中。② 赵朝峰、李黎明从另外的角度对山东抗日根据地的社会保障工作做出了评述,分析了山东抗日根据地社会保障政策的演变、构成及作用,在此基础上总结了山东抗日根据地社会保障的基本经验:创造了群众性的社会保障模式;在具体救济措施上,反对平均分配救济物资;立足实际,实施积极的社会保障措施,注重开源节流;等等。③ 总结抗日边区政府社会保障的经验,对于现代社会保障的发展有一定的借鉴意义。

周荣、汪小培对抗日战争时期鄂豫边区的社会保障工作进行了论述,"鄂豫边区的社会保障制度经历了一个从无到有、渐趋完善的发展过程,呈现出鲜明的战时社会保障的特点,在保障边区人民的基本生活、维护抗日民族统一战线、促进根据地的巩固和抗战的长期坚持等方面发挥了重要的作用"④,对鄂豫边区社会保障发展过程的分析清晰、明确,通过阅读此文可以清楚地了解到鄂豫边区社会保障发展的基本情况。

---

① 郭健:《延安时期社会保障拾零》,《中国社会保障》,2011年第7期,第24页。
② 蔡勤禹:《试论山东抗日民主政权的社会保障政策》,《青岛大学师范学院学报》,2008年第4期,第74—80页。
③ 赵朝峰、李黎明:《山东抗日根据地的社会保障工作评述》,《石油大学学报》,2005年第1期,第68—72页。
④ 周荣、汪小培:《抗日战争时期鄂豫边区的社会保障》,《湖北行政学院学报》,2004年第3期,第60页。

(3) 对抗日根据地社会保障专题内容的研究

对社会救助的研究是社会保障研究中最充分的。高冬梅对抗日根据地救灾工作进行述评,对抗日战争时期各根据地的自然灾害进行了简要介绍,重点论述了各根据地采取的救灾方式、方法,在论述中提出了消极救灾模式和积极救灾活动,最终根据地人民不仅战胜了一次次巨灾,而且为生产的恢复和发展奠定了坚实的基础;根据地生产自救的积极壮举具有移风易俗的作用;在救灾中,政府、军队与人民同甘苦、共患难,树立了军民共命运的典范。① 这篇文章从宏观的角度对抗日根据地救灾工作进行了分析。高冬梅在另外的文章中对抗日根据地弱势群体的问题进行了分析,提出弱势群体既包括生理性的弱势群体,还包含后天例如自然灾害、战乱等原因形成的弱势群体。② 在此基础上,对抗日根据地特别是陕甘宁边区的弱势群体的出现以及救助进行了系统地梳理,并总结了经验教训。

魏宏运对1939年华北大水灾的受灾范围、受灾状况及程度、灾后赈济、日本侵略者在水灾过程中的破坏性、抗日根据地的抗灾自救等社会问题进行了全面而又具体的实证性研究,揭示了自然灾害对中国近现代社会发展所造成的深刻消极影响。③ 魏宏运的文章在同类文章中综合性强、史料丰富,具有一定的代表性,对于研究同类问题也有重要的借鉴意义。张同乐以晋冀鲁豫和晋察冀为研究个体,对20世纪40年代前期的华北蝗灾进行了分析。胡惠芳对抗日战争时期苏皖边区的救灾渡荒工作进行了系统分析。苑书耸对山东抗日根据地的灾荒灾情进行了概述,并分析了救灾措施。

陆玉、徐云鹏首先对各边区政府的优待措施进行了介绍,然后以时间为线索对抗日根据地社会保障进行梳理,将其分为建立阶段、徘徊阶段、成熟阶段。在分析社会优抚作用时特别提出了"军事社会保障工作的广泛开展,尤其是1943年以后各解放区掀起的拥军优抗高潮,再加上军队相应开展了有效的拥政爱民运动,教育官兵消除军阀主义影响,从而使人民群众更加相信和热爱自己的军队,使解放区军民达到了空前的大团结"④。任同芹在《抗战时期国民政府的军人社会保障》中研究了同时期国民政府的军

---

① 高冬梅:《抗日根据地救灾工作述论》,《抗日战争研究》,2002年第3期,第182—200页。
② 高冬梅:《论抗日根据地的弱势群体及其社会救助》,《河北师范大学学报》,2008年第2期,第126—135页。
③ 魏宏运:《1939年华北大水灾述评》,《史学月刊》,1998年第5期,第94—100页。
④ 陆玉、徐云鹏:《论抗日根据地的军事社会保障》,《抗日战争研究》,1997年第2期,第105页。

人社会保障,两种文章形成对比,具有一定的参考价值。杜君、欧瑞撰写的论文《抗日战争时期陕甘宁边区优抚安置及拥军支前研究》,系统分析了抗日战争时期陕甘宁边区优抚安置工作,认为"陕甘宁边区政府根据抗日斗争的需要,积极开展军人优抚安置工作和拥军支前工作,改善军人及其家属的待遇,吸引了广大适龄青年参军参战,提高了战斗力,加强了军民团结,为边区根据地的巩固和发展及抗战胜利发挥了应有的作用"①。

对社会保险和社会福利的研究是抗日根据地社会保障内容研究中相对薄弱的部分,社会保险中被广泛提及的养老保险、医疗保险、工伤保险以及失业保险没有被系统地论及,只是在部分论述中对其进行了笼统地概述。吕伟俊、岳宗福对新中国成立前中国共产党领导的社会保险立法进行了论述,"革命根据地和解放区的社会保险立法几乎包括了现代意义上社会保险法的全部内容,医疗、养老、伤残、失业、生育和家庭津贴等现代社会保险项目都已被纳入立法范畴,而且社会保险的覆盖面呈现逐步扩大的趋势"②。这对新中国成立之前中国共产党社会保险的总结和概括对于丰富社会保障的内容有重要的意义,而且体现出中国共产党在社会管理方面向现代化迈进的努力。

对于中国共产党劳动立法的研究比较充分,杨云霞《新民主主义革命时期女工劳动立法分析》对女工这个特殊群体的劳动保护立法进行了分析。高学强《新民主主义革命政权的劳动保护立法》和《新民主主义政权劳动立法的历史考察》对整个新民主主义革命时期的劳动立法进行了历史考察。马举魁《抗日民族统一战线与陕甘宁边区劳动立法的转变》,赵岩、曾鹿平《实事求是思想路线的具体体现——论从苏维埃劳动法到抗日战争时期陕甘宁边区劳动立法的两次转变》,秦国荣《建国前中国共产党劳动立法的演变及其启示》等侧重于研究历史形势发展对劳动立法的影响,特别是抗日战争时期为了巩固和扩大统一战线,实事求是对劳动立法进行调整。

抗日根据地的文教卫生工作属于中国共产党进行社会建设的重要内容,对这一部分内容的研究比较充分,在抗日根据地文化教育方面现有成果主要以教育内容和教育对象为区分,王星慧《抗日根据地之贫童教育探析(1937—1945)》对抗日战争时期贫穷儿童的教育进行了深入探讨。钱文

---

① 杜君、欧瑞:《抗日战争时期陕甘宁边区优抚安置及拥军支前研究》,《理论学刊》,2017年第4期,第31页。
② 吕伟俊、岳宗福:《论中国共产党在新中国成立前领导的社会保险立法》,《山东大学学报》,2005年第4期,第128页。

艳《抗战时期浙东抗日根据地的小学教育》,以抗战时期浙东根据地为切入点,对小学教育进行了分析。张玉玲和迟丕贤在《山东抗日根据地和解放区妇女的教育及启示》中提出"在战争年代,农村妇女通过冬学、识字班、村学、民校等教育形式,简单的识字文化课的学习,达到识字明理,初步了解'国家兴亡,匹夫有责'保家卫国的基本道理,觉悟的农村妇女以各种形式参与、支持着战争,发挥出巨大的战争潜力,成为争取战争胜利的重要组成部分"①。黄正林以陕甘宁边区为中心,分析了抗日根据地社会教育与政治动员之间的关系,认为"民众在接受社会教育的过程中,逐步接受了中共政权为他们设计的政治行为模式、生产组织模式、社会组织和生活模式等,民众也逐渐脱离了旧政权的势力范围,因此,社会教育提高了民众和中共政权之间的亲和力,使中共逐步实现了对根据地乡村社会资源的全面控制"②。

关于抗日根据地卫生防疫的研究也逐步深入。王元周对于抗日根据地采取的卫生防疫措施进行了介绍,并深入分析了其作用,认为卫生防疫工作的开展"加强了八路军与群众的联系,一定程度上普及了新的卫生知识,改变了乡村旧的医疗卫生习惯,并促进了乡村社会的政治动员,亦成为抗战时期乡村社会变迁的一个侧面,并为解放以后中国医疗卫生事业的发展积累了一定的经验"③。以上对于卫生防疫工作作用的分析比较全面、深刻,是比较具有代表意义的学术观点。李洪河、程舒伟对于抗日战争时期华北根据地的卫生防疫工作进行述论,"边区政府和军队从'一切为了战争的胜利'的目的出发,采取措施有效地预防和控住了各类疾病的流行,巩固了根据地的社会稳定,而且转变了根据地民众的卫生观念,增进了广大民众对边区政府和军队普遍的政治认同"④。

笔者进行了充分的前期研究,形成了一定的研究成果,撰写并发表了论文《中国抗日根据地社会优抚研究》,分析了中国抗日根据地社会优抚的内容、特点和作用,认为中国抗日根据地社会优抚工作"主体全面,内容细

---

① 张玉玲、迟丕贤:《山东抗日根据地和解放区妇女的教育及启示》,《妇女研究论丛》,2005年第4期,第50页。
② 黄正林:《社会教育与抗日根据地的政治动员——以陕甘宁边区为中心》,《中共党史研究》,2006年第2期,第47页。
③ 王元周:《抗战时期根据地的疫病流行与群众医疗卫生工作的展开》,《抗日战争研究》,2009年第1期,第59页。
④ 李洪河、程舒伟:《抗战时期华北根据地的卫生防疫工作述论》,《史学集刊》,2012年第3期,第107页。

致,根据战争形势的发展以及生产力发展水平的变化进行调整,逐步走向成熟"①。在劳动保护方面撰写并发表论文《中国抗日根据地劳动保护研究》,中国抗日根据地劳动保护工作"以劳动立法为主的多样化保护手段;覆盖面广、保护内容全面、低水平运作;区域性发展不平衡;实事求是制定政策及调整"②。这些研究内容属于对抗日根据地社会保障具体内容的研究,为本书的写作奠定了基础。

(4) 对抗日根据地的比较研究

兰图在博士论文《抗战时期国共两党社会保障事业比较研究》中,介绍了中国共产党和国民党的社会保障政策,对抗战时期国共两党社会保障事业的具体内容和实施过程进行了全方位的审视,对于国民党和共产党社会保障政策的相同点和不同点进行了分析,认为国共两党社会保障事业的相同之处在于都以服务抗战、争取抗战最终胜利为根本出发点,都关注于社会保障立法,都具有战时性特征;国民党和共产党社会保障的不同之处在于两党制定的社会保障的政策反映了不同的阶级利益,落实情况不同③,这对于从宏观层面了解共产党、国民党社会保障政策的概况以及双方社会保障政策的异同有重要的意义。

(5) 对东北抗战后勤保障的研究

1931 年九一八事变之后,东北人民开始了反抗斗争,其后勤保障特别是东北抗日联军的后勤保障对于东北人民的抗日斗争有重要的意义,体现了重要的研究价值。从严格意义上讲,东北人民抗战的后勤保障不属于传统意义的抗日根据地的社会保障,但是东北人民的抗日斗争在中国共产党的领导之下,而且对于抗日根据地的社会保障的开展有一定的借鉴意义。所以,本书在研究过程中将东北抗战的后勤保障工作作为抗日根据地社会保障的背景进行了分析与总结。刘信君在《东北抗日联军后勤保障工作的实践与启示》中分析了东北抗日联军的后勤保障工作,认为"东北抗日联军的后勤保障,是一套区别于旧军队的新型人民军队的后勤制度,主要包括生活保障、军械保障和医务保障,保障了部队的生存和作战行为,为东北抗日游击战争的胜利做出了应有的贡献"④。王惠宇的论文《东北抗日联军捐

---

① 谭忠艳:《中国抗日根据地社会优抚研究》,《社会科学战线》,2014 年第 10 期,第 257 页。
② 谭忠艳、刘信君:《中国抗日根据地劳动保护研究》,《学习与探索》,2014 年第 8 期,第 155 页。
③ 兰图:《抗战时期国共两党社会保障事业比较研究》,长春:吉林大学博士论文,2015。
④ 刘信君、李红娟:《东北抗日联军后勤保障工作的实践与启示》,《东北师大学报》,2017 年第 6 期,第 112 页。

税征收问题评析》分析了东北抗联的捐税问题,"东北抗日联军,根据东北地区的实际情况,征收土地税、木材税、营业税等各种捐税,一定程度上减轻了民众的负担,得到了广大人民的真诚拥护,为部队的生存与发展和抗日游击战争的进行提供了物质条件"①。王文对东北抗联后勤保障的研究具有重要的学术价值与意义,但是对这一内容的研究现在还比较薄弱,研究成果匮乏,研究不够深入,存在很大的研究空间。

1.2.4 相关外国文献综述

关于抗日根据地建设的研究。马克·塞尔登《革命中的中国:延安道路》(1971),作为国外学者较早采用以单个根据地为中心的微观视角,通过对抗战时期陕甘宁边区的政治形态、农业经济、医疗、教育等方面的描述,总结出了"延安经验",并以"延安经验"来辐射整个中共革命的历程。Iwatake Teruhiko(1983)在 Currency and Monetary Policies in the Anti-Japanese Base Areas during the War: A Case Study of the Chin-Cha-Chi Border Region (晋察冀边区,CCCBR) and the Chin-Chi-Lu-Yu Border Region(晋冀鲁予边区,CCLYBR)中对于晋察冀边区金融业的发展进行了系统的分析。井上久士(1984)在《抗战前期(一九三七——一九四〇年)陕甘宁边区之经济建设——以工业为中心》中对陕甘宁边区经济建设特别是工业建设高度评价,"陕甘宁边区,以外来工程师及熟练工人为中心进行工厂的经营,同时各工厂和学校也进行了工业技术人才的训练,如难民纺织厂,到一九四一年为止,为应各地纺织厂之需,培养了二百余名熟练工人"。林达·格罗夫(1984)在《冀中地区经济文化与抗日斗争》中对冀中地区的经济文化与抗日斗争进行了深入研究,认为由于半殖民地的生产和交换体系的形成,然后又由于这个体系的崩溃,冀中地区产生了使根据地快速发展的经济和社会条件。关于晋冀鲁豫地区的研究,美国学者拉尔夫·撒克斯顿对晋冀鲁豫抗日根据地农民生计问题的解决进行了分析。谷川真一(1999)在 The Origins of the Chinese Danwei in the Anti-Japanese Base Areas 中对抗日根据地的地位和作用进行了分析。彼得·弗拉基米洛夫(2013)在《延安日记》中,以日记的形式,记录了抗战时期解放区的政治、经济、文化等各方面的问题。日本早稻田大学马场毅对山东抗日根据地的建设进行了分析,撰写了《关于山东抗日根据地的财政问题》,具体分析了山东抗日根据地财政

---

① 王惠宇:《东北抗日联军捐税征收问题评析》,《通化师范学院学报(人文社会科学)》,2017年第11期,第87页。

经济的来源等问题。国外学者对于抗日根据地建设的研究成果侧重于对于经济、文化的研究,例如林达·格罗夫的论述将中国社会性质与抗日根据地经济发展结合起来,这些观点打开了中国抗日根据地建设研究的新的视角。

关于抗战时期中国共产党的合作运动的研究。拉尔夫·撒克斯顿(1975)在《晋冀鲁豫抗日根据地农民生计问题的解决》对中国抗日根据地互助运动的地位及作用进行了分析,"在许多地方,互助组也是村庄的扫盲班、读报组、健康卫生组,通过耕种公有土地、设立公共粮仓等,成为所有村民的社会保险的源泉"。中生胜美(1993)撰文《华北农村的"街坊辈"与村落共同体》,在分析华北农村村落共同体的基础之上,阐述了中国共产党争取联庄会会门工作取得的重大的成就以及重大的意义。内田知行(1993)《抗日战争时期陕甘宁边区的义仓经营》对于陕甘宁边区的义仓进行了梳理,并分析了其与中国传统封建社会义仓的区别,认为抗日根据地的"义仓是救济贫苦农民,特别是移难民的机关,而且义仓是在从民众中产生的基层干部——劳动英雄、乡长、乡支书、村支书、党支部书记等的指导下组织起来进行经营的,这与'在地乡绅'即地主阶级及其代理人支配下经营的旧中国的义庄有根本不同",并认为这是边区义仓的最杰出的特性。波林·基廷(1995)撰文《抗日战争时期合作运动的剖析》,认为"一个以'道德团结'为特征的村庄典型地拥有集体生活保险和福利机构给予蒙受生存危机的农民以援助"。国外学者对于抗战时期中国共产党的合作运动的研究成果的共同特征在于高度评价了中国共产党的合作运动,认为其具有高度的政治意义、经济意义以及军事意义,成为社会保险和社会福利的辅助措施。

关于抗战时期中国共产党民众动员的研究。查默斯·约翰逊(1962)《农民民族主义和共产主义的政权》对农民阶级对于中国革命发展的影响,对于革命过程中农民阶级的作用的观点同样体现在詹姆斯·斯科特的著作《农民的道德经济学:东南亚的造反与生存》之中。哲也片冈(1974)提出,"中共革命成功,主要凭借其现代化组织的强大的渗透和动员能力,利用抗日和统一战线作为号召,将一盘散沙的传统农民作为新式的革命群体,进行革命,强调了新式政党在改造、组织与动员方面的强大能力"。爱德华·弗里德曼和马克·塞尔登(1984)撰写了文章《抗日战争最广阔的基础——华北根据地动员民众支援抗日的成功经验》,认为"民族主义,作为革命的一个动力和统一力量,是由触及农村生活结构的党的改革纲领所形成的,反过来又形成了改革纲领本身"。法国社会科学研究院 L·毕仰高(1995)在《抗日根据地中农民对中共动员政策的反应:一些西方的观点》中对西方观点进行了系统的介绍。这一文章介绍了西方关于中共的农民动员政策的一些观点,部分存在偏颇之处,作者只是对观点进行了罗列,并没有进行批判与辨析。国外学者对抗战时期中国共产党民众动员的研究成果注重理论研究,以政治学的观点作为研究的基础,体现了较强的理论性,但是在史实的考证方面仍然存在很大的提升空间。

综上所述,抗日根据地社会保障研究的现有研究成果是比较零散的,从内容上讲对于社会救济以及社会优抚研究得比较透彻,社会保险中涉及劳动立法方面的文章比较多,社会保险中其他方面以及社会福利很少被涉及。从抗日根据地的情况来看,只存在对一些主要根据地社会保障的研究,例如陕甘宁抗日根据地、晋冀鲁豫抗日根据地等。在此基础上,本书认为对于中国抗日根据地社会保障的研究仍然存在空白,具体表现如下:1.对于社会保障中社会福利、社会保险等高层次的内容研究不够深入。2.整体研究缺失,中国抗日根据地是一个整体概念,各根据地之间存在一定的相关性,现有的研究侧重于某一根据地社会保障的演变、发展,忽视了抗日根据地整体的发展。3.比较研究薄弱。中国抗日根据地内部各根据地之间以及中国共产党和国民党领导的社会保障工作存在一定的可比性,在这一方面现有的研究成果匮乏,存在研究空间。4.对抗日根据地社会保障的运行机制的分析以及运行模式的勾勒研究存在欠缺,历史经验的总结不够深入。另外现有的研究成果中,特别是对抗日根据地社会保障内容方面的研究存在雷同,各抗日根据地政治经济状况的研究与社会保障政策分析的契合度不够。本书将围绕以上几个方面,对抗日战争时期中国共产党敌后抗日根据地的社会保障展开系统的研究。

1.3 研究思路与研究方法

1.3.1 研究思路

本书的研究从对社会保障的概念界定入手,将社会学概念置于历史学视阈之中,采纳了社会学的基本观点,结合抗日战争时期历史发展的概况,认为社会保障包括社会救济、社会优抚、社会保险、社会福利以及文教卫生五个方面,以此作为本书结构的基本支撑。在此基础之上对于抗日根据地社会保障的背景、概况、内容进行论述,进而分析其发展的特点,归纳经验和启示。同时,对抗日根据地的社会保障进行横向和纵向的比较,将不同抗日根据地、不同时期的社会保障政策进行比较。另外将其与国民党的社会保障政策进行比较，分析政策本身的效用以及社会环境、阶级属性等对社会政策的影响。从而得出基本的历史结论：只有从民族的整体利益和根本利益出发，将人民利益放在首位才能获得人民的支持，发挥政策促进社会进步的作用。

关于抗日根据地社会保障背景的分析，从理论基础、历史基础以及现实基础考虑，在分析土地革命时期社会保障的基础之上，对中国东北地区抗日武装力量的后勤保障工作进行了分析。对于抗日根据地社会保障的概况，具体分析了社会保障的发展过程、资金来源以及管理机构。作为本书研究重点的社会保障的内容，以社会救助、社会优抚、社会保险、社会福利以及文教卫生为线索，对中国共产党采取的措施、颁布的法令、法规进行梳理、整合及评析。关于抗日根据地社会保障的特点，从其惠及的群体、保障内容、保障水平、民众动员方式、对社会保障的反思等方面入手进行概括。中国抗日根据地社会保障工作的开展对于抗日根据地的巩固以及社会进步发挥了重要的作用，同时为解放战争时期的社会保障提供了经验，在此基础之上分析抗日根据地社会保障的经验及启示对于当今社会保障的借鉴意义。最后本书对抗日根据地社会保障工作进行了横向和纵向的比较研究，深化对于抗日根据地社会保障的学术研究，总结影响社会政策发挥作用的因素。

在以上研究的基础之上，本书得出一些基本的历史结论：抗日战争时期中国共产党领导的敌后抗日根据地的社会保障工作作为一种战时的经济体制，并不是一种具有持久性和常态性的制度，具有特殊性和临时性。对于社会保障工作要正确处理社会各阶层之间的关系，实事求是地对政策进行处理和调整。建立适度的社会保障水平，同时在社会保障过程中注意开源节流。抗日战争时期敌后根据地的社会保障工作是中国共产党社会管理的有益尝试，积累了丰富的社会管理的经验，是中国共产党发展史上的宝贵财富，为中国社会主义革命和建设时期的社会保障工作提供借鉴。

1.3.2 研究方法

社会保障的研究具有一定的复杂性，以及一定程度的学科交叉性，这决定了对抗日根据地社会保障问题的研究不能局限于传统的、规范式的研究方法，要打破传统的束缚，从发展、开放的角度出发，从历史以外的角度看待和分析历史，既保持历史研究重史料的特色，又能更深入地分析历史问题，所以本书在研究中将社会学研究与历史学研究结合，选择适用的研究方法。

1. 史料分析法:历史研究建立在史料的基础之上,对史料进行甄别、互证、考据有重要的意义。考据是辨别历史文献、历史事实真伪异同的方法,它属于微观史学领域中必不可少的基础层次研究法。本书引用的材料包括抗日根据地的史料集以及史料汇编,这些材料具有客观性和可信性。另外本书引用了满铁调查档案,使用这些材料时需要进行认真的鉴别,所以对史料的考据、甄别是本书研究客观性的重要保证。

2. 系统分析法:系统分析法是指把要解决的问题作为一个系统,对系统要素进行综合分析和考察,不仅注重解决问题内部各个要素之间的有机联系,还注重所解决问题同它赖以存在、发展的外部环境的密切关系。抗日战争期间中国先后共建立十九块根据地,每一个根据地都根据自己的实际情况制定社会保障政策,同时这些根据地的社会保障政策也形成了一个大的系统,在微观分析的同时,必须把这些根据地作为一个系统进行宏观研究,做到宏观和微观结合,才能尽可能地反映历史发展的全貌。

3. 比较分析法:比较分析法要求超越事物的特殊而去考察事物的一般,超越单个事物去研究事物的共同规律,这不仅是一个研究方法,更是以更广阔的眼界与视野看待问题。进行纵向考察是发现社会保障规律,建立社会保障知识体系的基础,本书充分运用这种方法,从纵向将中国抗日根据地不同时期的政策进行比较,分析抗日战争时期社会保障的特点。从横向将敌后根据地不同地区的社会保障政策进行比较分析,挖掘社会保障在不同地区的共性与个性特征。希望通过这种分析可以得出比较全面的结论。

4. 历史分析法:历史分析法注重事物本身的发展演进的轨迹,试图从中总结出历史的发展规律,从而推测出事物未来发展的走向,通过详细地描绘与分析,从而获得能反映这一历史时期的全部现象、一般过程及其各种各样的内部联系与文化背景的第一手资料。本书梳理了根据地社会保障的基本发展历程,分析了土地革命时期中国共产党的社会保障政策对抗日根据地社会保障的影响,以及抗日根据地的社会保障对解放区的社会保障甚至新中国成立后中国社会保障的影响,总结出经验教训,以期发挥历史研究的基本作用。

5. 调查分析法:调查分析法是指通过实地面谈、提问调查等方式收集、了解事物的详细资料数据,并加以分析的方法。中国共产党领导下的抗日根据地分布零散,研究社会保障政策,进行实地调查非常必要。在本书研究过程中,笔者赴各抗日根据地所在地区进行实地调查,走访经历过这段历史的人和事,掌握了丰富的一手史料以及口述史料,提升研究的学术价值以及可信性。

1.4 研究创新

研究视角:本书选题为学科前沿问题,在研究过程中以马克思主义社会保障理论为指导,以现代社会保障理论为突破口,从发展、开放的角度出发,将社会学范式与历史学研究结合、宏观视角和微观视角结合,实现多学科、多领域的交叉研究。在历史研究的基础上希望可以从历史以外的角度看待历史,得到一种全新的认识和体会。

研究内容:现有的研究成果大多数是立足于某一个抗日根据地社会保障体系中的某一项工作进行分析。本书将微观和宏观相结合,既计划考察每个根据地的社会保障的发展变化,又把抗日根据地作为一个整体概念,从宏观考察社会保障的发展演变。同时运用比较史学,对抗日根据地社会保障进行比较研究,以得出基本的历史结论。

材料方面:本书在研究过程中参考了满铁资料,满铁调查部对中国进行了大量的实地调查,其根本目的虽然是为侵略战争服务,但是一些基本的调查数据和结论从一个侧面为研究中国抗日根据地的发展提供依据。

第 2 章　中国抗日根据地社会保障的基础

中国抗日根据地社会保障政策的制定及开展并不是脱离实际的空想，具有深邃的理论基础、深厚的历史基础以及深刻的现实基础。毛泽东将马克思、恩格斯、列宁关于社会保障的论述与中国的基本国情相结合，提出了符合中国革命实践的社会保障理论并用于指导中国革命的实践。土地革命时期的社会保障的经验为抗日战争时期的社会保障提供了借鉴。中国抗日根据地的现实情况是当时开展社会工作最重要的也是必须考虑的立足点。

2.1　理论基础

马克思、恩格斯从一般的、普遍的角度论述了社会保障的基本理论，揭示了社会保障建立的必要性，社会保障的资金来源，论证了社会保障的建立最终是为了实现人与社会的全面发展。列宁将马克思和恩格斯社会保障的理论与俄国革命实际相结合，针对俄国国情重点阐释了以国家保险为主体的社会保险模式，指导了俄国革命实践的发展。毛泽东提出将人民的利益放在首位，将战争需要与人民需求结合起来，这些论述对于保障人民的基本生活以及革命战争的需要有重要的意义。社会学关于社会保障概念的界定以及基本理论的阐述为本书研究框架结构的确定提供了重要支撑。

2.1.1　马克思、恩格斯关于社会保障的论述

针对社会保障的问题，马克思和恩格斯并没有在其著作中直接地、全面地提出自己的观点，而是在论述分配和再生产理论的过程中，逐步建立了社会保障的理论，并将其作为马克思主义整体社会理论的一个重要组成部分，以政治批判的方式谈论社会福利问题，指出资本家对工人发放的福

利是资本家保证资本主义得以延续的有效措施。尽管如此,社会保障问题仍然是马克思主义追求人类解放和进行社会革命过程中不可缺少的一个重要方面。

(1) 社会保障建立的必要性

马克思和恩格斯在其著作中阐释社会保障建立的必要性是立足于对资本主义的本质以及对资本主义的批判的基础之上的。资本主义社会的生产基础是生产资料资本主义私有制,资本家雇佣工人进行生产劳动,创造价值,但是在生产过程中工人可能会遭受意外,会出现疾病甚至会丧失劳动能力,遇到自然灾害等。如果没有必要的保障措施,出现上述情况工人是没有办法应对的,从而影响整个社会生产的发展。这些问题是社会发展过程中必须考虑的问题。另外,随着资本主义大工业的发展以及工业革命的开展,传统的家庭结构解体,"小家庭"模式逐步取代原有的"大家庭"结构;原始的"大家庭"结构,通过家庭成员的努力实现保障的模式逐步丧失了其存在的基础,没有了可能性和必要性。马克思和恩格斯充分认识到了社会发展出现的根本性变化,在《哥达纲领批判》中提出在社会生产中对社会产品进行必要的扣除,扣除品用以满足社会成员的非生产性的需要。这说明马克思主义社会保障思想的基本雏形已经形成。

对于社会保障建立的必要性这个问题,马克思在《资本论》中进行了论述。他认为,"在不变资本的再生产过程中,从物质方面来看,总是处在各种使他遭到损失的意外和危险中"[①],无法预知的损失和危险使人的生活处于一定的风险之中。为了应对这种风险,社会必须建立一种体制筹集一定的基金,以期能够应付这种风险,这说明社会保障的建立是社会发展以及保证社会正常运行的必要手段。社会保障基金的建立一方面是扩大再生产的重要保证,另一方面使劳动者的生活在必要的时候得到帮助和救济,获得各种福利,从而有利于社会的稳定和持续性发展。

马克思在《资本论》中对社会保障建立必要性的论述是从应付突发事件角度考虑的,恩格斯在《反杜林论》中对社会保障建立的必要性进行阐述是从社会持续发展的需要入手的,"劳动产品超出维持费用,而形成的剩余,以及生产基金与后备基金从这种剩余中形成积累,过去和现在都是一切社会的、政治的、智力的继续发展的基础"[②]。恩格斯的论述着眼于生产

---

① 马克思:《资本论》(第3卷),北京:人民出版社,1975年版,第958页。
② 马克思、恩格斯:《马克思恩格斯全集》(第26卷),北京:人民出版社,2014年版,第203页。

和社会的持续发展,社会保障基金既可以满足生产的需要,又可以使整个社会处于持续有序的发展状态,是社会良好、有序运行的重要保障。

在进行理论阐释的同时,马克思和恩格斯站在工人的立场提出了具体的要求,同时说明社会保障的责任主体是政府。1848年,马克思、恩格斯在《共产党在德国的要求》一文中提出:"建立国家工厂,国家保证所有的工人都有生活资料,并且负责照管丧失劳动力的人"①。这种要求明确体现了马克思和恩格斯对工人利益的维护。在《对德国工人纲领的几点意见》中对工人的劳动时间,限制妇女劳动和禁止童工,对于工厂工业、作坊工业和家庭工业实行国家监督等几项内容提出了具体的修改意见,使其保护工人的利益更加具体更加有指向性。另外,对于纲领中忽略的工厂立法中关于卫生设施和安全措施等部分进行了补充。

(2)社会保障的资金来源

社会保障不仅需要制度的支持,更需要充足的资金作为支撑。马克思对社会保障的论述分析了社会保障的资金来源。马克思认为,社会保障的资金来源于社会总产品的扣除,即马克思主义的社会总产品的"扣除理论"。

马克思在《哥达纲领批判》中首先把"劳动所得"这个用语理解为"劳动产品",集体劳动所得就被解释为社会总产品,为了保证社会生产的稳定发展以及人民的基本生活需要,社会总产品在分配给劳动者个人时,必须进行一定的扣除,用来补偿消费掉的生产资料,扩大生产的追加的部分,应付不幸事故、自然灾害等。进行这一部分扣除之后,"剩下的总产品中的其他部分是用来作为消费资料的。在把这部分进行个人分配之前,还得从里面扣除:第一,和生产没有关系的一般管理费用;第二,用来满足共同需要的部分,如学校、保健设施等;第三,为丧失劳动能力的人等设立的基金,如官办济贫事业"②。马克思的论述表达了保险必须由剩余价值补偿,是剩余价值的一种扣除。

关于社会保障资金的来源问题,马克思在《资本论》第3卷中做出了具体阐述。马克思指出"利润的一部分,即剩余价值的一部分,必须充当保险基金","甚至在资本主义生产方式消灭以后也是必须存在的一部分","这部分基金是收入中既不能做为消费也不一定用作积累的唯一部分"③。马克思的这种阐述指明社会保障基金的存在与生产方式没有必然的联系,资

---

① 马克思、恩格斯:《马克思恩格斯全集》(第5卷),北京:人民出版社,2016年版,第4页。
② 马克思:《哥达纲领批判》,北京:人民出版社,2018年版,第13页。
③ 马克思:《资本论》(第3卷),北京:人民出版社,1975年版,第958页。

本主义条件下社会保障基金由剩余价值的一部分充当,社会主义生产条件下剩余价值消失之后仍然可以存在,同时对于保障基金的用途进行了方向性的规定。

马克思提出的"扣除理论"与其剩余价值理论紧密相关,在资本主义条件下社会产品的扣除是人们的剩余劳动创造的剩余产品的一部分,是资本家对工人剩余价值的压榨,体现了资本家对工人剥削的实质。在此基础之上,马克思认为利润的一部分,即剩余价值的一部分必须充当保险资金,以保证工人的基本生活,维护工人阶级的利益。

(3) 社会保障是人与社会的全面发展

马克思指出资本主义保险制度具有两大职能:"分摊损失"和"补偿损失"。所谓分摊损失,是指"把资本家的损失平均分摊,或者说,更普遍地在整个资本家阶级中分摊"[①]。补偿损失功能是指"这种基金是收入中既不能作为收入来消费,也不一定用作积累基金的唯一部分。它是否事实上用作积累基金或者只是用来补偿再生产上的短缺,取决于偶然的情况"[②]。分摊损失,广义的理解就是把损失分摊到社会上的每一人,这样可以减少单个人的损失以及社会风险。补偿损失表明了社保基金的用途具有偶然性,可以补偿生产上的损失,可以保障生产的顺利进行。

对社保基金的扣除原则,马克思在《哥达纲领批判》中有所涉及,"在经济上是必要的,至于扣除多少,应根据现有的资源和力量来确定,部分地应当根据概率论来确定,但是这些扣除根据公平原则无论如何是不能计算的"[③]。马克思的观点重点强调了扣除资金并没有统一的标准,也不能做到绝对的公平,必须要根据实际的生产情况进行确定,也就是根据实际的生产力水平确定,不能超出现有的生产力水平。这样既保证了社会生产的安全有序进行,又能保障人民的生活,给人民以福利,防止意外灾害等对人民的生活造成冲击。

马克思和恩格斯关于社会保障的论述一定程度上表达了社会保障的理想状态,即促进社会与人的全面发展。但是历史发展最终证明这只是马克思主义者在追求人类解放过程中的美好愿望,资本主义社会条件下的社会保障本质是资本家剥削工人的工具。恩格斯在《英国工人阶级的状况》中为了揭露资本主义社会保障的实质,做了形象的比喻:资产阶级从工人

---

① 马克思、恩格斯:《马克思恩格斯全集》(第26卷第3册),北京:人民出版社,2016年版,第393页。
② 马克思:《资本论》(第3卷),北京:人民出版社,1975年版,第958页。
③ 马克思:《哥达纲领批判》,北京:人民出版社,2018年版,第13页。

身上掠得一只火腿,丢还给工人一根香肠。

根据马克思主义社会保障的基本观点,社会保障制度是任何社会形态下都存在的,是社会存在与发展的重要保证。但是资本主义制度下的社会保障与社会主义制度下的社会保障是有本质区别的,追求人与社会的全面发展是社会主义社会条件下追求的目标,是社会主义特有的,是无产阶级伟大的政治理想,要想实现人与社会的全面发展必须推翻资本主义制度。

2.1.2 列宁关于社会保障的论述

列宁继承并发展了马克思和恩格斯社会保障的相关思想及理论,在充分理解其内涵的基础上将其与俄国社会主义革命与建设的实践相结合,积极探索社会主义国家社会保障制度的模式、原则以及发展前景,丰富了马克思主义社会保障理论,留下了宝贵的财富,并对俄国社会保障的发展以及解决工农群众的生活发挥了重要的作用。

(1) 社会保障模式以国家保险为主体

1912年俄国社会民主工党第六次全国代表大会上,在《关于对杜马提出的工人的国家保险法案的态度》中对国家保险做了充分的论述。俄国的基本国情在于雇佣工人以工资的形式取得的报酬仅仅能够满足工人基本的生活需要,对于出现的伤残、疾病、养老等问题无力应付,这种情况下,保险就变得非常重要。列宁认为保险是资本主义发展的整个进程所决定的一种改革,最好的工人保险形式是工人的国家保险,国家保险应根据以下原则建立,"(一)在工人丧失劳动力的一切情况(伤残、疾病、年老、残废;还有女工的怀孕和生育;供养人死亡后所遗寡妇和孤儿的抚恤)下,或在他们因失业而失去工资的情况下,国家保险都应给工人以保障;(二)保险应该包括一切雇佣劳动者及其家属;(三)对一切被保险人都应按照偿付全部工资的原则给予补偿,同时一切保险费应由企业主和国家负担;(四)各种保险应由统一的保险组织办理,这种组织应按区域和按被保险人完全自行管理的原则建立"①。这些原则对国家保险的对象、补偿原则及管理进行了说明,其中在保险对象上应该涵盖一切雇佣劳动者及其家属,对工人丧失劳动力的各种情况进行了说明,体现了列宁领导下的苏维埃俄国国家保险保障对象的广泛性。在确立国家保险原则的同时,列宁对国家杜马通过的政府法案进行了批判,认为政府法案存在范围狭小、补偿费用少、管理不独立等缺点。从覆盖地区角度分析,高加索、西伯利亚等地工人;从行业看,农

---

① 列宁:《列宁全集》(第二版增订版)(第21卷),北京:人民出版社,2017年版,第155页。

业工人、建筑工人、铁路工人、邮电工人、店员等被置于保险范围之外。列宁对国家杜马通过的政府法案的批判从另一个层面说明了其提出的国家保险是符合俄国国情的,体现了无产阶级的根本利益。

1919年3月俄国共产党第八次代表大会通过的《俄国共产党(布尔什维克)纲领》中以专门的章节对劳动保护和社会保障以及人民的保健事业进行了说明。

苏维埃政权作为无产阶级专政的典型代表,在《劳动法典》中明文规定"所有劳动者的工作日最长为8小时,对未满18岁者,对在特别有害健康的生产部门工作的人,以及在地下工作的旷工,工作日不得超过6小时,所有劳动者每周都应有42小时的连续休息"①。并对一些特殊的情况具体说明,例如妇女产前产后的假期、哺乳期妇女的喂奶时间及补助、加班加点及夜班的规定等。由此可以看出,"苏维埃政权通过立法手续对于一切不剥削他人劳动的劳动者实行充分的社会保障,凡丧失劳动能力的人以及——世界上破天荒第一次——遭到失业的人,都由雇佣者和国家给予生活保障"②。

列宁对于工人保险的设想一定程度上得到了实践,但是由于战争引起的极大破坏和帝国主义列强的进攻,迫使苏维埃政权不得不采取融通的办法,允许加班,增加夜间工作时间。但是要有一定的监管和限制。在俄国共产党第八次代表大会上俄国共产党给自己提出了基本任务,"在劳动生产率普遍提高时,要确立至多6小时的工作制,而不减少劳动报酬,劳动者应另抽出两小时用于学习工艺理论和生产理论以及实际学习管理国家的技术和军事技术,不再另付报酬。实行对提高劳动生产率的奖励制度"③。俄国共产党对自己提出的任务体现了其远大的无产阶级革命理想,既考虑了无产阶级的当前利益,又将其自身发展与国家发展融合起来。

以列宁为代表的俄国提出的国家保险政策逐步推进,并取得了一定的成果,"1922年底,全国逐步形成了一种全新的、以国家保险为主要内容的、各阶层群众广泛享受的社会保障制度,在人类发展史上,首次实现了工人阶级及其广大的劳动者享受社会保障并得到自己阶级专政政权下的制度保障"④。其所创建的一些体现社会主义优越性的社会保障政策,已经远远超过了资产阶级对工人阶级实施的社会保障措施,对资本主义社会保障制

---

① 列宁:《列宁全集》(第二版增订版)(第36卷),北京:人民出版社,2017年版,第421页。
② 同上书,第422页。
③ 同上书,第423页。
④ 梅哲:《列宁的社会保障思想研究》,《马克思主义研究》,2007年第8期,第113页。

度形成了强有力的冲击,对国际无产阶级革命运动起到了强大的推动作用,也为无产阶级进行社会主义事业的伟大实践提供了范例。

(2) 社会保障的实现必须与生产力发展水平相适应

社会主义社会保障最根本的目的是为了维持人民的基本生活并逐步提高其生活水平,社会保障水平应该与生产力水平密切相联系,并且随着生产力水平发展的变化而调整。如果社会保障水平过高,超出了社会生产力发展水平,不仅会影响社会整体经济运行,而且会影响人民的根本利益和长远利益。列宁在论述俄国社会保障问题时充分尊重了这一原则,提出将社会保障的实现与按劳分配相结合。这既考虑了维护人民的利益,又结合了俄国经济发展水平,同时是在社会物质产品并不是很丰富的情况下实现经济持久发展的重要手段。

苏俄共产党"在社会保障方面,不仅对战争及自然灾害的受害者,而且对那些因不正常的社会关系而遭受损害的人们,都要组织广泛的国家救济,坚决与各种寄生行为和懒汉思想进行斗争,并规定自己的任务就是要使每一个脱离劳动正轨的人回到劳动生活中去"[①]。通过广泛的社会保障措施保证每一个劳动者可以通过劳动获得基本的生活保障,坚持按劳分配,实行不劳动者不得食的原则,这是社会主义力量的源泉,是社会主义存在和发展的基础,更是社会主义最终胜利的不可摧毁的保障。

1923年4月俄共(布)第十二次代表大会决议中指出,"在当时的条件下,对劳动法规的实际执行情况,关于劳动力、工资、各种工作日的长度、社会保险费的扣除,文化教育费等一切条例的执行情况,必须进行仔细的检查,其目的一方面是为了在目前工业状况能允许的范围内最大限度地满足工人的需要,另一方面是为了取消或暂时修改在目前经济状况显然不能实现的各种条例"[②]。这些论述体现了社会保障应该以按劳分配的形式与生产力发展水平相结合,"否则生搬硬套地采取一些与实际生产力水平不相称的措施,则是'最亏本、最不合理的社会保证形式',是违背工人阶级的将来利益的"[③]。

社会保障的实现必须与生产力发展水平相适应,这一原则在苏维埃俄国的另一个表现在于俄国对饥荒问题的应对。俄国由于内战及帝国主义的侵略出现了严重的饥荒。俄国共产党立足于当时的国情积极应对饥荒,

---

① 列宁:《列宁全集》(第二版增订版)(第36卷),北京:人民出版社,2017年版,第423页。
② 〔俄〕契尔年科、斯米尔丘科夫主编,官静娴等译:《苏联共产党和苏联政府经济问题决议汇编》(第1卷),北京:中国人民大学出版社,1984年版,第387页。
③ 同上书,第386页。

列宁深刻分析了俄国1912年的严重饥荒,认为出现饥荒与腐朽落后的沙皇专制制度密不可分。面对严重的饥荒,鼓励工人积极参与,赈济灾民,参加那些为消除饥荒而建立的委员会,将捐款交给社会民主党党团,交给工人的联合会、俱乐部及其他团体。俄国共产党提出的这些赈灾措施说明俄国共产党对俄国国情有充分认识,并立足于此采取了相应的措施,保证了社会赈济工作的效果。

（3）社会保障应该采取灵活的资金筹集方式

资金来源是社会保障中一个重要的问题,没有充分的资金保障谈不上合理的、有效的社会保障。列宁在社会保障资金筹集问题上,根据俄国国情的具体情况采取了灵活多样的方式。"1912年列宁在论述建立合理工人保险的原则时,提出'一切保险费都由企业和国家负担'。十月革命后,列宁领导布尔什维克党拟定保险资金从累进的所得税、财产税和遗产税中提取,在实施这些税以前,临时向雇主征收专款。"①由国家和企业共同负担工人的保险费的规定,体现了国家的责任主体作用,以及企业的社会责任。这是由俄国的具体国情决定的,沙俄专制统治造成俄国生产力水平低下,人民贫困,无法承担相应的社会责任,只能由国家和企业共同承担。

1918年10月苏维埃俄国颁布《劳动者社会保障条例》,规定"社会保障基金主要由国营企业、机关和私营企业按照规定的比例缴纳的费用形成。随着国家经济状况的好转,国家机关和国营企业不再缴纳保险费,只有私营企业继续缴纳,社会保障费用主要由国家预算拨款承担"②。这在原有的基础之上,将各部分承担的费用制定了具体的比例,并在国家经济状况好转的情况下取消国家机关和国营企业的缴纳。

1921年俄国组建了农民互助委员会,通过农民互助的形式,解决生产力水平低下情况下劳动力、生产工具、土地等缺乏的问题,帮助红军战士家庭、贫农和力量单薄的农户,实现社会的共同发展,群众互助成为特殊条件下一种非常态化的社会保障资金筹集方式。"1922年底保险制度最终形成时,保险基金主要由国营和合作社企业的公共基金构成,在私营企业里,保险基金完全由雇主支持,这样就较好地处理了社会保险基金的筹备问题。"③苏维埃俄国统治下由国家和雇主承担社会保障资金,这一措施是对

---

① 杨志文:《列宁社会保障思想研究》,《青海民族研究（社会科学版）》,1995年第4期,第97页。
② 王振宇:《列宁社会保障思想探析》,《理论界》,2012年第4期,第10页。
③ 杨志文:《列宁社会保障思想研究》,《青海民族研究（社会科学版）》,1995年第4期,第97页。

工人阶级利益的维护,有利于调动工人阶级的生产积极性,但是一定程度上超出了俄国生产力发展水平,是无产阶级政治理想的体现。

另外,列宁在人民保健方面提出了自己的主张,"坚决实行有利于劳动者的广泛的卫生措施;防止社会疾病(结核病、花柳病、酒精中毒等);保证人人都享受免费的、合格的医疗和药物"①,这些具体的措施体现了苏维埃俄国对人民利益的深切关注,这是无产阶级专政下社会保障与资本主义制度下社会保障的本质区别之一。

2.1.3 毛泽东关于社会保障的论述

毛泽东继承了马克思、恩格斯、列宁等经典作家对社会保障的基本论述及观点,并将其与中国的革命及建设的具体实际情况相结合,提出了关于社会保障的基本观点,逐步形成了具有中国特色的社会保障理论体系,指导中国革命与建设的实践。

(1)将人民的利益放在首位

以毛泽东为代表的中国共产党第一代领导集团始终将人民的利益放在第一位,尽全力保障人民的基本生活。毛泽东曾指出中国革命的目的是"为了使中华民族得到解放,为了实现人民的统治,为了使人民得到经济幸福"②。将人民的幸福确定为中国革命的目的之一,这充分体现了他对人民利益的重视与关切。1942年毛泽东指出:"一切空话都是无用的,必须给人民看得见的物质福利。组织人民、领导人民、帮助人民发展生产,增加他们的物质福利,并在这个基础上一步一步地提高他们的政治觉悟和文化程度。"③给人民看得见的物质福利既是为了调动人民的革命积极性,积极抗战,同时也是维护人民利益的重要措施。

毛泽东对人民利益的重视不仅表现为制定相应的规则和纲领,而且表现为维护人民生存、提高人民生活水平的具体措施的提出与实施。他非常重视社会救济工作,在战争年代对于因为战争及自然灾害形成的灾民、难民积极关注,并提出相关措施进行救助。1937年8月发表的《为动员一切力量争取抗战胜利而斗争》中提出将改善工人、职员、教员和抗日军人的待遇、优待抗日军人家属、救济失业、赈济灾荒等内容作为抗日救国的纲领,这些内容对于保障人民的生活有重要的意义。新中国成立之后面对社会

---

① 列宁:《列宁全集》(第36卷),北京:人民出版社,1985年版,第424页。
② 毛泽东:《毛泽东文集》(第1卷),北京:人民出版社,1993年版,第21页。
③ 毛泽东:《毛泽东文集》(第2卷),北京:人民出版社,1993年版,第467页。

混乱、经济凋敝的情况,毛泽东进一步强调社会救济的重要性,"一切合作社有责任帮助鳏寡孤独、缺乏劳动力的社员(应当吸收他们入社)和虽然有劳动力但是生活上十分困难的社员,解决他们的困难"①。毛泽东提出的将缺乏劳动力的人吸收入社是对社会弱势群体的帮扶,保证了这些人的基本生活,维持了社会稳定。

毛泽东对于工人就业及失业人员的救济工作非常重视,抗日战争时期领导中国共产党制定《施政纲领》,对工人的工作时间、工资等情况进行了具体的说明。在《论联合政府》中,具体说明了新民主主义制度下对于工人利益的保护,"保护工人利益,根据情况的不同,实行八小时到十小时的工作制以及适当的失业救济和社会保险,保障工会的权利"②。1950年6月毛泽东发表《为争取国家财政经济状况的基本好转而斗争》,进一步指出"必须认真地进行对于失业人员和失业知识分子的救济工作,有步骤地帮助失业者就业,必须继续认真地进行对于灾民的救济工作"③。这些论述体现了毛泽东对于工人就业的高度重视,具体到实践中,对保障工人及知识分子的利益有重要的意义。中华人民共和国成立初期,失业现象比较严重,毛泽东提出"要合理地调整工商业,使工厂开工,解决失业问题,并且拿出二十亿斤粮食解决失业工人的吃饭问题,使失业工人拥护我们"④。毛泽东的这一论述表明其不仅在理论上重视就业问题,而且积极推动实践的开展,将理论与实践结合起来。

中国共产党从建立之日起就非常重视劳动保护工作,这既是夺取和建立政权的需要,也是中国共产党作为工人阶级先锋队的阶级属性的重要体现。毛泽东将马克思、列宁的劳动保护的理论与中国的国情相结合,发展了该理论。1922年毛泽东在其撰写的《更宜注意的问题》一文中,"强调注意劳工的三件事:劳工的生存权、劳工的劳动权、劳工的劳动全收权"⑤。毛泽东对劳动权利的论述由低层次向高层次逐步推进,对于不能生存的人、失业的人首先应该解决他们的生存和就业,劳动全收权是指工人做的东西完全归工人自己,这是一种共产主义理想。毛泽东关于劳工的论述虽然还不全面,但是已经体现了劳动保护的基本内涵。1945年毛泽东在《论联合政府》中从劳资关系出发系统地论述了劳动保护,"一方面保护工人利益,

---

① 毛泽东:《毛泽东文集》(第6卷),北京:人民出版社,1999年版,第465页。
② 毛泽东:《毛泽东选集》(第3卷),北京:人民出版社,1991年版,第1082页。
③ 毛泽东:《毛泽东文集》(第6卷),北京:人民出版社,1999年版,第71页。
④ 同上书,第74页。
⑤ 毛泽东:《毛泽东文集》(第1卷),北京:人民出版社,1993年版,第8页。

实行八小时到十小时的工作制以及适当的失业救济和社会保险,保障工会的权利;另一方面保证国家企业、私人企业和合作社企业在合理经营下的正当的赢利,使公私、劳资双方共同为发展工业生产而努力"①。这保证了工人的眼前利益,同时有利于工人的长远利益的维护,是毛泽东劳动保护理论的重要特点。

(2)将战争需要与人民需求结合起来

毛泽东的社会保障思想是在中国革命长期实践中产生与发展的,所以在论述社会保障的相关内容时将解决民生问题与满足战争需要结合起来,这在社会优抚问题上得到了充分的体现。中华苏维埃第一次全国代表大会通过并颁布了《中国工农红军优待条例》和《红军优抚条例》等文件,提出了一整套优待红军及其家属的措施。《中国工农红军优待条例》对于红军战士及家属的土地分配及耕种,红军及其家属日常生活的有关待遇等都做了明确的规定。毛泽东在井冈山主持制定《土地法》提出:"红军及赤卫队的官兵,在政府及其他一切公共机关服务的人,均得分配土地,如农民所得之数,由苏维埃政府雇人耕种。"②这些规定一方面体现了毛泽东对于红军战士及其家属利益的维护,另一方面调动了红军将士参军及作战的积极性,有利于革命战争的胜利。抗日战争时期毛泽东立足于抗日战争的基本国情,领导制定了一系列社会优抚条例,调动了人民抗战的积极性,促进了抗日战争的发展。

抗日战争时期民族矛盾上升为中国社会的主要矛盾。为了巩固和扩大抗日民族统一战线,动员全社会各阶级、阶层积极抗战,毛泽东对以往的劳动政策进行了分析,认识到以往的劳动保护政策存在着"左"的倾向,既不利于抗日战争的大局,也不利于对工人阶级根本利益的保护,所以实事求是地进行了调整,使其更加合理化。在《论政策》中更具体地指出了在劳动保护方面的调整:"切忌过左,加薪减时均不应过多。在中国目前的情况下,八小时工作制还难以普遍推行,在某些生产部门内还须允许实行十小时工作制。其他生产部门,则应随情形规定时间。"③这些认识纠正了中国共产党在劳动保护方面的一些过激做法,同时避免了矫枉过正,将工人阶级的眼前利益和长远利益相结合,不仅使抗日民主政府的劳动立法纳入正确的轨道,而且使劳动保护最终成为促进社会良性运转的重

---

① 毛泽东:《毛泽东选集》(第3卷),北京:人民出版社,1991年版,第1082页
② 江西省档案馆、中共江西省委党校党史教研室选编:《中央革命根据地史料选编》(下),南昌:江西人民出版社,1982年版,第362页。
③ 毛泽东:《毛泽东选集》(第2卷),北京:人民出版社,1991年版,第766页。

要因素。

毛泽东对于社会优抚工作的重视以及对于劳动政策的调整深刻体现了其思想观点中将战争需要与人民需求结合起来的特点。毛泽东对社会保障的论述立足于中国战争的基本形势,既动员了人民的积极性,满足了战争的需要,又从根本上维护了人民的长远利益。这既是毛泽东思想的发展,也是其对中国革命及发展的重大贡献。

(3) 社会保障水平与生产力水平一致

社会保障水平与生产力水平密切相关,马克思、恩格斯、列宁等在其著作中多次提出社会保障与生产力水平相适应,毛泽东继承了这一观点,并进行了进一步地阐释。毛泽东认为"为着争取物质上的条件去保障红军的给养和供给;为着改善人民群众的生活;为着在经济战线上把广大人民群众组织起来;为着从经济建设去巩固工人和农民的联盟,为着这一切,就需要进行经济方面的建设工作"。① 在此,毛泽东提出必须发展生产力以满足社会保障的物质需要。抗日战争时期毛泽东多次提出根据现有的生产力水平对社会救济和社会优抚的标准进行调整,并根据实际情况对劳动保险中出现的"左"的倾向进行调整。1946年,毛泽东在审阅关于经济建设的几项通知的初稿时,特别指出工人的福利提高要在发展生产繁荣经济中求得。

新中国成立后毛泽东充分认识到中国的国情,并提出当时社会的主要矛盾是人民日益增长的物质文化需要同落后的生产力之间的矛盾,在《论十大关系》中提出发展生产力的要求。毛泽东的论述符合经济及社会发展的规律,对于促进社会和谐稳定有重要的意义。毛泽东在社会保障中特别重视群众互助,这些措施一方面是生产力水平低下,劳动力、生产工具等缺乏的情况下,解决人民生活需要的必要措施,另一方面人民互助是无产阶级政权性质的一种重要的体现。

毛泽东的社会保障思想与马克思主义社会保障思想一脉相承。例如,重视社会保障中的法制化建设,强调国家在社会保障过程中的主体作用,根据中国社会发展以及抗日战争的实际情况,提出相应的观点、制定切实可行的社会保障措施,并不断进行调整、纠错,使之沿着正确的路径发展,对于中国新民主主义革命、社会主义革命以及社会主义建设期间社会保障的发展以及中国社会的发展有重要的指导意义。

---

① 毛泽东:《毛泽东选集》(第1卷),北京:人民出版社,1991年版,第119页。

根据以上马克思、恩格斯、列宁、毛泽东等经典作家对于社会保障的相关论述,可以得出以下几点结论:第一,马克思主义社会保障思想是一脉相承的,存在着密切的继承关系,其思想核心不变,从根本上讲都是以人民利益为根本,维护人民的基本利益和长远利益;第二,马克思主义社会保障思想是不断向前发展的,社会保障的范围不断扩大,马克思、恩格斯、列宁等人提出保障工人阶级的利益,毛泽东进一步提出保障农民阶级的利益;第三,马克思主义社会保障思想来源于社会发展的具体实践,又进一步指导了社会发展的实践,具体表现在马克思主义社会保障理论在与国情相结合的过程中不断指导本国的实践;第四,以科学的态度对待马克思主义社会保障理论,理论的产生立足于一定时期的历史实践,随着实践的发展,对于一些理论要采用历史的辩证的观点进行分析;第五,社会保障的存在、发展与社会形态没有必然的联系,但是社会主义制度下的社会保障体现了无产阶级伟大的革命理想和政治愿望,符合人类文明发展的基本要求。

2.1.4 社会学对社会保障概念的界定

社会保障是随着人类社会历史发展及工业化进程逐步产生的概念,所以社会保障并不是一个静态的概念,它是一个动态的发展的概念,不同时代、不同国家都赋予它不同的含义和内容;社会保障也不是一个单一的概念,它是经济学、社会学、政治学、法学等多领域多学科的综合概念。对社会保障概念从社会学角度进行科学、合理地界定对于研究抗日战争时期社会保障的开展有重要的意义。现代意义上的社会保障制度,萌芽于19世纪上半叶英国颁布并实施的《新济贫法》。19世纪末德国适应工业社会的需要,率先建立现代社会保险制度,标志着现代意义的社会保障制度正式建立[①]。社会保障的概念最早见于美国颁布的《社会保障法案》,英文名为social security,从这个名字中可以看出社会保障对于维护社会安全的重要意义。美国《社会保障法案》颁布后,"社会保障"一词逐渐为国际组织及多数国家所接受。

各国政府与学术界对社会保障这个概念的界定虽然基本精神相同,但是在具体内容的阐释上存在很大差别,呈现出多样化的特征:

---

① 童星:《社会转型与社会保障》,北京:中国劳动社会保障出版社,2007年版,第1页。

表 2-1 社会保障概念界定①

国外	国际劳工组织	通过一定的社会组织对这个组织的成员所面临的风险提供保障,为公民提供保险金、预防或治疗疾病、失业时资助并帮助他重新找到工作。
	美国	根据政府法规而建立的项目,给谋生能力中断或丧失的个人以保险,还在其结婚、生育或死亡而需要某些特殊开支时提供保障。为抚养子女而发给的家属津贴也包括在这个定义之中。
	日本	国民在生活上蒙受诸如失业、伤病、高龄等各种事故,而使这些国民的生活源泉所得出现中断或减少,给国民生活带来困难时,通过社会保障机制进行国民再分配,保障其最低限度的收入所得,由国家来救济国民生活之缺损。
国内	香港 官方	以政府为责任主体并通过向有需要的人士直接发放款项的方式提供的福利。
	香港 周永新	政府为保障国民最低生活需求所采取的政策措施,包括非供款性的社会救助、供款性的社会保障和普through津贴制度等。
	香港 莫泰基	政府设立制度,运用大众的财富,给予需要的人最基本或应得的援助,借以维持生活需要,以及配合社会发展,增加国民福利。
	台湾	政府以社会救助、社会保险以及公共服务等不同方式,对于遭遇危险事故,以致失能、失依,因而生活受损的人,提供各项生活需求,给其以健康保障、职业保障及收入保障,从而促进民族健康、全民就业及民生均足。
	内地（大陆） 陈良瑾	国家和社会通过国民收入的分配与再分配,依法对社会成员的基本生活权利予以保障的社会安全制度。
	内地（大陆） 侯文若	对贫者、弱者实行救助,使之享有最低生活,对暂时和永久失去劳动能力的劳动者实行生活保障并使之享有基本生活,以及对全体公民普遍实施福利的措施,以保证福利增进,而实现全社会安定,并让每个劳动者乃至公民都有生活安全感的一种社会机制。
	内地（大陆） 郑功成	各种具有经济福利性的、社会化的国民生活保障系统的统称,包括社会保险、社会救助、社会福利及其他各种具有经济福利性、社会化的、以保障和改善国民生活为根本目标的社会性保障措施。

---

① 根据郑功成:《社会保障学——理念、制度、实践与思辨》,北京:商务印书馆,2000年版,第4—9页整理。

表 2-1 是对社会保障概念的总结,据此对社会保障概念进行深入分析:

(1) 国外对社会保障概念的界定

以维护劳工权益为主旨的国际劳工组织对社会保障的概念进行了界定,1942 年提出"通过一定的组织对这个组织的成员所面临的某种风险提供保障,为公民提供保险金、预防或治疗疾病、失业时资助并帮助他重新找到工作"①。国际劳动保护组织对社会保障这个概念的界定,初步涉及了失业保险和医疗保险,帮助组织成员避免风险,稳定组织成员的生活,但是其涉及的内容并不是很全面。此后,国际劳工组织一直关注社会保障,1952 年国际劳工大会通过了《社会保障(最低标准)公约》,其中明确提出了九项内容,即失业津贴、工伤津贴、老龄津贴、残疾津贴、遗属津贴、医疗津贴、疾病津贴、家庭津贴、生育津贴(其中前五种属于主要津贴),规定一个国家只要实行津贴(其中至少包括一种主要津贴),就可以被认定为建立了社会保障制度②。这项规定说明国际劳工组织主要以发放津贴的形式对社会保障进行界定,如此详细的规定体现了国际劳工组织对社会保障工作的重视。

德国作为社会保险制度的发源地,基于市场经济的理论,将社会保障理解为社会公平和社会安全,理解为对竞争中不幸失败的那些失去竞争能力的人提供基本的生活保障③。德国的社会保障理论从社会保障的公平性以及社会保障的作用进行界定。1942 年英国人贝弗里奇向英国内阁提交了《社会保险和相关服务》,亦称"贝弗里奇报告",该报告检讨了当时英国所实行的社会保障制度的缺陷,就福利国家体系的构建提出了一系列重要的指导性原则,确立了战后英国社会保障计划的基本结构。另外该报告详细界定了社会保障概念的范围:"社会保障一词在此处用于表述下列情况下对收入的保障:替代因失业、患病或出现事故而中断的收入;为年老退休者发放待遇;为抚养人死亡后失去生活来源者提供待遇;解决因出生、死亡、婚姻等发生的额外生活支出。社会保障主要是指达到最低标准的收入保障,但提供的待遇应尽可能让享受者不至于出现收入中断的情况。"④这个报告并不是致力于解决零散的社会问题,而是制定了系统的社会保障计划,将社会保障作为一个系统工程呈现,成为二战后主要资本主义国家制定社会政策的重要依据。美国对社会保障的界定相对比较翔实、具体,"对

---

① 郑功成:《社会保障学——理念、制度、实践与思辨》,北京:商务印书馆,2000 年版,第 5 页。
② 童星:《社会保障与管理》,南京:南京大学出版社,2002 年版,第 14 页。
③ 陈良瑾主编:《社会保障教程》,北京:知识出版社,1990 年版,第 1—2 页。
④ 童星:《社会转型与社会保障》,北京:中国劳动社会保障出版社,2007 年版,第 127—128 页。

于因年老、长期残疾、死亡或失业而失去工资收入者提供保障,同时对老年和残废期间的医疗费用提供保障。老年、遗属、残废和健康保险计划对受保险的退休者或残废者和他们的家属,以及受保险者的遗属,按月提供现金保险待遇"①。美国对社会保障的界定涉及对老年人、残疾人以及他们的家属的津贴,后来随着形势的发展,范围进一步拓展,其他津贴也被列入社会保险的范围之内。

(2)国内对社会保障概念的界定

中国社会保障的历史虽然很漫长,但是现代意义的"社会保障"概念的引入比较晚。1986年,中国《国民经济和社会发展第七个五年计划》中首次提出"'逐步建立具有中国特色的社会保障制度的雏形','社会保障'一词在我国开始广泛使用,被当做国家和社会对社会成员的基本生活提供基本保障的统称"②。中国政府对社会保障的界定是一个非常广义的概念,它将对社会成员的基本保障纳入这个体系中,体现了社会保障内涵的广泛性和全面性。港澳台及内地(大陆)的学者从学术角度对社会保障的概念进一步研究,对社会保障概念的界定愈发细化,这种细化使其指导性得到强化。

香港学者周永新认为,社会保障是政府为保障国民最低生活需求所采取的政策措施,包括非供款性的社会救助、供款性的社会保险和普遍津贴制度等。香港另一学者莫泰基指出,社会保障可以理解为一个政府设立的制度,运用大众的财富,给予需要的人最基本或应得的援助,借以维持生活需要,以及配合社会发展,增强国民福利③。香港学者对社会保障的界定突破了以往的限制,认为社会保障既包括非供款性援助,还包括供款性保障,例如社会保险等。台湾当局和台湾地区的学者在进行概念界定时注重社会保障内涵的界定,从社会保障的组成部分入手,对社会救助、社会保险、社会福利等内容进行分析。台湾地区将社会保障界定为"社会保障是国家以社会救助、社会保险以及公共服务等各种不同方式,对于国民之遭遇危险事故,以致失能、失依、因而生活受损的人,提供各项生活需求,给其以健康保障、职业保障及收入保障,并从而促进民族健康、全民就业及民生均足"④。

---

① 王玉先主编:《外国社会保障制度概况》,北京:中国工人出版社,1989年版,第122页。
② 童星:《社会转型与社会保障》,北京:中国劳动社会保障出版社,2007年版,第3页。
③ 郑功成:《社会保障学——理念、制度、实践与思辨》,北京:商务印书馆,2000年版,第7—8页。
④ 同上书,第8页。

中国内地(大陆)学者对社会保障概念的界定成果比较丰富,陈良瑾认为:"社会保障是国家和社会通过对国民收入的分配与再分配,依法对社会成员的基本生活权利予以保障的社会安全制度"。① 这个界定从社会保障的实质分析了社会保障通过国民收入的再分配,实现对社会成员的基本生活的保障。侯文若认为:"社会保障可理解为对贫者、弱者实行救助,使之享有最低生活,对暂时和永久失去劳动能力的劳动者实行生活保障并使之享有基本生活,以及对全体公民普遍实施福利措施,以保证福利增进,而实现全社会安定,并让每个劳动者及至公民都有生活安全感的一种社会机制。"② 这一概念侧重于论述社会救助以及国民的福利性措施,以及通过这些措施增强全体公民的安全感,相对而言是一个比较狭义的社会保障的概念。郑功成在对以往的社会保障概念分析的基础上,借鉴国内外的相关研究成果,认为"社会保障是各种具有经济福利性的、社会化的国民生活保障系统的统称"③。这一概念从经济福利性和社会性规定了社会保障的外延和内涵,从国民生活角度分析了社会保障的最终目的,包含了社会保险、社会救助、社会福利以及一切符合这一定义要素的措施。童星主张将社会保障定义为"国家或社会通过立法和采取行政手段对国民收入进行再分配,以社会消费基金的形式,向由年老、疾病、伤残、死亡、失业及其他不幸遭遇的发生而使生存出现困难的社会成员给予一定的物质上的帮助,以保证其基本生活权利的措施、制度和活动的总称"④。这一概念从社会保障的责任主体、目标、手段、实施依据等角度分析了社会保障,对社会保障外延的分析比较细致。

综上所述,国内外关于社会保障概念的界定虽有一定的差异,部分学者采用了实用主义态度对其进行了极其狭义的界定,但是各种概念界定共同体现了社会保障的基本特征,即以立法和行政手段,通过对国民收入的再分配,实现对社会弱势群体的救助以及全体社会成员的福利,满足全体社会成员的需求,以期增加社会的安全感,促进社会和谐发展。

(3)历史学视阈中的社会保障概念界定

中国社会保障发展历程漫长、福利思想多元、实践内容丰富、制度模式

---

① 陈良瑾主编:《社会保障教程》,北京:知识出版社,1990年版,第5页。
② 侯文若:《社会保障理论与实践》,北京:中国劳动出版社,1991年版,第11页。
③ 郑功成:《社会保障学——理念、制度、实践与思辨》,北京:商务印书馆,2000年版,第11页。
④ 童星:《社会转型与社会保障》,北京:中国劳动社会保障出版社,2007年版,第3页。

独特,将现代社会保障理论与历史发展相结合的研究范式是中国社会保障以及历史研究的新的突破点。2014年郑功成邀请丁建定、王文涛、王卫平、张文、林闽钢等多位社会保障学者与历史学者就现代社会保障与历史上的社会保障的概念界定问题进行了四次专题研讨,形成了原则性意见并达成初步共识。郑功成以当代社会保障理论与政策为参照,将历史概念与当前社会保障视阈重合,对社会保障、社会救助、社会优抚、社会福利、慈善以及家庭保障的概念进行了界定,对于中国社会保障史的研究有重要的意义。对于社会保障相关概念的现代含义、历史含义以及二者之间的关系进行的具体论述,见表2-2:

表2-2 社会保障历史学视阈中概念界定①

概念	现代含义	历史含义	相同点	不同点
社会保障	是国家或社会依法建立的、具有经济福利性、社会化的国民生活保障系统的统称	由国家负责提供的救助、福利、优抚和社会（如民间乡绅、宗教）慈善、社会救助的统称	超越家庭之上、以化解或缓解个人生活风险为基本目标	前者体现的是国家法定的社会保障权益,追求的是公平、正义、共享的社会发展目标;后者体现的是施予者的仁政和恩赐,实现的只能是免除生存危机的追求
社会救助	国家面向低收入者和不幸者组成的生活困难群体提供款物救济和扶助的生活保障措施	对面临生存危机的贫穷者与不幸者的一种物质援助,它由国家负责、国库支付,是应急性的生存保障机制,如赈灾、赈济、施医等	对象:社会脆弱群体;责任:国家负责;方式:无偿救助,解决的是最底层社会成员的生存危机问题	前者是国家赋予国民的基本权利;后者是统治者为避免社会危机而采取的应急性举措
社会优抚	国家面向军人并惠及家属的一种保障机制	国家面向军人及其家属提供的各种优惠、照顾与褒奖措施	国家责任与优抚对象具有相通性	前者体现的是军人的法定权益及国家对军人职业的优厚待遇;后者体现的是基于战争的需要和对兵员的奖赏和补偿

---

① 根据郑功成《中国社会保障演进的历史逻辑》(《中国人民大学学报》,2014年第1期,第4—5页)整理。

(续表)

概念	现代含义	历史含义	相同点	不同点
社会福利	国家和社会通过社会化的福利津贴、实物供给及相关服务,满足社会成员的生活需要并促进其生活质量不断得到改善的保障措施	国家面向孤残老幼妇和官吏提供的福利性措施,官吏的福利如致仕、恩荫等,具有典型的身份性特征	在满足特定群体的生活需要和提供福利设施方面具有相通性	前者立足于国民的福利权益和普遍参与,是共享式制度安排;后者只是施予者对受益者的恩赐及对不幸者的怜悯,两者的规模和水平不可同日而语
慈善	建立在社会捐献基础之上的一种民间救助事业,在实践中慈善机构根据捐献者的意愿,对需要帮助的社会成员提供物质帮助和相关服务,从而成为法定社会保障制度的有益补充	建立在恻隐之心、互助意识、因果报应和乐善好施传统基础之上的民间救援措施与活动	在慈善道德、自愿捐献及民间性等方面具有相通性	现代慈善强调依法运行并追求平等,富有组织性,在实践中与政府往往构成合作伙伴关系;历史上的慈善往往强调因缘关系、血缘关系(亲属之间)、业缘关系(同事之间)、地缘关系(同乡之间)等通常构成施助与受助的条件
家庭保障	在家庭内部由家庭成员之间相互提供,包括经济保障、服务保障、精神慰藉等内容的生活保障机制,它建立在血缘关系的基础之上,并被纳入相关立法进行规范	家庭内部成员的自我保障与相互保障,它建立在血缘关系与宗法制度之上,并向家族保障与邻里互助延伸	以血缘关系为纽带,以家庭成员之间的相互保障为核心,提供的是包括经济、服务、情感在内的立体型保障	前者往往将传统伦理道德与相关法制有机地结合在一起,并与法定社会保障措施相融合,后者则通过宗法与地缘关系向超越一个家庭的家族内部与邻里之间延伸
社会保险	社会保险是工业化以后出现的社会保障制度安排,保险对象主要是劳动者,强调权利与义务相结合,采取受益者与雇用单位等共同供款和强制实施的方式,目的是解除劳动者的后顾之忧,维护社会稳定发展	中国历史上清代以前并无社会保险,与社会保险能够养老相对应的有官吏致仕(养老)制度,解决了官吏的养老保障问题。民国时期开始探讨劳工保险与社会保险问题,国民政府亦曾草拟社会保险立法草案,但并未真正成为全国性制度安排付诸实施		

表2-2的内容在对现代社会保障以及历史上社会保障的含义进行分析的基础之上,做了充分的比较。其中现代社会保障突出体现法制的作用

和国家的责任，具有公平性，历史上的社会保障，特别是中国封建社会保障制度体现的是地缘关系和宗法关系的集合，具有阶级性。中国共产党领导的抗日根据地建立了先进的社会形态，发展新民主主义经济，在此基础之上，其社会保障已经具备了现代特征，突出法制观念，凸显政府责任。

将社会保障的概念与抗日根据地的历史史实结合起来考察。1939年4月陕甘宁边区公布了《陕甘宁边区政府组织条例》，规定了民政厅管辖的社会保障的有关事务主要有："关于卫生行政事项，关于赈灾、抚恤、保育及其他社会救济事项，关于劳资及佃业事项。"① 陕甘宁边区出台这一条例时，面临的具体情况是，边区自然灾害严重，战争导致瘟疫疾病流行，人民生活受到严重影响。对其具体内容进行深入分析，可以发现其中包含了现代社会学中社会保障的基本内容，即社会救助、社会保险、社会优抚、社会福利，还包括了文教卫生的相关事项。

根据以上对社会保障概念的论述，可以看出对社会保障概念的界定虽然不尽相同，但是各种观点都基本认为社会保障包含社会救助、社会优抚、社会保险、社会福利四个方面。根据一般观点，社会救助是指社会成员因遭受自然灾害、意外事故或者个人生理、心理等原因导致陷入生存苦难不能维持最低限度生活水平时，由国家或社会有关部门依法给予一定的物质或资金的扶助，以使其基本生活得到保证的一种社会保障措施。基于对社会保障一般性的概念界定，可以总结出其子概念的基本内容：社会救助的对象包括三种，一是因天灾、人祸等因素而导致不接受紧急救助就无法维持生活者；二是由于先天或后天的因素失去劳动能力者；三是虽有劳动能力但因客观因素以致失业，收入中断或减少，而且无法获得社会保险的人。社会优抚是一种带有褒扬、优待、抚恤和安置性质的特殊制度，是指国家和社会依照法律、法规给予优抚对象物质照顾和精神抚慰的一项特殊社会保障制度。社会保险是国家以立法形式，对丧失或暂时丧失劳动能力以及失去工作机会的劳动者，按照权利和义务在劳动上的对等原则，实行确保其基本生活需要的一项社会保障制度。社会福利从广义上讲是国家通过立法，为改善和提高政策范围内社会成员物质生活和精神生活提供的各种社会服务和措施，从狭义上讲是指社会成员因年老、疾病、生理或心理缺陷而丧失劳动能力，出现生活苦难时向其提供的服务和措施。

本书在构思及写作过程中借鉴了现代社会保障的基本理论，并与抗日根据地的具体情况相结合。由于存在时期的特殊性，当时抗日根据地的社

---

① 陕西省档案馆编：《陕甘宁边区政府大事记》，北京：档案出版社，1991年版，第35页。

会保障与当代一般意义上的社会保障,具体内容外延基本相同,但是内涵存在很大的差别。抗日根据地的社会保障是一种区域性社会保障,处于过渡阶段,由非正式的制度安排逐渐发展为正式的制度安排。

本书对社会保障概念综合考察之后,结合抗日根据地的具体史实,参考社会学中关于社会保障的最通用的概念,将其界定为:通过立法,积极动员社会各方面资源,保障无收入、低收入以及遭受各种意外灾害的公民能够维持生存,保障劳动者在年老、失业、患病、工伤、生育时的基本生活不受影响,同时根据经济和社会发展状况,逐步增加公共福利水平,提高国民生活质量。具体内容包含社会救助、社会保险、社会优抚,社会福利以及与人民群众生活密切相关的文教卫生工作。其中社会救助是最低层次的社会保障,社会福利是现代性最强、层次最高的社会保障,社会保险是社会保障体系的最核心的组成部分,具有强制性和普遍性的特征,社会优抚是一种综合性的特殊制度,融合了社会救助、社会福利、社会保险的相关内容,文教卫生是抗日战争时期敌后抗日根据地亟须解决的问题,与人民群众的基本生活密切相关,对于保障人民群众的生存及发展权益有重要的意义。

2.2 历史基础

中国共产党自成立之日起以人民的利益为根本利益,社会保障工作是维护人民利益的重要措施。大革命时期由于中国共产党刚刚成立,缺乏建设政权的基本经验,在社会管理以及社会保障方面处于萌芽阶段,没有什么实质性的进展。大革命失败后,中国共产党先后领导了南昌起义、广州起义和秋收起义,建立了井冈山革命根据地,走出了一条农村包围城市的道路。之后中国共产党深入农村,相继在江西、福建、湖南、湖北、陕西、河南、河北、山西等地创建和发展了井冈山、海陆丰、醴陵、琼崖、赣西北、闽西、湘赣、湘南以及洪湖等革命根据地。这些地区虽然规模小、不稳定,但是在保存革命力量方面发挥了重要的作用,显示了强大的生命力,1931年中华苏维埃政权的建立使根据地建设成为中国共产党政权建设的重要内容,同时成为土地革命纲领的基本内容。中国共产党对政权的建设逐步向前发展,在理论研究的基础之上将社会保障工作付诸实践,对社会保障工作进行了初步探索。社会保障相关的法令及措施对于稳定当时的社会形势,保障苏区人民的基本生活,推动革命战争走向胜利发挥了重要的作用,也为土地革命之后各个时期的社会保障的发展与完善奠定了基础,提供了丰富的经验教训,成为抗日根据地社会保障发展的重要历史基础。另外东北地区由于日本殖民者的侵略,东北人民组织抗日武装进行了长时期的艰苦卓绝的斗争。东北抗日武装在极其困难的情况下进行斗争,其后勤保障的措施对于敌后抗日根据地社会保障工作的开展具有很大的借鉴意义。

2.2.1 土地革命时期社会保障

（1）土地革命时期社会保障的内容及概况

土地革命时期革命形势发生变化,阶级矛盾成为中国社会的主要矛盾。由于客观形势的限制,中国共产党在革命根据地采取的社会保障措施以劳动保护为主,通过土地革命维护农民阶级的利益,通过切实的抚恤措施激发群众参军的积极性,保障军人军属的基本生活。

中国共产党非常重视人民群众的基本生活。毛泽东对苏区工作进行总结时提出:"我们是革命战争的领导者、组织者,我们又是群众生活的领导者、组织者。组织革命战争,改良群众生活,这是我们的两大任务。"[①]毛泽东将改善人民生活置于与革命战争同等重要的位置,表明对于人民利益的重视。另外,毛泽东在《乡苏怎样工作?》一文中进一步指出:"使苏维埃工作与革命战争、群众生活的需要完全配合起来,这是苏维埃工作的原则。"[②]这一论述虽然没有明确提出社会保障的概念,但是提出将满足革命战争的需要与解决人民群众的基本生活结合起来,体现了对人民生活的关心,具备了社会保障的基本特征。在这一思想指导之下,中央苏区各级党政军领导机关,进行了充分调研,了解农村发展的现状和特点,解决群众中存在的普遍问题,并且根据具体情况、问题与特点开展各项工作。

1928年7月中国共产党第六次全国代表大会通过了十大纲领,具体指出"实行八小时工作制,增加工资,失业救济与社会保险等"[③]。这个纲领中提出的措施以维护工人阶级的利益为核心宗旨,明确指出了中国共产党在政权建设方面的指导思想。同年中共遂川县委起草的《遂川工农县政府临时政纲》,作为第一份工农民主政权的政纲,提出了与人民生活密切相关的条款,例如第10条规定:"制定真正能够保障工人阶级利益的劳动保险法,实行八小时工作制,星期例假休息照给工钱,男女工作同等要得到同等工钱。"第13条提出:"童工每天做工不得超过六小时,童工女工不许做夜工,

---

① 毛泽东:《毛泽东选集》(第1卷),北京:人民出版社,1991年版,第139页。
② 毛泽东:《毛泽东文集》(第1卷),北京:人民出版社,1993年版,第343页。
③ 中央档案馆编:《中共中央文件选集》(第四册),北京:中共中央党校出版社,1989年版,第300页。

又不许做那些剧烈的有害健康的工作,八岁以下的儿童,不参加劳动,女士产前产后须有八星期的休息,休息时间照给工钱。"①从具体内容分析,这些纲领已经包含了社会保险、社会福利等社会保障的基本内容,对于妇女和儿童权益的保护,体现了对社会弱势群体的保护,具备了社会保障的一般特征。

1930年6月4日,全国苏维埃区域代表大会通过了《劳动保护法》,从工人的工作时间、休息时间、工资、女工及未成年人、保障及抚恤、工会、社会保险、劳动保护监察事项等方面制定措施,对工人阶级的权益进行保护,并且明确了领导和监督这些措施具体实施的机构。其中,第7章"社会保险"规定"疾病时的医疗津贴、暂时丧失劳动能力的津贴、失业时的津贴、残废衰老的津贴、死亡失踪工人的家属津贴、生育、结婚、丧葬及意外灾难的津贴"②。对于社会保险的规定体现了医疗保险、失业保险、伤残保险、生育保险、丧葬保险等基本内容,虽然并不是完全的现代意义的社会保险,但是从当时的历史条件来讲这些措施是比较全面的。另外对于社会保险金做出了明确的规定,社会保险金由雇主按工资成数出资缴纳,用于保障工人的权益。为了实现对工人阶级权益保障的全面性和针对性,从1930年到1933年中华苏维埃共和国先后四次颁布或修改了劳动法,对社会保障的相关内容进行修订,使其更加符合实际情况,更加具有针对性。

中华苏维埃共和国在颁布及修改《劳动法》保障工人阶级利益的同时,颁布了许多与人民生活相关的法律文献、政策法规。例如,为了维护贫农、雇农的利益,争取他们的支持,1928年湘赣边特委制定和颁布了《井冈山土地法》。作为中国共产党历史上的第一部土地法,其明确规定:"分配土地的数量,以人口为标准,男女老幼平均分配;如遇天灾,或其他特殊情形时,得呈明高级苏维埃政府核准,免纳土地税;红军及赤卫队的官兵,在政府及其他一切公共机关服务的人,均得分配土地,如农民所得之数,由苏维埃政府雇人代替耕种。"③《井冈山土地法》对于土地分配的具体规定初步体现了中国共产党对妇女及儿童权益的保护,对老年人的赡养、对灾民的救济、对红军的优待、对党政工作人员的福利。这些内容构成了社会保障的基本内容。

---

① 井冈山革命根据地党史资料征集编研协作小组、井冈山革命博物馆编:《中国共产党历史资料丛书:井冈山革命根据地》(上册),北京:中共党史资料出版社,1987年版,第72页。

② 韩延龙、常兆儒编:《中国新民主主义革命时期根据地法制文献选编》(第四卷),北京:中国社会科学出版社,1984年版,第550页。

③ 黄惠运:《中央苏区社会保障研究》,北京:社会科学文献出版社,2013年版,第25页。

表 2-3 中华苏维埃共和国《劳动法》修订情况分析①

时间	法律文献	机构	主要内容	变化趋势
1930年	《劳动暂行法》	工农民主政府	失业工人由政府设法救济并分给田地及介绍工作	从1930年开始颁布的《劳动法》系列，重要的特点体现在对失业工人的救济以及工人的社会保险。对保险金的规定具体、详细，但是很多条款由于当时生产力限制，无法推行，具有"左"的特征，之后的很多法律文献逐步纠正
1931年	《劳动法》	第一届苏维埃共和国工农兵代表大会	实行社会保险制度，雇主每月拨出工资总额的10%—15%作为保险金，作为生老病死伤残的补助和医疗专款	
1933年	修改《劳动法》	中华苏维埃共和国中央政府	增进工人利益，巩固工人和贫民的联盟	
1933年	《中华苏维埃共和国劳动法》	中华苏维埃共和国中央执行委员会	各企业各机关各商店及私人雇工，付给工人职员工资之外，支付全部工资总额5%—20%的数目，交纳给社会保险局，作为社会保险基金，保险金不得向被保险人征收，不得从被保险人工资内扣除	

之后赣西南革命根据地颁布《赣西南苏维埃政府土地法》，中华工兵苏维埃第一次全国代表大会通过并颁布《中华苏维埃宪法大纲》《中华苏维埃共和国的土地法》《中华苏维埃共和国条例》等纲领、法规和条例，都继承和发展了《井冈山土地法》的基本措施，体现了中国共产党维护人民利益，保障人民生活的基本精神。中华工农兵苏维埃第一次全国代表大会通过了一整套优待红军及其家属的条例，例如《中国工农红军优待条例》《红军抚恤条例》，对于动员人民参加红军，提升中国共产党的战斗力发挥了重要的作用。1934年中央政府内务部颁布了《托儿所组织条例》，颁布具体措施对于孕妇、产妇以及婴幼儿的权益进行保障。这些措施作为妇女儿童福利的重要体现，丰富了中央苏区关于社会保障的内容，不仅体现了中国共产党的执政理念，而且对于维护社会秩序，恢复和发展生产产生了重要的作用。

1931年鄂豫皖区第二次苏维埃代表大会通过了一系列文件，其中包括《红军战士伤亡抚恤条例》《鄂豫皖区苏维埃政府优待医生暂行条例》。在

---

① 根据石水：《中央苏区的社会保障立法》，《劳动保障通讯》，2001年第7期，第19页整理。

抚恤条例中提出对因战争牺牲的战士进行抚恤,"苏维埃负责安葬外,得向苏维埃领取一次抚恤金,数额照家中状况决定之;凡苏维埃创办之学校其子弟有免费入学的权利(如无力教育由苏维埃负责);其家属得按照代耕条例享有代耕权利;如无家属的,由军委会制定金质奖章陈列在革命博物馆以旌表其革命历史"①。在此之外,对于因战争残废或至疾病的战士,苏维埃政府制定了相应的抚恤条例。伤残战士享有代耕权,有参加当地创办的工厂及残废院学习各种技能的优先权,免除一切纳税,苏维埃或农会管理的防区,不纳租税,免费住苏维埃的医院,其子弟有免费入学接受教育的权利。另外,伤残战士如果家庭不能供给生活费,可以向苏维埃领取最高额度的生活费,在交通运输方面,伤残战士可以免费搭乘火车轮船。

随着第三次反"围剿"的胜利,革命形势暂时好转,革命根据地面积扩大,出现了相对稳定的局面。1931年11月中央工农民主政府宣告成立,为了巩固根据地以及解决民生问题,把开展经济建设,发展农业生产提到了重要的地位。中央工农政府组织群众实行耕种互助、发动群众开垦荒地、修复水利。1933年3月粉碎敌人的第四次"围剿"之后,为了发展根据地农业生产,中央和各级工农政府采取措施开展查田运动以提高群众的生产积极性。对此毛泽东指出:"只有深入查田运动,才能彻底地消灭封建半封建的土地所有制,发展农民的生产的积极性,使广大农民迅速地走入经济建设的战线上来。"②毛泽东的论述充分说明了查田运动对于农业发展以及调动农民生产积极性的重要作用。当时中央红军已经扩大,发展到十万人,1933年制定军事计划,提出在全国苏区扩大红军一百万的口号。随着大量青壮年参加红军,根据地农业劳动力匮乏,耕牛和农具缺乏的现象也存在,为此中央工农政府大力倡导互助合作运动,这既是客观形势的需要,更是人民群众的迫切愿望。中央工农政府为了加强对互助运动的领导,先后颁发了《劳动互助社组织纲要》《组织犁牛站的办法》《组织犁牛合作社训令》等文件。这些文件的贯彻执行,极大程度地推动了根据地互助合作运动的发展,克服了劳动力和耕牛农具极度缺乏的严重困难,对于恢复和发展农业产生了重要的作用。

根据地政府高度重视民生事业,发展交通邮电。根据地基本都位于山区,从地理方面讲山峦起伏、道路狭窄、崎岖不平、河道阻塞、桥梁损坏、交通非常不便。为了红军能够迅速行动,方便运输,同时为了发展经济、便利

---

① 《红旗周报》第四十三期,1932年6月1日,第48—49页。
② 毛泽东:《毛泽东选集》(第1卷),1991年版,第125页。

群众,党和工农政府动员群众,积极修桥筑路,疏通河道,发展了交通事业。另外,依靠群众,自力更生,建立了人民的邮电事业。根据地的邮电事业,是从军事需要出发以服务于战争为主要目的,在中国共产党和苏维埃政府的领导之下,由根据地军民自力更生、艰苦奋斗建立起来的。1933 年 11 月 3 日的文件《福建全省区市以上交通科长联席会议》对邮政工作做出了明确的指示,"1.在目前的战争环境底下邮政也是我们的重要工作之一的部分,特别是发展新苏区的地方,要尽快帮助邮局建立新苏区的邮局与我们递送信件之快便;2.各级内务部要经常与邮局发生很密切的关系;3.各级内务部要将邮政章程及赤色邮政与战争的重大关系,便利群众交通等意义,使广大工农群众和工作人员得到彻底了解,不致乱投特别快信"①。通过这一指示可以看出中国共产党早期的邮政事业首先是为了满足战争,同时兼顾了民生需要。

根据地的邮务工人,以高度的革命热情,开展革命竞赛,以假期不休息和勤俭节约的实际行动支援革命战争。江西省的邮务工人主动提出要求,在假期内"不休息,不取加倍工资,帮助红军战费"②。1933 年,在福建省邮务工人代表大会上,与会代表对于革命形势形成了一致的认识:目前战势紧张,只有积极地参加革命战争,才能粉碎敌人的"围剿"以及对于苏区的大举进攻。在此基础上,与会代表形成共识,"规定每天每人做义务劳动工二小时,星期日送特别快信亦为工人做义务劳动工,不向邮局支加倍工资,并且继续执行每人每餐节省伙食大洋一角为前方战争经费(在大会前已节省共得大洋二百多元,交全总执行局转送前方去),同时,在邮局不会妨碍邮局工作条件下参加当地礼拜六工作,帮助红军家属耕种田地"③。邮务工人的自发行动显示了邮务工人参加革命战争的积极性,不仅促进了革命斗争的发展,对于建立良好的军民关系也发挥了重要的作用。根据地在发展过程中建立了电讯事业,到 1933 年,赣南根据地的瑞金、兴国、宁都、会昌等县城都架设了电话线路,县与县之间实现了通话。边区政府对于通讯工人的生活高度重视,要求解决电话队员的日常生活,解决一切困难如帮助晚间查线等。

对于社会保障资金的筹集,革命根据地从实际出发,坚持取之于敌、取之于民、取之于己的原则。取之于敌是指从与敌斗争中获得基本的物质保

---

① 许毅主编:《中央革命根据地财政经济史长编》(上册),北京:人民出版社,1982 年版,第 681 页。
② 《把休息期间的加倍工资全部拿来帮助战费》(1933 年 8 月 31 日),《红色中华》第 106 期。
③ 《福建省邮务工人代表大会获得圆满成功》(1933 年 1 月 15 日),《苏区工人》第 15 期。

障,这一手段在当时的历史条件下是非常必要的,不仅有利于满足军事需要和社会保障的需要,而且具有强烈的政治意义。土地革命时期的取之于敌具体表现为打土豪、分田地以及战争缴获。中国共产党在革命根据地通过打土豪分田地的形式筹集物资,1927年11月,工农武装占领了海丰县,"在地方秩序还没有正常化、军事支出非常吃紧的情况下,临时政府组建海丰军需处,向县中地主、富农摊派军需十万元(白银),限三天内缴纳"①。这一任务最终顺利完成,一定程度上保证了当时的军事及民政需要。在井冈山革命根据地,1928年1月红军占领遂川县,进而占领了草林镇,打了黄礼瑞等两个土豪,没收其全部财产,获得两万块银元和七百多担布匹。同年5月红军攻占了永新县城,对城内土豪劣绅的财产进行了没收,将三百多担布、二百多担盐以及西药等物资运回井冈山。红军在占领遂川县城之后,获得一万银元和大量的金银首饰、棉花等物资,使井冈山根据地的红军全军五千人的冬衣,有了棉花。

中国共产党在建立之后拥有广泛的群众基础,群众的支持是其不断取得斗争胜利的重要原因。土地革命时期中国共产党将土地分配给农民,调动了人民的积极性,使其主动支持工农红军的斗争。1927年11月,海陆丰起义成功后,工农群众的革命热情空前高涨,"自动的努力筹款,不到十余日,海丰已解了二万元,陆丰亦达万元"②。为了保证财政收入,同时兼顾人民群众的生活,各根据地政府根据自身的实际情况对税率进行调整。1927年8月,中共中央指出土地没收后由政府宣布简单的田税税率法,各根据地采用的税率并不相同,海陆丰是百分之十,琼崖百分之十至十五,井冈山革命根据地的宁冈县是百分之二十。1928年3月中央及各根据地政府根据实际情况对税率进行了调整,有些根据地保留了商业税收,"以海陆丰根据地为例,那里在废除一切苛捐杂税的同时,保留了烟税、酒税、屠宰税和对外贸易的商品出入口税。苏维埃政府当时收税的具体情况是:烟三十斤收税一元四角,猪按大小分等收税,大猪每头六角,小猪每头四角,酒税不详,对外贸易的入口税是照货值收取百分之五,出口税生猪每头收税七角三分六"③。中国共产党在领导根据地建设的过程中,对于税率的调整坚持实事求是的原则,并充分考虑了人民的承受能力,争取做到最大限度地保证财政收入以及人民的基本生活需要。

---

① 赵效民主编:《中国革命根据地经济史(1927—1937)》,广州:广东人民出版社,1983年版,第115页。
② 同上书,第117页。
③ 同上书,第118—119页。

另外，中国共产党在筹集物资方面坚持自力更生，在根据地兴办了一些力所能及的小型工业和商业。例如，井冈山革命根据地、海陆丰革命根据地以及湘南革命根据地等根据自身的经济发展状况以及地理位置等客观条件，创办了苏维埃政府或红军的兵工厂、被服厂、公卖处、公营商店等，同时领导人民恢复和发展农业生产，创造条件开展同敌占区的物资交流。为了节约经费，红军和政府工作人员在物质待遇方面实行供给制。"一九三三年九月，江西苏维埃有一千四百二十个'生产和分配'合作社，都是人民拥有和经营管理的"①，这是美国记者埃德加·斯诺在其中国回忆录《西行漫记》中的记录，是对当时历史的记述，一定程度上反映了苏维埃政权下合作社的发展规模、性质及作用。

为了保证社会保障工作的顺利开展，土地革命时期的社会保障工作设有专门的机构进行领导。各部门机构之间分工明确，中央和地方各司其职，互相配合，不仅提高了工作效率，而且为社会保障健康、有序、全面的发展奠定了基础。中华苏维埃共和国成立后，从中央到地方，都设置了社会保障机构，下面以《中央苏区社会保障管理结构图》（图1）为例，简要概括社会保障的机构。

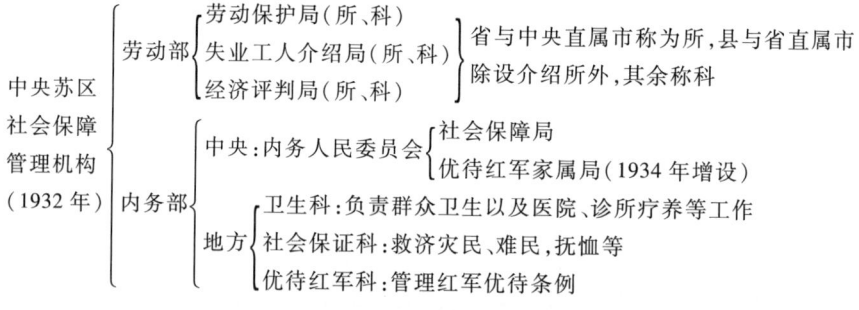

图1 中央苏区社会保障管理结构图②

结构图中所列举的是中央苏区党政机关中负责社会保障的机构，在红军部队中还设有后勤部、供给部、兵站等后勤保障部门，一些群众团体也具有社会保障的职能，例如工会、革命互济会、儿童团等群众团体。这些机构互相配合既体现了社会保障中的政府作用，又体现了社会保障的社会性。中央苏区党、政、军及民间社会保障机构分工具体明确，层层负责，这说明

---

① 〔美〕埃德加·斯诺著，董乐山译：《西行漫记》（下），北京：新华出版社，1984年版，第259页。

② 根据黄惠运：《中央苏区社会保障研究》，北京：社会科学文献出版社，2013年版，第56—57页整理。

社会保障要想健康有序的发展，必须具备健全、完备的领导机构。这是中央苏区社会保障成功的一个重要的经验，值得以后各个时期社会保障工作借鉴，中央苏区社会保障管理机构结构图充分说明了中央苏区社会保障管理的基本模式。

(2) 土地革命时期社会保障的特点

土地革命时期的社会保障工作立足于土地革命时期的革命和建设的实际情况，表现出了明显的特点。首先表现为涉及内容比较全面、广泛，社会救助、社会优抚、社会保险、社会福利等基本内容都得到了体现，这四个方面中包含的内容虽然有些零散，但是已经形成了社会保障的基本框架，体现了现代社会保障的基本特征。抗日战争时期的社会保障延续了土地革命时期社会保障的外延，也是从这四个方面进行规划和界定。社会救助、社会优抚、社会保险以及社会福利四个方面内容的权重并不相同，呈现了不平衡的特征，这是土地革命时期社会保障的另一个重要的特点。社会救助和社会优抚是革命根据地社会保障体系中，政策比较完善、执行得比较好的。社会救助地位的突出是因为当时生产力水平低下且处于战争环境，许多人生活没有办法得到保证，社会救助一定程度上满足了当时人民基本的生活需要，使许多人避免了饥寒交迫，这也是社会保障的最初目的，将人民群众带离饥寒交迫状态。社会优抚的广泛推广一方面是对军人贡献的奖赏，另一方面是当时社会动员的一种重要手段，工人阶级的利益得到了维护，农民阶级获得了土地，为了稳固既有成果，工人和农民积极参加红军，军队战斗力得到提升。在社会保险方面，革命根据地各政府积极尝试，并试图推广。例如在养老保险方面，海陆丰根据地在海丰县城创办了一所养老院，由苏维埃政府抚养年老或残疾又无人可依靠的老人四十多人，这在当时是比较积极的尝试，为宣传中国共产党的政治理念以及一定程度上保障老年人的生活产生了重要的影响。但是这项措施并没有得到推广，仍然停留在个别地区的试点阶段，出现这种情况的主要原因是由于生产力水平的限制以及中国共产党在社会保障工作中经验匮乏。各革命根据地的发展呈现出一种不平衡特征。全面性和不平衡性相结合体现了中国共产党在探索社会保障建立及发展的过程中实现了矛盾的普遍性和特殊性的结合。

土地革命时期社会保障的发展及推广在思想动员的基础之上通过国家立法强制实施，如前文提及的《遂川工农县政府临时政纲》以及各种劳动法、土地法、对红军优抚的法律等，涉及了社会救助、社会优抚、社会保险以及社会福利各个方面，通过各种法律、法规将社会保障工作上升到政府法令的高度。在政府采取措施强制执行的同时,社会保障的社会性得到了充分的体现,一些社会性的团体例如工会加强了对工人运动的领导以及对工人利益的维护,儿童团既能够将儿童组织起来在战争和根据地建设中根据自身条件发挥作用,同时又能实现对儿童权益的维护。

土地革命时期社会保障政策在规定及执行过程中出现了许多"左"的倾向,忽略了政策推行的环境以及实际效果,最终产生了不良的影响。为了保证社会保障政策的顺利实施以及最终的效果,革命根据地各政府对社会保障的相关政策法规进行了调整。例如,1931年的《劳动法》规定,对于暂时丧失劳动能力的职工,雇主必须保留其原有的工作以及原来所有的中等工资,这项规定虽然充分维护了工人的利益,但是一定程度上损害了雇主的利益,不利于当时社会生产力的发展和社会各阶层的团结。针对这一问题,1933年的《劳动法》取消了"保留工资"的决定,并对工人的病假提出了限期,以三个月为限。类似的调整在当时的许多法律文献中都得到了体现。通过这些调整,社会保障工作克服了"左"的倾向,一定程度上促进了经济发展,巩固了工农联盟。

土地革命时期的社会保障虽然是战争时期的政策,具有特殊性和战时性,但是天然追求社会公平,体现了社会保障的内在特征。土地革命时期根据劳动法规定,"工人、店员等普通民众均是社会保险的对象,受益面较宽,体现了社会保障公平公正的原则。而且社会保险费不是由被保险人支付或从工资中扣除,而是由雇主支付工人全部工资总额的10%至15%的数目作为社会保险资金,至1933年,雇主缴纳的保险费增加到支付工人全部工资总额的5%至20%,分别由中央、省、县、区、市社会保险局征收、管理和使用"[①]。以上论述分析了工人、店员的社会保险基金,由雇主按照工资的一定比例进行缴纳,并且逐步增加。对工人、店员等相对而言的社会弱势群体的保护,是社会保障公平性的体现。土地革命时期社会保障政策公平性的另一个体现在于全面性,对社会成员不分等级、职业、性别、年纪的保障才不会导致社会成员待遇差别过于明显。

土地革命时期的社会保障工作突出体现了这一特定历史阶段的经济特征。中国共产党领导的革命根据地的经济发展呈现了几个基本的特征:首先,在敌人包围、封锁的战争环境中产生和发展,面临敌人的军事围剿和经济封锁;其次,由于生产力水平落后,主要是发展农业经济,工业发展规

---

① 黄惠运:《中央苏区社会保障研究》,北京:社会科学文献出版社,2013年版,第259—260页。

模小、经济发展水平落后;最后,从经济性质角度分析,它是一种包括国营经济、合作社经济以及私人经济等多种经济成分的新民主主义经济。面对如此复杂的政治、经济形势,中国共产党制定了武装斗争、土地革命以及根据地建设结合的纲领,在具体的革命过程中制定新型的财政金融,以支援革命战争、保障革命军队和各级政府工作人员的供给,在筹集钱粮过程中坚持基本的自力更生。1927年12月,中共中央在给朱德的信中提出:"你们队伍一切的给养,均应从豪绅官吏、财产地主身上着想,千万不要空想党会来帮助,这不但事实不可能,而且原则不允许。"①这一段材料从一个侧面反映了中国共产党在这一阶段面临着生产力水平低、物质产品极度匮乏的情况。而且当时社会的主要矛盾是无产阶级和地主阶级之间的阶级矛盾,基于此,中国共产党这一时期的主要财政收入来自于敌,即坚持打土豪、分田地,以及战争缴获。在财政支出方面首先考虑满足战争的需求,保证各级政府工作人员的生活费、办公费、教育费、交通运输费、兴办各项事业的投资以及战俘的遣散费等,这些支出项目属于基本的社会需求。由于客观环境的影响,卫生教育等支出涉及的不多,但是进行了一定程度的尝试。井冈山革命根据地于1927年11月在宁冈县砻市创办了红军教育队,培养学员100多人,宁冈县等地方苏维埃政府创办了一些小学以及女子工读学校,这虽然在当时并不具备普遍性,但是具有一定的象征意义。总之,中国共产党在土地革命时期的社会保障工作与土地革命时期的经济工作有内在的一致性,体现了生产力水平低下,阶级矛盾突出的情况下社会保障工作的基本思路与方向。

(3)土地革命时期社会保障的经验

土地革命时期在整个新民主主义革命时期存在的时间短,而且社会阶级矛盾激化、战乱频繁,特别是从1934—1936年进行战略转移,所以根据地建设的时间不足十年。中央苏区关于社会保障工作的探索具有典型性和代表意义,积累了丰富的经验。国民党对共产党建立的革命根据地进行了五次"围剿",正确处理社会保障与革命战争的关系成为这一时期社会保障的重要经验。中华苏维埃共和国中央执行委员会与人民委员会在第二次全国苏维埃代表大会时报告指出:"苏维埃经济政策的原则,是进行一切可能的与必需的经济方面的建设,集中经济力量供给战争,同时极力改良民众的生活,巩固工农在经济方面的联合,保证无产阶级对于农民的领导,造

---

① 赵效民主编:《中国革命根据地经济史(1927—1937)》,广州:广东人民出版社,1983年版,第114页。

成将来发展到社会主义建设的前提和优势。"①以上论述表明苏维埃政府经济政策的原则既要保证战争的需要又要尽力保障、改善人民生活,这些表明中华苏维埃政府正确处理了战争与经济发展的关系。抗日战争时期中国处于战争环境,敌后根据地的社会保障也面临着相同的形势,土地革命时期关于社会保障工作的经验为抗日根据地社会保障工作良好、有序地开展以及抗日战争的胜利推进奠定基础。

社会保障事业涉及社会的多个阶层,既有对社会弱势群体的保护,又会对既得利益阶层的利益造成触动,正确把握"度"成为关键问题。土地革命时期中华苏维埃政府的社会保障政策最初为了维护工人和贫农、雇农的利益,对于雇主和富农的利益触动很大,社会保障政策出现了"左"的倾向,最终影响了工农联盟,激化了社会矛盾。通过不断地调查,中华苏维埃政府颁布或修订了法令法规,纠正了"左"倾错误。例如,根据前文中华苏维埃共和国《劳动法》修订情况分析表格,可以看出中央政府对劳动法令的调整。抗日战争初期的社会保障同样出现了这样的问题,触动资本家、雇主的根本利益。在民族矛盾成为中国社会主要矛盾的情况下,这些政策不利于调动各阶级、阶层力量积极进行抗日战争,更不利于维护和扩大抗日民族统一战线。所以,各边区政府借鉴土地革命时期的经验,颁布法令对社会保障中一些不切实际的、具有极"左"倾向的政策进行调整,取得了很好的效果。

土地革命时期的社会保障工作在根据地政府主导的同时强调互助互救。中国两千多年的封建社会中小农生产是基本的形态,一家一户的模式难以抵御自然灾害,也不能完全满足生产的需要,所以互助成为社会保障中解决人民生活需要的一个重要内容。封建社会百姓互助的形式就存在,许多朝代推行家庭共济和家族互助,遇灾荒年政府设义仓、开社仓进行赈济。公元1171年,理学家、教育学家朱熹在福建崇安(今武夷山市)开耀乡五夫里创办"五夫社仓",储粮备荒,扶贫济灾,为封建国家减轻财政负担,一定程度上缓解了阶级矛盾,维护了社会稳定。② 中华苏维埃政权从历史上得到启示,在中央苏区的农村,广泛设置备荒仓,以备不时之需,使当时的社会一定程度上趋于稳定,提高了红色政权的威望,为革命战争以及救

---

① 江西省档案馆、中共江西省委党校党史教研室选编:《中央革命根据地史料选编》(下),南昌:江西人民出版社,1982年版,第325页。
② 转引自黄惠运:《中央苏区社会保障研究》,北京:社会科学文献出版社,2013年版,第272页。

灾工作的有序、有效开展奠定了基础。

社会保障工作有序、有效开展的一个重要的前提在于社会保障物资的筹集。土地革命时期中国共产党为了解决革命战争以及人民生活的需要,重视社会保障物资的筹集,冲破客观条件的限制,积极发挥主观能动性,广开途径,通过打土豪、战争缴获、税收、物质生产、勤俭节约等手段尽可能筹集物资。在保证社会保障资金筹集的同时,兼顾社会矛盾,维护工人以及贫下中农利益的同时,对于富农、小生产者以及资本家的利益根据实际情况采取措施进行维护。在社会保障物资筹集的过程中,对于社会阶级、阶层采取区分对待的方式体现了中国共产党处理问题实事求是、具体问题具体分析的基本原则与方法。

土地革命时期中国共产党在推行社会保障过程中重视宣传工作,通过人民群众能够接受的喜闻乐见的方式向群众介绍党的方针、政策,扩大影响,使人民群众能够发自内心地接受并自觉地执行。同时通过积极有效的宣传,动员了社会各阶级、阶层参与到社会建设中来,农民、工人、手工业者、小生产者以及党政军各级干部都发挥了应有的作用。另外土地革命时期各革命根据地政府虽然都面临着极度困难的局面,但是各根据地之间仍然能够发挥互帮互助的精神。例如,井冈山革命根据地曾经拨出一部分资金支持援助湖南省委。这些援助虽然不能从根本上解决问题,但是发挥了重要的精神激励作用,体现了中国共产党内部深刻的革命友谊。

土地革命时期中国共产党的社会保障工作一定程度上保障了人民的基本生活,而且使人民意识到中国共产党以及其领导之下的红军部队与军阀部队的本质不同。埃德加·斯诺在《西行漫记》中记录了同苏区农民的谈话,其中有这样一段:"我们周家以前有过免费的学校吗?在红军给我们带来无线电收音机以前,我们听到过世界上的新闻没有?有谁告诉我们这个世界是怎么样的?你说合作社没有布卖,可是以前有过哪怕是一个合作社吗?你的田地又怎么样呀,难道不是大半押给那个姓王的地主吗?我的姊姊是三年前饿死的,但红军到来以后,我们不是有足够的东西吃吗?"[①]这一段话充分说明了中国共产党在改善农民生活方面的努力,也取得了一些效果,不仅保障了人民的生活,同时使人民群众对于中国共产党和红军部队形成了信赖感。

综上所述,土地革命时期和抗日战争时期是中国新民主主义革命的两

---

① 〔美〕埃德加·斯诺著,董乐山译:《西行漫记》(下),北京:新华出版社,1984年版,第256页。

个基本时期,其社会环境具有一些相同点:首先,都处于战争环境,土地革命时期面对国民党的反动统治,中国共产党带领人民奋起反抗,国民党和共产党双方进行了长时间的战争;抗日战争时期面对日本的侵略,中国人民奋起反抗,进行了长时期的反侵略战争,同时国共之间的摩擦使形势更加复杂。其次,中国共产党在土地革命时期和抗日战争时期都建立了政权,土地革命时期建立中华苏维埃共和国领导工人和农民的斗争,抗日战争时期以陕甘宁边区政府为代表的各边区政府在革命和建设中发挥了重要作用。最后,土地革命时期和抗日战争时期中国共产党都开辟、建立了不同范围的根据地。在这些相似性的基础之上,抗日战争时期的社会形势比土地革命时期更加复杂,民族矛盾上升为主要矛盾,与阶级矛盾交织在一起。另外根据地范围不断扩大,各种势力竞相活动在中国政治舞台,导致社会问题更加复杂。同时与土地革命时期相比,抗日战争时期的中国共产党执政水平不断提高,社会管理经验越来越丰富,同时积累了丰富的经验。

土地革命时期和抗日战争时期的社会环境虽然不尽相同,但是两个时期的社会保障政策存在着一定的延续性。土地革命时期的社会保障政策虽然不是特别成熟,很多政策的颁布、措施的施行还处于摸索阶段,但是为抗日战争时期的社会保障工作的开展提供了基本的经验借鉴。土地革命时期的社会保障发展虽不够深入,但是比较全面,社会救助、社会优抚、社会保险与社会福利的发展为抗日战争时期的社会保障的发展提供了一个基本的发展模式。抗日战争时期的社会保障政策是对土地革命时期社会保障政策的继承,体现了中国共产党政策的延续性,土地革命时期社会保障政策以民为本的理念在抗日战争时期得到了充分的体现。所以,抗日战争时期发展社会保障政策既具备了实践基础,又有经验可以借鉴,社会保障的发展具备了可能性。

2.2.2 东北人民抗日武装后勤保障

东北人民抗日武装在极其困难的环境中同日本帝国主义进行了长期的英勇斗争,东北抗日联军为部队战斗、训练、生活采取的各项后方勤务保障,主要包括经费、军需物资的筹措与供应,武器装备的供应与维修,医疗卫生与伤病员的救治,住房和运输,后勤防卫等。这些工作,一方面为部队的生存和发展提供了保障,另一方面为抗日根据地的社会保障以及人民军队建设积累了经验。

(1) 后勤保障工作基本状况

军械保障,是指武器弹药的供应,随着东北人民游击战争的深入开展,部队不断扩大,枪、弹供应得到了改善,"1936年统计,抗日部队每百人拥有手枪占41.6%,步枪占74.1%,轻重机枪占0.40%"①。抗联第一军司令部直属队110人,配备了轻机枪2挺、子弹1000发、步枪50支、手枪40支,每只枪配发200—300发子弹;抗联第二军1150人,步枪1150支、轻机枪8挺、重机枪1挺、迫击炮1门、炸弹232枚,优秀射手平均子弹200发,普通射手100发,一般士兵30发;战斗在三江地区的抗联第三至第十一军,平均每40人配备1挺轻机枪,第4军平均23人有1挺。抗联第3军战斗部队每挺机枪有500发子弹、步枪100发,军直属队每人一般配备200—300发子弹。武器供应是东北人民抗日武装进行抗日活动的重要基础,所以在后勤保障中强调对于武器、军需的保障。

在生活保障方面实行供给制,主要是由于后勤保障物资有限,在具体执行过程中强调官兵一律平等。直到1936年前后,多数部队在供给制的基础之上实行过津贴制,军、师长每月3元,团长、政委每月2元,战斗员1元。在粮食供应方面,根据情况而定,有的部队没有定额,有的部队有定额,由于条件艰苦,粮食困难时期,山果、野草、树皮、草根等都成了食物。在住宿方面,东北抗联没有固定的营房。在游击队阶段,主要是散住群众房屋,后来多数在深山老林中搭建简单的帐篷,居住条件非常艰苦。东北抗日联军没有统一的被服和装具,游击队时期基本上是便装和缴获的日伪军服装,人民革命军和抗联时期,多数军队穿军装,但是没有统一的颜色、式样。

东北抗日联军的医务保障工作经历了从无到有的发展过程。抗联初期的各抗日游击队都没有编配正式的卫生机关和医疗机构,"1934年,抗联各部先后从城乡动员了一部分医生参加到部队中来,开设了卫生勤务部门"②,逐渐形成医疗卫生体系。军设有军医处,师设置卫生队,团配备医官,连配备卫生员。另外,抗联各区在游击区建立了一些小型医院,部分具备条件的地区建立了具有一定规模的后方医院。在伤员的治疗方面,主要方法有:1)随队治疗。这一方法适用于较大规模的部队,有随军医生,多用草药制成的膏药和药粉给伤病员服用;2)住院治疗。伤情较重的伤病员送往后方医院;3)群众家中治疗。面对战斗紧张的环境,通过地下交通,将伤

---

① 孔令波、王承礼:《东北抗日联军(上)》,长春:吉林人民出版社,2005年版,第341页。
② 刘信君、李红娟:《东北抗日联军后勤保障工作的实践与启示》,《东北师大学报》2017年第6期,第113页。

病员安置到群众家中,由群众照顾疗养。4) 自行疗养。在东北抗联的医疗卫生保障处于缺医少药的困难情况之下,采取多种方法,基本得到了保障。

(2) 后勤保障经费、物资来源途径

取之于敌。以战斗的方式,从日伪手中夺取部队的生存和战斗所需的物资,是东北人民抗日武装解决武器、弹药、粮食、服装等供应的主要途径。1933年7月,李延禄领导的东北人民抗日革命军召开了反日山林队联席会议,提出"协同作战,发展抗日游击区,打进城镇去补充武器给养"①。在此方针的指导之下,9月16日,李延禄率领部队攻克密山县城,缴获了大批军需物资,解决了部队过冬的物资给养。珠河游击队在队长赵尚志的倡导下,与其他抗日武装召开联合会议,制定了"没收日本帝国主义及其走狗的一切财产和土地充作战费"的决议,作为解决部队物资供应来源的总原则,并在游击队内部设立了经济委员,负责后勤工作。1934年,周保中领导的绥宁反日同盟军先后袭击了先古屯、大荒地、上马莲河等处反动武装,并解决了一个日本商社,缴获全部财产补充部队。9月,珠河游击队在赵尚志、李兆麟的指挥下,攻克了哈南重镇五常堡,缴获了90余支步枪和大量子弹及布匹、胶鞋、面粉等物资,解决了游击队的武器装备不足、过冬的服装和给养问题。1936年8月,抗联五军二师在林口县二道河子伏击伪军大车队,将伪军押送的20大车武器弹药和军需物资全部缴获。

1937年1月28日,抗联五军副军长柴世荣率领二师和军部直属队在大盘道伏击了乘200张马爬犁从刁翎向林口转移的日军守备队,全歼300余人,缴获了全部武器弹药和军马500匹、皮大衣、军毛毯及粮食。5月18日,六军参谋长冯治钢又指挥部队进行了著名的"夜袭汤原"战斗,缴获迫击炮3门、炮弹96发、轻机枪3挺、步枪62支、子弹3.5万发、手枪5支、军马35匹。8月六军西征先遣部队强渡南北河与三军六师部队会合,共同攻下了日本木业采伐作业所,缴获30万斤粮食,为六军远征部队准备了给养。1939年9月18日,抗联西征三支队在冯治钢指挥下,奇袭了讷河县城,砸开了敌人的弹药库、被服库、粮库,运走了几百支步枪、3万多发子弹和大量粮食、被服等物资。9月20日,抗联第三路军第三支队在冯仲云、王明贵的指挥下,攻克了克山县城,缴获迫击炮4门、步枪100余支、子弹6000发、军马40余匹;10月13日,王明贵又率第三支队攻克嫩江县的霍龙门,缴获步枪120支、子弹1000余发、7000元现金和大量粮食、呢料、毛毯;

---

① 黑龙江省地方志编纂委员会:《黑龙江省志·第六十六卷·军事志》,哈尔滨:黑龙江人民出版社,1994年版,第391页。

24日又在多布库尔河上游袭击了日本的木业采伐作业所,缴获1万多斤大米,并用4天时间将其分散储存到密林深处。

东北地区社会形势复杂,各种势力形成了错综复杂的关系,东北人民抗日武装后勤保障物资取之于敌的途径,不仅是指战争缴获和没收,还包括通过伪军内部建立关系购买和换取。1935年6月,四军军长李延禄通过地方关系与勃利县连珠岗自卫团、依兰县钓鱼台自卫团、依兰伪军关团、土城子警察队等敌伪军内部具有爱国思想的人建立秘密关系,通过这些人从敌伪军警内部弄出一批武器弹药。另外,部分伪军和自卫团慑于抗联军威,有时主动给抗联送子弹和给养。例如,1935年夏,饶河游击队在虎林活动时,伪军主动送子弹、给养和军费;1937年夏,第10军汪亚臣军长经与伪军团长谈判,伪军赠送了两箱子弹。总之,东北抗联各部队在极其艰苦的条件下,经过广泛地袭击敌人,缴获了大量的枪支弹药、服装、马匹和其他军需品,部队的装备得到了较大的改善。例如五军摒弃了杂牌枪,以连为单位均为一色枪,并配备了1到3挺轻机枪,师级作战单位配备了掷弹筒、步兵炮、迫击炮和重机枪,为抗联斗争的开展奠定了重要的基础。

取之于民。在取之于民的途径中,征收是抗联各部队获得经费和部分物资的重要手段。1934年10月,中共满洲省委在给南满党的指示信中提出:"对于日本及一切走狗的木排应当实行没收;对于一般商人的木排应当按照累进税的原则征收反日特捐。"[①]1935年3月颁布的《东北人民革命政府纲领(草案)》第九条明确规定:"东北人民革命政府宣布废除张学良时代及满洲国政府的一切苛捐杂税,实行统一的累进税。"[②]由此可见,东北抗日联军的税收执行初步的累进税制度,这是一种比较公平合理的制度,兼顾了各个阶级、阶层的利益,在当时东北的特殊环境下,对贫苦农民或为抗日做出贡献者少征或免征的做法充分调动了广大人民群众参加抗日战争的积极性。赵尚志领导的珠河游击队在哈东建立了游击根据地,组织人民积极发展生产,在根据地内实行税收制度,税种主要是土地税,规定开荒地免税,熟地根据每户种植面积多少,收低额的累进税,解决了游击队的部分经费来源。1935年,第一军和南满特区政府规定,"在区政府内民众按其收获量之十分之一,应纳为军粮;在政府区外按其收获优劣,每户按其收获应纳军粮十分之二至十分之三,如自愿纳特捐例外;如在政府区外地主之租粮

---

① 中央档案馆、辽宁省档案馆、吉林省档案馆、黑龙江省档案馆编:《东北地区革命历史文件汇集》(甲20),内部出版,1990年版,第55页。

② 中央档案馆、辽宁省档案馆、吉林省档案馆、黑龙江省档案馆编:《东北地区革命历史文件汇集》(甲21),内部出版,1988年版,第143页。

一律没收"①。同年9月,赵尚志领导的东北人民革命军第三军,专门设立了路南办事处,在游击区征收特别资金、牛马税、粮税等,并以此充当部队的战费、被服费和军器费。

各地区在征税之前发布公告,将征税标准公之于众。1937年8月10日,依东办事处发布了《征收布告》,提出"今年秋季的地税仍如从前,由三军与六军共同征收,其处理办法如左:1.旱田每垧征收1元,水田每垧征收两元,山间偏僻地方每垧征收五角。2.因水灾而荒废的地方,调查登记后免征。3.各甲应将实际地亩数报告纳税,如有隐蔽、欺瞒、少报或故意妨碍拒绝、迟延纳税者,施以相当处罚。4.此次征收日期由1937年8月15日至9月21日全部完成,即由阴历7月6日开始征收,到8月15日征收终了。5.征收部队对缴纳地税的各甲必须交给联军的领收证,仰各甲民众一律照章纳税"②。这一规定清晰明了,既有对群众的动员,同时有严格的规章制度,为东北抗日联军捐税的顺利征收提供了重要保证。

另外,随着战争形势的不断推进,日本殖民者为了从根本上消灭东北抗日力量,推行"匪民分离"的政策,强制广大群众搬入"集团部落",以切断抗日武装的财政来源。由于"匪民分离"政策的推行,抗联部队无法再向群众征收土地税、牛马税等,因此从1938年下半年开始,抗联的经费和物资来源开始发生困难。在这种情况下,活动在三江地区的各军向猎户和皮货商征收皮革税,向沙金区的淘金把头征收金税,向每年冬季入山的木材业把头征收木材税。此外,为了扩大税收来源,向地主、资本家和富农阶层强制征收救国特捐,一定程度上解决了一部分急需的经费。

向群众征税是抗联各部队解决经费问题的重要办法,抗日联军时期的税收工作,比反日游击队和东北人民革命军时期更加系统,更加制度化了,税收的范围日渐扩大,在许多地方建立了专门的征税机构。例如1937年初,北满省委和北满抗联司令部为了加强这一地区抗联各军的税收和给养工作,成立了依东办事处(后改为哈东办事处),人民三军一师政治部主任许亨植为主任;2月,活动在依兰、方正的抗联第三、五、八、九军和独立师负责人在依兰洼洪召开会议,研究部队给养和税收问题,决定各界联合组成哈东办事总处,推举宋一夫任处长,金正国任副处长;3月,抗联第三、四、五、六、八军在克上克又召开联席会议,会议同意成立哈东联军办事总处,

---

① 孔令波、王承礼:《东北抗日联军(上)》,长春:吉林人民出版社,2005年版,第345页。
② 黑龙江省地方志编纂委员会:《黑龙江省志(第六十六卷·军事志)》,哈尔滨:黑龙江人民出版社,1994年版,第397页。

推举刘署华为总负责人,并确定了哈东联军办事总处的任务,主要是协调各军之间的关系,统筹解决联军的粮食、服装等物资和征收各种税款的地区。总之,税收作为东北人民抗日武装满足后勤保障的重要方式,有助于解决抗联各路军的经费问题,保证了部队的战斗和发展,各军指战员都按规定发给一定数量的津贴,改善了部队的生活。其征收原则立足于东北地区的现实,一方面力求满足战争的需要,另一方面考虑人民群众的承受能力,具有重要的借鉴意义。

东北人民抗日武装在发展过程中,坚持密切联系群众的原则,依靠人民群众的支持,使孤悬敌后的东北抗联能够长期战斗。抗联各部队在抗日游击区内建立了抗日救国会、妇女救国会、儿童团、农民自卫队等群众组织,这些群众组织为抗联部队募集大量经费,并且筹集了各种物资。1936年8月,同江、富锦地区的群众组织,给抗联部队一次募集了4万多元的抗日经费,"虎饶抗日游击根据地的群众组织,从1935年到1939年间,向抗联部队提供粮食40余万斤,猪肉3万多斤,军马草10几万斤,还有马匹、衣服、乌拉鞋等大量物资"[①]。另外,东北沦为日本殖民地后,一些具有爱国思想的士绅、开明地主和伪官吏,多方支持抗联的抗日斗争。根据敌伪资料记载:第四军"在活动地区衣食由自卫团、警察队、木材商等提供,而方正县大罗勒密木材商给予的援助最多,不仅提供3天量的食物,而且还提供兰色满军衣服300多件、胶鞋300双、誊写板1个及其附属材料和望远镜1个"[②]。

取之于己。东北人民抗日武装力量孤悬敌后,社会形势极其复杂,物资匮乏,在基本的生存受到威胁的情况下,解决后勤保障的重要途径在于自力更生。东北抗联为解决枪弹供应问题,在抗日游击根据地内建立兵工厂,进行军工生产。1933年东北人民革命军第一军在磐石县红石砬子建立修械厂,12月,在那尔轰建立兵工厂,有技师3人,工人10余名,能修理枪、炮,制造子弹和手榴弹。第二军建立兵工厂,每个厂有10余名工人进行生产。1936年春,第三军、第六军为搞好生产,在小兴安岭的叉巴气成立兵器修理厂,克服燃料、材料严重缺乏的困难,利用陈旧设备、落后工具,修理枪炮。

同年5月,抗联独立师在桦川县笔架山南、双鸭山西建立兵器厂,共产党员胡志刚从沈阳带来20余名奉天兵工厂的工人,分别在老道河建起了

---

① 孔令波、王承礼:《东北抗日联军(上)》,长春:吉林人民出版社,2005年版,第347页。
② 同上书,第349页。

造枪车间和弹药车间,在小白碴子建立了修械所,并添置了各种设备。同时为解决动力用电,专门修筑1条小水坝,用水轮带动发电机发电,水源不足时,利用缴获的日伪的汽车发动机发电。修枪和造枪的材料主要来自于扒取的日伪铁轨,该厂在完成修理任务之外,成功试制了一批手枪,后又生产出冲锋枪、手榴弹等武器。这一兵工厂后来发展为抗日联军的兵工厂,发挥了重要的保障作用,较好地解决了抗联对于武器弹药的需要。

抗联部队为了解决服装的需求,建立被服厂缝衣队。李兆麟领导建立了帽儿山被服厂,祁致中领导建立了双鸭山被服厂。另外,1936年8月抗联第五路军副军长柴世荣在四道沟子建立了裁缝所。同年冬季,抗联第四路军在大叶子沟的密营里建立了由20多名妇女组成的被服厂。随着战争形势的推进,日寇加紧了对东北抗联的讨伐,同时由于抗联部队中出现了叛徒,大部分的被服厂在1937年和1938年被敌人破坏,抗联进入了斗争的艰难时期。抗联部队在密营仍组织人员继续进行生产。1938年春,抗联第七路军独立团在秃顶子密营组建了缝衣队,共有成员10余人。11月,李兆麟率领抗联第六路军教导队和第十一军西征前,为了解决战士的冬装问题,指挥部队袭击了鹤岗市郊的日本仓库,缴获了一些棉花和布匹,发动战士自己缝制衣服,共缝制了100多套棉衣,为战斗的胜利奠定了基础。

实行屯垦解决给养。从1937年下半年开始,日本殖民者为了彻底消灭抗日武装,采取了一系列法西斯手段。首先,加紧实施归屯并户,坚壁清野,推行保甲法和连坐法。其次,进一步实行严格的经济封锁,制定了"经济犯条例",将抗联需要的粮食、服装、医药品、生活必需品等一律禁绝。再次,"集团部落"秋收时,由警特查清地亩,收获的粮食必须归屯入仓,一切生活必需品实行定量供应。凡以粮食、物资供应抗联者一律枪杀,并牵累亲人、连坐邻里。最后,日本殖民者动用大量兵力对抗日联军进行"围剿",抗联在各地建立的后方基地、密营、医院、被服厂、修械所、无线电设施等都遭到了严重的破坏。以上这些措施,使抗联的生活及战斗处于极端困难的境地,为了使抗日斗争坚持下去,从1937年开始,抗联各部队开始屯垦种地,解决部队的给养。

1937年初,抗联七军军部及其所属各师派出部分人员,在虎饶地区建立密营,并在密营周围开荒种地。11月,抗联第二路军在宝清召开了五军东部部队干部会议,总指挥周保中根据第七军的经验,在会议上提出"大量储备给养和军需物资,并要利用后方老弱病残人员实行部队自耕,以防敌人的经济封锁"①,为第二路军的屯垦工作做出了指导,指明了方向。1938年春,第七路军独立团在秃顶子建立了密营,耕种了几十垧玉米,修建了能容纳二三百人的房屋,1939年春,抗联第七路军派出部分人员,秘密建立临时密营,在深山老林里找出小块向阳耕地进行开垦,种植上玉米、萝卜、土豆、白菜等,准备冬季给养。七军三师补充团到虎林县同五军三师九团一起在老秃顶子、马鞍山一带深山老林里开了几十块自耕基地,共有二三十亩,为当年冬季解决了给养。

当进入最艰苦的时期,抗联的绝大部分部队进入苏联整训,留下小部队继续坚持斗争,在斗争之余继续垦荒。1942年12月1日,周保中在给刘雁来的信中做出指示:"去年耕种的田地,要找可靠的百姓耕种,也可交给他们食粮和种子……寻觅身心健康的百姓五、六名在虎林、宝清三不管中间地方开垦耕种五、六垧地,若因为距离遥远,搬运粮食困难时,可在收获前抢夺日军军马十匹,即日交三不管地区。我处因无左列种子,希按数购买准备妥当:白菜种子半垧地份、小白菜种子半垧地份、鸦片一垧地份、烟草种子半垧地份、辣椒二十亩地份、葱种子四亩地份。"②从信中可以看出,抗联小部队在执行各种任务的同时,还要进行各种屯垦工作,周保中指出在人员紧张的情况之下,可以找可靠的群众帮助耕种,以解决部队的后勤给养问题。周保中的信体现出抗联在苏联整修的部队,除苏方供应部队给养外,仍要由自己动手开荒种植,以解决蔬菜和烟草的问题。

东北人民抗日武装在斗争的过程中得到了苏联的一些援助,根据日本关东军宪兵司令部编制的档案资料《满洲共产抗日运动概况》的记载,苏联与东北抗战关系密切,向东北供应了资金、无线电台、武器弹药、粮秣、宣传印刷品等。抗联第三军第四师第三十二团团长张明顺部下被捕后供认,其部1939年接受苏联物资,"轻机枪一挺、三八式步枪十三支,三八式步枪子弹一百五十发,毛瑟手枪三支,毛瑟手枪子弹七百五十发,自动手枪一支,自动手枪子弹六十发,手榴弹三十九颗,资金两千元,苏式军服、战斗帽、协和服各十二套,面包、烟卷等若干"③。另据赵尚志部下投降之后供言,1939年6月27日,赵尚志部接受苏联援助六挺轻机枪,八十支步枪,三万发步枪子弹,六支手枪,二百三十枚手榴弹,一部无线电台。苏联对中国东北抗日

---

① 黑龙江省地方志编纂委员会:《黑龙江省志(第六十六卷·军事志)》,哈尔滨:黑龙江人民出版社,1994年版,第398页。

② 同上。

③ 根据吉林省档案馆编译:《伪满档案史料选编东北抗日运动概况(1938—1942)》,长春:吉林文史出版社1986年版,第117页整理。

武装的援助以武器弹药等战略物资为主,这与当时对日战争的形势密切相关。在武器弹药等战略物资之外,苏联对东北抗日武装的援助也包含了一定数量的生活物资,对于在极其艰苦条件下战斗的东北抗联战士维持生活产生了一定的作用。

综上所述,东北人民抗日武装,在极端艰苦的条件下,通过多种途径满足部队后勤保障的需要。坚持取之于敌,通过战争缴获、没收以及充分利用敌人内部的矛盾获取资源。坚持取之于民,在人民承受的范围内征收累进税,征收物资,同时开明人士的捐助成为重要的补充。坚持取之于己,在有限的条件内,东北人民抗日武装建立了自己的兵器厂和修械厂,一定程度上解决了对于武器弹药的需要。另外,各部队根据实际情况,积极开展屯垦工作,通过垦荒一定程度上打破了敌人的封锁,实现自给自足。总之,东北人民抗日武装在战斗过程中成功解决了后勤保障问题,对于战斗的顺利开展发挥了重要作用。

(3)后勤保障经验

东北人民抗日武装力量孤悬敌后,长期坚持敌后抗日游击战争,在极其艰苦的情况下做好后勤保障工作,创造和积累了许多宝贵的经验,对于敌后抗日根据地的社会保障工作的开展以及东北地区未来反侵略战争的后勤保障工作具有重要的借鉴意义。

首先,加强领导,健全组织机构。东北人民抗日武装从建立开始,各部队就自上而下地建立、健全后勤组织。在军级单位设立军需处,编有处长,配备相应数量的军需官,部分部队的军需处根据战争需要分为两组,分别负责前方的军需工作和后方的军需工作;部分部队以工作性质区别分组,如被装、枪弹、粮秣、修理枪支等,另外军需处还下设军械科。负责后方工作的军需处,以及其下属单位被服厂、粮库、军械所、医院等设立在深山的密林里,依靠复杂的地形做隐蔽。在军级单位以下,师、团编制军需官,连队配备司务长,部分师级单位远离军部,为了更好地开展工作,设置了自己的军需组织。1935年之后,根据斗争的需要以及形势的变化,各军相继建立了卫生组织。为了强化对于医药卫生工作的领导,卫生组织与军需处平等。在条件具备的军级单位设立军医处,师级单位设立卫生队,团级单位配备医官,连级单位有卫生员。这一时期的医务人员都是医药合一,既管医又管药,有中医也有西医,还有部分中西合医。由于具体条件的限制,很多部队的卫生员是临时掌握一点知识,携带比较常用的药。东北人民抗日武装的后勤组织对加强后勤保障工作的领导,切实做好保障工作发挥了重要的组织领导作用。

其次,广泛建立密营,加强物质储备。东北人民抗日武装在坚持长期的敌后游击战争中,为提高后勤保障能力,创造性地设立了"密营"作为物资储备的形式,对于东北人民抗日斗争的发展发挥了重要的作用。1936年,东北抗联第三军和第六军在小兴安岭的汤旺河流域建立了许多密营,贮存了粮食、盐和火柴,同时储存了锅、木质的碗、盆等炊具。1937年3月,第三军开辟了巴彦、木兰、通河新游击区,为解决6个师的物资供应问题,在帽儿山北城、依兰的巴兰河谷、通河的大小古洞河、方正的大罗勒密山里、木兰的蒙古山等地,建立了多处后方密营,并在密营周围建立了许多窑库,储存粮食、被服等物资。中共吉东省委成立之后,第三军和第六军成立了汤旺河后方基地留守处,统一管理小兴安岭地区的密营,第五军设置了土龙山后方基地留守处,负责管理密营和筹备给养。根据以上列举的密营概况,可以看出抗联密营的布局,都建立在各军活动地区,采取分散配置的方法,坚持物资分散、隐蔽和配套存放的原则,保证了物资的安全、完好和适用。另外为了加强管理,使物资完好无损,每个密营储备的物资都有专人管理,一方面防止敌人的破坏,一方面防止鼠害和熊害。东北人民抗日武装创造的密营这种物资存储方式,是其坚持斗争的重要保证,而且为未来反侵略战争的游击战的后勤保障方法和物资储存方式,提供了可贵的经验,尤其是对地方武装和民兵在游击区内建立后方基地和物资储存仓库,实施后勤保障更为重要。

再次,坚持轻兵简行、分散保障。轻兵简行的战术手段,是东北人民抗日武装在长期对敌斗争中总结出来的经验,大大提高了后勤保障能力。大部队、集中行军造成筹集给养的严重困难,轻兵简行的战术手段,人少用粮少,在一个地方筹集可以满足小部队的需要,在群众能够负担的范围之内,缩短了筹集给养的时间,使抗联将士能够按时吃上饭,加速了行军作战的速度。另外,日伪军为了消灭东北人民抗日武装,动用了大批武装,针对东北抗日联军的斗争特点,采取"篦梳式""踩踏式"战术,对抗联进行搜索和"围剿"。为了避免日伪的"围剿",抗联部队分散建立密营,进行后勤保障,尽量避免损失。坚持轻兵简行、分散保障的方针,对东北人民抗日武装力量的发展以及东北人民抗日斗争的发展有重要的意义。

最后,利用自然资源实施后勤保障。东北人民抗日武装力量面临恶劣的自然环境以及匮乏的物质条件,"冬季的积雪1米左右,有时甚至可没人,气温基本在零下40摄氏度左右,抗联战士忍受'火烤胸前暖,风吹背后寒'之苦;夏季常常大雨滂沱、连绵不断,蚊虫成阵,抗联战士饱尝'湿衣溃足气喘难,蚊叮虫咬痕斑斑'之苦"①。在恶劣的自然环境之外,抗联战士忍受着匮乏的物质条件。东北抗日联军第一军军史做了相关的记载,具有一定的代表性,"抗联战士缺衣少食,经常十天半月吃不到粮食,常常是渴了抓把雪,饿了吃些树皮、野菜、草根,没有鞋穿,就用破布或麻袋片包起来在雪地上行军,常常是空腹与敌军搏斗,部队每次从敌人手中夺取粮食和给养,都要经过激烈的战斗,几乎都要付出鲜血和生命的沉重代价"②。这段材料一方面可以看出东北抗日联军恶劣的生存环境,另一方面从一个侧面体现了东北抗日联军利用自然资源实施后勤保障。抗联将士向自然界索取给养,利用东北地区丰富的动、植物资源求生存,下河捕鱼、在深山密林里采集各种野菜野果,冬季采集榛、橡、松等果仁用以充饥,甚至在严重断炊的情况下,通过挖草根、扒树皮充饥,以求生存,坚持斗争。东北抗日联军利用野生植物资源实施后勤保障,虽然是特殊条件下的无奈之举,但是通过实践为未来反侵略战争的游击战的后勤保障摸索出切实可行的办法,为提高野战生存能力提供了最为宝贵的经验,同时为艰苦条件下的后勤保障工作提供了借鉴。

另外,东北人民进行了长达14年的抗日战争,东北人民抗日武装力量经过了东北人民义勇军、东北人民游击队、东北人民革命军、东北抗日联军几个阶段。由于发展时间较长,其发展与土地革命时期中国共产党建立的革命根据地、抗日战争时期中国共产党建立的敌后抗日根据地在时间上存在交叉,在社会保障(东北人民抗日武装主要是后勤保障)方面存在互相借鉴。例如在征税方面,东北抗日联军就借鉴了土地革命的经验,1937年之后东北人民的抗日斗争获得了抗日根据地的援助。东北人民抗日武装力量的后勤保障虽然是以满足军械需要为主,比较原始、简单,但是其坚持取之于敌、取之于民、取之于己的方针筹措物资;发展生产、自力更生;强化领导;注重发动群众;尽可能获得广泛的社会援助;依据地区自然、地理以及政治环境,因地制宜、因势利导,为抗日根据地社会保障工作的开展提供了

---

① 刘信君:《再论东北抗联精神——抗战胜利70年后的评述》,《社会科学战线》2015年第6期,第85页。

② 霍燎原编著:《东北抗联第一军》,哈尔滨:黑龙江人民出版社,1986年版,第158页。

借鉴。从这一角度思考,东北人民抗日武装力量的后勤保障工作为中国共产党领导的敌后抗日根据地社会保障的发展奠定了历史基础。

2.3 现实基础

中国抗日根据地的社会保障根植于中国抗日战争这一基本的历史环境,抗日战争期间中国面临着战争、灾荒,天灾人祸使整个社会走向深渊。中国共产党建立的敌后根据地主体分布在落后地区,比较零散,群众没有能力实现自救。如此严酷的现实情况要求中国共产党必须积极倡导、实施社会保障,以保证人民的基本生活以及战争的需要。

2.3.1 抗日根据地的自然状况

抗日战争开始之后,中国共产党根据形势的发展变化积极开辟敌后战场。建立敌后抗日根据地,对抗日战争的胜利发挥了至关重要的作用。彭德怀从中国的社会性质角度分析了敌后抗日根据地对于中国革命的重要性,"中国是一个半封建的国家,封建势力还占统治的优势,特别是在落后的农村,封建势力往往占有垄断的地位"[①]。由于中国社会的半封建性,农民生活水平低劣,太行山农民在抗战前平均每年都有六个月吃糠果腹。农民要求经济利益和政治解放成为非常迫切的愿望,这决定了敌后抗日根据地的社会保障工作具有重要的政治意义以及现实意义。

从现实角度分析,敌后抗日根据地主要集中在边远地区,远离城市,交通不便,自然环境恶劣,经济发展水平落后。同时由于社会形势的变化,其发展缺乏稳定性。中国抗日根据地自然情况如表2-4:

表2-4 中国抗日根据地自然情况表

	组成	范围	地位
陕甘宁		边区东靠黄河,北起长城,西接六盘山脉,南临泾水,辖有延安、绥德、三边、关中和陇东5个分区,20余县,约150万人,面积近13万平方公里	中国共产党中央所在地,全国抗日根据地总后方

---

① 彭德怀:《关于华北根据地工作的报告》,《真理》第十四期,1943年8月20日。

(续表)

组成		范围	地位
晋察冀	北岳冀中	东至渤海,以津浦路为界,与山东区相连;西起同蒲,与晋绥抗日根据地相接,南以石德、正太铁路为界,与冀南、太行、太岳区相衔;北至张家口、多伦、宁城、锦州一线,与伪满、伪蒙毗邻。全区20万平方公里,下辖108个县,人口约2500万	
冀热辽	冀东热南辽西	河南东部、热河南部、辽西锦州、朝阳地区	
晋绥	晋西北大青山	东起同蒲、平绥铁路,西至黄河,南至汾离公路,北达绥远之包头、百灵庙、武川、陶林一线。境内辖地46个县	
晋冀豫	太行太岳	东至平汉路,与冀鲁豫衔接、西抵同蒲路,西北与晋绥相连,北至正太路,与晋察冀相邻,南迄黄河,包括晋东南、冀西等部分。全区下辖59个县城	中共中央北方局和八路军总部机关所在地,华北的战略要地之一
冀鲁豫	鲁西水东区水西区冀南区	东至津浦路,与山东区相接,西至平汉路,与太行区接壤,北与冀中相连,南跨陇海路,与豫皖苏为邻。全区下辖61个县城	
山东	渤海鲁中鲁南胶东滨海	东邻黄海、渤海,西依津浦路与冀鲁豫相连,北接天津,与冀中、冀东接壤,南至陇海路,与苏北、淮北区相连。全区下辖82个县城	
苏北	淮海盐阜	北靠陇海路,南至宝应、盐城一线,东临黄海,西以运河、洪泽湖为界	华北华中区的连接地带,联结八路军和新四军的枢纽
苏中		东临黄海,西至运河,北至临城、宝应一线,南临长江	
苏南		南京、上海、杭州之间的长江三角洲,西起宁芜,东至淞沪,北濒长江,南抵天目山麓。	新四军向北开辟苏中,向南开辟浙西的前进基地
淮北	豫皖苏皖东北邳睢铜	陇海路以南,平汉路、黄泛区以东,淮河以北,运河、洪泽湖以西	

(续表)

	组成	范围	地位
淮南		东起运河,西至淮海路、瓦埠湖,北抵淮河,南濒长江	
皖江	皖南皖中	东起江浦、宣城,西至皖鄂赣边之宿松,南起黄山、泾县、绩溪,北至巢湖、合肥以南地区	华中新四军战略要地
浙东	浦北三北 会稽四明		
河南			打通了华北、华中与陕甘宁边区的联系
鄂豫皖		东起安徽宿松,西至湖北宜昌,北接河南舞阳,南到湖南洞庭湖,面积9万多平方公里,人口约1300万	
湘鄂赣			
广东		地处珠江口,广九铁路两侧,包括东莞、惠阳、宝安、增城、博罗等县	日军进攻广州、侵犯华南的交通要道
琼崖		抗战前期位于广东省海南岛东北部的琼文区和澄迈地区,后期扩大到全岛16个县	

注:1.以上材料根据陈廉编写:《抗日根据地发展史略》(北京:解放军出版社1987年版)整理。

2.由于战争环境复杂,行政区划变动频繁,通讯不便,统计资料不完善,表格所列的材料只是某一时期或者整个抗日战争时期发展的大致范围。

抗日战争时期敌后战场是抗战的重要战场,敌后抗日根据地的发展对于稳定社会形势,促进中国抗日战争取得胜利发挥了重要的作用。陕甘宁边区和华北抗日根据地在中国共产党领导的敌后抗日根据地中占有重要的地位,陕甘宁边区是敌后抗日根据地的总后方,采取的政策、方针、措施等具有强烈的示范性。华北抗日根据地包含山西、山东、河北三省的全部,绥远、热河、察哈尔、辽宁、江苏、河南的一部分,总面积约三百三十三万平方公里,总人口约八千三百万。在这一地区中国共产党先后建立了晋察冀、晋绥、晋冀豫、冀鲁豫、山东五个大的抗日根据地。

通过《中国抗日根据地自然情况表》,可以概括出抗日根据地的分布与发展特征:

(1)抗日根据地涉及面积大、分布范围广、发展不平衡。抗日根据地由第二次国内革命战争时期的革命根据地发展而来,由于国民党的"围剿"以及党内的"左"倾错误,革命力量遭受了重大的损失,到"抗战前夕,红军总数约十万人,共产党员约四万人左右。根据地只有一个陕甘宁边区,辖二十三县,人口近二百万,土地面积十二万九千六百多平方公里。抗战结束时,根据地发展到十九个,土地面积达九十五万六千九百平方公里,人口为九千五百五十万,有县城二百八十五座"①。经过一段时间的发展,中国共产党领导的抗日根据地已经遍及华北、华中、华南的广大地区,面积比较大的根据地有 19 块,相对较小的达 30 块之多,最北的到达内蒙古地区、最南到达广州、海南地区,东边到达浙江、上海等地,西边到达了川陕一线。

抗日根据地虽然发展迅速、面积巨大、分布范围广,但是在发展过程中存在不平衡的特征。这种不平衡首先表现为建立及存在时间的不平衡。这些根据地都是抗日战争期间发展起来的,但是陕甘宁等是从土地革命时期发展过来的,是老牌根据地,基础比较好。苏浙区虽然地理位置重要,发挥了巨大的作用,但是 1945 年 7 月设立,10 月北撤,只发展了短短的 3 个月。其他抗日根据地的建立时间也不尽相同,都是根据自身发展的主客观条件建立。其次表现为分布的不平衡。这些根据地分布虽然广泛,很多根据地实现了接壤,形成了区域发展,一些根据地还存在交叉区域,但是比较集中的仍然存在于西北及中原地区,江南及华南地区势力相对弱小。最后,发展态势不平衡。各地区的抗日根据地在党中央的统一领导下,根据自身实际情况进行建设,在发展态势方面,部分地区自身实力较强,发展较快,例如陕甘宁边区、晋察冀边区等,部分地区由于地理位置和经济发展水平限制,发展较慢而且不稳定,例如浙东地区、琼崖地区。出现这些不平衡的主要原因在于中国政治经济发展的不平衡。

(2)集中于偏远地区、落后地区。敌后抗日根据地发展初期,没有实力同侵华日军以及国民党争夺大中城市、交通要道,且由于游击战争的需要,根据地多分布在偏远农村。这些地区交通不便,通讯落后,与外界联系滞后,敌人统治薄弱。同时,这些地区以发展农业为主,工业等其他产业发展缓慢,生产力水平极其落后。封建的土地占有制,严重束缚了农村生产力的发展,农业生产水平还停留在一家一户的小农业生产阶段,很多农户缺乏劳动力或者必要的生产工具,应对自然灾害能力缺乏。另外,这些地区由于地处偏远,很多基础设施特别是水利设施年久失修,自然灾害频繁发生。例如晋冀鲁豫边区1938年发生旱灾,1939年发生水灾,1940年发

---

① 陈廉编写:《抗日根据地发展史略》,北京:解放军出版社,1987年版,第4—5页。

生春荒、水灾,1942—1943年发生水灾、旱灾、蝗灾、雹霜,1945年发生雹灾。面对落后的生产力与频繁的自然灾害,只有加强社会保障才能稳定社会形势,促进敌后根据地的发展。例如通过社会救济帮助自然灾害中产生的灾民、难民,通过建立一些工厂解决失业问题,并逐步提高工人的待遇,通过以工代赈解决基础设施建设以及提高人民的生活水平。

（3）受多重势力压迫,发展空间狭小。抗日战争时期中国社会形势复杂,在日本侵华的大背景下,共产党、国民党、侵华日军等各种势力互相压制。共产党与国民党虽然于1937年建立了抗日民族统一战线,民族矛盾暂时超过阶级矛盾成为中国社会的主要矛盾,但是国民党消灭共产党的想法从来没有消失过,潜在的危险仍然存在。1941年,国民党突然袭击了皖南新四军军部直属部队9千余人,制造了震惊中外的"皖南事变","皖南事变"是抗战时期国民党对共产党压制的典型事例,这种摩擦在其他地区也存在。日本军队1938年之后转变了侵华策略,将进攻的重点转向敌后根据地。多重势力的压迫使共产党敌后根据地的外部发展之路艰难,而且发展空间狭小。各根据地必须将其发展内化、深化,积极进行根据地政治、经济建设,只有稳定了内部形势,才能具备向外发展的实力。

综上所述,抗日根据地边区政府是中国共产党领导下的人民政权,不同于历史上的任何政权,它肩负着领导人民抗日与保护人民利益的双重任务。由于形势的限制,中国敌后抗日根据地主体存在于落后地区、偏僻地区,行政区域变化快、不稳定,分布零散,虽然有些根据地能够连接成片,但是这种连接是脆弱的,经受不住敌人的强烈冲击。同时复杂的政治形势使抗日根据地的发展受到限制,所以抗日根据地的内化发展是其生存的必要条件,是其发展壮大的重要手段。社会保障是抗日根据地内化发展的重要手段,不断进步的社会保障必然会使根据地人民生活稳定,必将会深化根据地内化发展,拓展外在发展空间。

2.3.2 中国社会形势的发展变化

1840年鸦片战争后,中英签订《南京条约》,中国逐步沦为半殖民地半封建社会,由此帝国主义列强纷纷对中国展开侵略。1895年《马关条约》的签订使中国半殖民地半封建社会程度逐步加深,1901年《辛丑条约》的签订使中国完全沦为半殖民地半封建社会,中国国力逐步衰落,国际地位一落千丈。日本作为东亚岛国,国土面积狭小,物产匮乏,而且日本崛起时,正值欧美列强对外侵略扩张,为了实现快速发展,日本也将对外侵略作为其发展的重要途径。明治政府在《五条誓问》(施政纲领)及《宸翰》的基础上,将其对外政策进一步阐释,形成了近代日本对外侵略的基本国策——"大陆政策",即向朝鲜、中国等太平洋国家进行武力扩张,进而征服亚洲,日本将这一方针不断完善并进行实践。1894 年,日本发动甲午中日战争,逼迫清政府签订了《马关条约》,获得了 2 亿两白银的赔偿,并且割占了中国台湾。1904 年日俄战争爆发,日本通过不平等条约在中国攫取了大量的侵略权益。1914 年,日本参加第一次世界大战,作为战胜国夺取了德国在山东的特权,侵略了中国的权益,占领了德国在太平洋的属地马绍尔群岛、加罗林群岛等,控制了这些岛屿附近的海域,扩大了版图,"由 37.8 万平方公里扩张到 68 万平方公里,成为东方一等强国,与美、英、德、意等世界强国并驾齐驱"①。从此以后,日本将侵略的矛头直接指向了中国。

  1929 年资本主义世界发生严重的经济危机,日本受到波及。为了转嫁经济危机并实践其侵略政策,1931 年日本对中国发动了九一八事变,占领了中国东北;1932 年发动了一·二八事变,驻兵上海;1933 年 1 月占领山海关,进而占领热河地区;1935 年发动华北事变,实现了对中国华北地区的控制;1937 年 7 月 7 日,发动卢沟桥事变,开始全面侵华。日本对中国的逐步侵略使中国社会的民族危机逐步加深,中华民族与日本的民族矛盾取代国民党与共产党的阶级矛盾成为中国社会的主要矛盾,反抗外来侵略成为中华民族的主要任务。

  面对日本的侵略,中国共产党提出积极抗日的主张,先后发表了《中共满洲省委为日本帝国主义武装占领满洲宣言》(1931 年 9 月 19 日)、《中央关于日本帝国主义强占满洲事变的决定》(1931 年 9 月 20 日)、《全国各地苏维埃政府为日本帝国主义强占东三省告全国民众书》(1931 年 9 月 25 日)、《中国共产党为日本帝国主义强占锦州号召民族的革命战争的宣言》(1932 年)等。这些文件谴责了日本帝国主义侵略中国的强盗行径,表达了对国民党"攘外必先安内"政策的愤慨,号召人民团结起来进行抗战。1935 年 8 月 1 日,中国共产党为倡导抗日救国发表了《为抗日救国告全体同胞书》,明确提出:"抗日则生,不抗日则死,抗日救国,已成为每个同胞的神圣天职!无论各党派过去和现在有任何政见和利害的不同,无论各界同胞间有任何意见上或利益上的差异,无论各军队间过去和现在有任何敌对行动,大家都应当有'兄弟阋于墙外御其侮'的真诚觉悟,大家都应当停止内

---

① 黄华文:《抗日战争史》,武汉:湖北人民出版社,2007 年版,第 42 页。

战,以便集中一切国力去为抗日救国的神圣事业而奋斗。"①《八一宣言》的发布顺应了时局要求和全国人民的愿望,及时地提出了停止内战、共同抗日的主张,是中国共产党由内战转向抗日的政治策略转变的开始。中共中央和中央红军到达陕北后召开了瓦窑堡会议,针对当时的形势制定了《关于目前政治形势与党的任务决议》,分析了中国社会矛盾的变化,提出"建立最广泛的反日民族统一战线"。为了实现抗日民族统一战线,中国共产党进行了一系列政策的调整。1935 年 12 月 6 日颁布《关于改变对富农策略的决定》,保障富农扩大生产和经营工商的自由,1936 年 9 月 1 日中共中央向全党发出《关于逼蒋抗日问题的指示》,9 月 17 日中共中央政治局颁布《中央关于抗日救亡运动的新形式与民主共和国的决议》,西安事变后,力主和平解决。中国共产党在抗日政策方面经历了反蒋抗日、逼蒋抗日,最终走上了联蒋抗日的道路,推动了抗日民族统一战线的建立。

面对日本的侵略,南京国民政府坚持"攘外必先安内"的政策。蒋介石于 1931 年 6 月 6 日发表《告全国将士书》,称"赤祸"是中国的"最大祸患",7 月 23 日发表《告全国同胞书》再次声称:"惟攘外应先安内,去腐乃能防蠹,故不先消灭赤'共匪',则不能御侮。不先削平'粤逆',完成国家之统一,则不能攘外。"②在坚持"攘外必先安内"政策的同时,命令军队对根据地进行"围剿",对长征的红军进行围追堵截,将内战不断扩大,给日本扩大侵略以可乘之机。1936 年张学良、杨虎城以兵谏的形式劝谏蒋介石抗战,在国民党、共产党以及国际势力的斡旋下,西安事变和平解决。西安事变后国共两党在西安开启了停止内战、共同抗日的谈判。1937 年 7 月 15 日,为推进国共合作的实现,中国共产党向国民党递交了《中共中央为公布国共合作宣言》,提出了三项目标和四项承诺,承诺中提出"取消现在的苏维埃政府,实行民主政治,以期全国政权统一;取消红军名义及番号,改编为国民革命军,受国民政府军事委员会之统辖,并待命行动,担任抗日前线之职责"③。承诺取消苏维埃政府及改编军队这两项内容,体现了中国共产党以民族利益为根本利益,将人民的生命财产安全放在首位,表达了中国共产党对于合作抗日,谋求建立抗日民族统一战线的极大诚意。《宣言》从大局出发,以光明磊落、大公无私的态度表示:"为求得与国民党的精诚团结,

---

① 中央档案馆编:《中共中央文件选集》(第 10 卷),北京:中共中央党校出版社,1991 年版,第 519—522 页。
② 黄华文:《抗日战争史》,武汉:湖北人民出版社,2007 年版,第 71 页。
③ 黄华文:《抗日战争史》,武汉:湖北人民出版社,2007 年版,第 97 页。

巩固全国的和平统一,实行抗日民族革命战争,我们准备把诺言中在形式上尚未成形的部分,如苏区取消、红军改编等立即实行,以便统一全国的力量,抵抗外来侵略。"①9月22日国民党发表了共产党提交的《中共中央为公布国共合作宣言》,23日蒋介石发表公开谈话,指出团结御侮、合作抗日的重要性,承认共产党的合法地位。至此,在中国共产党、中国国民党、民主党派、无党派人士以及各方爱国人士的共同努力下,国民党与共产党的第二次合作终于实现,抗日民族统一战线正式形成。

1937年8月22日至25日,中共中央在陕北洛川召开了政治局扩大会议,即洛川会议。会议通过了《中国共产党抗日救国十大纲领》,根据社会形势的变化决定把党的工作重心转移到战区和敌后,在敌后放手发动群众,开展独立自主灵活的游击战争,开辟敌后战场,建立敌后抗日根据地。敌后战场成为中国抗日战争的主战场,之后根据地建设的重要性愈发显现。为了保证根据地形势的稳定,各边区政府加强对灾民、难民以及贫民的救济。为了增强人民参军的积极性以及奋勇杀敌的士气,边区政府推行社会优抚政策,在现有生产力水平的情况下,为了提高人民的生活水平,边区政府对于社会保险和社会福利非常重视,进行了一定程度的探索。随着中国抗战以及社会形势的发展,抗日根据地社会保障政策的推广是非常必要的,是推进抗日战争顺利开展的重要手段,更是中国共产党阶级性得到体现的重要方面。另外随着抗日民族统一战线的建立与发展,社会保障的一些政策显示出了"左"的特征,中国共产党及时进行调整,体现了实事求是的工作作风。

抗日战争初期,日本侵略者重点在正面战场与国民党展开大规模的会战,如淞沪会战、太原会战、徐州会战等,国民党和日本侵略者都投入了大量的兵力。随着战争形势的改变,中国抗日战争进入到持久战阶段,日本殖民者对中国国情的判断发生变化,1939年日本侵略者改变了侵略方向,将进攻的重点转向中国共产党领导的敌后抗日根据地。满铁调查部对中国抗战力调查得出基本结论,"对于活动在长江下游一带坚持抗日武装斗争的新四军,报告书指出了它在牵制日军进攻、扰乱日军后方、配合正规军作战、破坏伪政权、牵制国民党中途妥协、牵制日军向西北进攻破坏共产党根据地等方面的重要作用"②,这说明日本侵略者对中国共产党领导的抗战

---

① 周恩来:《周恩来选集》(上),北京:人民出版社,1980年版,第78页。
② 解学诗:《日本对战时中国的认识——满铁的若干对华调查及其观点》,《近代史研究》,2003年第4期,第108页。

力量进行了重新评估。八路军和新四军对中国抗日战争的重要影响,使日本殖民者将作战重点转移到敌后抗日根据地。日本战略方向的转变,一方面是基于满铁调查部开展的"中国抗战力调查",通过这一调查认识到敌后抗日根据地的巨大力量,另一方面,是百团大战给予日本侵略者的沉重打击。总之,各方面的因素导致华北方面军提出"一切施策要集中于剿灭共产党,进行积极果敢的肃正'讨伐'"①。日军战略方向的变化,使中国共产党敌后抗日根据地政治、经济建设的环境发生变化,从而影响了社会保障工作的开展。

综上所述,马克思、恩格斯、列宁以及毛泽东等人对社会保障的论述为中国抗日根据地社会保障工作的开展奠定了宏观的理论基础,社会学中关于社会保障概念的界定,为研究中国抗日根据地社会保障发展提供了基本的架构,具有重要的意义。从历史经验角度分析,土地革命时期中国共产党开展的积极、有效的社会保障工作,证明了中国共产党在执政以及社会治理方面的能力与魄力,同时为抗日战争时期社会保障工作的开展提供了丰富的、可资借鉴的经验。中国抗日根据地的社会保障是建立在敌后根据地偏僻、分散、落后、自然灾害频繁、战争威胁的现实基础之上的,人民的自救能力差。这样的现实情况要求中国共产党必须采取相应的社会保障措施,以帮助人民渡过困难,动员社会各阶级、各阶层支持、参加抗战的积极性,同时稳定社会形势,促进抗日战争逐步走向胜利。

---

① 〔日〕江口奎一:《中国战线的日本军》,载《十五年战争》(2),青木书店1989年版,第60页。

第3章 中国抗日根据地社会保障的概况

中国抗日根据地在"敌、顽、我"的斗争中逐渐发展起来,经历了曲折复杂的发展过程,其社会保障的发展虽然借鉴了中国共产党土地革命时期社会保障相关工作的经验教训,但是在新的形势下出现了新的问题,各根据地依据不同时期自身的实际情况积极探索,逐步创立、巩固、调整并推广。边区政府通过各种途径积极筹集社会保障的资金,保证社会保障工作顺利开展。在制定政策以及执行过程中不断完善对社会保障工作的领导,逐步实现了对其管理的科学化,提高了行政效率。

3.1 中国抗日根据地社会保障的发展过程

本书在分析中国抗日根据地社会保障发展过程这一问题时,根据中国抗日战争的发展以及根据地经济发展的基本情况,并借鉴史学界相关观点,将抗日根据地的发展分为开辟创立阶段、巩固发展阶段以及恢复扩大阶段。开辟创立阶段指从1937年抗日民族统一战线建立到1938年广州、武汉失守,巩固发展阶段指从1938年到1941年根据地发展的困难时期,恢复扩大阶段指从1942年抗日战争形势逐步好转到1945年抗日战争胜利[1]。以下在对抗日战争进行三个阶段划分的基础之上,以这三个阶段为基本依托,分析中国抗日根据地社会保障工作的开展、发展以及演变。

3.1.1 中国抗日根据地开辟创立阶段的社会保障

1937年卢沟桥事变后,日本大举进攻中国,一年多的时间里占领了近半个中国,为了抗击日本的侵略,国共两党开展合作,抗日民族统一战线形

---

[1] 借鉴陈廉观点,陈廉编写:《抗日根据地发展史略》,北京:解放军出版社,1987年版,第5—21页。

成。国民党组织了正面战场的抗战,先后进行了太原会战、徐州会战、淞沪会战等大规模的抗战活动,这虽然不能从根本上阻止日本的侵略,但是对于消耗日本侵略者的有生力量,迟滞其进攻发挥了重要的作用。中国共产党在洛川会议上确立了领导抗日战争的纲领、路线、方针和任务,决定进行全民族抗战,实行人民战争路线,在这一方针的指导下,八路军、新四军深入敌后,开辟、创立了敌后抗日根据地。截至武汉失守时,中国共产党已经开辟了晋西北、大青山、晋西区,包括北岳、冀中、冀东区的晋察冀,包括太行、太岳、晋南区的晋冀豫,冀鲁豫区、山东的鲁西、湖西、冀鲁边、清河、鲁中、胶东区,华南的苏南、皖中区。这一时期抗日根据地处于初创阶段,分布地区主要集中在山西、山东、河南、河北等地。

初创阶段的敌后根据地范围狭小,许多地区的根据地或者没有开辟,或者没有巩固,发展不稳定,所以这一时期的主要任务在于开辟及稳固根据地。基于此种形势,初创阶段敌后抗日根据地的社会保障工作虽然有土地革命时期的经验可以借鉴,但是仍然处于探索阶段。由于具体形势的局限、生产力水平的限制等因素,这一时期的社会保障内容集中在社会救助以及社会优抚方面,例如陕甘宁边区1937年12月颁布了《抗日军人优待条例》,《条例》规定了抗日军人在服役期间应享受的各项待遇,以及在战争中牺牲或在服役中因劳病故的抗日军人家属的各项抚恤办法等[1]。1938年2月民政厅发出优待抗日军人家属的训令,指出优待抗日军人家属是抗战动员的重要工作之一,要求各地迅速组织耕田队,帮助抗日军人家属做好春耕工作,2月10日建设厅印发了《关于春耕运动工作的讨论提纲》,这些措施为军属春耕工作的开展创造了条件。

1938年1月晋察冀边区召开了边区军政民代表大会,各地区及各界代表为了边区的发展积极建言献策,经济提案和财政提案中多条涉及了社会保障的内容,具体信息如表3-1:

表3-1 晋察冀边区军政代表大会提案节选[2]

灵邱县	请政府救济失业者及难民并规定办法案
	鼓励技术人才以增加生产案
五台牺盟会	救济失业工人案

---

[1] 陕西省档案馆编:《陕甘宁边区政府大事记》,北京:档案出版社,1991年版,第9页。
[2] 根据晋察冀边区军政民代表大会提案整理,魏宏运主编:《抗日战争时期晋察冀边区财政经济史资料选编》(总论编),天津:南开大学出版社,1984年版,第29—34页。

（续表）

忻县	请政府颁布劳动政策
崞县	救济失业工人案
	游击队家属优待食粮办法是否可改为津贴办法案
	游击队家属参加生产以资优待案
曲阳县	明确规定优待抗战军人家属办法案
	规定优待并抚恤因公受伤或牺牲之自卫队员办法案
	请规定救济难民办法案
	规定优待义勇军家属办法案
唐县	彻底实行改良人民生活案
完县	规定优待抗战军人家属办法案
孟平阳寿	明确颁布救济难民办法案
	请明令集中仓谷以备军需案
五台县	救济失业工人及难民案
安平县	规定贫民救济法
	规定优待技术人员及救济失业工人办法
定襄县	救济灾民及难民案
	实行改善人民生活案
	改良教育救济失学青年案
	广设工厂以资救济工人案
任邱县	难民应如何救济案
蔚县	确定各机关各团体工作人员生活费案
代县	规定群众团体及学校经费案

晋察冀边区代表的提案中对于救济灾民、难民以及贫民重点关注，军人及军人家属的优抚获得了充分重视，救济失业工人和改善人民生活虽然没有被广泛提及，但是一些代表已经开始意识到了这一问题的重要性。例如，安平县代表提出了"优待技术人员及救济失业工人办法"，蔚县提出的确定各机关团体工作人员生活费以及代县提出的规定群众团体及学校经费案涉及了社会福利的相关内容。这些提案的内容是基于这一时期的具体形势提出的，是抗日战争初期社会保障内容中比较具有代表性的。这些提案中措施的提出及落实对于保障人民的基本生活，保证人民渡过困难时期发挥了重要作用。另外，对抗日军人及军人家属的优抚，作为社会保障的重要内容体现了中国共产党拥军的光荣传统，是抗战初期军事动员的重

要方式。通过这种方式动员了广大人民,使他们从观望到积极参军,壮大了军事力量,稳固了军心,为抗日战争提供了军事保证。

抗日根据地开辟创立阶段的社会保障工作虽然没有形成成熟的模式,但是中国共产党在民族矛盾成为主要矛盾的情况下进行社会保障的有益探索,为抗日战争其他阶段的社会保障工作提供了支持和借鉴,使各抗日根据地在极端困难的情况下站住脚,生存下来,形成了抗日根据地发展的良好的开局,为抗日根据地扩大、继续发展创造了条件。

3.1.2 中国抗日根据地巩固发展阶段的社会保障

1938年武汉、广州失陷后,中国抗日战争进入相持阶段,中国共产党抗日根据地处于日本侵略者以及国民党顽固势力的夹击之中,敌后抗战进入极端困难时期。这一时期日本基本停止了对国民党正面战场的战略进攻,将进攻重点转向敌后抗日根据地,1941年之后日军开始全面封锁、蚕食华北抗日根据地。国民政府的政策,逐渐由"容共"抗日转向消极抗日,积极反共,发动两次反共高潮,相继制造了十二月事变和皖南事变。在第二次反共高潮被打退后,国共关系趋向缓和,但是国民党消极抗日、避战应战的政策并未改变,敌后国民党军队很多变成了伪军,敌后抗战进入了严重的困难时期。抗日根据地的困难不仅是由于战争局势的变化,恶劣的自然情况,严重的旱灾、水灾、蝗灾也是重要原因。抗日根据地巩固发展阶段,共产党、国民党、日本侵略者之间复杂的局势以及严重的自然灾害,使根据地进入极其困难的时期,这对中国共产党的社会保障工作来说是严峻的挑战。

为了巩固根据地,推进抗日战争形势的向前发展,中国共产党在与日本侵略者及国民党进行军事斗争,与国民党政治斗争的同时,积极开展经济建设,推动社会保障工作的开展。1941年陕甘宁边区经济建设计划对于继续开展边区的经济建设提出要求,"更进一步地、有计划地、广泛开展农、工、商业,增加边区生产,以便在长期抗战中保证抗日部队的供给,与满足人民日常生活必需品的需求。并在开展民众经济、增加人民收入的基础上,增加政府粮食的、财政的收入,以保证政府经费上最低限度的需要"[①]。这一措施有利于进一步从军事、政治、经济和文化各方面提高与巩固边区,并进一步改善人民生活。

---

① 武衡主编:《抗日战争时期解放区科学技术发展史资料》(第2辑),北京:中国学术出版社,1984年版,第35页。

这一时期的社会保障工作内容渐趋全面,社会救助和社会优抚的范围逐步扩展,内容逐渐深化,并发挥了越来越重要的作用,社会福利和社会保险逐步开展,各根据地根据实际情况制定了符合本地区的方针、政策,形式灵活多样。1940年,陕甘宁边区政府为了应对严重的旱灾以及其他根据地出现的水灾等自然灾害,出台了一系列政策方针,3月1日颁布了《陕甘宁边区政府优待外来难民和贫民之决定》,3月30日颁布了《陕甘宁边区党委政府关于赈济工作的决定》,提出"为了加强赈济工作之领导和推行,各县应组织赈济委员会,委员五至七人,以县委书记、县长、县互济会主任、后援会主任、保安队队长及当地驻军长官组成,县委书记或县长为主任委员,切实负责领导与推动赈务之进行"①,并提出选派得力干部进行调查统计工作,以利于赈济工作顺利有效地开展。4月12日,陕甘宁边区政府关于赈济工作给国民党政府行政院递交报告,对难民纺织厂、农具制造厂以及制革工作的盈余进行了总结,4月17日进行了进一步的统计,并将赈款全部拨充边区难民纺织工厂。从陕甘宁边区政府对于赈灾、救灾的一系列政策与措施可以看出,中国共产党在社会救济方面已经越来越成熟,由以前的单纯救济转向以工代赈,既有利于生产力的发展,又为灾民、难民提供了生计。另外,社会救济已经打破了地域范围,许多根据地出台了针对外来移民、难民的政策措施,同时加强了对社会救济的调研与领导,使之更有针对性和可操作性。总之,1940年陕甘宁边区的社会救济工作从一个侧面反映了抗日根据地巩固和发展阶段,中国共产党社会保障工作的发展。

这一时期中国共产党在劳动立法方面的成就突出体现了社会保障灵活多样的特点。1940年《中共苏皖区委为坚持江南敌后抗战之政治纲领》做出规定,"增加工人工资,实行八小时工作制,救济失业工人,改善提高教职员生活待遇"②。1940年8月,晋察冀边区提出减少劳动时间,实行八小时工作制,增加工人实际工资,实行半实物工资制,改良劳动条件和工人待遇,提高工人的工作积极性和生产效率,安置失业工人,雇主不得违约解雇③。1940年3月,晋西工人代表大会通过的《晋西总工会关于改善工人生活办法草案》,除规定8小时工作制外,还规定:"雇工伙食、住房必须与雇

---

① 陕西省档案馆、陕西省社会科学院合编:《陕甘宁边区政府文件选编》(第二辑),北京:档案出版社,1987年版,第150页。
② 张希坡:《革命根据地的工运纲领和劳动立法史》,北京:中国劳动出版社,1993年版,第100页。
③ 魏宏运主编:《抗日战争时期晋察冀边区财政经济史资料选编》(总论编),天津:南开大学出版社,1984年版,第85页。

主一般的同等待遇。"①这些根据地对劳动保护的规定虽然不如陕甘宁边区政府的规定翔实、具体,但是体现了对工人利益的维护,对劳动保护工作的重视,某些条款仍然和陕甘宁边区的一些规定一样具有局限性,八小时工作制等在当时不具备实施的条件,这些规定使劳动保护工作一定程度上走向了一个极端,存在过多的"左"的倾向。为了适应抗战以来形势的变化,这些内容必须调整,1940年之后中国共产党逐渐修改原有的劳动法规,或者制定新的劳动法规。

抗日根据地巩固发展阶段的社会保障虽然面临严峻的形势,但是相关的措施逐渐完善并走向成熟,保证了抗日战争的需要,对于中国共产党应对日本侵略者以及国民党顽固派的挑战有重要的意义,同时帮助根据地人民渡过了极度困难时期,一定程度上恢复和发展了生产,促进了生产力的发展。

3.1.3 中国抗日根据地恢复扩大阶段的社会保障

1943年中国人民的抗日战争逐步走向胜利,到1945年抗日根据地逐步恢复发展、扩大,针对战争形势的变化,抗日根据地各边区政府进行了政策调整。1943年春季,晋西北地区继续贯彻1942年秋毛泽东同志提出的"把敌人挤出去"的方针,围困深入根据地内的据点,消灭敌人;晋察冀区普遍组织武工队扩大敌后根据地范围;山东地区实行"翻边战术",主动恢复出击,占领敌占区;华中地区多次粉碎敌人的扫荡,并于3月底发动攻势,全面出击,使华中地区的抗战形势好转。7月,日本由于太平洋作战失利,开始在华北地区全区收缩兵力,共产党领导军队抓住机遇主动出击,收复了大量的根据地。1944年春夏,日本为了打通"大陆交通线",从华北、华中抽调兵力向国民党正面战场发动大规模进攻,占领了河南、湖南、广西等省份的主要城市,对敌后采取重点配置,处于防御状态。八路军和新四军乘机发起攻势作战,积极向河南敌后和东南沿海一带发展。1944年12月,党中央提出了"扩大解放区,缩小占领区"的口号,1945年春、夏各解放区发动对敌攻势,根据地范围逐步扩大,为抗日根据地社会保障的开展和扩大创造了必要的条件。总之,这一时期中国共产党逐渐打破胶着状态,以积极主动的态势出击迎敌,使抗日根据地的范围逐步恢复、发展、壮大。

抗日根据地恢复扩大阶段,中国共产党根据形势的变化,巩固前一阶

---

① 中华全国总工会中国职工运动史研究室编:《中国工会历史文献》(4),北京:工人出版社,1959年版,第626页。

段的成果,并逐步地扩展。强化社会救助及社会优抚,逐步发展社会福利和社会保险,使社会保障逐步走向系统化。在社会优抚方面既强调对抗战军人及家属的物质保障,又突出精神上的安慰。1943年3月,中共苏皖区委苏南施政纲领中提出"尊重和爱护一切抗日军人,加强优待抗日军人家属工作,抚慰荣誉军人及阵亡将士家属,切实执行优抗条例,务使新四军及一切友军在根据地内的家属得到物质上的保障和及精神上的安慰"[①]。物质上的保障使抗日军人及家属的基本生活得到了基本保障,精神安慰则达到了物质保障没有办法达成的效果,使社会优抚的社会效用达到了最大化。1944年2月,苏南抗日根据地颁布《苏南行政区私立中学校整理及设立实施办法》,在设置的免费学额中,优待抗战出征家属及贫寒子弟,占学额5%—10%[②]。对抗战军人子弟的教育优抚是中国共产党的一贯政策,苏南抗日根据地规定在私立学校中执行此项政策无疑扩大了政策的惠及范围,强化了执行力度,提升了管理水平。

社会保险的执行与推广需要以高度发达的生产力为基础,抗日战争时期根据地生产力水平低下,但是中国共产党仍然对社会保险进行了一定的探索、努力和尝试,并且取得了一定的成果,工伤保险、失业保险、劳动保障等在抗日战争初期逐步推广,在抗战后期养老保险得到了实践。1944年苏中行政公署颁布了《苏中区改善农业雇工生活暂行条例草案》,条款的第十七条和第十八条,对雇工的养老问题制定了办法。对于在雇主家做工15年以上的长工,解约时如果体力未衰老者,雇主应给予3年的生活费,已经衰老的应给以养老费。对于在雇主家做工15年以上、年龄在50岁以上体质衰老的长工进行了更具体的规定:(1)老长工没家或者家里没有办法生活的,雇主应供给他生活到老死为止,死后衣棺埋葬费用归雇主负担,(2)长工在雇主家养老时,雇主应给以必需的零用钱,数目大小应经工抗会同意,(3)在雇主家养老的长工,如不妨碍他健康时,尽可能帮助雇主照料家务或做些轻微工作,(4)老长工自愿回家养老的,除发给他3年养老费外,在死时衣棺费由雇主负担,在解雇时应提出保证或提交工抗会保管,(5)雇主应付给雇工的养老费、衣棺费,如一次付不出时可以分期付给[③]。这一条款根据老长工的家庭状况、身体状况以及自身意愿进

[①] 中共江苏省委党史工作委员会、江苏省档案馆编:《苏南抗日根据地》,北京:中共党史资料出版社,1987年版,第244页。

[②] 同上书,第333页。

[③] 中共江苏省委党史工作委员会、江苏省档案馆编:《苏中抗日根据地》,北京:中共党史资料出版社,1990年版,第367—368页。

行了细致的分类,并根据不同情况制定了不同的措施,体现了苏中行政公署对于这一工作的重视。这一条款制定的措施虽然没有得到广泛的推广,由于战争形势的影响,甚至出现了中断,但是体现了示范性,具有典型意义。

抗日根据地恢复扩大阶段,各地区在面积不断扩大、实力逐步提升的同时,面临着激烈的政治斗争,共产党与国民党因为受降权展开了激烈的争夺,使社会形势更加复杂。社会保障工作的积极、有序、有效开展稳定了形势,对于中国共产党政治斗争的胜利提供了重要的支撑,在政治斗争之余保证及一定程度上提高了人民的生活,一些基础比较好的根据地例如陕甘宁边区、晋察冀边区等恢复和扩大了生产。这些措施和成果使中国共产党领导的敌后抗日根据地的政治号召力得到提升,人民群众选择了共产党。

3.2 中国抗日根据地社会保障资金

社会保障资金是通过法定程序,为实现社会保障规划,以各种方式建立起来的用于特定目的的货币资金[①],用于保证社会保障的各项开支。中国共产党在领导抗日战争期间,在满足战争需要的同时,通过各种途径筹措社会保障的资金,对内积极发展国民经济,增加财政收入,制定合理的税收政策,发动大生产运动,动员群众互助等,对外通过争取国民政府的拨款以及获取社会捐助的途径获得了一定的物资。通过对内和对外措施,中国共产党筹集了必要的社会保障资金,基本满足了人民群众生活的需要。

3.2.1 国民政府拨款

在民族危机逐步上升,民族矛盾成为主要矛盾的情况下,中国共产党和国民党摒弃前嫌,共同抗日,1937年9月22日,国民党中央通讯社发表了《中共中央为公布国共合作宣言》,标志着抗日民族统一战线正式形成,第二次国共合作开始。根据双方协定,中央红军改编为国民革命军第八路军,南方13个地区的红军游击队改编为国民革命军新编陆军第四军。基于共同抗日的需要,国民政府向八路军和新四军提供了一部分军饷,负责部分抗日经费。以陕甘宁边区为例,"从1937年7月到1940年10月,党中

---

① 黄惠运:《中央苏区社会保障研究》,北京:社会科学文献出版社,2013年版,第75页。

央收到国民政府发给八路军军饷16405340元（法币），国内外进步人士捐款8120234元（法币），中央拨出14092412元协助边区，占当时边区财政收入的82%"①。1937年中国工农红军改编为国民革命军时，工农红军虽然有8万人，但是国民政府只承认其中的4.5万人，每年只发军饷60万法币。"到1940年，八路军和新四军发展到50万人，国民党当局出于反共限共的需要，不但不相应给予增加军饷，而且还将原来的60万元减为50万元，1940年以后，国民党当局全部停发了八路军、新四军的军饷。"②1937年国民政府向八路军和新四军拨款人均7.5元，到1940年降至人均1元，下降了将近87%，之后全部停发。由此可以看出，国民党当局向八路军和新四军发放的军饷是一种常规性的拨付，虽然在一定程度上解了燃眉之急，符合"争取外援，修养民力"的方针，但是数量很少，而且极其不稳定，并不能满足抗日根据地军事保障的需要。

国民政府在发给八路军和新四军军饷以外，还供给一些物资，但是国民政府供应的物资有一些打折的情况存在。例如，1938年配发的26500件棉背心，其中有3000件是社会各界捐助的杂色背心，不是部队制式的，又如，国民政府以"代金"的形式冲抵部分物资，1940年的冬季军服发放"代金"16.02万元，拖欠的尾数没有发放，1941年夏季军服只配发了一部分。

除南京国民政府拨付的军饷和物资之外，国民党一些部队也向中国共产党做出一些支援。1937年11月，太原失守前后，阎锡山和傅作义将无法后运的物资送给了八路军，11月13日周恩来给毛泽东发电报，"太原失守后，晋西形势紧张，现有30余万军用品急需后运，最迟应在月底前运完，否则有损失之虞。提议用尽一切力量，动员牲口到大宁运转，并派干部到大宁来主持工作"③。1938年4月，卫立煌在访问延安之后，向八路军批发了100万发子弹、25万枚手榴弹、180箱牛肉罐头以及八路军3个师的夏衣、大批医药用品和电话通信器材等物资。

拨发军饷是一种常规性的制度，对于突发性的自然灾害等，国民政府也拨发部分应急性物资赈济灾民。1938年7月国民党行政院鉴于陕甘宁边区的严重灾情，责成赈济委员会拨给赈款10万元，并派曹仲植、董承荫、郝瑞珍等人前往陕北地区协同散发。双方依据实际情况决定，以5万元作为难民毛织、棉布、硝皮、农具等四工厂基金，以两万元作为移植难民垦荒

---

① 财政部财政科学研究所编：《抗日根据地的财政经济》，北京：中国财政经济出版社，1987年版，第91页。

② 陈廷煊：《抗日根据地经济史》，北京：社会科学文献出版社，2007年版，第59页。

③ 方明：《抵抗的中国：外国记者亲历的中国抗战》，北京：团结出版社2017年版，第134页。

及兴修水利经费,以3万元作为急赈款项之用①。对于赈灾救灾款项的使用,既考虑到了应急的需要,设立了急赈,又兼顾了灾区恢复和发展生产的需要,设立了建立难民工厂的项目,还有兴修水利等费用。1938年11月20—21日,延安遭受敌机轰炸,死伤军民152人,炸毁房屋380间,在对伤亡军民抚恤的基础上,林伯渠代表陕甘宁边区政府向国民政府申请援助。

1939年6月,陕甘宁边区政府主席林伯渠、副主席高自立将实施赈济的概况呈报国民党行政院,关于急赈的3万元款项,将1万元留作善后,其余2万元分配给受灾较重的地区,靖边县3000元,定边和盐池两县共7000元,神府县7000元,延川县7000元,被赈济者共计有4947户,人口为18803名。留作善后的1万元,1000元救济延安市因为敌机轰炸而无法生活的贫苦市民,共有270户,其余9000元留作应急之用。垦荒、兴修水利的赈款两万元,发挥了吸收难民或以工代赈的功效,对边区垦荒和兴修水利工作有重要的意义,垦荒超过预定任务完成,水利也完成了预定任务。在国民政府的资助下,边区政府先后建立了难民纺织厂、硝皮工厂和农具工厂。边区政府原有的技术基础较为薄弱,而且抗战期间材料购置方面存在困难,交通运输不畅。边区政府克服了这些困难,在短时期内使工厂部分开工,并且能够生产出部分成品,一定程度上援助了抗战供给,1938年抗大的夏衣以及八路军后方的纱布都是难民工厂生产的,同时部分地满足了人民的需要,如农具工厂满足了农业生产增加的需要。在此基础上,各工厂收容难民、残疾人和贫民达200人以上,部分地区达成了以工代赈的目标。难民工厂的开办带动了全边区手工业生产的发展,对于抗战建国、安定民生有重要意义。

另外,据统计,甘肃省政府拨给边区政府赈款共计16000余元。在国民党和共产党势力范围划分不是很清晰、势力交织的地区,国民党的救济对于根据地的社会救济工作的开展也起到了一定的帮助作用,如黄泛区的救灾。黄泛区是一个很大的范围,而且历年来由于天灾人祸灾情严重,共产党在此区域积极开展救灾活动,国民党政府运用国家力量进行了一系列的救灾活动,例如安置灾民、难民,设立粥厂,建立难民工厂,全国募捐等。这些活动一定程度上稳定了当时的社会形势,保证了人民的需要。国民党和共产党的配合对于当时的抗战救国有重要的意义,不过国民政府对于根

---

① 陕西省档案馆、陕西省社会科学院合编:《陕甘宁边区政府文件选编》(第一辑),北京:档案出版社,1986年版,第289页。

地社会保障的资助款项数目小,在使用上侧重于具有突发性和应急性特征的事件,例如救灾、赈灾。在物资资助之外,还存在一定数量的表彰性质的资助,例如百团大战胜利后,国民政府通电嘉奖并予以一定资助,但是这些并不能解决军事保障的问题,只是具有形式上的象征意义。

3.2.2 发展生产、合理税收

发展生产增加财政收入是抗日根据地社会保障资金的重要来源。各根据地非常重视恢复和发展生产,以农业为主,工业为辅,工业以发展手工业为主,补助农业的发展,以自愿的原则组织劳动互助,另外动员军队及地方机关利用一切空闲时间参加生产,同时政府给予各种帮助逐渐减少农村中缺乏再生产能力的农户。抗日根据地一般处于经济比较落后的地区,经过长期的战争破坏,经济衰退严重,为了满足战争的需要,抗日战争初期各根据地实行国防经济政策,即首先努力建立军事工业,加速发展军事交通和战时财政政策。在此政策的指导下建立起不脱离生产的自卫军,既能抗敌又能劳动,是恢复和发展生产以及长期战争必须采取的措施。1939年5月4日,毛泽东发表了题为《青年运动的方向》的演讲,提出:"我们干的是资产阶级性的民主主义的革命,我们所做的一切,不超过资产阶级民主革命的范围。现在不应该破坏一般资产阶级的私有财产制,要破坏的是帝国主义和封建主义,这就叫做资产阶级性的民主主义革命。"[1]毛泽东阐释资产阶级性的民主主义革命这个概念,表达了中国共产党鼓励私人资本主义发展的政策,这是新民主主义时期经济发展的一个重要因素。抗日民族统一战线建立之后,中国共产党实行的地主减租减息、农民交租交息的政策不仅有利于团结各阶层的抗战,对于农业的恢复和发展也有重要的意义。另外各边区政府通过没收汉奸财产、开源节流、发行货币等措施促进经济的恢复与发展。

1939年到1940年,毛泽东系统地论述了新民主主义理论,其中新民主主义的经济理论对于抗日战争时期敌后根据地经济的发展有重要的意义。在其指导下,各根据地经济政策逐步完善,通过开垦荒地、兴修水利等措施,经济快速恢复和发展。以陕甘宁边区为例,从1939年到1943年耕地面积和粮食产量快速提高,情况如下表:

---

[1] 毛泽东:《毛泽东选集》(第2卷),北京:人民出版社,1991年版,第562—563页。

表 3-2　陕甘宁边区耕地面积和粮食产量统计①

年份	耕地面积(亩)	粮食产量(石)
1939	10040319	1370000
1940	11742082	1430000
1941	12223344	1470000
1942	12486937	1500000
1943	13774473	1600000

对以上表格分析可以得出以下结论:陕甘宁边区的耕地面积扩大37.2%,粮食产量增长达16.8%。植棉面积和棉花产量都有不同程度的增长,牲畜数量逐步提高。与此同时,各根据地的农业经济在这一时期都得到了恢复与发展,晋察冀边区太岳区等9个县1943年扩大耕地面积123492.87亩,增加产量49397.148石,晋察冀边区扩大耕地面积共1823933亩;晋绥边区的兴县耕地面积从1940年的390000亩增加到1943年的498296亩②。以上措施及成果减轻了日寇大扫荡所造成的损失,保证了抗日战争的军事需要,另外使各阶层人民的基本生活日益改善。

1943年之后中国抗战形势逐步走向好转,随着各根据地的经济发展逐步向前推进,农村互助合作发展到一个新的高度,封建剥削被削弱,各根据地对原有的土地制度进行了改革,强调农民对土地的所有权,调动了农民的生产积极性,促进了农业的发展。

表 3-3　中国抗日根据地农业发展成就③

晋察冀边区	抗战八年间,扩大耕地面积1823933亩,到1944年耕畜增加22097头,农具增加257492件
晋绥边区	1944年军民开荒748000亩,共计增产粮食16万但,晋绥全区植棉面积达18万亩
晋冀鲁豫边区	太行区六个分区军民共开荒335886亩,相当于原耕地面积的13%,全区八个分区增产粮食30万担
陕甘宁边区	耕地面积增加,大部分地区实现了"耕三余一"

---

① 陕甘宁边区财政经济史编写组、陕西省档案馆:《抗日战争时期陕甘宁边区财政经济史料摘编》(第二编),西安:陕西人民出版社,1981年版,第85—86页。
② 陈廷煊:《抗日根据地经济史》,北京:社会科学文献出版社,2007年版,第177页。
③ 根据陈廷煊:《抗日根据地经济史》,北京:社会科学文献出版社,2007年版,第394—395页整理。

农业作为各边区政府经济发展的基础得到迅速发展,农民生活得到了改善,社会保障获得了一定的物质支撑。

在农业经济得到发展的同时,抗日根据地各边区政府的工业经济得到了不同程度的发展。以陕甘宁边区为例,陕甘宁边区在抗日战争之前,几乎毫无工业基础,除了农村的家庭纺织外,只有若干的硝皮场、制毡坊和煤炭场,唯一可称为现代工业的油田在内战期间被毁。中央红军到达陕北之后,在苏维埃统治地区建立了修械所、被服厂和印刷厂等,这些工厂建立的主要目的是维持军需,这也说明陕甘宁边区工业建设的最大特征在于几乎是在没有任何基础的情况下从头开始。1938年陕甘宁边区设立了卫生材料厂、难民纺织厂、兴华制革厂、农具工厂和振华造纸厂等,延长石油厂重新开始生产。表3-4《抗战前期陕甘宁边区公营工厂基本情况表》归纳了抗战前期陕甘宁边区公营工厂的基本情况,对于了解陕甘宁边区工业经济的发展有一定的意义。

表3-4反映出陕甘宁边区的工厂的设立以自力更生为主,但是仍然有相当的部分依赖来自各种不同的援助,例如难民纺织厂、农具工厂以及光华制革厂是由国民政府行政院救济委员会提供资金建立。另外,陕甘宁边区的工厂生产规模逐渐扩大,工人数逐渐增加,为抗日根据地解决民生问题,为社会保障的资金来源提供了重要的保障。总之,抗日战争时期的工业也得到了一定程度的发展。首先,重工业和化学工业方面,机器制造业为一些行业改良了工厂设备,石油产量增加,各地兵工厂的建立使军火生产完成了任务,通信器材的生产有所突破。其次,轻工业取得了很大的成绩。工业的发展为边区实现自给自足奠定了初步基础,同时工业发展能够安置大量的劳动力,这对于稳定社会形势,保障非农业人口的生活有重要意义。

税收是社会收入的重要来源,中国共产党在倡导发展生产之余,积极建立合理的税收政策。税收成为敌后根据地筹集经费的主要形式之一,各根据地根据自身的实际情况开征的税种,包括救国公粮、田赋、统一累进税、货物税、商业商品税、盐税、田屋契税、出入口税等。抗日战争时期社会形势的特殊性决定制定税收标准既要考虑到人民的承受能力,又要尽量满足战争和生产的需要,各边区政府基于形势提出了人民的"合理负担"问题。抗日战争时期负担的合理性体现在三个方面:一、阶级阶层之间的负担合理;二、地区之间的负担合理;三、农商之间的负担合理[①]。合理负担是

---

① 陈廷煊:《抗日根据地经济史》,北京:社会科学文献出版社,2007年版,第61页。

第3章 中国抗日根据地社会保障的概况

表3-4 抗战前期陕甘宁边区公营工厂基本情况表（含八路军经营工厂）①

工厂名称	设立时间	厂址	职工人数	主要制品和产量	领导机关	其他
修械厂	1935年红军到达后		四十余名		军事工业局	
八路军被服厂	1935年			军用衣服	八路军	1937、1938年时产量很小
八路军（政治部）印刷厂		安塞			八路军	
边区印刷厂	1937年7月	延安	七十余人	《解放》《新中华报》《中国妇女》《中国青年》的印刷	八路军	
卫生材料厂A（后为八路军制药厂）	1938年	1939年1月赤水县吕家村，同年6月转移到延安西川口	1939年1—6月，工人30人，全场53人，1940年全厂100人		八路军	
卫生材料厂B	1940年2月	安塞		1940年8月出产量价值5000余元，利用中药以西法精制成丸散	边区政府民生厅卫生处	工厂长仝狐野

① 〔日〕井上久士：《抗战前期（一九三七至一九四〇）陕甘宁边区之经济建设——以工业为中心》，南开大学历史系：《中国抗日根据地史国际学术讨论会论文集》，北京：档案出版社，1985年版，第351—353页。

（续表）

工厂名称	设立时间	厂址	职工人数	主要制品和产量	领导机关	其他
难民纺织厂	1938年8月底设立,同年12月开工	始于延安西区川口,1939年6月因河防紧张转移到保安三区(志丹县)永宁山,1941年7月转移到安塞县二区五乡段庄	1938年15人;1939年70人;1940年72人;1941年135人;1942年126人;1943年161人;1944年164人	洋布、毛巾、袜子、毛毯、毛衣等产量(2.5*104)的产量:1938年120匹;1939年2329匹;1940年2494匹;1941年5016匹;1942年5598匹;1943年7525匹;1944年4387匹;1945年4203匹	1938年8月民政厅,该月末交于建设厅,1939年12月中共中央财政经济部工业处,1940年11月建设厅工业局	利用外国医生道尔先生的9300元开始筹建,以国民政府赈济委员会所拨赈款开办
兴华制革厂(原为难民硝皮厂,从1941年10月后成为军工局第八厂)	1938年9月	始于志丹,1940年转移到安塞县二区沟槽渠	工徒、工作人员1938年二十余人;1939年10人,7人;1940年18人,7人;1941年92人,32人	1939年制革毛皮革三千余张	1938年9月建设厅;1939年12月财政部;1940年建设厅;1941年秋军委经建部;1941年10月军事工业局	以国民政府赈济委员会所拨赈款开办
农具工厂(不久之后工艺实习厂和机器二厂合并为留守兵团兵工厂)	1939年7月开始生产	延安温家沟	工作人员6人,什务人员5人,工人11人,学徒10人,小工5人,合计37人;职员19人,工人25人,合计44人	锉月产2000个,1939年7月507个,该年10月1836个		工厂长吴崇陵,副工厂长汤赐训

第 3 章 中国抗日根据地社会保障的概况 93

（续表）

工厂名称	设立时间	厂址	职工人数	主要制品和产量	领导机关	其他
延长石油厂永坪分厂	1937 年接收	延长延川永坪		原油生产量：1939 年 3550 桶；1940 年 3859 桶；1941 年 12437 桶；1942 年 16344 桶；1943 年 63496 桶；1944 年 25858 桶；1945 年 11376 桶	1937 年建设厅，1938 年移交后勤部军事工业局	厂长陈振夏，1938 年由于陈振夏同志的努力恢复了石油厂
振华造纸厂	1938 年 5 月	始于延安东甘合驿；1939 年 5 月塞沟槽渠新厂开工	1938 年 14 人；1939 年 21 人；1940 年 42 人；1941 年 80 人；1942 年 78 人；1943 年 73 人；1944 年 75 人；1945 年 76 人	纸生产量：1938 年 50 令；1939 年 168 令；1940 年 637.45 令；1941 年 1103.87 令；1942 年 1826.4 令；1943 年 1294.468 令；1944 年 2529 令；1945 年 2692 令	建设厅	
机器厂（1941 年成为工艺实习厂）	1935 年红军兵工厂设立，1938 年改名为机器厂	1937 年春延安附近的柳树店；1938 年 3 月安塞县茶坊		各种小型机件	军事工业局	分为机器制造部（沈鸿为首），枪械修理部
机器第二厂（机器厂之枪械修理部独立）	1939 年	安塞和志丹县交界处的何家岔		步枪	军事工业局	在延安马家沟设修械所
通讯材料厂				电信零件，无线电		
面粉厂						

改善群众经济处境的重要措施,是把广大的贫苦阶级与中产阶级从经济压迫下解放出来的重要政策。合理负担政策不同于旧社会按田亩平均摊派的政策,照顾了各阶层的负担能力,受到了群众的拥护。

为统一征收合理负担,改善人民生活,保证边区长期抗战的需要,根据晋冀鲁豫边区政府财政经济政策与地区经济状况,1942年冀鲁豫边区制定了《冀鲁豫边区合理负担暂行办法草案》,这是抗日战争时期关于合理负担比较完整和有代表性的文件。根据"有钱出钱有力出力""钱多多出,钱少少出"的抗战建国财政政策,提出"富力大的多负担,富力小的少负担,极贫苦的不负担。负担最高额以不超过每人全年总收入30%。负担人口以县为单位,应达到80%为原则"[①]。对于负担的计算,不分男女老幼,脱离生产的抗日军人、政民工作人员、教职员及体力劳动者都纳入计算范围,对于寺院、教堂、族地和庙地的计算方法都有具体的规定。赋税的征收制定了相应的累进标准,对于特殊情况制定了减免负担的办法。以下情况免除负担:因土质恶劣每亩年收入在二斗以下的土地;新开垦的生荒地在五年以内者;公营事业及官产的收入;土地副产物及家庭副业收入;脱离生产的抗日军人、政民工作人员、教职员的生活费;因抗战伤亡所得的抚恤金;抗属优待的收入。一些遭受天灾、敌祸致有重大损失者,鳏寡孤独老幼残废,毫无生产能力者可以申请减免负担。以上相关规定和措施对于保证人民生活和军需有重要的意义,体现了中国共产党合理负担政策的基本精神。

中共苏皖区委苏南施政纲领中,提出实行合理的税收负担,居民中除极贫苦者予以免税外,要使大多数人民均能负担抗日经费,并且禁止乡保私行派款,以利于经济发展和财政的充裕。中共山东分局1941年通过了《抗战第五年的山东十项建设运动》,在财政方面提出建立新民主主义的财政供给政策,要求"严格遵守税收政策,做到不扰民,不妨碍商品流通,而有丰富收入"[②]。1943年,山东省战时施政纲领再次阐释了山东省的财政政策,要求整理财政,举办工商业所得税,调整各界人民负担,逐渐推行统一累进税制度,实现保护生产、保障军民生活及加强对敌经济斗争的协调发展。1944年浙东敌后临时行政委员会施政纲领,提出废除苛捐杂税,以公平负担建立一定的抗战税收制,并建立公粮制以保证敌后抗战机关部队的给养。

---

① 河南省财政厅、河南省档案馆合编:《晋冀鲁豫抗日根据地财经史料选编》(河南部分四),北京:档案出版社,1985年版,第18页。

② 中共山东省委党史资料征集委员会编:《山东抗日根据地》,北京:中共党史资料出版社,1989年版,第79页。

1944年之后根据地的税收进入完善阶段,统一累进税在陕甘宁边区及华北抗日根据地首先实行,之后在各根据地普遍推广,取代合理负担政策。以统一累进税取代合理负担制度可以取得下列效果:"(1)负担面大,负担量减轻,于财政收入总额并无妨害;(2)征税比较公允,可以刺激根据地的生产向前发展;(3)按富力逐步累进,使根据地每一公民均负担不过量的纳税义务(免征者除外),这样可相当调整根据地各阶级关系,特别对中间势力的争取有极大意义。"①以统一的累进税代替合理负担后,人民的负担更为公平合理,从总体上减轻了人民负担,使边区的财政收入更为合理稳定。

在合理负担政策具体执行过程中,一度产生"左"的偏向,主要表现为累进率过高,使负担大部分加到地主富农等富有者身上,负担面只有20—30%,个别的只有10%。70%—80%的农户基本上不负担公粮公草和公款,这严重影响了抗日民族统一战线的巩固和各阶层人民的团结。针对这种情况,1940年12月中原局发布了《关于华中根据地内的财政经济工作建设对各地区的指示》,分析认为"在财政经济政策上,过去犯了许多过左的错误,如过分加重富人与地主的负担;对于贫民完全不征税、征粮,无准备、无计划地实行累进捐税,并给富人累加过重……均影响到我们与中间阶层的关系"②。这一分析对于合理负担政策执行过程中存在的问题进行了客观的分析。为了解决存在的问题,中共中央1940年12月给党内的指示中指出,"关于税收政策,必须按照收入多少规定纳税多少。一切有收入的人民,除对最贫苦者应该规定免征外,80%以上的居民,不论工人农民,均须负担国家赋税,不应该将负担完全放在地主资本家身上"③。这一指示对于纠正税收政策中的错误倾向,保证其在合理的范围内发展有重要的意义。

中国共产党领导的敌后抗日根据地,在建立之前是在国民党军阀的压榨和统治之下,所以中国共产党首先结束了国民党军阀统治下的横征暴敛和不合理税收。在晋冀鲁豫地区采取了如下政策措施:首先,在1937至1940年间允许农民免税三年;其次,根据农民的实际能力纳税,为了使土地税收更加合理,测定土地的干部坚持实事求是的原则,根据土地的数量、质量以及每户的具体人口数进行估算,估算的具体方法是实际产量减去每人粮食消耗量。如果每年每人的口粮消耗是三百斤,征税的起点就是三百零

---

① 中央档案馆编:《中共中央文件选集》(第12卷),北京:中共中央党校出版社,1986年版,第492页。
② 财政部财政科学研究所编:《抗日根据地的财政经济》,北京:中国财政经济出版社,1987年版,第14页。
③ 毛泽东:《毛泽东选集》(第2卷),北京:人民出版社,1991年版,第767页。

一斤。再次,中国共产党取消了国民党的附加税,使农民能够种植蔬菜、养猪和酿造柿子酒,得以在丰年小有赢利或在战争急需时供征税之用。最后,农民和盐民从军阀的不合理的盐税(产销税)中解放出来。这些政策措施减轻了农民的税收负担,不仅反映了中国共产党以维护人民的利益为根本,同时说明中国共产党在社会建设过程中"破旧立新",既要打破国民党的旧的统治规则,又要根据社会的实际情况以及农民的实际承受能力建立新的规则。

发展生产是社会经济发展的根本,是社会保障重要的经济支撑,在抗日战争这种特殊时期也不例外。中国共产党立足于抗日战争的基本国情,重点发展农业,支持与鼓励发展工业,基本实现了抗日根据地的自给自足,不仅保障了人民的基本生活,而且保障了战争的基本需求。税收作为社会经济的重要来源,要做到公正合理一方面要考虑到公平性,另一方面要兼顾具体情况。中国共产党提出的合理负担、征收累进税,提高了抗日根据地税收的有效性,体现了卓越的政治智慧,既满足了抗日根据地的经济需求,又缓和了社会矛盾,巩固和扩大了抗日民族统一战线。

3.2.3 征收救国公粮、发行救国公债

征收救国公粮是保障人民生活、保证抗战需要、争取抗战胜利的重要途径。各边区政府制定统一的标准征收,各级政府除按照条例规定数量征收外,不得另立名目重征或附加。1937 年 10 月,陕甘宁边区政府为征收救国公粮事务公布第一号政府布告,制定《征收具体公粮条例》,对于救国公粮征收的机关、标准、方式、方法、手续等进行了具体的说明。1938 年,日本侵略者攻陷广州、武汉,大举围攻晋、冀、鲁、豫、察各个抗日根据地。根据抗战的严峻形势,陕甘宁边区党委、政府公布了《关于征收救国公粮的决定》,决定征收 1 万石救国公粮。各级政府及组织进行广泛深入的宣传解释工作,说明征收公粮是政府在长期抗战中的需要,是人民应尽的义务,使群众了解到自动拿出少许粮食给政府,是为了保护全中国人民以及自己的一切。

陕甘宁边区政府 1937 年征收公粮 1 万石,1938 年征收 1.5 万石,1939 年征收 5000 石。1940 年由于经济困难,财政来源减少,需要骤增,物价上涨,物资不足,计划征收 9 万石公粮。针对这一问题制定了《陕甘宁边区政府为征收九万石救国公粮致各专员县长的指示信》,对各县市征粮数目进行了具体的分配,如表 3-5:

表 3-5　陕甘宁边区各县市征粮数目分配表①

地区	数目(石)	地区	数目(石)	地区	数目(石)
延安	11500	富县	4000	延长	6000
志丹	3500	曲子	3500	甘泉	3000
固临	4500	延川	9000	华池	3300
合水	3100	安定	5200	镇原	1000
关中	6000	庆阳	3400	盐池	800
安塞	9000	绥德	12000	定边	1200

满铁调查部组织力量对中国抗战进行了调查,特别对中国共产党领导的敌后抗日根据地进行了调查,其调查内容从一个侧面记录了陕甘宁边区的政治、经济状况。1939 年,满铁资料课对陕甘宁边区和晋察冀边区共产党的活动进行了调查,其中对陕甘宁边区的税制改革进行了记载与分析,边区政府废除了军阀时代的苛捐杂税,救国公粮的征收成为主要税源,具体征收方式按照每户人均收获以不同标准征收,最高为 5%。其征收比率如下:"每户人均收获量未满 300 斤,免除;每户人均收获量从 300 斤到 450 斤,征收 1%;每户人均收获量从 451 斤到 750 斤,征收 2%;每户人均收获量从 751 斤到 1050 斤,征收 3%;每户人均收获量从 1051 斤到 1350 斤,征收 4%;每户人均收获量 1351 斤以上,征收 5%。"②

陕甘宁边区各级政府及组织展开积极的动员、宣传解释以及调查统计工作,在征收过程中公平合理,发扬了民主,调动了人民的积极性,扩大了边区民主政权的威信,密切了人民与政府的联系。最终边区政府九万石救国公粮的征收超额完成,不仅数量得到了保证,质量也得到了维护。各级政府在征收救国公粮过程中管理科学、程序合理,编订了《征收救国公粮登记册》③(图 2),记录了户主的姓名、成分、籍贯、家庭人口等基本概况,根据全家收入情况具体制定了每人应缴纳的公粮数以及每家应缴纳的公粮数。对于完成缴纳任务的农户,由边区政府财政厅出具《征收救国公粮收据》(图 3),对于因为遭受天灾或其他特别情形造成全家生活困难的,政府确认后给予免税,并颁发《征收救国公粮免税证》(图 4)。这些措施保证了救国

---

① 陕西省档案馆、陕西省社会科学院合编:《陕甘宁边区政府文件选编》(第一辑),北京:档案出版社,1986 年版,第 488 页。
② 满铁调查部资料课:《民众把握戦こ於ケル"支那"赤色ルトノ概况》(昭和十四年六月十五日),第 11 页,吉林省社会科学院满铁资料室馆藏资料,编号:00269。
③ 原图中存在笔误,应为每人平均收获量 2 担(600 斤)。

公粮征收工作的顺利开展，考虑了抗战的需要，同时兼顾了人民群众的基本利益。

征收救国公粮登记册存根

姓名	张三
成份	贫农
籍贯	区　乡　村
全家几人	5人
全家收获量	10担（3000斤）
每人平均收获量	2担（6000斤）
每人应纳公粮	4升（12斤）
全家应纳公粮	2斗（60斤）
斗量	十八桶斗每斗30斤
填表月日	月　日

字第　号

征收救国公粮登记册

姓名	张三
成份	贫农
籍贯	区　乡　村
全家几人	5人
全家收获量	10担（3000斤）
每人平均收获量	2担（6000斤）
每人应纳公粮	4升（12斤）
全家应纳公粮	2斗（60斤）
斗量	十八桶斗每斗30斤
填表月日	月　日

图 2　征收救国公粮登记册

边区政府财政厅
征收救国公粮收据存根

县　区　乡　村　成份
应缴救国公粮干谷子　担　斗　升
实收粮　石　斗　升　此据
（国币　元　角　分）
桶斗每斗　斤扣算
县　区征收救国公粮委员会主任
民国二十六年　月　日
章盖

字第　号

边区政府财政厅
征收救国公粮收据

县　区　乡　村　成份
应缴救国公粮干谷子　担　斗　升
实收粮　石　斗　升　此据
（国币　元　角　分）
桶斗每斗　斤扣算
县　区征收救国公粮委员会主任
民国二十六年　月　日
章盖

实收　　粮食只指谷子麦子包谷糜子荞麦

图 3　征收救国公粮收据

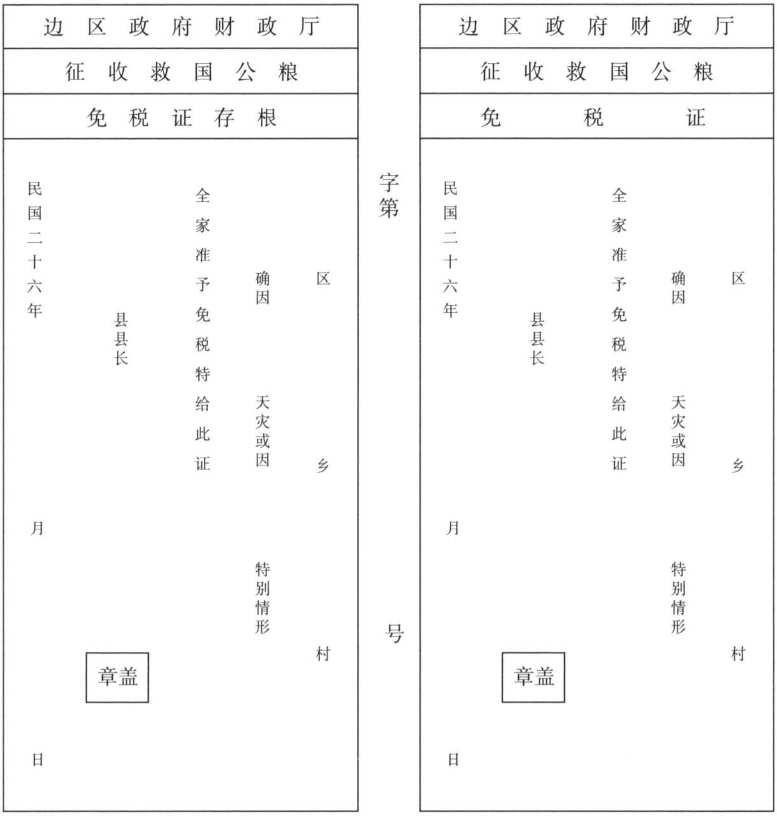

图 4　征收救国公粮免税证

为了保证救国公粮的顺利、有效征收,1938年到1942年晋察冀边区先后制定并公布了《晋察冀边区征收救国公粮条例》(1938年)、《晋察冀边区行政委员会关于动员救国公粮的指示》(1938年)、《晋察冀边区救国公粮储存保管办法》(1938年)、《晋察冀边区军用粮票使用办法》(1938年)、《几年来粮食工作之经验教训与今年度的工作》(1942年)、《在区委粮食会议上的结论》。《晋察冀边区征收救国公粮条例》是晋察冀地区征收救国公粮的纲领性文件,提纲挈领、言简意赅,对于救国公粮征收的理由、数量、用途、种类、征法、存储、杂折、斗秤的内容进行了说明。救国公粮主要用于供给军需、优待抗属、救济灾荒,剩余部分作为政府收入的一部分。征收的具体办法"各家全部收入,折米计算,以其人口平均,每人平均小米一石四斗以下者不收。一石五斗至二石者收百分之三,二石一斗至三石者收百分之五,以上每增加一石递增百分之一,增至百分之二十为止"[①]。这样按照收

---

① 魏宏运主编:《抗日战争时期晋察冀边区财政经济史资料选编》(财政金融编),天津:南开大学出版社,1984年版,第180页。

入递增的征收方式,保证了公平兼顾了贫富,对于征收救国公粮以及保障人民生活有重要意义。对于一些特殊情况,例如各家常年雇佣的工人、有固定职业常年在外者不计入其家人口,五岁以内儿童一人以半人计算,经营工业商业或者以利息度日的,按其收入折米平均计算,在规定以内缴纳实物或现款。

救国公粮的征收对于保证抗战的军事需要以及群众生活有重要意义,在征收过程中存在一些问题,各边区政府实事求是,对征粮的任务和方法不断进行检讨,保证粮食有效征收的同时尽力让人民满意,推动群众自愿缴纳。安徽抗日根据地对征粮工作进行反思,认为在以往的征粮工作中,由于许多同志对政策的认识不够,在执行政策中存在形式主义,"没有耐心说服群众,部分同志采取了强迫命令的方式,形成了工作人员与群众利益的对立,增加民众的怀疑及恐慌"①,这种生硬的执行政策的方式最终妨碍了政策的执行与推广。有些地区对征粮问题不能秉公处理,在征粮过程中私情观念浓厚,存在包庇亲族友好等情况,平均摊派方式还个别存在。陕甘宁边区在征粮中特别注意联系解决贫苦群众的要求,"如需免交公粮的则免交,要救济的即决定救济,抗属要优待者,即实行优待,以争取贫苦工农拥护征粮扩张运动"②,将征粮工作与社会救济和社会优抚结合起来,能够最大限度地调动群众的积极性,并能将所征粮食的作用充分发挥出来。

陕甘宁边区政府在《一九四〇年征收九万石救国公粮运动的总结》中,对于1940年陕甘宁地区征粮工作超额完成进行了总结,提出"以动员、宣传、教育、讨论、群众自己认粮的方式代替摊派命令强迫包办的方式,粗枝大叶、表面浅入的突击方式,做到公正合理。在组织形式上,创造了许多新的名称,包括地主、富农、贫农各阶层各党派的积极有威信分子参加的征粮委员会成为新政权的典型"③。另外,在工作中边区政府重点抓几个中心乡,布置工作,研究经验,再向其他各县区传播经验,收到了很好的成效。

征收救国公粮是政府增加财政收入的重要措施。敌后根据地各边区政府为完成计划,制定了各种政策、法规,并通过积极有效的宣传、动员、调查、会议等形式,使群众认识到上缴救国公粮是保障自己利益的措施,调动了群众的积极性,使群众由被动上缴到积极主动缴纳。从效果上看,由最

---

① 安徽省财政厅、安徽省档案馆编:《安徽革命根据地财经史料选》(二),合肥:安徽人民出版社,1983年版,第39页。
② 陕西省档案馆、陕西省社会科学院合编:《陕甘宁边区政府文件选编》(第二辑),北京:档案出版社,1987年版,第9页。
③ 同上书,第558页。

初的质量和数量不能得到保证,到最后很多地区在保证质量的同时超额完成了任务。在工作中形成的一些工作方法,例如调查法、抓中心辐射示范等,积极推广,取得了很好的效果。

中国共产党领导的敌后根据地为了筹集资金发展生产,改善人民生活,制定政策、采取措施鼓励人民对国家贡献财物,集中财力充实救国费用,支持民族自卫战争。特别呈请国民政府批准发行公债,定名为救国公债,按照人民财产比例分配及自由认购的办法,进行募集动员,募集到的资金纳入金库,有专门的用途。

为保证救国公债顺利发行,1938年晋察冀边区颁布了《晋察冀边区救国公债条例》《晋察冀边区救国公债募集办法》《晋察冀边区救国公债付息暂行办法》,决定于1938年7月1日发行公债二百万元,年息四厘,从1939年起每年6月底一次支付,从1942年起开始还本,分三十年还清,粮食、布匹、棉花等物品均可折价购买[1]。边区救国公债的发行通过政治动员完全采取自愿的方式,不存在强迫购买的现象,群众团体积极帮助推销。另外边区政府对于救国公债的宣传也非常到位,"多买一份救国公债就是多增加一份抗日力量","多买一份救国公债等于多尽一份保卫边区的责任"等标语遍布街头巷尾。由于统一战线政策贯彻得比较好,不仅贫苦农民,一些地主、富户也纷纷认购救国公债。最终晋察冀边区的200万救国公债顺利销售完成,为晋察冀地区的抗日斗争及救灾等活动提供了一定的资金支持。

晋冀鲁豫边区根据地发行公债,定名为晋冀鲁豫边区生产建设公债,以加强本区建设事业的发展。1941年9月颁布了《晋冀鲁豫边区生产建设公债条例》,决定于1941年9月15日发行公债,定额六百万元,利率定为年息五厘,自1942年起每年9月15日付息一次。公债定为十年还清[2],对于公债的本息基金,由已有的和新办的公营事业收入及建设的余利支付,如果存在不足的情况由金库如数拨款补足,这赋予了公债足够的信用度,使群众可以放心购买。边区为顺利销售公债,重点向人民解释公债是什么,说明它是有一定担保的,并且是用在建设上的,不是用来消耗的,而且能够生利,宣传最终打消了群众的疑虑,公债销售顺利完成。晋冀鲁豫边区的生产建设公债用于水利建设、工农林畜等生产事业、重要公营工业、商业,

---

[1] 魏宏运主编:《抗日战争时期晋察冀边区财政经济史资料选编》(财政金融编),天津:南开大学出版社,1984年版,第173—177页。

[2] 河南省财政厅、河南省档案馆合编:《晋冀鲁豫抗日根据地财经史料选编》(河南部分三),北京:档案出版社,1985年版,第121页。

与边区人民有直接利益关系,对于建设边区政府,保障及改善群众生活有重要的意义。

1941年陕甘宁边区为充实抗战财力,发展生产事业,改善人民生活,争取抗战最后胜利,决定发行公债,定名为民国三十年陕甘宁边区政府建设救国公债。公债定额为五百万元,于1941年4月开始发行,利率为七厘五毫,偿还期定为十年,自1942年起,每年七月还本息一次,按照《民国三十年陕甘宁边区建设救国公债还本付息表》于1951年7月全数还清①。陕甘宁边区建设救国公债主要用在建设方面,用在发展生产保卫边区方面。农业方面兴修水利,设模范农场,购棉种,开林场,低利贷款给移民和贫民,改良农具、籽种,训练兽医人员;工业方面创办制造日用品的各种工厂,贷款给私人开矿的、办小工业的,以及生产合作社等;商业方面发展生产消费合作社,帮助公私经营的商店;发展交通事业。公债的这些用途有利于发展生产,解除日本侵略者对根据地封锁造成的威胁。

陕甘宁边区发行的建设救国公债用盐税和商业税做担保,为法定的有价证券,可以自由买卖抵押,定期领取利息。粮食、药材等物品可以折价计算购买公债,设有公债发行委员会及公债基金保管委员会进行管理,有足够的资金支持和信用保障,与国民党发行的公债完全不同。公债所收款项有固定用途,不得挪用。1941年7月陇东分区公署报告请求动用公债,林伯渠代表陕甘宁边区政府指令,"公债所收款项无论如何以不挪用为原则,其用途早已规定"②。这一指令从一个侧面反映了陕甘宁边区发行建设救国公债的目的性以及公债的信用保证,对于公债的销售有重要的帮助。

陕甘宁边区为了顺利推销公债,展开了积极有效的宣传与组织工作,边区发行公债是第一次,不仅老百姓不明白,许多工作人员也不懂,所以宣传工作非常重要。陕甘宁边区政府动员各种宣传工具,报纸、画报、宣传队、歌咏比赛、剧团等,使大家能够了解、理解这一新事件。推销建国公债3个月,边区政府取得了一些初步的成绩,延安县首先完成了301495元,超过了分配任务。但是存在一些问题,1941年7月8日《陕甘宁边区政府关于推销建国公债的指示信》对建国公债发行推销中的薄弱环节进行总结:宣

---

① 陕西省档案馆、陕西省社会科学院合编:《陕甘宁边区政府文件选编》(第二辑),北京:档案出版社,1987年版,第90—91页。

② 同上书,第109页。

传动员不深入,部门群众不知道发行建国公债的真相;没有抓紧时间;检查工作不够,不敢大胆运用民主①。

晋察冀边区、晋冀鲁豫边区、陕甘宁边区发行救国公债是当时抗日根据地发行救国公债的典型。其他边区政府根据实际情况也发行公债,对于缓解根据地财政经济困难,保证抗战的军事需要以及边区的基本生产建设有重要的意义。另外推行救国公债的宣传本身也是一种救国教育——经济建国的教育。为了保障救国公债的信用以及稳定边区政府的物价,维护边区经济发展,各边区政府纷纷停止使用法币,推行边区政府的货币,例如晋冀鲁豫边区发行了冀南票等,这些为抗日根据地的社会保障提供重要的资金支持。

征收救国公粮和发行救国公债作为特定时期的特定政策,是中国共产党筹集物资的一个重要方式。在征收救国公粮和发行救国公债的过程中,积极宣传动员,以自主自愿的原则进行,化解了人民的不满情绪,缓和了社会矛盾,同时在一定程度上解决了抗日根据地的燃眉之急,具有重要的意义。

3.2.4 倡导勤俭节约、厉行精兵简政

发展生产、征税等措施属于"开源",是抗日根据地经济发展的一个重要基础,是社会保障资金的重要来源。同时,在生产能力有限、自然条件限制的情况下,"节流"也愈发重要。中国共产党在敌后根据地建设中一直积极倡导节约,避免浪费,特别是自然灾害严重的时期,厉行节约避免浪费已经成为社会救助的手段之一。

中国共产党对这一问题是非常重视的,许多边区政府将其写入施政纲领,例如1939年陕甘宁边区政府颁布的《抗战时期施政纲领》,在民生主义部分,提出"厉行有效的开源节流办法,在各机关、学校、部队中,提倡生产运动与节约运动,增加收入,减少支出,以解决战时财政经济困难"②。1940年晋察冀边区在施政纲领中明确提出建立严格的经济制度,肃清贪污浪费。1941年舒同在《论坚持晋察冀抗日根据地的任务及方针》中分析了坚持晋察冀抗日根据地的重要途径,其中提及蓄积人力物力财力,消灭浪费,

---

① 陕西省档案馆、陕西省社会科学院合编:《陕甘宁边区政府文件选编》(第四辑),北京:档案出版社,1988年版,第21页。

② 陕西省档案馆、陕西省社会科学院合编:《陕甘宁边区政府文件选编》(第一辑),北京:档案出版社,1986年版,第113页。

"避免不必要的开支,在根据地内保持脱离生产与不脱离生产人数的一定比例,坚决执行边区政府关于支差条例,紧缩机关,减少单位,裁撤冗员,实行经常的彻底检查之,全部统筹统支,严格预算决算,严禁贪污浪费,尤其是消灭村一级的浪费"①。1942年12月18日,彭德怀在太行区营级及县级以上干部会议上对于肃清浪费以及反对贪污做出专门阐释,认为粮食浪费是最主要的浪费,其中最严重的地区是冀鲁豫西区,"不到一年就有一百二十九万斤的浪费"。如此严重的浪费现象不仅影响生产生活,同时产生了严重的政治影响,使人民群众对于中国共产党以及人民军队失去了信任,所以必须重视这项工作。1943年,苏南地区施政纲领中,提出缩减冗余机关,提高行政效率,厉行廉洁政治,严惩贪污浪费。

1943年,晋冀鲁豫边区政府针对严重的自然灾害发布了关于节约救灾的指示,对于节约问题定级定量,"县以上各级机关,每日每人节约小米半两,县以下各机关,听其自便,节约之数,每月结报一次"②,因工作需要的特殊机构可以不实行节约,例如交通部门的交通员。对于一些地区存在的将剩饭喂猪的现象,《指示》做了具体的规定,严禁将剩饭喂猪,同时对于一些返乡的过往者,要将米饭做成锅粑招待他们。这些规定具体细致,体现了一定的灵活性,反映了晋冀鲁豫边区对这项工作的重视。一些边区政府禁止酒类等非生活必需品的生产以节约粮食,禁止私自买卖粮食。1941年,陕甘宁边区规定"各机关凡有节省余量可按市价出卖于粮食局,不得私卖于商民,如有违政令,经查获后,定予严究"③,一些地区动员人民群众采集野菜等代替粮食。

在人民群众、党政机关厉行节约的同时,军队也开展了节约运动。1943年晋冀鲁豫抗日根据地第五专署颁布了《第五专署关于克服灾荒困难改变粮食定量厉行节约的命令》,对节食救灾进行了充分的政治动员,说明此项工作是坚持抗战及战后建国的重要任务,是党政军与人民血肉相连伟大精神的体现。具体如表3-6:

---

① 舒同:《论坚持晋察冀抗日根据地的任务与方针》,《八路军军政杂志》第二十一号,1941年9月,第36页。
② 河南省财政厅、河南省档案馆合编:《晋冀鲁豫抗日根据地财经史料选编》(河南部分一),北京:档案出版社,1985年版,第267页。
③ 陕西省档案馆、陕西省社会科学院合编:《陕甘宁边区政府文件选编》(第四辑),北京:档案出版社,1988年版,第113页。

表 3-6　晋冀鲁豫抗日根据地第五专署厉行节约具体规定①

1943年 8—10月	正规部队	减为1斤5两
	游击部队	减为1斤3两
	后方机关及政府（包括党政民学荣誉及退伍军人）	减为1斤2两
1943年11— 12月1944年 1—4月	正规部队	减为1斤3两
	游击部队	减为1斤1两
	后方机关及政府（包括党政民学荣誉及退伍军人）	减为1斤
1944年 5—6月	正规部队	减为1斤
	游击部队	减为15两
	后方机关及政府（包括党政民学荣誉及退伍军人）	减为13两

1944年，张云逸在新四军二师供给会议上做了《克服浪费厉行节约》的报告，提出为了克服严重的浪费现象，必须将一切干部特别是各级首长与功绩干部在思想上对供给问题的认识一致起来，要上下兼顾、公私兼顾、军民兼顾。军队开展的节约运动，在保证军队作战的基础上，对救灾、减灾有重要的帮助，对稳定当时的形势有重要的意义，密切了军民关系，延续并发扬了中国共产党拥军爱民的传统。

军队在开展节约的同时，后勤机构进行简单的生产加工工作，实现自我保障。八路军129师385旅5团的战士乔连成在参军之前是一名铁匠，掌握了娴熟的铁匠手艺，根据他的回忆，八路军的抗战武器非常简单，枪支容易坏，并且需要适时维修，他在部队主要进行这项工作，"除了维修枪支，我们还拿来大钟和旗杆等一些铁器，加热成铁水，炼制铁锹等农具，然后大家又一起种植小麦、谷子、糜子，给一线红军提供抗战的物质保障"②。由此可见，中国共产党领导下的军队充分挖掘士兵的技能，就地取材，不仅减轻了人民的负担，同时有利于实现对军队的保障，提高军队的战斗力。

浪费与贪腐是密切相关的，贪污是丧失气节、不道德的行为，是动摇的开始，会淹没很多人，所以中国共产党在厉行节约的同时坚持肃清贪污，保持共产党员的纯洁以及政府的行政效率。1938年陕甘宁边区政府公布《边区惩治贪污暂行条例》，1939年颁布《陕甘宁边区惩治贪污条例（草案）》，1942年淮北苏皖边区颁布《惩治贪污暂行条例》。这些条例的共同点是对

---

① 河南省财政厅、河南省档案馆合编：《晋冀鲁豫抗日根据地财经史料选编》（河南部分三），北京：档案出版社，1985年版，第60页。
② 杨增宽、高冲等主编：《永恒的荣光——甘肃抗战老兵口述实录》，兰州：甘肃文化出版社，2015年版，第40页。

贪污罪进行了具体的说明,即哪些行为属于贪污,可以以贪污罪论处,并且根据贪污的数额制定了定罪的标准。不同点在于根据时期以及根据地具体情况的区别,定罪标准不尽相同,其中陕甘宁边区提出为私人利益而浪费公有财产者属于贪污。总之,各边区政府充分动员人民群众监督并检举一切贪污浪费分子,堵塞一切财政经济上的漏洞,争取使所有在各机关服务的群众及共产党员都能够克勤克俭、廉洁奉公。

边区自身经济基础薄弱,生产力水平低,经济、文化发展落后,民力、物力、财力有限,另外由于日寇的进攻和国民党的封锁,根据地出现了严重的经济困难,人民负担比较重。为了不增加群众的额外负担,节约财政支出,缓解严重的经济困难,保证抗日战争的胜利以及保障人民的基本生活,陕甘宁边区政府首先提出和践行精兵简政的政策,并逐渐推广到敌后各抗日根据地。

1941年11月陕甘宁边区第二届参议会第一次会议在延安召开,边区政府副主席、无党派人士李鼎铭等参议员提交了精兵简政的提案。"政府应实行精兵简政主义,避免入不敷出,经济紊乱之现象","在财政经济力量范围内和在不妨碍抗战力量的条件下,对于军事实行精兵主义,加强战斗力,以兵皆能战,战必能胜为原则,避免老弱残废滥竽充数等现象,对于政府应实行简政主义,充实政府机构,以人少事精,胜任职责为原则,避免机关庞大、冗员充塞,浪费人力、财力等现象"[1]。对于这些提案,中国共产党非常重视,并制定了相关的政策、法规,陕甘宁边区于1942年制定了《陕甘宁边区精兵简政纲要》,对公职人员比例以及脱离生产的部队占边区居民总数的比例以及脱离生产的政民工作人员占边区居民总数的比例进行了具体的限定。到1943年,边区政府吃公粮人数由1942年的1.15万人减至7500人,合署办公制度取得了很好的效果。

在中共中央的指导以及陕甘宁边区的带动下,各地政府纷纷开展精兵简政运动。经过一段时间的精兵简政政策的推行,晋察冀边区政府工作人员减去50%,使边区脱产人员占居民人数比例由原来的5%下降到1.5%。精兵方面,北岳各军分区和军区的后勤机关裁减2000人、1500匹马,使战斗人数占比由73.49%上升为84.36%,非战斗人员总人数占比下降到15.64%[2]。自1942年9月至1943年春,淮北行政公署机关共进行了3次精兵简政工作,"第一次精简,将行署机关的人员从360人精减到281人,减少22%,第

---

[1] 房成祥、黄兆安主编:《陕甘宁边区革命史》,西安:陕西师范大学出版社,1991年版,第203页。
[2] 谭克绳主编:《中国革命根据地史》(下),福州:福建人民出版社,2007年版,第616页。

二次又减少了72%,仅保留101人,第三次精减后行署机关干部和勤杂人员共保留了60人,与精兵简政前的360人相比较,减少了六分之五"①。在1941年实施的精兵简政中,仅北岳区就减员4万多人,在1942年8月的工作布置大会上指出"要彻底实行精兵简政,政府方面共计节省5000多人"②。确定与严格掌握编制,精简勤杂与后勤人员,规定的编制人数不许减不许增,需要增加时经审计委员会批准,造预算不能按编制应按实有人数,非编制人员现在应裁减,以免继续开支。

各部队也积极践行精兵简政政策。1942年1月15日,八路军129师发布关于实施精兵简政建设的命令,规定:(1)调整编制缩减机关,减少人员马匹,认真充实战斗连队。旅以上直属队与战斗队的比例应为一比七,团直属队与团以下战斗人员为一比五。(2)有计划地抽调一批有相当能力的本地干部,到地方武装与各级武委会中去,以加强地方武装建设,开展群众游击战争。(3)抽调一批干部入学深造。(4)经营生产事业,以安置老弱战士,荣誉军人,从事学艺生产、半工半读③。以上规定一方面通过精简冗员使部队战斗力提高,另一方面发展生产事业安置老弱战士及荣誉军人,促进社会生产事业发展的同时对社会优抚工作形成有益的补充。

厉行节约作为发展生产等开源措施的辅助措施,减少了社会生产、生活中不必要的浪费,实现了节约社会资源的目的,使社会资源发挥了最大的效用。另外,中国共产党领导的敌后抗日根据地积极倡导并践行精兵简政政策,这不仅有利于提高行政效率,而且是厉行节约政策的一个具体体现。这一政策使人民的负担得以减轻,党群、干群关系进一步密切,政府行政效率提高,同时部队的精兵简政工作使部队能够更加机动、灵活,能够更好地适应战争环境的变化,提升部队的战斗力。

3.2.5 收缴敌伪财产、争取社会捐助

抗日战争时期,逆产是指汉奸财产及敌伪财产,对其收缴是中国共产党敌后抗日根据地资金的来源之一,也是动员人民群众抗日、巩固和扩大根据地的重要政策。1937年7月23日,毛泽东发表《反对日本进攻的方针、办法和前途》,提出:"财政政策放在有钱出钱和没收日本帝国主义者和

---

① 房列曙:《安徽敌后抗日根据地社会史研究》,合肥:安徽人民出版社,2007年版,第105页。
② 邵式平:《几年来粮食工作之经验教训与今年度的工作布置》,魏宏运主编:《晋察冀边区财政经济史资料选编》(财政金融编),天津:南开大学出版社,1984年版,第199页。
③ 魏宏运主编:《华北抗日根据地纪事》,天津:天津人民出版社,1986年版,第283页。

汉奸财产的原则上。"①1938年中国共产党中央提出的《抗日救国十大纲领》，提出没收帝国主义在华财产。1938年4月20日，毛泽东在致彭真、聂荣臻及朱德、彭德怀的《关于巩固与扩大晋察冀根据地的指示》中指出："筹款方法除经常的税收捐款外，要注意向汉奸筹款。可组织特别的队伍到铁路及城市附近去没收与逮捕汉奸。"②1940年9月，彭德怀在中共北方局高级干部会议上做了《敌后抗日根据地的财政经济建设》的报告，明确提出将逆产作为政府的关税收入。

1940年，晋察冀边区在《中共中央北方分局关于晋察冀边区目前施政纲领》第17条，对没收汉奸及敌伪财产进行了具体的规定，"对罪大恶极的大汉奸之土地财产，专署以上各级政府应当地群众之要求，得依法没收之；对反共派、顽固派及伪军官兵之财产、土地，不得宣布没收；全家逃亡敌区的汉奸嫌疑犯之土地、财产，可由政府暂管，待其重回边区抗日时发还"③。为了分化汉奸，晋察冀边区在没收汉奸财产、打击汉奸的策略上实行区别对待，对于被没收的或者被暂管的土地，由政府低价出租给农民，或者分配给被日寇摧残的农民，或者作为优抗公田处理。这样的处理方式将土地的利用率提高，有利于农业生产的恢复和发展，同时打击了汉奸，教育了人民，有重要的意义。

1942年，晋冀鲁豫边区颁布了《晋冀鲁豫边区没收处理汉奸财产暂行办法》，《办法》中关于没收和处理汉奸财产的规定更加详尽，表明中国共产党在处理这一问题上更加注重规范化、日趋成熟。《办法》将汉奸的财产分为四类：动产、不动产、日用品、解上品，解上品包括工厂、商店、森林等成品，金银珠宝等贵重品，军需品及违禁品等。没收的财产类型不同，处理办法也不尽相同，"没收之动产不动产等，尽量分配与参加反蚕食斗争、锄奸斗争中之抗属，荣誉军人，赤贫农民，斗争积极之贫苦干部，报告人，抓获人，出力干部等；没收之动产、不动产、日用品等因为事实不能分配者，拍卖所得款项分配与上述群众，或以一部分购买武器弹药，或作为社会救济之用；没收之解上品，不得分配，解交政府处理"④。对于汉奸及其家属实行分

---

① 毛泽东：《毛泽东选集》（第2卷），北京：人民出版社，1991年版，第348页。
② 中央档案馆编：《中共中央文件选集》（第十一册），北京：中共中央党校出版社，1991年版，第503—504页。
③ 《晋察冀抗日根据地》史料丛书编审委员会、中央档案馆编：《晋察冀抗日根据地》（第一册文献选编上），北京：中共党史资料出版社，1989年版，第403页。
④ 河南省财政厅、河南省档案馆合编：《晋冀鲁豫抗日根据地财经史料选编》（河南部分一），北京：档案出版社，1985年版，第178页。

别对待的政策,全家附逆的财产全部没收,对于家属没有参与汉奸活动的不得株连。这些详细的、具体的规定说明了边区政府对此项工作非常重视,这也是维护抗日民族统一战线的重要措施。

晋冀鲁豫边区在1942年颁布的《土地使用暂行条例》中,对于汉奸土地的使用做出了专门的规定,汉奸全家附逆者没收其全部土地,对于其家属仍然坚持抗战的,依据实际情况及相关规定酌情处理。没收的汉奸土地,分配或者以较低租额租给荣誉军人及其家属、贫苦抗属及贫苦农民,如果地方政府认为有必要应该以部分财产充公举办公益事业。

通过以上分析可以看出,中国共产党在对待汉奸及没收、处理汉奸财产的问题上越来越成熟,对汉奸的审判必须依据确实的证据,对家属不能一概株连,汉奸犯不服初审判决时,要上诉至边区最高审讯机关。这些具体的规定体现了中国共产党是在法制的范围内处理这一问题,这些措施分化和打击了汉奸,将一部分可以改造的汉奸吸引到抗日队伍,维护和扩大了抗日民族统一战线。另外,没收汉奸财产对于经济的发展有一定的积极意义,特别是将没收的土地或财产分配给荣誉军人、贫苦农民,或者进行社会救济、举办公益事业,为各边区的社会保障工作提供了支持,具有一定的政治意义。

民众自筹主要是指社会捐助,通过号召、动员筹集抗日经费。捐助分为根据地内部捐助和根据地以外地区的捐助。根据地内的捐助是在财政经济极端困难的情况下采取的临时性的应急措施。1939年5月晋察冀边区掀起了"献金运动",全边区呈现了献金高潮,各级政权干部发挥了模范带头作用,把一个月甚至几个月的零用费全部献出,工人、雇工把自己血汗挣来的工资献给根据地,儿童妇女捐钱献首饰,灾区群众克服困难自动热烈响应。个别地区成立了救国基金募集委员会,领导及管理党政军民捐助,作为一种政治上的号召,对于推进"献金运动"的开展有重要的意义。"献金运动"开展几个月内共收到救国献金40873.871元。为了应对1939年秋季数十年未有的水灾,晋察冀边区发起了救灾捐款的号召,在深入的政治动员下,全边区人民高度发扬了同生死共患难的互助友爱精神,在短时期内完成救灾捐款合计620124.121元①。这些款项被分配到各县灾区,解决了春荒问题,使人民能够渡过灾荒,生产和生活得到了保障,为解决根据地的财政困难做出了巨大的贡献。

---

① 以上数字根据魏宏运主编:《抗日战争时期晋察冀边区财政经济史资料选编》(财政金融编),天津:南开大学出版社,1984年版,第586页整理。

1940年陕甘宁边区政府发起了"寒衣募捐"运动,为八路军募捐寒衣代金,此次募捐活动的目标为募集寒衣代金40万元,约为1.3万套棉衣;募捐的对象主要是城市商人及绅富,对于这些人不再征收营业税;募捐的方式和途径以宣传动员为主,防止强迫摊派;募捐的结果较为理想,工作方式合理、正确,募捐超额完成。陕甘宁边区的寒衣募捐运动只是抗日战争时期边区政府募捐运动的一个缩影,各边区政府都根据实际情况进行了各种形式的募捐运动,陕甘宁边区的寒衣募捐具有一定的代表性,通过人民的努力,一定程度上增加了军事保障的资金。

1941年,山东泰山、清河地区遭到了敌人的扫荡,损失惨重,其中泰山区被烧毁的村庄一百多个,人民财产被抢劫一空。为此山东省战时工会发出《关于救济与抚恤泰山、清河两地区被敌烧杀掳掠的人民的决定》,动员胶东、沂蒙、滨海及鲁南抗战人民进行捐助,最终"两个月内完成募捐款十五万元,政府拨款二千元,交泰山区办理急赈"①。这发扬了民族友爱的精神,同时激发了遭受灾难的群众的抗敌热情,对于这一地区的人民渡过灾难有重要的帮助。

国内各界爱国人士、海外侨胞和国际友人不仅从道义上支持中国抗战,而且在物资上给予中国共产党领导的敌后抗日根据地援助。据统计,从1938年10月至1939年2月的5个月内,海外及后方捐款达1300948元(法币),约合当时小米40654石(每石300市斤)②,1939年初海外华侨经宋庆龄转交给华南地区游击队的捐款一次即达港币20万元,1940年以前东江革命根据地的曾生、王作尧两支游击队的被服、药品大部分依靠华侨和港澳同胞的捐赠③。这些捐助对解决陕甘宁边区、东江根据地、琼崖根据地当时的财政困难,发挥了巨大的作用。

卢沟桥事变发生之后,新加坡华侨成立了"新加坡华侨筹赈祖国难民委员会",1938年改为"南洋华侨筹赈会",各种公开合法的群众团体,以及一些半公开或秘密的社团,如华侨抗敌后援会等纷纷成立,支援抗日战争。据粗略估计,"香港同胞捐献的款约有港币20万元,新加坡华侨捐献叻币约30万元,越南华侨捐献有数十万越币"④。各地华侨除捐献现款外,还捐献和购买了大批物资,有医疗器械、药品、衣服、棉被、布匹、雨衣、胶鞋等数

---

① 魏宏运主编:《华北抗日根据地纪事》,天津:天津人民出版社,1986年版,第264页。
② 陈廷煊:《抗日根据地经济史》,北京:社会科学文献出版社,2007年版,第59页。
③ 谭克绳主编:《中国革命根据地史》(下),福州:福建人民出版社,2007年版,第568—569页。
④ 财政部财政科学研究所编:《抗日根据地的财政经济》,北京:中国财政经济出版社,1987年版,第354页。

万件,对于支援琼崖人民的抗战斗争以及保障人民的基本生活发挥了重要的作用。国内各界人士以及海外华侨和国际友人的捐助具有重要的政治意义,但是随着国内政治形势的变化,国民党封锁了对抗日根据地的援助,抗日根据地得到的援助越来越少。

倡导社会捐助是中国共产党制定方针政策的重要内容,并取得了良好的效果。抗日战争时期敌后根据地的社会捐助通过倡导人民之间的互助减轻了人民负担,使一些宏大政策视野下容易被忽视的微小问题得到了解决,使政策更加具有针对性和实效性,有利于更全面地保障人民的利益。同时社会捐助体现了中华民族互帮互助的优良传统,对其进行倡导对中华民族传统美德的彰显、延续与发扬有重要的辅助意义。

以上几个方面的内容是从宏观方面梳理了抗日根据地社会保障资金的来源。从微观方面分析,抗日根据地各边区政府针对某些事项制定了资金筹集办法,成为抗日根据地社会保障资金来源的重要补充。例如,鄂豫边区为了多渠道筹集社会优抚资金,颁布了《鄂豫边区优待抗日军人家属条例》,规定"各县政府应在下列范围内迅速筹集切实可靠的专款,作为优待抗属之固定基金,1.祠庙会产之捐助(原则上不得少于其每年收入的百分之卅);2.各界民众之捐助;3.合作社及各种公营事业之红利提成(原则上不得少于百分之廿);4.各种司法罚款;5.没收汉奸财务及资敌物品;6.契税的百分之卅;7.县财政中关于优抚经费的专门预算"①。另外,根据地政府通过财政支出,发放优抚经费,1941年7月劲虎在《信应的面面观》中对社会优抚工作进行了总结,"应山共拨出米三十二石三斗、现款一百二十元。此外,还组织互助队、代耕队,帮助抗属种田收割。抗属读书免费,给伙食,贫苦者发津贴,抚恤发米四石、现款九百二十元"②。这些规定比较全面,对于当地社会优抚的开展提供了重要的资金保障,对于保障抗战军人、抗属以及烈属的权益有重要的意义,同时这些地方性的微观性的规定对于弥补宏观体系下的缺失有重要的意义。

综上所述,中国共产党领导的边区政府为了解决社会保障以及抗日战争所需的资金,从总体上坚持开源节流的原则。在具体途径与措施中坚持取之于敌、取之于友、取之于民、取之于己,其中取之于民和取之于己是最主要的、最根本的途径,通过努力得到了国民政府少量的军饷和物资援助,

---

① 鄂豫边区革命史编辑部编:《鄂豫边区抗日根据地历史资料·第三辑·政权建设专辑》(一),内部编印,1984年版,第35页。

② 同上书,第163页。

这部分军饷与援助更主要的是体现了一种政治意义。各边区政府通过发展生产解决社会保障的资金问题,通过积极筹款,征收救国公粮和发行救国公债解决物资及资金的困难,同时社会捐助也是一个重要的补充措施。另外,雇主为工人交纳费用、征粮、贸易、发行救国公债等形式也一定程度上解决了社会保障的资金。中国共产党采取多种形式的筹款途径,不拘一格,体现了多样性和灵活性,尽最大可能满足了当时战争的需要,同时满足了生产以及人民生活的需要。

3.3 中国抗日根据地社会保障的管理机构

抗日根据地边区政府的政权结构是在抗日战争特定的历史条件下形成的,抗日根据地随着形势的变化不断发展、壮大,伴随着这一过程边区政府的行政机构逐步地建立、扩大,职能不断走向完善。由于抗日根据地分布极端分散而且主要分布在落后地区,另外由于交通、通讯的不发达,中国共产党没有办法对相关工作进行具体地领导与指挥,无法对社会保障的管理采取统一指导,基于此,社会保障工作具体由各边区政府负责制定方针。各边区政府根据本地区的实际情况设立机构对社会保障各项工作进行领导,使社会保障的各项工作更加具有针对性和指导性。

3.3.1 政府组织机构

社会保障工作作为民政工作的重要内容,宏观上由民政厅负责,所以各边区政府的社会保障机构与各级民政机构紧密联系。关于社会保障的大政方针首先是由民政厅进行规划,例如陕甘宁边区参议会中明确提出民政厅负责社会救济等事项,在此指导之下,具体事务由民政厅或各级民政科组织建立相关的机构进行领导,例如救济委员会、职业介绍所等。这样的运行模式,实现了宏观和微观的结合,使社会保障的领导工作更加具有指导性和针对性。

1939年1月,陕甘宁边区各级参议会组织条例中对各级参议会的职权进行了规定,提出各级参议会的职权包括批准关于民政、财政、建设、教育及地方军事的各项计划,将民政等工作纳入了管理体系。1939年4月4日,陕甘宁边区政府公布了《陕甘宁边区政府组织条例》,对民政厅等机构的职权及管辖范围进行了细化,并做了具体的规定。民政厅掌理的事务中以下内容与社会保障密切相关:卫生行政事项;赈灾、抚恤、保育及其他社会救济事项;劳资及佃业争议事项;禁烟、禁毒事项①。另外,财政厅负责的税务公款以及公债事项是社会保障重要的资金来源,教育厅负责管理社会教育,建设厅负责移民及新村建设以及其他实业行政,对这些事务的管理,体现了陕甘宁边区政府对社会保障事务的领导。1941年,陕甘宁边区政府颁布了《组织条例草案修正案》,将民政厅负责的卫生行政事务具体为卫生医药保育事项,并增加了户口调查事项,这是根据社会形势变化进行的调整,使社会救济、社会福利等社会保障事项更加细化,具有了更强的针对性。另外随着具体情况的变化,各机构对方针、政策、措施进行调整。1942年,陕甘宁边区建设厅针对严重的自然灾害和战争形势,提出"巩固现有公营工厂,发展农村纺织业"的方针②,公营工厂工人的生产积极性被调动起来,经营质量得到了普遍提高,在此基础之上农村纺织的纱布质量日渐提高,这些对于人民生活的改善有一定的积极意义,这种调整充分说明抗日根据地社会保障的领导机构具有较高的领导水平。

陕甘宁边区政府是中国共产党领导的敌后抗日根据地中建设比较完备的,比较具有代表性,其他地区的各级政府对社会保障工作的领导以民政部门为主,各地区出台文件对民政处、民政科等机构的职能进行了具体的说明。例如,1941年2月颁布的《津浦路东各县联防办事处抗战时期施政纲领》中,总结了民政部门的基本任务,其中与民生及社会保障相关的内容有"确定男女平等权利,提高妇女在政治上、经济上的社会地位;保育儿童,设立托儿所、严禁溺婴、虐待儿童;优待抗日军人家属;抚恤老、幼、孤、寡,救济难民、灾民;厉行卫生行政,设立民众治疗所"③。这些规定充分体现了政府将人民利益放在首位,领导及管理社会保障工作的基本职能。1943年,苏南地区颁布的《苏南区行政公署暂行组织法》对民政处的职权进行了界定,苏南地区的民政处职能与陕甘宁边区等地的民政处职能基本相同,负责管理民政改善及社会救济事项。

民政厅、建设厅等对社会保障工作的领导体现在宏观方面,对于一些具体问题的操作则建立了一些相关的专门机构。1940年,晋察冀边区将设置专门机构切实救灾治水写入晋察冀边区目前施政纲领,体现了对救灾这一问题的重视。陕甘宁边区政府针对社会发展过程中存在的问题,设立的

---

① 陕西省档案馆、陕西省社会科学院合编:《陕甘宁边区政府文件选编》(第一辑),北京:档案出版社,1986年版,第213页。
② 陈廷煊:《抗日根据地经济史》,北京:社会科学文献出版社,2007年版,第181页。
③ 《淮南抗日根据地》编审委员会编:《淮南抗日根据地》,北京:中共党史资料出版社,1987年版,第112页。

机构相对完善,更加具有针对性。1940年成立了由县委书记、县长、县互济会主任、后援会主任、保安队队长及当地驻军长官组成的赈济委员会,以加强对赈济工作的领导,保证救灾措施的推行与落实,提高边区生产能力,完成经济建设计划。同年延安市成立了职业介绍所,规定有某一种职业技术知识或技能者,有相当体力及经验愿为劳工者,年在十四岁以上的中华民国国民(土匪、汉奸外),可以向职业介绍所请求介绍[1],介绍的职业范围包括本市的商店店员、手工业、产业的雇工和雇员,本市各公私机关、团体或家庭的雇工和雇员。职业介绍所的成立对于保障城市内无业人口的生活,稳定社会秩序有重要的意义。1941年,陕甘宁边区在边区民政厅设立保育科,区、乡政府内添设保育员各一人,负责孕妇、产妇、儿童的调查、登记、统计、卫生、奖励和保护等工作。同年,陕甘宁边区主席林伯渠命令民政厅厅长在边区酌情增设劳动部及社会保险局,负责劳动保护工作以及解决劳动纠纷问题。1943年,冀鲁豫行署发布训令,对各级政权干部保健办法提出意见,意见中对保健委员会的具体工作内容与方法提出了指导意见,要求各级保健委员会对一般干部中身体虚弱者要进行很好的保健,不能只注意工作上比较负责的干部,另外在批准保健待遇时要充分注意根据地的财粮节约问题,以切实负责的态度,根据不同的情形,给予不同的保健待遇。这一规定不仅扩大了干部保健的范围,而且要求与经济发展水平结合,坚持具体问题具体分析的原则,对于各级保健委员会工作的开展有重要的指导意义。

晋冀鲁豫边区在经受残酷的战争形势考验的同时还要应付严重的自然灾害,为了将救灾措施落到实处,使救灾工作更有实效,冀鲁豫区1943年设立各级救灾委员会,加强对救灾工作的组织与领导。救灾委员会具体分为冀鲁豫区救灾委员会总会(简称总会)、县救灾委员会、村救灾委员会,各级救灾委员会的任务如下:协助各该级政府作救灾宣传;发动各界人士进行募捐事宜;村级委员会除前两项任务外,并协助政府调查灾民及实施救济[2]。在组织结构方面,各级委员会根据工作的需要设干事若干人,干事以抽调各机关干部兼任为原则。救灾委员会的规定既有关于救灾的宏观统筹又有微观策划,对于村级救灾委员会任务的规定体现了边区政府在救灾过程中注重调查、实事求是的特征,要求机关干部兼任的

---

[1] 陕西省档案馆、陕西省社会科学院合编:《陕甘宁边区政府文件选编》(第一辑),北京:档案出版社,1986年版,第244页。

[2] 同上书,第333页。

原则符合精简机构、厉行节约的要求。另外晋冀鲁豫边区的旱灾救济委员会进行粮食调剂、组织妇女纺棉织布、节约募捐、社会互济等工作,通过进行调查研究,发扬民主作风,提出生产救灾的口号,随时掌握灾情变化,取得了救灾的实际效果,在救济旱灾过程中也发挥了重要的作用。

各地区组织了荣誉军人管理委员会,帮助荣誉军人解决生活问题,介绍职业,解答一些疑难问题,有计划地进行慰问,按照规定及时供给荣誉军人衣食待遇,并对他们进行必要的教育,以求得在政治上的不断进步,克服生活的苦闷和腐化。粮食是人民生存的基础,不管是在战争时期还是平时,都是最重要的,也是社会保障的基础中的基础,所以各边区政府在组织征粮的同时加强对粮食的管理。1937年,陕甘宁边区政府颁布《救国公粮保管分配条例》,提出救国公粮的保管、分配统一由边区粮食局负责领导,各区在适当的地点设立仓库,由边区粮食局管辖之区仓库设主任一人,负责管理。1941年,为统一与加强陕甘宁边区粮食管理工作,保证党、政、军食粮的供给,并能够调剂人民的粮食需要,边区政府设立了陕甘宁边区粮食局,作为边区粮食行政最高执行机关,并接受财政厅领导。粮食局的管辖事项中与社会保障相关的事务包括:对边区粮食(救国公粮、农业税粮及公田粮等)收支、保管;对粮食生产、粮食贸易的改进与救济灾民、难民食粮的协助①。另外,粮食局中的粮食调剂科在调剂贫民食粮的基础上提出协助设立义仓,这些措施对于社会救济的发展,稳定局势有重要的意义。

3.3.2 群众团体组织

群众团体组织是组织根据地群众的重要机构。1942年,华中局扩大会议就党与群众的关系通过了《关于根据地群众团体建设中的几个具体问题》,明确提出了群众团体的任务,"群众团体应该是群众为切身利益而斗争的领导者,应该是群众一切切身利益的保护者。群众团体必须发动、组织、并领导广大群众为彻底实现减租减息增加工资和改善生活,及为争取与保障群众的民主权利和提高群众政治地位等等而斗争"②。由此可见,群众团体组织在抗日根据地社会保障工作开展过程中的重要性。

抗日战争爆发后,中国共产党坚持敌后抗战,采取全面抗战路线,动员

---

① 陕西省档案馆、陕西省社会科学院合编:《陕甘宁边区政府文件选编》(第三辑),北京:档案出版社,1987年版,第270页。
② 《关于根据地群众团体建设中的几个具体问题》,《真理》第十期,1942年11月1日,第21页。

和组织人民参战,农民、工人、商人、妇女、儿童、青年等纷纷组织团体。这些群众团体一方面可以更好地参加抗战,巩固和扩大统一战线,另一方面可以实现群众的互助,更好地维护群众的权益,保障群众的生活,促进边区生产的恢复与发展,对于各边区政府的社会保障工作的顺利开展有重要的意义。

农民抗日救国会作为农民的抗战组织,在巩固与扩大抗日民族统一战线,实行抗战建国纲领,把所有不愿做亡国奴的农民团结到农会中来的基础上,采取措施维护农民的利益。农民抗日救国会的成立一方面动员农民为发展生产、支援战争、优待抗属做贡献,另一方面采取措施保障农民阶级的生活,维护农民阶级的利益。1938 年,晋察冀边区农民抗日救国会成立,成立一年"动员二万多农民参加了抗日队伍;动员二十多万人为部队抬担架做运输工作;破坏敌人交通一百多次;募集很多鞋袜吃用东西给前方战士;购买政府公债十万元以上;开荒三万一千亩"①。1939 年 5 月 15 日,晋察冀边区农民抗日救国会第二次代表大会通过了《晋察冀边区农民抗日救国会工作纲领》。《纲领》首先提出动员广大民众参加抗战,"组织慰劳团,在物质上、精神上慰问抗日军及其家属,优待抗日军人家属,并解决其日常困难问题","组织代耕团,代替抗日军人家属耕种及收获"②,这些措施对于密切军民联系,激发军人的抗日积极性发挥了重要的作用。其次,动员民众发展农业生产,改进生产技术,发展水利灌溉,组织农业互助社、农业劳动借贷所等,这些措施对于恢复农业经济及农村生产力水平有重要意义。另外提出在抗日高于一切原则下改进人民生活,"积极救济贫民、灾难民,成立难民工作介绍所、低利借贷所、粮食借贷所,保存旧有仓库募集粮食,成立灾民、难民垦荒团"③。晋察冀边区农民抗日救国会的纲领涉及的内容既考虑了抗战这个大形势的需要,又兼顾了农村发展以及农民利益,为社会救济、社会优抚等社会保障工作的开展创造了条件。

1939 年 5 月,山西省农民救国会第一次代表大会在晋东南举行,会议将"改善农民生活,协助政府执行一切抗战法令,救济失业农民;开展农村经济建设,改进农业技术,提高农业生产,进行垦荒运动,建立农村合作事

---

① 魏宏运主编:《华北抗日根据地纪事》,天津:天津人民出版社,1986 年版,第 97 页。
② 《晋察冀抗日根据地》史料丛书编审委员会、中央档案馆编:《晋察冀抗日根据地》(第一册文献选编上),北京:中共党史资料出版社,1989 年版,第 260 页。
③ 同上书,第 261 页。

业;加强农民教育,提高农民的政治认识和文化水准"①作为工作纲领的重要内容。这些规定对于农民抗日救国会的职能进行了充分的解读,对于指导农民抗日救国会的工作有重要的意义。1944年,苏南抗日根据地通过《苏南行政区农民救国会组织条例》,对于救国会的会员资格、权利、义务、组织原则、部门职权、经费等内容进行了详细地说明,提出会员享有政府贷款救济的优先权,有向救国会请求帮助解决困难的权利,另外救国会下设生活改善科,"负责管理计划、发展农村经济、生产合作社、借贷所及有关农民生活改善各种事宜"②。这些措施体现了农民救国会组织团结农民,提高农民政治地位,保障农民利益,改善农民生活,增加生产,积极参加抗战与民主建设的宗旨。另外,一些地区建立了农贷所,筹集资金贷款给有需要的符合条件的农民,防止灾荒的发生以及促进农业生产的发展,农民防荒借贷在运行过程中虽然存在着一定的问题,但是总体而言对于帮助农民渡过灾荒,促进农村经济恢复与发展有一定的帮助。

妇女抗日救国会是抗日战争期间重要的抗战群众组织,对于动员与团结城乡广大抗日救国妇女,不分阶级、党派、种族、信仰、宗教,统一组织于救国会,巩固与扩大妇女抗日统一战线有重要的意义。另外妇女抗日救国会为改善妇女生活、解决妇女遇到的困难采取了相关措施。1940年,晋察冀边区颁布妇女抗日救国会工作纲领,要求切实执行政府提出的关于改善妇女生活的一切法令,动员妇女参加生产、劳动和战斗,对改善妇女生活及提高妇女地位做出了明确指示,提高了妇女的经济地位,并为社会生产增加了劳动力,第7条将原则具体化,"反对日寇对妇女、儿童的侮辱、残害,发挥中华民族敬老爱幼的优良传统,提倡保育儿童、保护母亲,团结游击区、沦陷区千百妇女群众积极参加一切抗日工作"③。中国两千多年的封建社会中,妇女地位低下,忍受奴役和剥削,没有政治权利,中国共产党的统治之下,妇女的政治地位得到提升,成立了妇女组织,维护妇女利益,组织妇女参加生产,具有重要的政治意义。

儿童作为社会的弱势群体,需要社会各方面力量的保护,同时战争时期儿童也是抗战的重要力量,将其组织起来从事力所能及的抗战活动,有

---

① 魏宏运主编:《华北抗日根据地纪事》,天津:天津人民出版社,1986年版,第110页。
② 中共江苏省委党史工作委员会、江苏省档案馆编:《苏南抗日根据地》,北京:中共党史资料出版社,1987年版,第330页。
③ 《晋察冀抗日根据地》史料丛书编审委员会、中央档案馆编:《晋察冀抗日根据地》(第一册文献选编上),北京:中共党史资料出版社,1989年版,第383页。

重要的作用。为了团结儿童参加抗战,维护儿童的利益,各边区政府组织了抗日儿童团,开展儿童的文化娱乐工作,养成集体生活中团结、互助、活泼、友爱、民主的习惯。同时动员儿童参加力所能及的抗日救亡工作,例如优抗、慰劳军队、站岗放哨、送信、引路、参加生产、规劝家长救国等。为了提高儿童的社会地位、改善儿童生活,各边区的抗日儿童团提出了相关的内容,例如反对轻视、虐待儿童,保障儿童参加救亡活动的完全自由,领导儿童学习参政,参加民主斗争;改善童工、学徒、店员待遇,救济失学、失业、被灾儿童,反对早婚、蓄童养媳、缠足、溺婴恶习,同时提出要厉行卫生运动与保健工作。抗日儿童团对于儿童权益的保护是社会保障的一个重要内容与途径,儿童的权益得到了维护,其活动效果得到了肯定,很多地区在施政纲领中明确提出对儿童权益的维护,这不仅对抗战形势有很大的影响,而且对于中华民族的长远发展具有重要意义。

为了更好地组织和领导青年工作,1942年中央书记处通过了《根据地各级青委组织与工作的暂行条例》,明确提出青委的工作范围是"组织与教育青年积极参加根据地的政治军事经济文化等各方面的建设"①,进一步提出凡是属于青年团体以及与青年有关系的部门,青委都应该与之建立密切的联系,协助其工作,并进行指导。这一条例对于动员和组织青年,使其在社会生产以及社会保障过程中发挥作用具有重要的意义。为了动员妇女参加生产、维护妇女的利益,1942年中共中央通过了《中共中央关于根据地各级妇委组织与工作条例的决定》,明确了妇委的工作任务,"根据地妇女运动的任务,在于领导妇女群众团体去进行组织与教育各阶层的妇女群众,积极参加抗战和根据地的各方面的建设,在争取抗战胜利的前提下,保护妇女的特殊利益,对于当地妇女团体及有关妇女工作的组织,妇委应与之密切联系并尽力协助之指导之"②。

另外,在各边区政府还存在许多与社会保障相关的综合性组织。1939年,陕甘宁边区设立了优抗救济委员会,协助政府讨论与推广乡村中的优待抗工属与互济问题,在具体工作方面,参与组织代耕队、救济难民等。晋西北地区为了强化对于发展生产的领导,成立了各种春耕委员会,以群众团体为主体,吸收机关部队和各阶层人士参加,具体职责包括,"进行动员

---

① 《根据地各级青委组织与工作的暂行条例》,《真理》第六期,1942年4月20日,第73页。
② 《中共中央关于根据地各级妇委组织与工作条例的决定》,《真理》第六期,1940年4月20日,第70页。

和检查,在技术上给予帮助和指导,并负责解决各种问题"①。抗日战争时期,各边区普遍存在的农村合作社,以行政村组织为原则,以社员间经济上互助与联合活动,扶植社员农业生产和手工业生产与改善社员日常生活,促进农村生产为宗旨。农村合作社的建立对于农民在生产力水平低下的情况下应对严重的自然灾害,发展生产,保障生活提供了必要的扶持与帮助,对于农村的社会保障工作大有裨益。为了调动社会各阶层的积极性,各地纷纷发动群众建立了抗战后援会,后援会下设总工会、青救、妇联、农会、文协等组织。在敌后抗日根据地社会保障工作中,流动干属生产小组、退伍军人小组、荣誉军人小组等针对特定群体的组织在战争与生产中都发挥了重要的作用。

群众团体组织是群众在斗争实践中形成的,具有一定的自发性,中国共产党为了规范团体组织的实践,将其价值发挥到最大化,加强了对这些组织的管理。1943年,山东省战时施政纲领在调整阶级关系、改善工农生活条款中提出,"扶助民众组织,职工会、农救会除保障劳工及农民利益外,应从政治上提高工人农民劳动热忱,并使遵守劳动纪律"②。对于群众团体的经费及组织问题,边区政府有相应的规定。1944年,冀南、冀鲁豫行省依据政民机关团体供给制度一致的原则调整各级群众团体的经费,对办公费、杂支费、印刷费以及预备费的标准及支领进行了具体的规定,对各级群众团体的各级干部人员的津贴有详细的说明。对于群众团体的领导,体现了中国共产党对抗日根据地的领导,同时能发挥群众抗日和生产的积极性,提高社会工作效率,对于社会保障工作有重要的帮助。

3.3.3 工会

抗日战争时期,工会是工人的职业组织,保护工人的日常利益,是工人参加社会活动、在政治上文化上军事上教育自己的组织,是抗日工人救国的组织,是生产计划完成、工厂巩固与发展的保证。中国共产党作为工人阶级先锋队,从建立之日起就非常重视对工人的组织教育及对工人利益的维护。在建党初期、大革命时期、土地革命时期,工人阶级都发挥了重要的作用,抗日战争时期战争形势和政治形势都发生了变化,在此基础上工人阶级的任务也发生了变化,在社会各阶层民众普遍动员起来的情况下,各

---

① 《晋西北的经济建设》,《群众》第九卷第三、四期,1944年2月25日,第142页。
② 中共山东省委党史资料征集研究委员会编:《山东抗日根据地》,北京:中共党史资料出版社,1989年版,第140页。

根据地的职工会成为工人阶级在敌后坚持抗战的坚强堡垒。边区工会基本的组织是乡工会，由工人最信赖的三至五人组成，处理日常事务。

1938年2月，刘少奇撰写了《工会工作大纲》，提出工会应该经常不断地不怕麻烦地来改善工人的生活，解决每一个工人及其家属所提出的问题，只有这样才能建立工会在工人中的威信，才能发动工人群众以更高的积极性参战。刘少奇的文章以及提出的要求对工会的工作方针及目的进行了阐释。1939年12月，邓发在《论抗日根据地职工会的基本任务》中，提出"职工会应该从政治、经济、文化各方面去提高工人阶级的地位，注意工人日常生活待遇，改善劳动的条件，实行劳动纪律，动员广大工人积极参加抗日军队，参加抗日民主政权，参加经济建设，同时又能照顾统一战线各阶级利益，协调劳资关系"[①]。

在以上方针的指导下，各根据地制定了根据地工会斗争的纲领。山西总工会是1937年"九一八"纪念大会时提案成立的，当时太原七万余劳动者全部加入，1940年晋西工人代表大会召开，通过了《晋西总工会八项抗日斗争纲领》，要求政府切实改善工人生活，规定最低工资、最高工作时间，改善工作条件，抚恤疾病、残废、救济失业工人，领导工人进行必要的改善生活的斗争[②]。1941年11月1日公布施行的《晋冀鲁豫边区劳工保护暂行条例》，专门用一章对职工会进行说明，规定了职工会的权利与义务，如职工会要代表工人提出各种要求，代表工人同资方订立集体合同，资方如有打骂虐待侮辱工人的事情，职工会要代表工人提出抗议及解决办法[③]。晋冀鲁豫边区的规定在说明了职工会的权利的同时，对其工作方式也进行了约束，不能强迫资方接受工人提出的条件，必须以平等、协商的方式进行，另外职工会要负责教育工人，提高工人的劳动热忱，保障劳动纪律。

在中国共产党的领导下，各根据地的工会组织快速发展，从行政区划角度分析，形成了边区总工会（区工会）、县工会、村工会、工厂工会的覆盖模式。另外工会涉及的行业广，农业、渔业、矿业、盐业等都建立了工会，各根据地关于工会的法律法规健全，涉及的人数多。各根据地具体人数如表3-7：

---

① 中华全国总工会中国职工运动史研究室编：《中国工会历史文献》（4），北京：工人出版社，1959年版，第18页。

② 同上书，第624页。

③ 河南省财政厅、河南省档案馆合编：《晋冀鲁豫抗日根据地财经史料选编》（河南部分一），北京：档案出版社，1985年版，第149—150页。

表 3-7　中国抗日根据地职工会会员人数统计表①

职工会名称	会员人数	附注
陕甘宁边区总工会	60956	
晋察冀边区工人抗日救国会	234673	
晋冀鲁豫边区晋东南总工会	124008	
晋绥边区总工会	16803	
山东总工会	144369	
苏北、苏中、苏南、淮北、淮南、皖中、鄂豫皖、浙东八个区总工会	200000	渔业及盐业35万工人
合计	780809	

表 3-7 不仅反映了各抗日根据地职工会的人数,同时反映出这一时期各边区工会分散开展工会工作、并未形成全国统一的工会联合组织的情况。晋察冀边区抗日救国会成立于 1937 年,晋冀豫边区总工会 1941 年 9 月根据晋东南总工会改编而来,晋绥边区总工会成立于 1940 年 3 月,山东总工会成立于 1938 年 5 月,这些工会组织根据地区实际情况领导工人运动,维护工人阶级利益。另一方面,虽然没有形成统一的全国工会联合组织,但是各边区工会要依据中央的统一方针活动。这些规定及措施在抗日战争时期生产力水平低下的情况下,保障了整体与个体相结合的原则,将工会的领导作用发挥到最大化。这一时期职工会的会员已经覆盖到了各行各业,以陕甘宁边区为例:

表 3-8　陕甘宁边区总工会产业工会会员人数统计表②

业别	公营工厂职工会会员人数	私营工厂职工会会员人数	合计	附注
矿冶业	1360	1352	2712	
机械工具业	973	408	1381	私营人数主要指铁匠工人
化学业	594	346	940	
纺织业	1624	809	2433	

---

① 中华全国总工会中国职工运动史研究室编:《中国工会历史文献》(4),北京:工人出版社,1959 年版,第 38 页。

② 同上书,第 36 页。

（续表）

业别	公营工厂职工会会员人数	私营工厂职工会会员人数	合计	附注
被服业	662	282	944	包括制鞋工人
造纸业	334	150	484	
印刷业	297		297	
木工业	290	142	432	
火柴业	40		40	
面粉业		196	196	
榨油业		237	237	
盐工		1959	1959	
其他		483	483	包括毯坊、毛口袋铺、绳铺、钉掌铺、蒸笼铺等作坊
总计	6174	6364	12538	

《陕甘宁边区总工会产业工会会员人数统计表》中展示的行业及人数说明陕甘宁边区工会已经覆盖了大多数行业，而且不仅公营工厂的工人参加了职工会，私营工厂的工人也加入了职工会，这对于职工会维护工人的基本权益，保障工人的生活有重要的意义。另外陕甘宁边区有交通运输工人约3000人，城乡工人（包括农村雇工、农村手工业者、城市店员、城市手工业者）45400人，加上私营工厂工人12538人，合计约60938人[①]。

在工会的领导以及工人自己的努力斗争下，工人自身的生活条件得到了改善，基本社会保障得到了实现，生活获得了合理的适当解决。农村雇工的生活得到改善，据山东博兴县130个村统计，共有1099个雇工得到增资，平均每人得二三十石粮食；淮北区增加工资的雇工有28422人，总计增加粮食25676石；晋冀鲁豫边区左权县的工人，原有四十五户，1942年上升为贫农者有26户，上升为中农者有19户[②]。农村雇工不仅物质待遇得到了提高，社会地位也得到了提高，许多地方的工会领导雇工与雇主订立劳动合同，使雇工生活更有保障，而且实行实物工资，不因战时货币的波动影

[①] 张希坡:《革命根据地的工运纲领和劳动立法史》，北京:中国劳动出版社，1993年版，第177页。

[②] 根据中华全国总工会中国职工运动史研究室编:《中国工会历史文献》(4)，北京:工人出版社，1959年版，第48页整理。

响工人的生活。矿工的生活也得到了改善,过去窑主得六,工人得四,且有种种额外剥削,在工会的争取下,多采取雇主四、工人六,或对半分,各种无理的额外剥削,例如工人负担的灯油费等都被废除了。

工厂工人生活的改善首先表现为工资的提高。1938 年 4 月,陕甘宁边区工人第一次代表大会对边区工人的工资进行了说明,各行业工人的工资比之前得到了提高,"炭矿工人提高 30%,制造业一般店员 15%—20%,一般手艺工人 25%,产业工人例如机械工、石油工人、印刷业工人等最高劳动工资二十八元,最低八元,服装工人、制鞋业工人最低五元,最高十五元,食宿全部由工厂供给"①。工会对于工人利益的保护和工人待遇的改善非常细致。例如,提出在寒冷时工人宿舍防寒用炭和点灯油由工厂供给;粮食价格高时,对生活产生影响,工资酌量增加;工人家庭有困难时,工厂进行援助。另外,许多地区的工厂与工会合作,提倡副业生产,在业余时间种植蔬菜和瓜果,或进行手工生产,除 10% 至 50% 归工厂外,其余为工人自得,鼓励工人储蓄,这样既保障了工人资金的安全及增值,又增加了各合作社的经费。工人生活的改善不仅表现为工人工资的增加,还表现在获得了政府劳动法的保护,工人子弟上学可以得到全部免费待遇,手工业工人在缺乏资本时可以得到低息贷款,免除了受高利贷的剥削。

根据以上内容分析可知,抗日战争时期各边区政府的各级工会组织根据社会形势变化,对工会的任务及工人的地位和作用进行了重新界定,在保证抗日战争需要的基础上对工人的利益及权益进行了最大可能的维护与争取,最终工人政治地位得到提高,经济地位与战前比较也有了大幅度的提升。总之,工会的存在与发展对于农村雇工、公营工厂及私营工厂工人的社会保障发挥了重要的领导作用。

在对社会保障的管理方面,中国共产党在设立相应的组织机构进行领导的基础之上,充分调动人民群众的积极性,通过群众团体组织的建立,实现人民群众的自我管理。如图 5《中国抗日根据地社会保障管理结构图》所示,中国共产党的领导是根本原则,党政军机关代表人民利益,领导及指导群众团体的活动,群众及群众团体监督并配合各级机关的活动,群众团体在接受中国共产党领导的同时进行自我管理。总之,无论党政军机关的领导还是群众团体的自我管理以及指导,最根本的目的都是保证战争的需要,维护人民群众的利益,促进社会保障良好、有序发展。

---

① 南满洲铁道株式会社调查部译、中国共产党延安时事问题研究会编:《抗战的中国丛刊(第三卷)抗战中的中国政治》,第 72 页,吉林省社会科学院满铁资料馆馆藏资料,编号:00273。

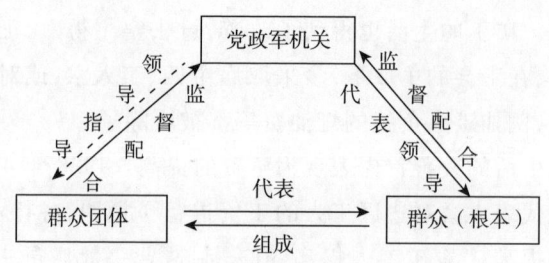

图 5　中国抗日根据地社会保障管理结构图

综上所述,中国共产党在领导开展社会保障工作的过程中,根据战争形势的发展调整社会保障的相关政策,抗日战争各个阶段的政策侧重点不同,具有针对性的政策更加适合抗日根据地的现实情况,满足战争的需要,以使社会政策的效用能够最大化地得到发挥。为了筹集社会保障需要的资金,中国共产党各方奔走,开源节流,以发展生产为根本,在生产力水平低下、国贫民穷的情况下,基本解决了这一问题,为社会保障的有效开展奠定了坚实的物质基础。对于社会保障的管理,中国共产党坚持以人民利益为根本,在坚持政府领导的基础之上,发动群众进行自我管理,解决了敌后根据地分布零散、难以管理的问题,体现了中国共产党卓越的政治智慧和高超的领导艺术。

第4章 中国抗日根据地社会保障的内容

综合社会学对社会保障概念的界定以及中国抗日战争时期的具体国情,本书认为社会保障是"通过立法,积极动员社会各方面资源,保障无收入、低收入以及遭受各种意外灾害的公民能够维持生存、保障劳动者在年老、失业、患病、工伤、生育时的基本生活不受影响,同时根据经济和社会发展状况,逐步增加公共福利水平,提高国民生活质量"。在此概念基础之上,本章结合中国抗日根据地发展的实际,归纳出中国抗日根据地社会保障的内容,包括社会救助、社会优抚、社会保险以及社会福利四个方面。

4.1 社会救助

社会救助是指"国家与社会面向由贫困人口与不幸者组成的社会脆弱群体提供款物接济和扶助的一种生活保障政策,社会救助的外延包括灾害救济、贫困救济和其他针对社会脆弱群体的扶助措施"[①]。社会救助是维持社会成员基本生活需要的措施,是社会保障发展的基础及主要内容,中国抗日战争时期敌后根据地由于天灾人祸产生了大量的灾民、难民以及由于某些特殊原因产生的贫民,基于这种情况,抗日战争时期的社会救助尤为重要。为了保证人民的基本生活以及抗日战争的顺利开展,各边区政府展开了各种形式的社会救助活动。

4.1.1 中国抗日根据地的自然灾害

1937—1945年敌后抗日根据地自然灾害频繁发生,其中灾情比较严重的集中在晋冀鲁豫边区、山东抗日根据地、晋察冀边区、陕甘宁边区等地。

---

① 郑功成:《社会保障学——理念、制度、实践与思辨》,北京:商务印书馆,2000年版,第13—14页。

这些地区频繁遭受水灾、旱灾、蝗灾等灾害的侵袭,蒙受了巨大的损失,并造成了严重的社会混乱,具体情况见表4-1《1937—1945年中国抗日根据地自然灾害统计表》。

表4-1　1937—1945年中国抗日根据地自然灾害统计表

抗日根据地	概况
晋冀鲁豫	1938年旱灾;1939年水灾;1940年春荒、水灾;1942—1943年水灾、旱灾、蝗灾、雹霜;1945年雹灾
山东	1939年水灾、旱灾、海啸、雹灾、蝗灾;1940年水灾、雹灾、蝗灾;1941年旱灾;1942年先旱后涝;霜冻、蝗害
陕甘宁	1940年旱灾;1944年旱灾、水灾、蝗灾、雹灾;1945年旱灾、蝗灾、雹灾
晋察冀	1939年水灾;1942年旱灾、水灾、虫灾
苏北	1939年暴雨海啸
苏皖边区	1945年春旱
淮南	1942年旱灾
淮北	1939年水灾;1939年水灾、海啸;1940年水灾、旱灾;1941年水灾;1942年水灾、旱灾;1943年水灾、蝗灾;1944年旱灾、水灾、蝗灾;1945年旱灾、水灾、蝗灾、冰雹
浙东	1945年春荒;冰雹
鄂豫皖	1940—1941年干旱;1942年春荒

资料来源:李文海《近代中国灾荒纪年续编(1919—1949)》,湖南教育出版社,1993年版;甘肃社会科学院历史研究室编《陕甘宁革命根据地史料选辑》,甘肃人民出版社,1983年版;河南省财政厅河南省档案馆合编《晋冀鲁豫抗日根据地财经史料选编》,档案出版社,1985年版;魏宏运主编《抗日战争时期晋察冀边区财政经济史料选编(财政金融)》,南开大学出版社,1984年版;山东省档案馆、山东省社会科学院历史研究所合编《山东革命历史档案资料选编》,山东人民出版社,1983年版;《淮南抗日根据地》编审委员会编《淮南抗日根据地》,安徽人民出版社,1987年版;《豫鄂边抗日根据地》,河南人民出版社,1986年版;浙江省新四军历史研究会编著《浙东抗日根据地史》,中共党史出版社,2005年版;中共江苏省委党史工作委员会、江苏省档案馆编《苏北抗日根据地》,中共党史出版社,1989年版。

对表4-1深入分析,可以得出以下结论:抗日战争期间敌后抗日根据地发生了频繁的自然灾害,这些自然灾害发生范围广泛、种类繁多、原因复杂、破坏性非常大,这些特征在中国历史上都是非常少见的。

首先,从灾害发生的范围及种类来看,抗日根据地各地区普遍发生了严重的自然灾害,但是在地域上呈现了不平衡的特征。中原地区遭受的自然灾害是最严重的。晋冀鲁豫边区、山东抗日根据地、陕甘宁边区等十几个地区也发生了严重的自然灾害,灾害范围波及了河南、河北、山西、山东、陕西、江苏、浙江、安徽、浙江、湖北等省份。从自然灾害的种类看涉及了水灾、旱灾、雹灾、蝗灾。这些灾害并不是单一发生的,有些地区例如山东边区1939年水灾、旱灾、海啸、雹灾、蝗灾相继发生,1942—1943年晋冀鲁豫边区水灾、旱灾、蝗灾、雹霜交替发生,多样化以及交替出现的自然灾害,使它的破坏性加剧,许多地区旧的灾害还没有过去,新的灾害又袭来,新伤旧患使根据地人民遭受的创伤加剧。另外,在这些自然灾害之外还普遍存在一种特殊的灾害:战争灾害。抗日战争进入相持阶段之后,日本转变侵略政策,对根据地加紧实行"三光政策"及大规模"扫荡",国民党也在一些地区进行了小范围的军事行为,日本殖民者以及国民党对根据地的侵扰使根据地的自然灾害更加严重,无异于雪上加霜。

其次,从灾害发生的原因分析,自然灾害作为一种天灾,出现的原因主要是自然条件的变化。晋冀鲁豫地处中原地区,临近黄河,特别是太行区地靠太行山背侧,地窄土瘠,比较容易出现自然灾害并且种类比较多,晋西北地区是地瘠民贫的山岳地带。另外,许多根据地地处偏僻地区,自然环境恶劣,交通及通讯不便,不能及时与外界沟通,这些因素使自然灾害的出现更为频密、严重。抗日战争时期的自然灾害不仅是天灾还是人祸。1938年,国民党政府为了阻止日军西进,保卫武汉,在河南郑州花园口自决黄河大堤,以水代兵,造成了河南、安徽、江苏的水灾。1939年7月,日军"乘大雨过量,河水暴涨之时,采用毒计,武装决开各河堤口,河水泛滥,造成巨灾"[①]。1940年,山东边区发生了严重的自然灾害,灾害过后,日军大肆轰炸,鲁南鲁东各县的土匪趁火打劫,人民在遭受自然灾害的基础上又经受一次灾难。1942—1944年自然灾害最严重的时期,日本侵略者加紧了对根据地的扫荡。另外,许多地区生产力水平落后,经济发展停滞,导致水利设施年久失修,这是造成大面积水灾的重要原因。

再次,从灾害的破坏性分析,这一时期的自然灾害破坏性大,对整个社会造成了严重的影响,破坏了社会生产力,粮食普遍歉收,人民衣食无着,流离失所,出现了大量的灾民、难民及流民,社会秩序混乱。例如,1939年因水灾而流离失所之中国农民,达500万人,河北省被淹区域达全省1/3,"太行区1942年春麦收仅有三、四成,1943年所有作物大都枯死,全区灾民

---

① 《反对敌寇决堤救济河北灾民》,《新华日报》1940年3月17日,第一版。

35万,冀鲁豫重灾村有1050个,轻灾村有580个"①。晋察冀边区1939年7月暴雨成灾,河川泛滥,敌人在冀中地区破坏了四处河堤,造成了数十年来边区最严重的灾害,"被毁良田不下十七万顷,被冲粮食不下六十万石,被淹没的村庄一万多(冀中占六千七百五十二村),人畜的伤亡严重,灾民三百万"②。

这些受灾地区的灾民在生活无所依的情况下,只能远走他乡,这样就形成了大量的难民。据载,1938年"豫东灾民逃往陕境者,每日不下二三千人,依难民站统计,一旬以来为数已达数万人"③,河南在抗日战争时期经受的自然灾害比较多,蒙受的损失比较大,产生的灾民、难民的数量是占当时最大比例的,具体情况见表4-2《河南抗日根据地受灾情况表》。

表4-2　河南抗日根据地受灾情况表

1938年	被淹20县,受灾面积6000余平方公里,人口死亡325598人,占总人口10.43%,逃亡者1172687人,占总人口37.56%,土地被淹6505113亩,占总数69.3%,房屋损坏1464066间,占总数36.97%
1939年	40余县被淹,灾民数十万
1940年	40余县被淹,重灾区村无烟火,灾民150余万
1941年	受灾92县市
1942年	无县不灾,无灾不重,灾民千余万,饥饿丧生者百万计
1943年	90%县市受灾,灾民3000万
1944年	42县受灾
1945年	20县遭受蝗灾,夏麦无收,个别县被雹击

资料来源:李文海等著:《近代中国灾荒纪年续编(1919—1949)》,湖南教育出版社,1993年版。

1937年到1940年,晋西北地区由于自然灾害以及敌人的破坏,农业、工业以及商业都接近于破产,"农业方面,劳动力比战前减少三分之一,牛减少十分之六,骡驴减少十分之八九,羊减少十分之六,猪减少十分之八以上,土地荒芜了,耕地面积只有战前百分之八十四,棉花总产量只有战前的

---

① 吴宏毅:《从灾荒中站起来——记晋冀鲁豫边区的生产救灾运动》,《解放日报》1944年8月29日第四版。
② 孙元范:《百炼成钢的晋察冀解放区》,《群众》第九卷第十九期,1944年10月15日。
③ 李文海等著:《近代中国灾荒纪年续编(1919—1949)》,长沙:湖南教育出版社,1993年版,第554页。

百分之三"①。由此可见,晋西北地区的农业发展受到了严重的影响,无法满足人民基本生活的需要,无法支撑持久抗战的需要。

总之,抗日战争时期敌后抗日根据地严重的自然灾害以及频繁的战争给人民带来了极大的灾难,造成生产停滞,人民流离失所,社会陷入混乱状态。为了缓解人民因自然灾害产生的苦难,解决人民的基本生活问题,稳定社会秩序,促进抗战形势的发展,社会救助措施在各边区政府普遍开展。

4.1.2 中国抗日根据地的社会救助

自然灾害的频繁发生,导致了大量的灾民、难民的产生,中国全面抗战时期的难民人数是民国其他时期无法相比的。据统计"抗战时期的难民人数之多,规模之大都十分惊人,当在6000万人以上,以中国当时4亿人口计,难民人口占中国总人口的15%以上"②。由于中国共产党领导的敌后根据地分布在交通不便的偏僻地区,经济发展落后,导致各边区政府的难民人数更多。以陕甘宁边区为例,有材料显示,"四一年移入难民有九千八百六十三户,约三万多人,从四一到四三,三年中合计至少移入难民有七万左右"③,移入的难民加上边区本地的难民,数量是相当庞大的。据《解放日报》1943年4月报道:"关中各县移难民,统计已有两千户左右,他们多为河南灾民,到三月十日止,有一千七百二十六户已经当地政府安插完毕"④,按照每户三人计算,安置的难民达到5000人以上。抗战胜利之后,陕甘宁边区政府民政厅对边区的移民难民进行了统计,"从1937年到1945年的八年多中,边区的移难民总数达63850户,266619人"⑤。以上数据表明,各边区难民数量巨大,另外根据地原有的贫困人口、老幼孤寡以及残疾人等生活上存在严重困难,这些决定了敌后抗日根据地的社会救助工作形势严峻。

为了解决人民的基本生活问题,各根据地非常重视并积极开展社会救助活动。救灾是非常迫切的社会问题,面对严重的自然灾害,1940年5月4日《全民抗战周刊》刊登了《急救华北水灾》的文章,5月18日刊登《再为急救华北水灾呼吁》,阐释了救灾的紧迫性和必要性,"救灾如救火,我们要用救火的速度去救被难灾民;救灾更于救火,火的灾害比起水灾、病灾,那是

---

① 林枫:《坚持敌后抗战的晋西北根据地》,团结丛书《敌后六年》,播种出版社。
② 孙艳魁:《苦难的人流 抗战时期的难民》,桂林:广西师范大学出版社,1994年版,第46页。
③ 白蕾:《移民难民的乐园》,《群众》第九卷十六十七合刊,第751页,1944年9月15日。
④ 《二千户难民移至关中》,《解放日报》1943年4月18日,第二版。
⑤ 《陕甘宁边区社会救济事业概述》(1946年6月),朱楚珠主编:《中国人口·陕西分册》,北京:中国财政经济出版社,1988年版,第75页。

比较小的灾害,救火虽然也同样在抢救人,但最主要的是阻止火的蔓延,抢救的主要是货物,间接才可说也同样是在救人"①。以上内容阐释了救灾的本质是救人,所以救灾必须注重其时效性。

在社会救助方面,首先展开深入宣传,向灾民解释造成灾荒的原因,其次进行周密的调查工作,了解灾民的实际情况,针对不同状况制定措施,最后加强领导,选择部分有经验有办法的干部,负责短时突击,完成救灾任务,并从多方面组织灾民从事生产贸易,做到自食其力。以陕甘宁边区为例,陕甘宁边区第二届参议会关于社会救助的提案有18条,二届二次会议有3条,第三届参议会有10条,这些提案内容涉及了救济难民、移民垦荒、节约互助、建立义仓等项内容。晋冀鲁豫的太行区成立了以杨秀峰为主任的"太行区旱灾救济委员会",领导救灾工作。这一时期的社会救助针对当时的具体形势首先是应急性直接救助,解决被救助对象的基本生存问题,在这一基础上实行生产性救助,从长远角度出发根本解决被救助对象的生活问题。

(1) 直接救助

直接救助是应急性救助,也叫急赈,是面对自然灾害首先要采取的措施。面对严重的自然灾害,各边区党政军民用一切力量共谋救济,在灾害发生之后,第一时间发起了救灾捐款的号召,"1940年晋察冀边区(冀中在外)共计收到救国献金及救灾捐款136487.992元,冀中区募到款项546500元,边区政府将此笔款项全部分配到各救灾,解决了春荒问题"②,1944年晋绥行署为救济雹灾和收复区难民拨款125万元③。在募集款项之余,各边区政府积极筹措粮食。将没有受灾或者受灾较轻地区的粮食调剂到受灾较重地区对于灾区渡荒有重要的意义,豫北林县是河南省的重灾区,1943年边区政府在财政极其困难的情况下,拨出粮食100石,急赈灾难中的豫北人民,根据地的公粮店,以500石粮食,调剂被劫后的林县人民。1943年,山东党政军民开展节食赈济运动,急救敌占区逃来的难民,提出四项紧急办法,"(一)家家户户帮助难民,决不使一个难民空手过门;(二)政府先自公粮中拨出一部,作为急赈;(三)党政军民脱离生产人员,自上到下,每人每日至少节粮一两至二两,节省办公费用百分之十之廿,救济难胞;(四)要求每一村,养活一户至三户难胞,保证不让敌占区三万难胞,在

---

① 《再为急救华北水灾呼吁》,《全民抗战周刊》第123期,1940年5月18日,第1863页。
② 魏宏运主编:《抗日战争时期晋察冀边区财政经济史料选编》(财政金融编),天津:南开大学出版社,1984年版,第586页。
③ 《晋绥行署拨款救灾》,《解放日报》1944年10月21日,第三版。

我根据地饿死一人"①。

以上内容只是当时根据地互助救灾的一个缩影,各地区通过各种措施尽力解决灾民的基本生活问题,使人民能够吃到低价粮食,一定程度上避免了大灾之后的二次伤害。另外,边区政府对灾区人民群众的负担进行了调整,在征税、劳役等方面根据灾情的不同减少或免除灾区人民的负担,这对于灾区人民渡过灾荒发挥了重要的作用。为了解决群众的基本生活问题,减轻群众负担,1944年山东省政委会发布关于免征1941年12月以前积欠田赋公粮的通令,"为体恤民难、减轻群众负担,经第八次行政委员会决议,所有民国三十年十二月以前民间积欠田赋公粮,一律豁免,不再征收"②。安徽抗日根据地确定的急赈原则是"救急不救贫,锅底不热锅盖不揭的才能领取急赈粮,不论大小口每人每天一律四两,贫苦抗属发半斤"③。

在晋冀鲁豫边区,为了减轻自然灾害对人民造成的伤害,中国共产党采取措施减轻农民的税收负担,"第一,在太行区共产党授权农民实行合理负担,采取三七开的办法要求地主纳税额占70%,满足了农民多年来的要求;其次,一二九师的士兵在太行山区开荒种地生产粮食,到一九四三年五人一组的战士生产队实现了蔬菜和棉花生产的全年自给,而且在养猪和粮食生产上取得了某些进展"④。一二九师生产自给的设想因为日本侵略者对根据地的进攻受到影响,但是在太行山地区的开垦非常成功,在此基础上,农民缴纳军粮的负担被解除,大部分收成归自己,而且士兵甚至可以在路过的集市上出售自己剩余的生产品,这样做基本满足了军队的需要,而且减轻了农民的负担,对于减轻农民因自然灾害造成的伤害有重要的意义。

赈灾款和募集钱粮赈济灾民等措施一定程度上缓解了灾情,但是由于生产力发展水平有限,仍不能满足大范围救灾的需要,所以各根据地政府积极开展节约渡荒运动。1943年,彭德怀指示十八集团军总部直属各单位,"每人每日节约小米一两,救济灾民,号召后方同志尽量节省,把私人不必要的金钱交公,帮助公家解决困难,救济灾荒,10月将所存稿费、津

---

① 《山东党政军民急救敌占区逃来难胞》,《解放日报》1943年4月18日,第一版。
② 魏宏运主编:《华北抗日根据地纪事》,天津:天津人民出版社,1986年版,第457—458页。
③ 房列曙:《安徽敌后抗日根据地社会史研究》,合肥:安徽人民出版社,2007年版,第235页。
④ 〔美〕拉尔夫·撒克斯顿:《晋冀鲁豫抗日根据地农民生计问题研究》,南开大学历史系编:《中国抗日根据地史国际学术讨论会论文集》,北京:档案出版社1985年版,第468页。

贴 76.6 元交公做党费"①。太行地区的八路军实行了节食运动,同时采集野菜、拾野果等替代品来实现自给自足,八路军总部的同志发起取消夜餐运动,将节约的粮食救济灾民。各边区政府的党政军民在采摘野菜、野果的过程中发现了许多种粮食的替代品,这对于解决饥饿问题有重要的帮助。淮北行政公署根据边区生产救灾委员会的决议发动和组织各小学生及当地有名望的人士,举行劝募,动员小学生发动"节约一块馍运动"。另外根据地边区政府取消了粮食出口,禁止从事熬糖、酿酒等活动,粮食交易要在固定的时间由政府进行监察,以保证灾荒的情况下,粮食能够发挥最大的作用。

严重的自然灾害使数以万计的灾民受灾,受灾严重的地区饿殍满地,人民生活流离失所。大批灾民逃离受灾区形成了大量的难民,合理安置灾民和难民对于缓解自然灾害带来的影响,稳定社会局势有重要的作用。各根据地相继颁布了安置灾民、难民的法令、法规。陕甘宁边区政府1940年颁布了《陕甘宁边区政府优待外来难民和贫民之决定》,1941年颁布了《陕甘宁边区政府优待难民办法的布告》,1943年颁布了《陕甘宁边区优待移民难民垦荒的条例》。1943年晋冀鲁豫行署发布《关于安置流浪灾民的指示信》,要求对进入晋冀鲁豫边区的流浪灾民给予适当安置。淮北行政公署公布了《关于处理外来难民办法的训令》,将进入根据地的难民分为三类,"第一种是抗烈属,第二种是在家无法谋生而来我边区安家生产的,第三种是临时在我边区度日的"。并分别提出了解决办法,"对于第一种要根据优抗条例给予适当的救济并安排生产;对于第二种积极给予各种物质上的帮助,使之能安居生产;对于第三种分别对象,具体处理"②。这种针对性强的措施对于灾民和难民的安置工作大有裨益,可以使每一位受灾的群众都能得到具体的处置,使政策更有实效性。

敌后根据地的自然灾害中有一项比较特殊——也是比较普遍的——蝗灾。"旱生蝗虫潦生鱼",连年的旱灾,为蝗虫的生长创立了条件,蝗灾、旱灾相伴而生。抗战时期蝗灾是比较普遍的,许多根据地都出现了严重的蝗灾,有些地方蝗虫过境能吃光百余亩麦苗,灭蝗运动是持续的长期的斗争,同时具有突击性,因此灭蝗运动的开展也是当务之急,是直接救助的重要内容。灭蝗斗争最大限度地实现了群众动员,《解放日报》评论认为灭蝗

---

① 王焰主编:《彭德怀年谱》,北京:人民出版社,1998年版,第280页、286页。
② 豫皖苏鲁边区党史办公室、安徽省档案馆编:《淮北抗日根据地史料选辑》(第二辑第一册),内部发行,1985年,第315页。

运动对全国来讲是件空前的盛举,是生产方面一件破天荒的成就。灭蝗运动中各级政府层层动员,成立指挥部,发布相关法律法规,使灭蝗运动具有军事化特征以及法律效力。以灭蝗运动成就比较突出的太行区为例,1944年,太行区动员群众灭蝗,全区有十一万人参加,各地军队、机关、学校和商店都一致参加;在组织方面,林北县将县区划分为几个区域,区设大队,村设中队,下设分队,磁武建立灭蝗指挥部,下设侦察队、打蝗队;在方法上,首先分为围歼和清剿,其次依据经验以及科学不断创造新的灭蝗方法,最后树立灭蝗英雄模范,提高群众积极性;在灭蝗运动成就方面,蝗蝻停止蔓延,蝗区面积逐渐缩小①。边区政府灭蝗运动的成功是群众运动与科学方法结合的成果,充分说明了中国共产党急人民之所急、想人民之所想的精神。

发挥义仓的作用是直接性救助的重要措施,抗日根据地的义仓是根据地的农民群众在中国共产党的领导之下,为了维护生存探索出来的。"义仓是救济贫苦农民,特别是移难民的机关,而且义仓是在从民众中产生的基层干部——劳动英雄、乡长、乡支书、村主任、党支部书记等的指导下组织起来进行经营的"②,这说明中国共产党领导下的义仓与"在地乡绅"即地主阶级及其代理人支配下经营的封建社会以及军阀义仓有根本的不同。群众自主经营成为边区义仓最杰出的特性,这种特性决定了义仓在社会救济中能够发挥重要的作用。1943年陕甘宁边区雷庄村义仓委员会通过了义仓工作计划及义仓章程,提出保证把义粮借给缺粮的人,荒年缓期归还粮食;歉收年收本不收利;每年四月为开仓借粮时期,以解决青黄不接的困难,便于生产。义粮的粮食借出制度,对于帮助农民渡过青黄不接之时,恢复与发展生产有重要的意义,出现灾荒时期,对于保障人民的生存能够发挥更加重要的作用。在义庄的管理过程中,对于难民的借粮有具体的规定,移民和难民的借粮,根据实际情形确定借粮数量以及利息,对于生活特别困难的群众甚至可以不加利息予以优待。1944年春,陕甘宁边区麟县牛武区的劳动英雄徐克瑞负责其所在村的义仓,他将借粮的办法定为新来的难民借一斗还一斗,本地老户每斗加二升利以补损耗,这一方法明确说明对于外来难民的借粮是免除利息的。总之,在社会救助过程中,义仓对于帮助受灾群众度过灾荒发挥了重要的作用,成为直接性救助的重要内容,

---

① 河南省财政厅、河南省档案馆合编:《晋冀鲁豫抗日根据地财经史料选编》(河南部分三),北京:档案出版社,1985年版,第629—633页。
② 〔日〕内田知行:《抗日战争时期陕甘宁边区的义仓经营》,南开大学历史系:《中国抗日根据地史国际学术讨论会论文集》,北京:档案出版社,1985年版,第428页。

同时阐明了中国共产党的政治立场和政治态度，使人民群众更加信服中国共产党。

中国共产党对难民的救济具有持续性特征。1945年9月，苏北行政委员会为了救济新解放地区的受难民众，成立了苏北新解放区救济委员会，并令各县组织救济委员会，拨救济小麦160万斤。为了不浪费救济粮，达到公平合理救济难民的目的，制定了苏北新解放地区难民救济办法。凡是确认为难民的，采取不同措施进行救济，"鳏寡孤独无劳动力者，一次赈济粮食每人小麦七十五斤；房屋被毁因而失所者，一次赈济粮食每人五十斤；生产工具被毁，因而不能从事生产者，酌量补助之；缺乏资金，因而不能从事生产者，酌量为一定期间之无偿贷款或补助之；失业者除设法分配就业外，其有家庭负担者，酌量补助之"①。这些措施对于长时期被敌人压迫的同胞而言是极大的帮助，同时体现了一定的政治意义，表明了中国共产党的政治立场。

（2）生产性救助

直接救助只能解决根据地灾民、难民的基本生活问题，是一种过渡性措施，要想使受灾群众能够重新建立生活、有能力长期从根本上抵御自然灾害，必须要采取生产性救助。频繁的自然灾害使生产受到了严重的破坏，人员大量流动，另外渡过燃眉之急的灾民、难民出现了闲置现象，组织移民垦荒是渡过灾害时期，恢复和发展生产的重要措施。"据不完全统计，八年间，陕甘宁边区政府安置难民不下10万人，约占根据地人口的7%（边区当时的总人口是142万多人）"②，面对如此巨大的压力，1943年陕甘宁边区颁布了《陕甘宁边区优待移民难民垦荒条例》，《条例》对因生活困难或因天灾等原因自愿移入边区的、沦陷区逃入边区的、边区内地少人多区域自愿移入垦区的人民的垦荒活动进行了说明，对土地所有权、征收公粮、地租、义务劳动、提供住所及生产工具、医疗等做出了具体的解释。另外对迁入移民、难民的政治权利进行了规定："凡边区人民所享有之民主自由权利，以及人权财权之保障等权利，移难民均与边区之老户同等享受之。"③移民垦荒是生产性救助的有益探索，是安置人民、恢复社会秩序的重要手段，是边区政府恢复和发展生产的重要措施，许多根据地都开展了此类措施，

---

① 《苏北行委会关心新解放区民困　拨粮百六十万斤救济难胞成立救济会并订难民救济办法》，《苏北报》1945年9月2日。

② 高冬梅：《陕甘宁边区难民救济问题初探》，《河北师范大学学报（哲学社会科学版）》，2005年第2期，第87页。

③ 甘肃省社会科学院历史研究室编：《陕甘宁革命根据地史料选辑》（第一辑），兰州：甘肃人民出版社，1981年版，第261页。

取得了良好的效果。

在开展移民垦荒发展生产的同时,许多根据地见缝插针,在自然灾害减轻的情况下抢种、补种生产周期短、生命力强、耐旱的农作物或者蔬菜,尽可能地减少自然灾害造成的损失,帮助人民渡过极其困难的时期。太行区在1942、1943两年的救灾总结中提到的行之有效的救灾办法中,包括抢种晚庄稼,大量补种蔬菜。1942年8月初边区下雨后,边区政府立刻组织包括党政军在内的全部劳动力,突击补种,"提出了争取十天突击晚熟庄稼及菜蔬的抢种、改种、补种和多种,无收成希望者,一律改种,部分的无收成者,实行补种,地少贫苦群众,及党政军民学机关团体,应利用一切地边渠堰道旁废地实行多种"①。改种、补种、多种后,根据地秋雨连绵,所种植的蔬菜获得了丰收,全区灾民整个冬天几乎家家都靠吃菜过活,这是渡过1943年灾荒的一个决定性措施。在发展生产的同时,边区政府引导人民开展副业增加收入,例如晋冀鲁豫边区政府组织妇女纺织换取粮食,产药材的地区组织民众刨药向合作社换取必需的生活用品,有些地区组织群众进行山货生产,扶持各种手工作坊,组织灾民运输赚取脚费。据唐县、完县、曲阳、云彪四县不完全统计,共生产线一万八千七百五十二斤,产布六百二十九匹,灾民在一个月中总收入达八万五千元②,这使边区纺织业得到发展,使灾民部分地得到了自救,同时改善了边区人民的生活。以上措施的贯彻执行一方面缓解了自然灾害的影响,另一方面体现了抗日根据地社会救助中"以工代赈"的特点,通过提供给人民劳动的机会来保证人民的生活,又避免了劳动力的浪费,具有事半功倍的效果。

充足的劳动力是战时农业生产发展的重要基础,晋西北地区为了促进生产的发展,积极采取措施调剂劳动力。每年在春耕时期一律停止抗战勤务,免除农时兵役动员,在战争形势允许的范围之内,抽调一定数量的战士转入生产,使农村增加了大批的劳动力。另外,在群众团体的动员之下,老人、妇女、儿童都力所能及地投入生产,提出了"懒汉懒婆最可耻"的口号,动员地痞流氓参加生产,党政军人员抽时间参加生产。淮北行政公署为了提高农业生产,"帮助贫苦农民解决劳力问题,发动农民集体买官牛,县与县买卖由县政府介绍,对水灾区农民放牛草贷款,可以酌量允许个别困难农民卖老牛,政府贷款二千万元给农民合伙买牛,采用人力换牛力等办法

---

① 河南省财政厅、河南省档案馆合编:《晋冀鲁豫抗日根据地财经史料选编》(河南部分二),北京:档案出版社,1985年版,第160页。
② 魏宏运主编:《华北抗日根据地纪事》,天津:天津人民出版社,1986年版,第386页。

解决之"①。淮北地区的措施保证了农业生产的劳动力,并以合作生产的方式解决了劳动工具的问题。

抗战时期天灾人祸的表现之一是出现大范围的水灾,水利设施的缺失和缺少维修是其中一个重要因素,水利是农业生产的基础,为了减轻水灾带来的影响以及防止水灾的再次发生,各根据地动员一切力量尽可能兴修水利。陕甘宁边区在抗战时期施政纲领中多次提出兴修水利,苏皖边区把兴修水利作为抗灾、减灾、发展生产的重要措施,山东抗日根据地重视水利建设,"1944 年整个山东根据地内共挖井 13031 眼,开渠 20 条,长达 63 里,疏浚河道 1199 里,筑河堤 17 处"②。晋察冀边区 1939 年水灾后,立即发出"彻底救灾治水"的号召,经过数月艰苦奋斗,修堵大小决口 120 处,长 17479 丈,整修险工 53 处,长 2380 多丈,复堤筑堤 39 条,长 528 余里,疏浚淤河 9 段,长 165 余里,共动用民工 69 万多名,修缮了历史上从未完成的王岗、西里村决口。③ 华中地区的一些抗日民主根据地多处于湖泊地带,因此兴修水利成为防灾、抗灾、减灾的重要措施,"据不完全统计,1944 年华中地区各抗日民主根据地共修建和改建大小水利工程 30 多处,苏北、淮南、皖中兴修水利灌溉面积达 120 万亩"④。兴修的水利设施增强了抵御自然灾害的能力,保证了农业生产,并且改善了人民生活,保障了部队的给养。1943 年,淮北行署在 8 个县采取以工代赈的方式,前后两个月,共挖大小河沟 106 条,筑堤 6 条,计长 253194 丈,挖土 125 万余方。其中夏季堤工抢险统计如表 4-3:

表 4-3 淮北苏皖边区 1943 年夏季堤工抢险统计表⑤

县别 \ 类别	堤名	长度
泗五灵凤	内堤	48 里
泗南	大柳巷堤	42 里
淮宝	大圩(30 个)	

① 《淮北行政公署关于开展生产建设的决定》,《拂晓报》1943 年 11 月 30 日。
② 山东省财政科学研究所、山东省档案馆合编:《山东革命根据地财政史料选编》(第二编),济南:山东省财政所,1985 年发行,第 129 页。
③ 高冬梅:《抗日根据地救灾工作述论》,《抗日战争研究》,2002 年第 3 期,第 192 页。
④ 谭克绳主编:《中国革命根据地史》(下),福州:福建人民出版社,2007 年版,第 616 页。
⑤ 房列曙:《安徽敌后抗日根据地社会史研究》,合肥:安徽人民出版社,2007 年版,第 238 页。

抗日战争时期根据地兴修水利工作取得了很大的成绩,虽然由于生产力低下、技术落后导致很多水利工程并不能完全发挥作用,但是对于抗灾减灾有重要的作用。在兴修水利的同时,许多根据地提出植树造林,打井灌溉等方案,尽最大努力减灾、防灾。抗战时期边区政府面临严重的经济困难,面对兴修水利的大规模投入,边区政府采取以工代赈的方式,这样保证了兴修水利的劳动需要,又能提供灾民、难民等需要救济的对象基本的生活资料。

义仓在中国历史上古已有之,是一种由国家组织,以赈灾自助为目的的民间储备,义仓是中国小农经济的产物,适用于生产分散、生产水平落后的农业生产。抗日战争时期生产遭到巨大破坏,小家庭无法抵御自然灾害,于是许多根据地提出建立义仓,义仓的建立是抗日根据地社会救助中"互助"思想的重要体现。陕甘宁边区参议会第二届会议代表提出了多项建立义仓以备灾荒的提案,最终决定义仓设立的地点以人民自愿、便利运输为原则,以区、乡、村为单位设置。1944年,陕甘宁边区政府发布命令,"为防患于未然,各级政府应积极劝导人民创建义仓"[①],同年晋绥边区仅兴县建义仓的村子就有429个。义仓建立后有统一的管理,很多地区将它与垦荒联系起来,群众集中生产。将生产工具和劳动力集中起来,克服了一家一户生产的弊端,也帮助许多缺乏必要的生产工具或者缺乏劳动能力的弱势群体,增强了抵御风险的能力,将劳动产品集中管理,杜绝了浪费。义仓的建立帮助许多人渡过了严重的自然灾害时期。

晋察冀边区作为具有重要战略地位的抗日根据地,在战争初期就制定了发展生产的基本措施。在农业方面,"1.奖励开荒;2.给农民以生产工具资料,迅速恢复遭敌蹂躏后的生产;3.替抗日军人家属代耕或承耕;4.逃走了的地主的土地暂时借给穷苦农民无代价的耕种,所有权仍归地主;5.减轻农民负担,取消苛捐杂税;6.改良农业技术,协助农民办合作社;7.鼓励生产;8.促进畜牧业发展;9.资金低利借贷;10.建立仓库储存粮食;11.节约粮食"[②]。晋察冀边区在农业方面的措施比较全面,在土地、生产工具、劳动力、技术、资金等方面为恢复与发展生产创造条件,同时兼顾了劳资关系,例如逃走的地主的土地虽然借给穷苦农民耕种,但是所有权仍然属于地

---

① 陕甘宁边区财政经济史编写组、陕西省档案馆编:《抗日战争时期陕甘宁边区财政经济史料摘编》(第九编),西安:陕西人民出版社,1981年版,第356页。
② 《成为抗日根据地的晋察冀边区》,《解放》第三十五期,1938年4月20日,第11页。

主。这些措施对于晋察冀边区生产的发展有重要的促进作用,有助于晋察冀边区人民渡过严重的灾荒。在发展农业的同时,晋察冀边区制定了工商业发展的方针。例如,鼓励发展农村手工业,开发国防工业,鼓励工业信用借贷,奖励投资,保护私人商业自由,组织特产输出与必需品的输入,管辖重要商品的出入口。另外,为了地区的平衡发展,边区政府调剂物品供给,平衡物价,稳定市场。

为了恢复和发展生产,抗日根据地许多地区积极推进借贷工作,一方面解决人民的燃眉之急,帮助人民渡过灾荒;另一方面,鼓励人民恢复和发展生产,为小本经营及一些生产需要提供资金支持。这种发放贷款的方法是抗灾、减灾的重要补充,体现了抗日根据地"互助"的思想。以淮北地区为例,1943年淮北地方银号发放小本工商贷款6000石粮,麦种贷款2800石粮,水灾区牛草贷款2500石粮,水灾区灾民及渔民救济生产贷款110万边币。[①] 这些钱、物的扶持,使边区社会秩序逐步稳定,为恢复与发展生产奠定了经济基础,人民的基本生活得到解决。

直接救助和生产性救助是应对自然灾害的重要措施,在社会救助过程中这两种性质的措施都是交织实行的。1939年,晋察冀边区政府颁布的《关于救灾治水安定民生的具体办法》中提出,"筹款救济,安插灾民,拨款十万办理急赈;解决灾民的粮食问题;广泛开展生产事业,切实改善人民生活,彻底救灾治水"[②]。这些措施既考虑到了灾民的眼前利益和局部利益,解决灾民的基本生活,同时又把恢复和发展生产作为重要的救助措施,这样综合性的救灾措施对于灾民的利益有充分的保障。

总而言之,中国抗日根据地的社会救助工作对灾民、难民、贫民、老幼孤寡、残疾人等救助对象充分关注,对其生活及基本权益充分保障。将直接救助和生产性救助结合,强调以工代赈和群众互助,立足当下,放眼长远,在经济极其困难、严重自然灾害的情况下,领导人民渡过了饥荒,恢复和发展了生产,稳定了社会秩序,满足了抗战的需要。社会救助过程中的一些基本模式以及经验教训对以后的历史发展有一定的借鉴意义,中国抗日根据地社会救助的历史充分说明了中国共产党是充分代表人民利益的党。

---

① 安徽省财政厅、安徽省档案馆编:《安徽革命根据地财经史料选》(二),合肥:安徽人民出版社,1983年版,第172页。

② 魏宏运主编:《华北抗日根据地纪事》,天津:天津人民出版社,1986年版,第123页。

4.2 社会优抚

社会优抚是社会保障的一个重要的有机组成部分,是指"国家以法定的形式,通过政府行为,对对社会有特殊贡献者及其家属实行的具有褒扬和优待抚恤性质的社会保障措施"[①]。中国抗日根据地持续有效开展社会优抚工作,对包括现役军人、民兵、荣誉军人的抗日军人进行优抚,同时优待抗属、烈属及遗族。对抗日军人及家属的优待、抚恤和安置措施的实行最终调动了人民参军、拥军的积极性,促进了拥军爱民运动的双向开展,发挥了社会优抚的最本质作用。

4.2.1 抗日军人的优抚

(1) 优待抗日军人

军人是决定战争走向的重要因素,抗战时期抗日军人的积极战斗对于取得战争胜利具有决定性作用,对军人的优抚既可以保障抗战有生力量的发展,又能调动军人抗日的积极性,更是对其贡献的一种褒奖。对抗日军人的优待根据实际情况分为物质层面和精神层面。从物质层面的优抚来看,当时各边区政府及党政机关要求并尽力保证军队的军事供应,在解决军人基本生活的基础上,提高军人的生活水平。1937年,鄂豫皖《红军战士伤亡抚恤条例》规定:"红军烈属享有领取抚恤金,子弟免费入学,享受代耕,奖章纪念,免除纳税和伤员免费救治,优先安排工作,领取生活费等待遇。"[②]1940年晋察冀边区政府致电慰问百团大战大捷,并拨款三万元,慰问参战的子弟兵。根据地人民经常开展慰劳运动,将募集到的食品、鞋袜、衣物等物品送到部队,慰劳伤员。王恩茂在其日记中记载了驻军地群众慰劳军队的情况,"1939年2月19日,浑源一、三、五区群众慰劳我们,县政府、工会、农会、牺盟会、青救会、妇救会、各派代表组织慰问团,携带群众慰劳的羊子40只,鸡子15只,豆腐120斤,传单和书信多种"[③]。群众的慰劳虽然不能从根本上满足军队的后勤需要,但其政治意义远大于经济意义,对于军人的鼓舞作用是巨大的。

---

① 谢冰主编:《社会保障概论》,武汉:武汉大学出版社,2011年版,第318页。
② 转引自房列曙:《安徽敌后抗日根据地社会史研究》,合肥:安徽人民出版社,2007年版,第248页。
③ 王恩茂:《王恩茂日记——抗日战争》(上),北京:中央文献出版社,1995年版,第418页。

许多根据地为了将军人的优抚工作常态化和制度化,专门制定了相关的法律法规,部分地区将对军人的优抚写入了施政纲领。陕甘宁边区1937年颁布的《抗日军人优待条例》,规定了陕甘宁边区军人及其家属享受的优待:免纳一切捐税;免纳房屋租金;享受公家商店百分之一减价的优待;当必需品缺乏时有优先购买权;子女读书费用全免;因伤病休养,费用由公家供给;抗日军人服务五年以上,年满45岁可退职休养,公家补助其终身生活①。从陕甘宁边区的这些规定中既可以看出对军人最基本生活的关心,一些细微的规定例如免纳房租等使军人的生活得到保障,同时可以看出对军人利益的长远的和根本的维护,例如解决子女教育等问题,能够充分调动军人奋勇杀敌的积极性。

在对抗日军人物质优抚的同时,各边区政府重视对抗日军人的精神褒奖。抗日部队对在战争及生产中有重大贡献的军人进行嘉奖,提升了军人的荣誉感,调动了抗日的积极性,对在战争中丧失生命的烈士进行悼念,既是对亡者的怀念,也是对生者的激励。对于在战争中牺牲的烈士,军队及地方政府以修建纪念碑、公墓等形式进行悼念,组织群众扫墓祭祀。1942年,山东各界组织抗战五周年集会,发布祭文,追悼抗战阵亡将士,极大地激励了抗战士气。各级军队编辑战争中牺牲的将领及士兵的名单,对其作出的贡献充分赞扬。

军人的婚姻具有特殊性,相对而言是比较脆弱的,保护婚姻是保障其权益的重要内容。陕甘宁边区颁布了《陕甘宁边区抗属离婚处理办法》,苏皖边区颁布了《淮北苏皖边区保障抗日军人婚姻暂行条例(草案)》,这些文件的核心是对破坏军婚的行为依照法律进行制裁。例如,苏皖区规定"强奸抗日军人妻子、与抗日军人配偶重婚、与抗日军人配偶姘逃,与抗日军人配偶通奸等行为存在其一者依法处罚并加重刑罚三分之一"②。对虐待抗日军人妻子的行为,作出规定严惩。陕甘宁边区对抗属离婚处理制定了详细的办法,既考虑了抗日军人婚姻的特殊性,又兼顾了抗属的基本利益,坚持思想动员和自愿相结合,规定"抗日战士之妻五年不得其夫音讯者,可以提出离婚请求,经查明属实,可以允许离婚;抗日战士与女方订立婚约,如该战士三年无音讯,或虽有音讯而女方已超过结婚年龄五年仍不能结婚

---

① 陕西省档案馆、陕西省社会科学院合编:《陕甘宁边区政府文件选编》(第一辑),北京:档案出版社,1986年,第41页。

② 豫皖苏鲁边区党史办公室、安徽省档案馆编:《淮北抗日根据地史料选辑》(第二辑第二册),内部发行,1985年版,第28页。

者,经查明属实,女方得以解除婚约"①。另外,有些地区对于有条件的、家在边区附近的抗日军人,规定每一年半可以有一个月的假期回家团聚。对抗日军人婚姻的保护,维护了军人的利益,对于安定军心起到了重要作用,而且区别于封建社会的婚姻,不存在强迫的现象,对提出离婚的抗属进行思想动员,充分尊重抗属的决定,这对维系整个社会的稳定发挥了重要的作用。

(2) 优待荣誉军人

荣誉军人是指因退伍或者年老、伤残等寄养在民间的军人。这些军人在战争中做出了巨大的贡献,而现在出现了残疾或者不同程度地丧失了劳动力,对这些人的优待是帮助他们生存的重要措施,是荣誉军人更好地生活的必要条件,更是对其心理的一种慰藉。各根据地根据实际情况,先后制定并颁布了优待荣誉军人的法令,如《晋察冀边区荣誉军人抚恤办法》《冀鲁豫区荣誉军人抚恤暂行条例》《修正冀鲁豫区荣誉军人抚恤暂行条例》《苏中区优待在乡荣誉军人暂行办法》,这些法令的共性特征是对荣誉军人的认定及伤残等级做出了规定。晋察冀边区对荣誉军人的"光荣负伤"进行了界定,因"作战受伤、执行战斗任务或因其他职守关系受伤、失慎误伤、积劳过度受伤"②,可认定为荣誉军人。荣誉军人可享受到抚恤金、生活费用、医药卫生保健、生活用品供给、减免税收负担、丧葬费等优待。但是这种优待并不是一概而论,在执行中进行了细致的分类,对于残废荣誉军人按其受伤程度分为若干等,每一等享受不同的待遇。例如,冀鲁豫区规定"一等残废,抚恤终身,每年抚恤金小米一百五十斤;二等残废,抚恤终身,每年抚恤小米一百二十斤;三等残废,抚恤终身,每年抚恤金小米九十斤;四等残废,每年发抚恤金小米六十斤,至医生证明其伤恢复时停止抚恤"③。部分地区颁发《边区军人退休证》(图6)以及《荣誉军人抚恤证书》(图7),责成地方政府依此对其进行优待。这些措施从另一个角度体现了中国共产党社会优抚工作中的规范性,通过颁发证书确立其荣誉军人的身份,然后按照规定进行优待及抚恤,其他诸如《烈士证》《烈属证》等也体现了这一特征。

---

① 甘肃省社会科学院历史研究室编:《陕甘宁革命根据地史料选辑》(第一辑),兰州:甘肃人民出版社,1981年版,第235页。
② 魏宏运主编:《抗日战争时期晋察冀边区财政经济史资料选编》(第四编),天津:南开大学出版社,1984年版,第578页。
③ 河南省财政厅、河南省档案馆合编:《晋冀鲁豫抗日根据地财经史料选编》(河南部分四),北京:档案出版社,1985年版,第370页。

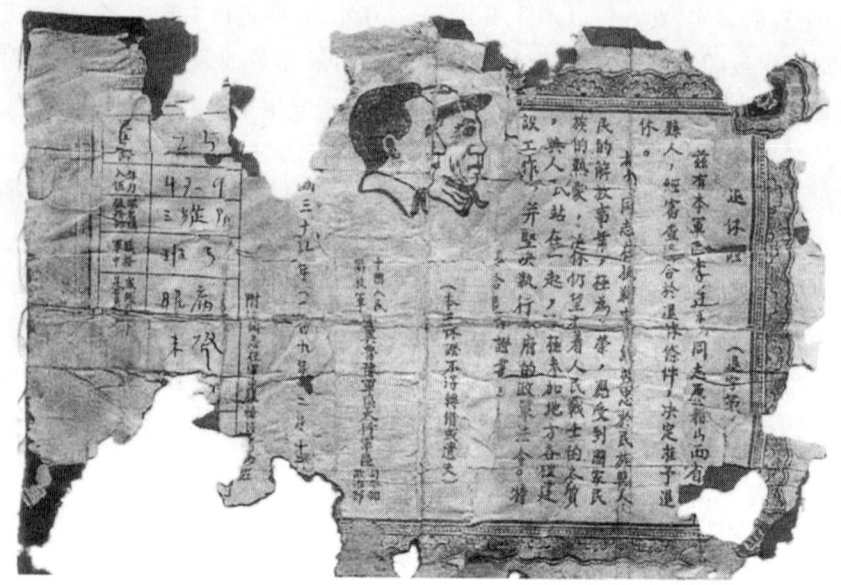

图 6　边区军人退休证

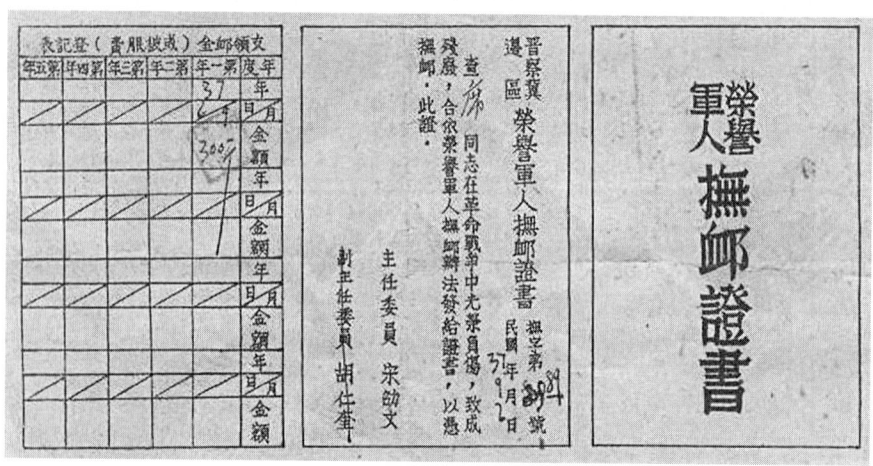

图 7　荣誉军人抚恤证书

对退伍荣誉军人的优待不同于伤残荣誉军人,退伍荣誉军人多数都具有劳动能力,各边区政府根据退伍荣誉军人的实际情况进行优待,如果有劳动能力,应该在公营事业、社会事业、地方机关或地方部队服务。另外,对一些特殊情况进行了说明。例如,对于外籍荣誉军人,原则上帮助其返回家乡,对于原籍在敌占区或者大后方的不能回家者,帮助其在所在地区安家落户,同本地荣誉军人享受相同的待遇,从事适宜的生产事业,以稳定他们的生活。这些细致的分类最大限度地保障了每一位荣誉军人的利益。随着时间的推移,荣誉军人自身出现了一些问题,脱离群众、腐化、骄纵、懒惰等。为了遏制这些问题,各根据地根据自身实际情况成立管理委员会,一方面帮助荣誉军人解决生活问题,另一方面对他们进行教育,使他们了解与自身利益密切相关的法令制度,强化依靠群众、团结群众的意识,克服生活上的腐化。

在组织其生产、满足其基本的生活之余,各根据地根据具体情况,帮助荣誉军人建立家务。陕甘宁边区参议会二届二次会议上,参议员在关于优待荣誉军人的问题上提出了许多提案,例如,各级政府和群众妥善安置复员人员,帮助其建立家务等。这些提案的出发点是为了进一步改善荣誉军人的生活,但是在具体的执行中,由于财力限制并不能完全彻底地普遍执行。

(3)优待民兵

抗日战争时期,中国共产党敌后作战重要的战略特征在于八路军等正规部队作战与民兵作战相结合。民兵作为重要的正规后备兵源,战时可以配合正规军作战,打击敌人的小股出扰,阻截敌人的抢掠,平时站岗、放哨、进行农业生产,基于民兵的重要战略地位及作用,对民兵的优待是非常重要以及必要的。为了表扬民兵的忠勇,抚恤伤亡,激励民兵对敌斗争的热忱,各抗日根据地依据根据地的实际情况制定了优待民兵的具体办法。对民兵的优待同对抗日军人的优待相同,既包括物质的奖励优抚又包括精神的褒奖。山东抗日根据地对民兵的优待根据具体情况做出不同的规定,对贡献突出者,给予40—200元不等奖励,并予以名誉奖励;作战有成绩者给予表扬并颁发奖状;负伤致残者依据一二三等残疾情况,每年发给抚恤金100—300元;作战牺牲者发给丧葬费200元,一次性善后抚恤金400元;伤残或牺牲导致其家庭不能维持生计者,除给抚恤金外,政府帮助其个人或家属介绍职业①。

对民兵的优待既有宏观的规定,又有微观的计划。新四军二师在1944年新的供给草案中提出,地方武装伙食与地方部队相同。1945年太行区颁布《太行区人民武装奖励抚恤办法》,对民兵的作战任务进行区分,单独作战、配合军队作战,为军队负担战场勤务等都有不同优待。对民兵缴获的胜利品提出了处理办法,"枪械、弹药、骡马等一切军用物品,均归民兵,任

---

① 山东省档案馆、山东社会科学院历史研究所合编:《山东革命历史档案资料选编》(第9辑),济南:山东人民出版社,1983年版,第331页。

何团体机关或个人,均不得强占或没收"①。部分抗日根据地提出,牺牲民兵家属的待遇等同于同等条件下抗属的待遇。这些对民兵优待抚恤的措施,提高了民兵的政治地位,解除了他们的后顾之忧,对于激发民兵抗日的积极性,稳定抗日局势有重要的作用。

江苏省盐阜地区充分认识到民兵对于坚持根据地斗争的重要性,高度重视爱护民兵工作,提出爱护民兵是当地全体人民的义不容辞的责任,在拥军运动中,爱护民兵的运动也有它应有的地位。同时,对爱护民兵工作也进行了反思,"有很多地方,人民和政府对民兵的照顾还很不够;农忙时期代耕问题,家庭生活救济问题,伤亡时的抚恤问题等,往往都不是很有计划地进行。这种现象应该改善,这方面不下功夫,整理民兵,教育民兵就难有很大的成效"②。这段材料从一个侧面反映了这一地区对民兵优抚工作的重视,将其提高到了一定的政治地位。

中国共产党抗日根据地对军人的保障首先尽力满足了军需,例如军粮、医药、军鞋等,同时日常生活所需得到了满足,例如购买物品时的优待,乘坐车船等优待。在满足军人物质需求的同时,对有突出贡献的军人进行褒扬,提升了军人的荣誉感和使命感,对在战争中牺牲的烈士进行公祭并进行纪念活动。这些政策虽然是特定时期的特定政策,具有很强烈的"战时"特征,但是在保障主体上覆盖面广。对军人的优抚具体分为对现役军人的优抚、对民兵的优抚,对荣誉军人的优抚、对烈士的优抚。其中对荣誉军人的认定和分类是比较细致的,分为伤残荣誉军人、退役荣誉军人、现役荣誉军人、为军事系统服务的荣誉军人等,对伤残荣誉军人根据伤残情况确定残疾等级进行优待。1942 年,陕甘宁边区颁布了《陕甘宁边区动员潜逃及逾假不归战士归队暂行办法》,针对潜逃及逾假不归战士的具体情况制定不同的办法,对于归队者进行抚慰。对军人的优抚保障分门别类,有很强的针对性,这样确保了每一个被优抚对象的权益都能最大限度地得到保障,充分调动每一个参军人士的积极性。

4.2.2 优待抗属

各根据地把优抗工作变成广泛的群众性运动,充分认识到优抚工作的政治意义和军事意义,对这项工作高度重视,将其提升到社会立法的高度。

---

① 河南省财政厅、河南省档案馆合编:《晋冀鲁豫抗日根据地财经史料选编》(河南部分二),北京:档案出版社,1985 年版,第 253 页。
② 《爱护民兵》,《盐阜报》1943 年 11 月 27 日。

各边区政府先后颁布了与"优抗"相关的法令,如《晋察冀边区行政委员会关于优待抗属的指示》《淮北苏皖边区优待抗属暂行条例》《鄂豫边区优待抗日军人家属条例》《修正陕甘宁边区抗日军人家属条例》《冀鲁豫区优待抗战军人家属暂行条例》《苏中区优待抗日军人家属条例》等。这些条例对于优抗工作做了具体、细致的说明,对于保证优抗工作的顺利开展以及落到实处有重要的指导意义。

代耕是优待抗属的重要方式,是指组织代耕队,帮助或代替家中缺乏劳动力的抗属耕地。由于抗日根据地多处于偏远地区,征兵多来源于农村,所以代耕在优抗工作中具有至关重要的地位。在代耕过程中一般固定分配,先将抗属土地耕好种好,在帮助农民解决耕牛、种子、农具、口粮时,抗属一般都具有优先权。为了将代耕工作做好,陕甘宁边区1939年颁布《义务耕田队条例》,1941年颁布了《陕甘宁民政厅为优待抗属组织代耕工作给各县的指示信》《陕甘宁边区优待抗属代耕工作细则》。陕甘宁边区在规定了代耕的基本细则的同时,为提高人民的认识进行了具体的规定,"为抗属代耕是每个公民的革命义务,不是差役或剥削;受代耕优待的抗属,必须认识自己的光荣地位及政府和人民尊重自己的原因,自尊自重,力求进步"①,对一些特殊问题例如抗属无土地或土地不足等问题进行了具体的阐释。1943年,淮北苏皖边区行政公署在关于夏收工作的训令中提出,"将村间的代耕队,变为代收队,替贫苦之抗烈属收割"②。以上这些措施体现了政府对于代耕工作的重视,在执行过程中体现了灵活性,为抗日根据地代耕工作的良好有序开展奠定了基础。

1943年1月,山东省战时工会发布《关于优抗工作的指示》,对山东地区主力部队和地方武装进行了界定,并且对各级抗属的物质优待进行了说明。具体规定如下,"主力部队甲等指战员家属每户发给粮食三百斤,乙等指战员家属每户发给粮食一百斤,丙等指战员家属每户发给粮食一百斤;地方武装甲等指战员家属每户发给粮食一百五十斤,乙等指战员家属每户发给粮食一百斤,丙等指战员家属每户发给粮食五十斤"③。这一规定不仅可以解决抗属的基本生活问题,对山东地区坚持与巩固敌后抗日根据地,爱护、巩固、扩大主力部队也具有重大的政治意义。

---

① 甘肃省社会科学院历史研究室编:《陕甘宁革命根据地史料选辑》(第一辑),兰州:甘肃人民出版社,1981年版,第115页。
② 安徽省财政厅、安徽省档案馆编:《安徽革命根据地财经史料选》(二),合肥:安徽人民出版社,1983年版,第117页。
③ 魏宏运主编:《华北抗日根据地纪事》,天津:天津人民出版社,1986年版,第372页。

各边区政府在代耕、物质奖励的基础上进一步优待抗属。例如,减免劳役、减免税收、所负私债抗战期间缓期偿还、粮食优待、招工优先、公立卫生机构免费治疗、优先享受公益事业、抗属子弟求学优先录取一律免费等。另外,在精神褒奖方面,抗属受到边区军政民各种机关团队部队及全体人民的尊敬和爱护。苏皖边区明确提出"各级政府负责人对所在地之抗属应定期慰问,各级军政负责人每到一地,在不妨碍公务的条件下,对于当地抗属应进行慰问和招待"①。1944年,盐阜地区颁布《拥军优抗宣传大纲》,特别提出了春节拥军优抗措施,在优抗方面提出"优待抗日军人家属,在旧历新年前发动救济贫苦抗属,慰劳抗属,元旦向抗属拜年,请抗属吃饭,尊敬抗属,并坚定执行政府所规定的优待抗属条例,如组织代耕、代割、代种队等等,来巩固自己的军队"②。这种以时间节点为切入点的工作方式,体现了优抗工作的灵活性和实效性。这些微观方面的措施改善了抗属的生活,提高了抗属的社会地位。

1941年,《解放》杂志刊登了郭洪涛的文章《论敌后抗日根据地的政治、经济、文化的建设》,对敌后抗日根据地的优抗工作进行了解释。文章特别介绍了晋察冀边区优待抗属、抚恤烈士、伤残人员的措施,主要包括"凡抗战军人家属,其年龄在十六岁以下,四十六岁以上者,应免其服公役之劳务;抗战军人之子女及依其生活之弟妹等入学费用,一律免除;抗战军人家属因民刑事案件至本区各级法院起诉,不出讼费;抗战军人之家属有疾病时,公立医院免除医疗费"③。

关于抗属的优待,各边区政府并不仅仅是保障其生活,在条件成熟的抗属中帮助其恢复生产或者经营。有经商能力缺乏资本的抗属,有取得小本借贷的优先权。1944年,为救济流亡抗属并推动其参加生产活动,鲁西银行颁布了《鲁西银行对流亡抗属生产贷款暂行办法》,规定贷款不准单独用作消费;贷款数目以户为单位,根据人口多少、不同的生活技术确定贷款数目;此项贷款暂定为无利,延期一年收回。④ 规定贷款的用途、数目认定、还款时间,对于抗属恢复和发展生产经营有重要的意义,体现了共产党优待抗属的持续性的特征。

---

① 中共河南省委党史资料征集编纂委员会编:《豫皖苏抗日根据地》(一),郑州:河南人民出版社,1985年版,第155页。

② 《拥军优抗宣传大纲》,《盐阜报》1944年1月19日。

③ 郭洪涛:《论敌后抗日根据地的政治、经济、文化的建设》,《解放》第一百二十二期,1941年1月1日,第29页。

④ 河南省财政厅、河南省档案馆合编:《晋冀鲁豫抗日根据地财经史料选编》(河南部分二),北京:档案出版社,1985年版,第382—383页。

为了提高抗属、烈属的生活质量,边区政府提出了一些措施。1942年的《鄂豫边区优待抗日军人家属条例》对一些特殊的情况进行了规定:死亡无力埋葬者、子女无力调养者、遭受意外灾害者、子女无力婚嫁者、妇女产后无力调养者,经查明属实给予金钱物品之救济或予小本贷款,而且可以给予其他方面的优待[①]。这些措施使抗属得到了切实有效的优待和帮助,彻底解除了士兵的后顾之忧,使他们不再担心家中父母妻儿,坚定了杀敌的决心,激发了斗争的勇气。

对烈属的优待既是对烈士的一种缅怀和告慰,更是对现役军人的一种激励。优待抗属的各种条例基本都涉及了优待烈属的内容,烈属享受抗属待遇,有些根据地专门制定了优待烈属的条例。例如,淮海区1944年颁布了《优待抗日烈士遗族暂行条例》,从地方政府角度对烈属进行优待,苏北军区政治部从军队角度出发,针对烈属问题提出:"烈属到部队应给予很好的照顾和安慰,除了发给抚恤金法币壹万元外,并发给路费;给烈属发放证明书,转告地方政府按优待条件,进行五年优待;烈属要求搬回烈士遗体者,通知地方政府帮助,并举行公祭。"[②]地方政府和部队互相配合、双重优待,使烈属的生活得到了充分的保障,并使他们得到了极大的尊重。

为了顺利开展优抗工作,使优抗措施落到实处,部分地区制定了详细的优抗程序以及资格审查。1944年,盐阜地区行政公署发布指示,提出"要优抗工作搞好,要有计划有组织,县区乡都成立优抗委员会,献田捐款和各种罚款,没收汉奸的财产,都交县优抗会通盘分配,乡优抗会要办好"[③]。另外,盐阜地区提出要严格审查抗属资格,发优抗证,组织抗属会,使优抗措施落到实处,使抗属真正得到帮助。在优待抗属的过程中,不搞"一刀切",特别注意救济贫苦抗属,优待休养军人,每一抗属发放大米六十斤,凭优抗证和乡级干部介绍信领取。

抗日战争时期中国存在多种政治势力,在根据地相应的存在一些特殊的群体,例如友军家属、伪属等。陕甘宁边区统战部根据统战工作的需要,提出在陕甘宁区域内的友军家属与共产党军队的家属享受同等待遇,并且定期开展友军家属联欢会,派人代友军家属写信,这些措施对于改变一些人对共产党的看法有重要的意义。对于伪属,苏中区党委通过群众路线,

---

① 刘跃光、李倩文主编:《华中抗日根据地鄂豫边区财政经济史》,武汉:武汉大学出版社,1987年版,第44页。
② 江苏省财政厅、江苏省档案馆、财政经济史编写组合编:《华中区抗日根据地财政经济史料选编》(江苏部分第四卷),北京:档案出版社,1986年版,第95页。
③ 《行政公署关于优抗工作指示》,《盐阜大众》1944年1月25日。

争取、教育伪属,激发起他们的民族意识与正义感,帮助其解决生活困难,但是特别强调伪属是不能优待的。不能希望通过优待伪属来开展伪军工作,成为处理伪属问题的一个重要原则。

4.2.3 对社会优抚的评价

中国抗日根据地的社会优抚工作呈现了主体全面、内容细致、逐步推进的特点,在当时对于动员群众参军、参战发挥了重要作用。

(1)抗日根据地社会优抚的特点

① 优抚保障主体全面

中国共产党抗日根据地的优抚保障虽然是特定时期的特定政策,具有很强烈的"战时"特征,但是在保障主体上覆盖面广。对军人的优抚具体分为对现役军人的优抚、对民兵的优抚,对荣誉军人的优抚、对烈士的优抚。其中对荣誉军人的认定和分类是比较细致的,分为伤残荣誉军人、退役荣誉军人、现役荣誉军人、为军事系统服务的荣誉军人等,伤残荣誉军人根据伤残情况确定残疾等级进行优待。1942年,陕甘宁边区颁布了《陕甘宁边区动员潜逃及逾假不归战士归队暂行办法》,针对潜逃及逾假不归战士的具体情况制定不同的办法,对归队者进行抚慰。各根据地把优抗工作变成广泛的群众性运动,对抗属的优抚保障具体分为优待抗属、优待烈属及遗族,抗属、烈属及遗族又具体分为有土地的和没有土地的,有劳动力的和没有劳动力的,有经营基础的和没有经营基础的等情况。对军人和抗属的优抚保障分门别类,有很强的针对性,这样确保了每一个被优抚对象都能最大限度地保障自己的权益,充分调动每一个参军人士的积极性。

② 优抚保障内容细致

优抚保障的内容涵盖了现役军人和抗属生活的各个方面,既有宏观的政策性措施,又有微观的帮扶措施,宏观和微观结合使保障的内容不流于形式,非常全面。对军人的保障首先尽力满足了军需,例如军粮、医药、军鞋等;同时日常生活所需也得到了满足,例如购买物品时的优待,乘坐车船等优待;在满足军人物质需求的同时,对有突出贡献的军人进行褒扬,提升了军人的荣誉感和使命感。对抗属、烈属的优待,在进行代耕等满足其基本生活需要的措施的基础上,还提出了一些提高他们生活质量的措施,例如对军婚的保护。1942年,《鄂豫边区优待抗日军人家属条例》对一些特殊的情况进行了规定:死亡无力埋葬者、子女无力调养者、遭受意外灾害者、子女无力婚嫁者、妇女产后无力调养者,经查明属实给予金钱物品之救济或予小本贷款,而且还可以给予其他方面的优待。① 这些措施使抗属得到了切实有效的优待和帮助,彻底解除了士兵的后顾之忧,使他们不再担心家中的父母妻儿,激发了杀敌的决心和勇气。

③ 逐步推进、走向成熟

抗日根据地的优抚保障政策并不是一蹴而就的,是随着战争形势的发展以及生产力水平的变化逐步推进走向成熟的。社会的优抚保障是要与生产力水平相适应的,超越生产力水平最终会起到反作用,各边区政府颁布的许多法令虽然对优待军人、抗属等做出了详尽的规定,但是由于形势的限制,最终不能完整地执行。例如,在荣誉军人的待遇问题上,晋冀鲁豫边区 1943 年工作报告中提出,"荣誉军人为国效劳,按理应该享受国家的优待,今天我们没有更多的优待办法,所以只能在负担上加以优待。凡是荣誉军人,不管经营什么业务都不负担"②。根据形势进行调整说明抗日根据地优抚保障政策是灵活的,这种灵活性使政策更有针对性和实效。在推进的过程中边区政府不断同各种错误认识斗争,加强执行力度。许多地区存在不愿供给军队给养,不愿扩军给主力,只优待地方武装抗属,不优待主力军抗属等现象,在军队中存在单纯军事观点和军权高于一切的错误观点。在优抚保障工作中不断与这些现象作斗争,保证了这项工作的有序推进。另外,在代耕过程中许多地区落实并不到位,所以在后来的修正法案中,对代耕的具体原则和执行情况进行规定,强化了执行力度,促使这项工作切实有效地落实下去。

(2) 抗日根据地社会保障的作用

① 激发了民众参军的积极性

经过各方面的努力,社会优抚工作取得了巨大的成就。1944 年,李鼎铭对抗日战争进行总结,"七年来陕甘宁边区为前线部队安置了一万一千五百余个伤病退伍人员,优待抗属七万九千七百余人,进行粮草动员,保证了军队给养"③。

在民众觉悟不高,国家征兵制度没有完善的背景下,切实进行优抚保障工作掀起了广大群众参军的热潮,解决了抗属的生活困难问题,成为巩

---

① 刘跃光、李倩文主编:《华中抗日根据地鄂豫边区财政经济史》,武汉:武汉大学出版社,1987 年,第 44 页。
② 河南省财政厅、河南省档案馆合编:《晋冀鲁豫抗日根据地财经史料选编》(河南部分一),北京:档案出版社,1985 年,第 255 页。
③ 西北五省区编纂领导小组、中央档案馆:《陕甘宁边区抗日民主根据地·文献卷》(下),北京:中共党史资料出版社,1990 年版,第 15 页。

固和扩大部队的关键和必要条件。抗日根据地的优抚保障工作不仅从物质上满足了抗日军人和抗属的需求,而且提高了他们的政治地位,很多措施解除了他们的后顾之忧,这些大大增强了部队的吸引力,群众参军热烈起来,很多地方出现了送子送夫参军的局面。"苏皖边区1944年扩军时,原计划扩兵3000人,后来扩到3600人,仍有不少群众积极报名参加。部队逃兵也大大减少,如莒南优抗工作比较突出,该县1944年参军1000多人,只逃亡一人,后来又自动归队。"[①]1941年1月,陈毅在《现在的苏北应该做些什么》中记载了黄桥战役的过程,"在黄桥地区的几次保卫黄桥的战斗,7000多人民协助军队挖战壕,几万人民替军队运伤兵、打扫战场,几万人慰问军队,向军队做政治鼓动,几千人加入新四军当兵"[②]。优抚保障的措施巩固并鼓励了军人的抗战情绪,使他们奋勇杀敌,这样敌后武装不仅人数得到保证,战斗力也得到了大幅度的提高。人民通过优抚措施,认识到敌后武装是真正维护人民利益的军队,在战时或平时充分配合战斗以及优抚工作。这为抗日根据地的发展以及抗日战争的胜利奠定了重要的基础,抗日战争之后的解放战争,这种力量的作用更加凸显。

② 继承并发扬了拥军爱民的传统

为了做好优抚保障工作,根据地政府对相关政策法令进行大力宣传,无形中提高了人民对拥军优抗的认识,从最开始的不情愿到最后的自觉自愿慰劳军队,赠送一些相关的生活物资,许多根据地政府还确定了"拥军月"。例如,淮北区将二月定为拥军月,陕甘宁边区颁布的《陕甘宁边区政府关于拥护军队的决定》对一些错误认识进行了纠正,并对拥军优抗工作进行定期检查,这些措施极大地促进了拥军运动的开展。在地方政府、百姓拥军的同时,部队中也开展了拥政爱民教育。贺龙在《军民关系要更加亲密》的文章中深刻阐述了八路军是共产党领导的人民军队,是来自人民、属于人民、为了人民的军队,指出"拥政爱民决不是单纯的纪律要求,而是革命队伍的政治要求,也是每个革命军人必须具备的品质"[③],必须把拥政爱民的思想教育和拥政爱民的实际行动密切结合起来,进一步巩固、发展军民关系。对于拥政爱民工作,各军政机关与地方党政民负责人经常举行座谈会,建立定期联系,有些地区帮助百姓进行耕种,冀鲁豫行署从解决实际

---

① 陆玉、徐云鹏:《论抗日根据地的军事社会保障》,《抗日战争研究》,1997年第2期,第105页。

② 中共江苏省委党史工作委员会、江苏省档案馆编:《苏北抗日根据地》,北京:中共党史出版社,1989年版,第50页。

③ 《贺龙年谱》编写组:《贺龙年谱》,北京:中共中央党校出版社,1988年版,第273页。

问题出发,规定不准向群众借要针线和碎布,不再借用群众的盆碗饭筷,不向群众借要吸烟及点火所用的引火物①。1944年,张云逸在军直属干部会议上讲话提出实行拥政爱民的办法,将淮北区的拥政爱民工作提升到一个新的高度,实现常态化。抗日战争时期根据地的拥军工作和拥政爱民工作相结合,互相促进,双向发展,"双拥"成了军队和地方政府一贯坚持的优良传统。

社会优抚工作的内容涵盖了抗日军人和抗属生活的各个方面,宏观和微观结合的方式使保障的内容不流于形式,非常全面。但是,由于战争环境,且受制于当时的生产力发展水平,这一时期的优抚保障并不完善,也不同于现代意义的优抚保障。作为特殊时期的政策,可以从中总结出一些普遍性的规律,例如,优抚安置标准必须与当时经济发展水平相适应,必须要实现国家主导与社会参与相结合。作为抗战时期社会保障重要内容的优抚保障,其发展是现代管理模式的探索与尝试,对以后的优抚保障工作提供了很有价值的借鉴。

4.3　社会保险

社会保险是"以劳动者为保障对象,以劳动者的年老、疾病、伤残、失业、死亡等特殊事件为保障内容的一种生活保障政策,它强调受保障者权利与义务的结合,采取的是受益者与雇佣单位等共同供款和强制实施的方式,目的是解除劳动者的后顾之忧,维护社会的安定"②。抗日战争时期,各边区政府在土地革命时期社会保险的基础上进一步探索,但是由于生产力水平及战争环境的限制,这一时期的社会保险对象主要集中在厂矿,保险的内容虽然涉及了工伤保险、养老保险、失业保险等内容,但是具体规定仍然不完善,在实践中存在诸多问题,处于起步阶段。

4.3.1　劳动保护

中国共产党从建立之日起就非常重视劳动保护工作,这既是夺取和建

---

①　河南省财政厅、河南省档案馆合编:《晋冀鲁豫抗日根据地财经史料选编》(河南部分四),北京:档案出版社,1985年版,第329—330页。

②　郑功成:《社会保障学——理念、制度、实践与思辨》,北京:商务印书馆,2000年版,第18页。

立政权的需要,也是中国共产党作为工人阶级先锋队的阶级属性的重要体现。毛泽东将马列主义的劳动保护理论与中国的国情相结合,发展了该理论。1922年,毛泽东在其撰写的《更宜注意的问题》一文中,呼吁资本家要保障劳动者的生存权、劳动权,初步阐释了其劳动保护的理论。后来在其著作中多次提出改善工人生活,救济失业工人,并使工人组织起来。1945年,毛泽东在《论联合政府》中从劳资关系出发系统地论述了劳动保护,一方面,保护工人利益,实行八小时到十小时的工作制以及适当的失业救济和社会保险,保障工会的权利;另一方面,保证国家企业、私人企业和合作社企业在合理经营下的正当的赢利,使公私、劳资双方共同为发展生产而努力。① 这既保证了工人的眼前利益,又有利于工人长远利益的维护,是毛泽东劳动保护理论的重要特点。

各边区政府通过《施政纲领》或专门的劳动法规将社会保险和对工人利益的维护制度化,体现了各边区政府对这项工作的重视。

表4-4　中国抗日根据地劳动保护条例

1940年	《中共中央关于劳动政策的初步指示》
1941年	《中共中央劳动政策提纲》
1942年	《中共中央对晋东南职工运动的指示》
1940年	《陕甘宁边区劳动保护条例(草案)》 《陕甘宁边区战时工厂集体合同暂行准则》
1941年	《陕甘宁边区关于公营工厂工资标准之决定》
1942年	《陕甘宁边区战时公营工厂集体合同准则》
1940年	《晋西总工会关于改善工人生活办法草案》
1941年	《晋西北工厂暂行条例》 《晋西北改善雇工生活暂行条例》 《晋西北矿厂劳动暂行条例》
1941年	《晋冀鲁豫边区劳动保护暂行条例》
1942年	《淮海区重订改善雇工待遇条例》
1944年	《苏中区改善农业雇工生活暂行条例草案》
1945年	《鄂豫边区劳动保护暂行条例》 《鄂豫边区职工总会筹委扩大会对劳动保护条例的建议书》

---

① 毛泽东:《毛泽东选集》(第3卷),北京:人民出版社,1991年版,第1082页。

表4-4中所列的各种关于劳动保护的政策、法规,共同点是对劳工进行劳动保护,对其长远利益和根本利益进行维护,都涉及了社会保险的一些内容,区别在于不同时期的政策根据形势进行了相应的调整,使其更适应本地区的发展。

1938年4月,陕甘宁边区政府组织边区第一次工人代表大会,通过了《陕甘宁边区总工会抗战时期工作纲领》,作为当时重要的工运方针,提出加强劳动保护工作。1939年4月,边区政府公布《陕甘宁边区抗战时期施政纲领》,在民生主义方面提出"确定八小时工作制度,改善劳动待遇,保护工人利益"。通过这个纲领,可以看出边区政府把保护工人的利益提高到了一个重要的位置,同时提出提高工人劳动热情,增加生产效能。1941年的《施政纲领》又一次提出适当改善工人生活[1]。边区政府两次在《施政纲领》中对工人利益做了重点标注,体现了当时对劳动保护问题的重视。1940年,边区政府颁布《陕甘宁边区劳动保护条例(草案)》,这是陕甘宁抗日民主政权颁布的第一部专门的劳动保护法典,根据这部法典,劳动保护工作在陕甘宁边区具备了法律效力。这个条例草案一方面纠正了苏区劳动法中比较明显地过"左"规定,另一方面仍有某些"左倾"倾向,可见这一条例草案的制定,正处在由苏区过"左"的劳动政策过渡到抗日战争正确的劳动政策的转变过程中。同年边区总工会通过了《陕甘宁边区战时工厂集体合同暂行准则》,供公营工厂参考使用的"准则"共分7章48条,从工作时间、例假、工资、学徒、职员、待遇等方面对工人阶级的利益进行具体细化。

1940年,《中共苏皖区委为坚持江南敌后抗战之政治纲领》作出规定,"增加工人工资,实行八小时工作制,救济失业工人,改善与提高教职员生活待遇"[2]。1940年8月,晋察冀边区提出减少劳动时间,实行八小时工作制,增加工人实际工资,实行半实物工资制,改良劳动条件和工人待遇,提高工人的工作积极性和生产效率,安置失业工人,雇主不得违约解雇。[3] 1940年3月,晋西工人代表大会通过了《晋西总工会关于改善工人生活办法草案》,除规定8小时工作制外,还规定:"雇工伙食、住房必须与雇主一

---

[1] 韩延龙、常兆儒编:《中国新民主主义革命时期根据地法制文献选编》(第一卷),北京:中国社会科学出版社,1981年,第33页。
[2] 张希坡:《革命根据地的工运纲领和劳动立法史》,北京:中国劳动出版社,1993年,第100页。
[3] 魏宏运主编:《抗日战争时期晋察冀边区财政经济史资料选编》,天津:南开大学出版社,1984年,第85页。

般的同等待遇。"①这些关于劳动保护的规定虽然不如陕甘宁边区政府的规定翔实、具体,但是也体现了对工人利益的维护,对劳动保护工作的重视。不过其中某些条款仍然具有局限性,例如,八小时工作制等在当时不具备实施的条件,这些规定使劳动保护工作一定程度上走向了一个极端。为了适应抗战以来形势的变化,有些内容必须调整,1940 年之后中国共产党逐渐修改原有的劳动法规,或者制定新的劳动法规。

1941 年 5 月陕甘宁边区制定新的施政纲领,提出实行 10 小时工作制;1941 年 9 月晋冀鲁豫边区施政纲领中提出,工作时间除公营企业实行八小时外,其他一般应保持在九小时至十小时。1942 年 10 月晋西北边区颁布《对于巩固与建设晋西北施政纲领》,明确提出工业部门以 10 小时为原则,农民工作时间则依照习惯。1941 年公布了《晋西北工厂劳动暂行条例》和《晋西北改善雇工生活暂行条例》,同年 8 月根据晋西北地区的具体特点,关于矿工的劳动保护提出了《晋西北矿厂劳动暂行条例》。1943 年《晋察冀边区目前施政纲领实施要点》对劳动时间进行了调整,提出工业部门应暂时实行 10 小时工作制。1944 年,山东省在《山东省战时施政纲领》中要求正确执行中共中央所提出的劳动政策,既要增加工资,改善雇工待遇;又要遵守劳动纪律,努力增加生产。农业长工工资以能够维持其家属一个人之生活为最低标准。华中各抗日根据地也调整了劳动立法。1943 年通过的《中共苏皖区委苏南施政纲领》第 10 条规定:"调节劳资关系,适当改善工人生活待遇(包括雇工),工业部门工作时间以 10 小时为原则,农民工作时间仍依照习惯。"1942 年 10 月《淮北行署施政纲领》和 1945 年 1 月《浙东地区施政纲领》与其他根据地的纲领基本精神一致。在改善雇工待遇方面,1942 年 5 月淮海区公布了《淮海区重订改善雇工待遇条例》,1944 年 7 月苏中区公布了《苏中区改善农业雇工生活暂行条例草案》。②

蔡书彬在《群众》杂志发表《陕甘宁边区工业建设和劳工生活的概况》,对陕甘宁边区工业发展、技术改进、职工会的作用、工资工时与待遇等方面进行了梳理与概括。关于工资工时与待遇方面,提到"劳工的工资分为伙食、衣服、工资三个部分,由厂方分别以实物货币发给"③。工资制度出现由

---

① 中华全国总工会中国职工运动史研究室编:《中国工会历史文献》(4),北京:工人出版社,1959 年,第 626 页。
② 根据张希坡《革命根据地的工运纲领和劳动立法史》整理,北京:中国劳动出版社,1993年,第 103—114 页。
③ 蔡书彬:《陕甘宁边区工业建设和劳工生活的概况》,《群众》第八卷第八期,1943 年 5 月 1日,第 210—211 页。

发放货币到实物与货币混合的转变,是由于战争形势的变化,持久抗战使边区政权面临着严重的困难,工资供给方式的变化是为应对这种困难进行的调整。

边区政府制定的劳动法规或对原有法规的调整虽然不尽相同,但坚持的基本原则就是根据实际情况延长工作时间,降低工人工资及福利待遇,改变了以往对雇主及资本家过于苛刻的要求。工资标准、劳动合同等由工人和资本家协商制定,很多问题的处理取缔了强制的方式,坚持资本家和雇主自愿的原则。这些改变最终缓和了阶级矛盾,有利于抗日战争大局的发展,也有利于工人阶级长远利益的维护。

4.3.2 工伤保险

工伤保险在抗日根据地社会保险内容中规定比较完备,比较成熟。1938年4月17日—23日,陕甘宁边区工人第一次代表大会召开,会议通过了《边区抗战以来职工运动的总结和今后的方针》,对边区的工人运动进行了回顾与总结,并对以后的工人运动进行了指导。其中对于工人疾病的处理进行了详细的规定,提出"工人疾病时医药金由厂方供给或雇主供给;疾病期间的第一星期内工资全部照给,第二星期内给工资的三分之二,第三星期内给工资三分之一,厂方或雇主不得因工人生病取消工人的工作位置,工人如因工作病故或受伤害死亡之时,厂方或雇主须依不同的情形予以抚恤"[①]。陕甘宁边区对工人伤病情况的规定比较细致,工人的医药费由厂方或雇主支付,工人伤病期间的工资支付,根据具体情况确定,因工作病故、死亡的抚恤情况也进行了说明。这些规定体现了抗日战争时期工伤保险的基本内容,是以后根据地制定法规的一个重要参考。

1940年11月,陕甘宁边区总工会通过了供公营工厂参考使用的《陕甘宁边区战时工厂集体合同暂行准则》,第35条到42条对工人的伤病情况进行了细化和说明。与之前的规定相似的是医疗费的支付以及伤病期间工资的支付,不同的是对一些条款的要求更加严格,规定更加细致。例如,第36条"工人治病或住院,必须由政府建立的医院或指定的医生检查诊断,如自请医生或购买药品,其费用厂方概不负责",第39条"工人或学徒因工受重伤而不能工作,厂方除负责医药外,应发给其原有工资到病愈时为止,并由厂方支付一定的保养费",第40条"工人因公受伤致残,失去一

---

① 中华全国总工会中国职工运动史研究室编:《中国工会历史文献》(4),北京:工人出版社,1959年版,第74页。

部分工作能力,应分配适当轻便的工作,保持原有的工资,失去全部工作能力的,除发给半年平均工资外,按照政府颁布的抚恤条例进行抚恤"①。第36条规定使医疗费的标准更加公正、客观,使劳资双方的利益都能够得到维护,避免了矛盾和纠纷,第39条和第40条规定对于一些特殊情况进行了处理,使工伤保险的范围更加全面。

1941年《晋冀鲁豫边区劳动保护暂行条例》颁布,其内容与其他根据地颁布的类似性质的条例法规大同小异,体现的基本精神是一致的,具体内容具有相通性。《条例》第二十条对工人伤病的预防进行规定,"工厂、矿场应切实注意清洁卫生,如工作有碍工人健康及安全者,须有必要之卫生防护设备"②。以往的法令法规强调工人因工出现伤病情况时如何处理,这项条款则是预防工人出现伤病,虽然规定并不是特别翔实,但是体现的基本精神是非常有价值的。《条例》规定,工厂、矿场如因战争原因出现停工,工人的工资七日以内照发,七日以外一个月以内发半数,超过一个月停发。除了关于工人伤病情况的基本规定以外,晋冀鲁豫边区还初步提出了保险费的问题,1941年9月颁布的《冀豫工运提纲》,提出"工厂按工资给工人百分之五保险费"③。

抗日根据地工伤保险的设立与发展立足于抗日根据地的实际情况,既维护了工人阶级的基本利益,满足了工人阶级的基本生活需求,同时将其控制在一定的合理范围之内,保证了资本家有利可图,缓解了社会矛盾,调动了社会各阶级力量。

4.3.3 养老保险

养老保险是对人民长远利益的维护,但是由于特定的历史因素,抗日战争时期关于养老保险的规定是比较薄弱的部分,很多地区对养老保险涉及的不多,政策不完整且缺乏普遍性,很多均为地方性的政策尝试。1942年,冀中区颁布了《冀中区总工会、农村合作社冀中总社关于各级社工厂职工待遇之共同决定》,对冀中区工厂工人的工资、劳动时间、休假与请假、疾病与抚恤、劳动纪律等内容进行了规定,这些与其他根据地的相关规定是

---

① 中华全国总工会中国职工运动史研究室编:《中国工会历史文献》(4),北京:工人出版社,1959年版,第167页。
② 河南省财政厅、河南省档案馆合编:《晋冀鲁豫抗日根据地财经史料选编》(河南部分一),北京:档案出版社,1985年版,第147页。
③ 郭健:《延安时期社会保障拾零》,《中国社会保障》,2011年第7期,第24页。

类似的。冀中区在这个文件中的突破表现在,对工人工资及年终红利具体说明的基础上明确提出了退休金,"工厂在工资以外,按工资的十分之一存贮作为劳动退休金,于工人脱离工厂时发给之"①,冀中区对退休金的规定,使中国共产党对社会保险的探索更进一步。

1944年,苏中行政公署为增加根据地农业生产,改善农业雇工生活,提高劳动热忱,团结雇主与雇工的关系,加强抗战力量,颁布了《苏中区改善农业雇工生活暂行条例草案》,对雇工的权利和义务进行了明晰的界定。雇工的身份具有特殊性,不同于工厂工人,所以对雇工的工资、休息、医药等的规定也不同于对工人的规定。条款的第十七条和第十八条,制定了雇工养老问题的办法。对于在雇主家做工15年以上的长工,解约时如果体力未衰老者,雇主应给予3年的生活费,已经衰老的应给以养老费。这些规定以维护雇工利益为目的,同时,对于雇主经济确有困难的,由工抗会斟酌双方实际情况处理。第十八条对于在雇主家做工15年以上、年龄在50岁以上的体质衰老者进行了更具体的规定:(1)老长工没家或者家里没有办法生活的,雇主应供给他生活到老死为止,死后衣棺埋葬费用由雇主负担。(2)长工在雇主家养老时,雇主应给必需的零用钱,数目大小应经工抗会同意。(3)在雇主家养老的长工,在不妨碍他健康的情况下,应尽可能帮助雇主照料家务或做些轻微工作。(4)老长工自愿回家养老的,除发给他3年养老费外,在死时衣棺费由雇主负担,在解雇时应提出保证。(5)雇主应付给雇工的养老费、衣棺费,如一次付不出时可以分期付给②。这些详细的规定体现了权利和义务相结合的原则,维护了雇工的利益,又兼顾了雇主的实际情况,同时由工抗会进行监管和协调,促进了这项工作的有序开展。

让人民老有所依、老有所养是中国共产党一个重要的、美好的政治理想,抗日根据地边区政府在养老保险方面的尝试是中国共产党实践其理想的重要体现。尽管还没有形成完整的体系,没有涉及更深层次的内容,但这种尝试是可贵的,既一定程度上解决了抗日战争时期的养老问题,又积累了一些养老保险的经验。

---

① 中华全国总工会中国职工运动史研究室编:《中国工会历史文献》(4),北京:工人出版社,1959年版,第415页。
② 中共江苏省党史工作委员会、江苏省档案馆编:《苏中抗日根据地》,北京:中共党史资料出版社,1990年版,第367—368页。

4.3.4 失业保险

如上述,工伤保险是抗日战争时期社会保险最主要的内容,而养老保险的内容也得到了一定程度的体现。失业保险则以维护工人利益的形式在各种劳动法规中萌芽。

《陕甘宁边区战时工厂集体合同暂行准则》中规定,"厂方解雇工人或学徒时,须在十天前通知工会,以便提出意见(工人自动辞退时,亦须在十天前通知厂方),如工会同意解雇时,应由厂方发给一个月的工资作为解雇金,如违犯法律被解雇与自动辞退者,不在此列"[①]。1942年5月修订通过的《陕甘宁边区战时公营工厂集体合同准则》在重申上述规定后,又作了如下补充:关于解雇金,在工厂工作未满6个月者,则解雇金只酌量时间长短发给,对于残疾荣誉军人,厂方因故需要解雇的,边区工业局所属工厂应呈报边区建设厅批准,军委所属工厂应呈报军委后勤部批准,中央所属工厂须先呈报中央管理局批准[②]。1943年,陕甘宁边区政府对这一原则进行了进一步解读与说明,"厂方因故需要解雇职工时,必须于十日前通知工会,以便提出意见,如经同意,厂方得多发给一月之工资,作为解雇金。职工自动辞职者亦须事前通知,但不发补偿金。如抗日残疾荣誉军人,须预先呈报政府批准"[③]。这一规定是对陕甘宁边区工人失业保险的总结与解读,与《陕甘宁边区战时工厂集体合同暂行准则》的规定本质是一致的,为维护工人阶级的利益以及恢复发展生产奠定了基础。陕甘宁边区关于工人解雇和失业的规定代表了抗日根据地公营工厂的基本原则,具有一定的辐射意义,工人的利益得到了维护。

1941年颁布的《晋冀鲁豫边区劳工保护暂行条例》对私营工厂解雇工人的规定进行了调整,除了重申工人须依劳资双方自愿原则签订劳动合同外,规定"资方如因天灾、敌灾或其他变故无力继续经营其事业时,应于7日前通知工人,另找工作,但资方有支付能力时,须发给工人一定的解雇

[①] 中华全国总工会中国职工运动史研究室编:《中国工会历史文献》(4),北京:工人出版社,1959年版,第166页。

[②] 张希坡:《革命根据地的工运纲领和劳动立法史》,北京:中国劳动出版社,1993年版,第219页。

[③] 蔡书彬:《陕甘宁边区工业建设和劳动生活的概况》,《群众》第八卷第八期,1943年5月1日,第211页。

金,其数额以半个月至一个月的工资为标准"①。《晋冀鲁豫边区劳工保护暂行条例》和《陕甘宁边区战时公营工厂集体合同准则》纠正了以往的"左"倾偏向,禁止强迫工厂主或资方雇佣失业工人,解雇工人之后的救济金一定程度上做出了有利于资方的规定,这是尊重实际的结果,充分考虑了根据地生产力水平以及抗日民族统一战线的发展情况。

工人或雇工失业后,各级政府会同当地工会或农会负责调查、登记及救济,但是由于实际情况的限制,各根据地救济能力有限,最具有代表性的实践经验总结是组织失业工人或者雇工成立合作社,引导工人实现互助。彭真在《关于晋察冀边区党的工作和具体政策报告》中指出:"以今天根据地的条件,劳动保险极难实行。政府拨款救济失业工人,也是杯水车薪,很难济事,因此,失业问题的解决基本上依靠帮助工人就业,扩大劳动雇佣,协助工人垦荒,协助工人组织合作社,或者动员工人参加抗日部队。"②这是对抗日战争实际经验的总结,是十分中肯的意见,对于解决工人失业问题有重要的指导意义。广东革命根据地东江纵队政治部在针对失业工人的具体权益方面,规定"登记失业工人,适当安置其生活,实行实物工资制,或半价物工资制,工人遵守劳动纪律,雇主不得违约解雇,废除不合理的包工制,禁止使用女工、童工从事妨碍身体健康的劳动,保障同工同酬"③。

各边区政府对女工的产假、生育津贴、哺乳时间等问题做了具体的规定。提出产妇产前和产后应该给与适当的假期,根据当地生产力水平及经济发展状况给产妇发放一定的保育经费,婴儿哺乳时间每日有固定的次数,保证每次给予充足的时间,女工在生产及哺乳期间的工资照发。这些规定一定程度上属于生育保险的萌芽,虽然不尽完善,而且规定简单,但对于维护女工的利益已经是重大的历史突破,打破了几千年来对妇女的歧视。1940年,中共中央书记处为保证妇女儿童政策的贯彻实施,发布了《中央关于保育工作的通知》,强调指出"产妇休养时间,产前休息一个月,产后

---

① 河南省财政厅、河南省档案馆合编:《晋冀鲁豫抗日根据地财经史料选编》(河南部分一),北京:档案出版社,1985年版,第149页。
② 彭真:《关于晋察冀边区党的工作和具体政策报告》,北京:中共中央党校出版社,1981年版,第115—116页。
③ 《东江纵队政治部对于建设惠、东、宝路东区的施政纲领(一九四五年五月)》,中共惠阳县委党史研究小组办公室编:《惠阳县党史资料汇编(第一辑)》,中共惠阳县委党史研究小组办公室1983年版,第47页。

休息一个月，身体有病者经医生批准的酌量增加。自 1940 年 10 月份起，生产费 35 元，小产发休养费 15 元，产妇产前休息时间发放休养费 10 元"①。各边区政府以中央规定为基础，根据实际情况对本地区政策进行调整，如胶东总工会规定产妇休假 1.5 个月，产前可做些轻活。1942 年，陕甘宁边区对哺乳时间做出了规定，婴儿的哺乳时间每 3 小时一次，每次不得超过半小时，哺乳时间记入工作时间内。这些规定维护了妇女及婴儿的基本权益，是社会进步的体现。

土地革命时期，由于社会的主要矛盾是阶级矛盾，所以劳资关系呈现出劳资对立的特征，这种对立不仅存在于整个土地革命时期，抗日战争初期也得到了延续。抗战初期，个别地方的工会不征求雇主的意见强制增加工资，强制雇主改善工人待遇，强制雇主按照工会规定的工资雇佣工人，劳动契约期满后不准雇主解约，此外有些工会随便罚雇主的款，这些行为都激化了劳资矛盾。劳资对立在抗日战争初期消极作用大于积极作用，资本家或雇主的经济利益及政治地位得不到维护，最终不仅影响了生产效率、破坏了工业生产，而且破坏了统一战线。

为了推动社会保险的开展，抗日根据地根据社会形势的变化对劳资关系进行调整，调整的基本原则是通过资本家和工人互相协商的方式，坚持把提高劳动生产效率和加强劳动纪律与改善工人生活放在同等重要的位置。例如，邓子恢在总结津浦路东各县联防办所做的工作中提到，"调节劳资纠纷，政府赞助工人组织工抗，与资方订立解体合同，以保障资方利益，同时规定工人不得随便辞工、怠工，以保障资方利益"②。晋察冀边区在改善劳资关系方面提出，要发展生产并提高工人生产效率和劳动纪律，提高工人的生产热忱。1941 年发表的《中共中央北方局对晋冀鲁豫边区目前建设的主张》，专门论述了调节劳资双方利益，增加工业生产的内容，具体提出"为了调节劳资双方利益，增加生产，应适当增加工人工资，减少工作时间，改善工人生活。在劳资合同有效期间，劳资双方均应遵守，不得随意破坏。职工会除保护劳工利益外，应保障劳动纪律"③。太行、太岳根据地为

---

① 中央档案馆：《中共中央文件选集》（第十一册），北京：中共中央党校出版社，1986 年版，第 470 页。
② 《淮南抗日根据地》编审委员会编：《淮南抗日根据地》，北京：中共党史资料出版社，1987 年，第 67 页。
③ 河南省财政局、河南省档案馆合编：《晋冀鲁豫抗日根据地财经史料选编》（河南部分一），北京：档案出版社，1985 年，第 17 页。

了调整劳资关系,在劳动纪律方面进行了具体的规定,劳动纪律一经确定,全体工人必须遵守,工厂管理者有执行纪律的责任。

从以上各抗日根据地关于调解劳资纠纷的基本规定可以看出,调解劳资纠纷不仅是一个经济问题,更是一个政治问题,以往的劳资对立的情况在抗日战争时期有百害而无一利。所以各个根据地本着一致努力抗日的原则,教育工人,提高其政治水平,使工人阶级了解到劳动纪律是和工人利益、抗战利益一致的,从而更深刻地理解暂时与永久、局部与全体利益之间的关系,这种理解最终转化为工人遵守劳动纪律的行为。同时通过增加工资、改善待遇等措施维系并巩固工人的生产热忱。由此,根据地通过对劳资关系的调整不仅巩固并扩大了抗日民族统一战线,而且维护了工人阶级的根本利益,最终促进了工业生产的恢复与发展以及抗日斗争的开展。

总之,社会保险作为社会保障的有机组成部分,对保障人民的生活有重要的意义,但作为探索阶段的抗战时期的社会保险,并没有广泛推广。保险政策的制定、保险措施的推行以及对劳工利益的保护与当时实际情况的变化密切联系,及时纠正"左"和右的偏向,避免了单方面维护工人利益,对于团结资本家发挥了重要的作用。这一时期的社会保险缺乏一定的社会性,社会保险费用的承担主要由厂方负责,工会只是负责领导、统筹和监督工作,并没有实现整个社会共同承担。这一时期的社会保险对工人的保护仍然停留在生存的层面,没有触及发展的层面,工人工作时间长、工资低微、政治地位低下等情况仍然存在,许多规定不能具体地落实。

综上所述,社会保险作为工业革命之后出现的社会保障制度安排,对于社会稳定有重要的意义。在中国历史上,民国时期才开始探讨劳工保险与社会保险问题,国民政府虽然草拟了社会保险的立法草案,但是由于战乱、社会环境的动荡,这些立法并没有成为全国性的制度安排,更没有付诸实践。抗日战争时期根据地的以保护劳工利益为核心的社会保险虽然存在一定的缺点和不足,仍然处于探索阶段,但是目标逐渐趋于理性,内容逐渐趋于具体,方式逐渐趋于灵活,最终团结了一切可能的力量进行抗日,巩固和扩大了抗日民族统一战线,为抗日战争取得最后的胜利提供了保障[①]。

---

① 谭忠艳,刘信君:《中国抗日根据地劳动保护研究》,《学习与探索》,2014年第8期,第160页。

4.4 社会福利

社会福利具有广义和狭义之分,广义的社会福利是与社会保障相通的概念,狭义的社会福利是将其作为社会保障体系的一个子系统。中国现阶段已经形成的社会福利表达习惯认为:"社会福利是专指国家和社会通过社会化的福利设施和有关福利津贴,以满足社会成员的生活服务需要并促使其生活质量不断得到改善的一种社会政策。"[①]本书采用了通用的狭义的社会福利的概念,同时由于抗日战争时期敌后根据地生产力水平低,决定了社会福利不可能具备普遍性,所以本节主要分析党政工作人员的社会福利、妇女保健及婴幼儿保育,特殊人才的社会福利等。

4.4.1 党政工作人员的社会福利

边区各级政权工作人员在艰苦的环境中工作,创造了许多辉煌的成绩,使各边区日益巩固和扩大。保持党政工作人员的健康是保育抗战有生力量,坚持抗战的重要条件,对党政工作人员的社会福利有重要的意义。由于战争环境以及生产力水平的限制,党政工作人员的福利主要体现在保健和发放适量的津贴方面。

1940年8月,山东民主政府公布的《山东省战时施政纲领》对社会福利的措施进行了初步阐释,提出逐步建立保健制度等措施。1940年11月,民主政府对党政工作人员的保健进一步细化规定,提出"凡各级机关、部队、团体连级或县级以上干部,工作人员年老力衰者,按病之轻重每人每月发二元至五元之保健费,养病者发给养病费和药费"[②]。这些措施将享受福利的人员按级别以及伤病情况进行了细致地分类,使当时的党政工作人员在可能的范围内最大程度地享受到了社会福利,但是按照级别划分存在局限性,一定程度上体现了等级思想。1944年,对党政工作人员的保健费进行了重新规定,具体表现在享受保健人员等级划分标准的变化,以前根据级别划分,新的标准按照参加革命时间长短、工作繁简以及身体强弱综合考虑划分,然后按照不同的等级享受不同的福利待遇,使之更具有科学性。

---

① 郑功成:《社会保障学——理念、制度、实践与思辨》,北京:商务印书馆,2000年版,第20页。
② 山东省档案馆、山东社会科学院历史研究所:《山东革命历史档案资料选编》(第6辑),济南:山东人民出版社,1982年版,第44页。

1945年2月抗战形势发生了变化,抗战即将走向胜利,山东民主政府停止使用原有的保健条例,公布了新的保健决定,规定"区以上政权干部,在军民兼顾改善生活的要求下,除粮食按一般规定外,以每人每月一斤至二斤肉,每日一斤菜、五钱油、五钱盐为目标,依靠亲自动手生产,保健待遇分三等,除全年吃细粮或一半细粮外,一等每月猪肉五斤,二等每月四斤,三等每月三斤,俱可折金发给之,不得变更用途"①。山东民主政权干部保健的政策随着形势的发展逐步改变,以改善干部生活为基础,兼顾军民生活,特别是1945年提出了"依靠亲自动手生产"的方法,这对促进生产有重要的意义。

冀鲁豫行署根据量入为出、统筹统支的财政政策,依照边区的实际情形,于1943年1月15日公布了《冀鲁豫区各级政府机关财粮供给制度暂行实施办法》,对各级政府机关的财粮供给进行了详细的说明,并要求依据高度节约精神,遵守规定,认真执行。

表4-5 冀鲁豫行署各级政府机关财粮供给制度系统表(1943年1月)②

冀鲁豫行署各级政府机关财粮供给制度系统表	边区财政	社会事业费	退伍军人优待救济费
			干部家属优待救济费
			干部保健费
			产妇婴儿保育费
			残废金
			丧葬费
			优待俘虏费
			工作人员伤亡抚恤费
			奖励费
	边区公粮	社会事业粮	荣誉军人及退伍军人优待抚恤粮
			干部家属优待救济社会粮
			产妇婴儿保育粮
			高小以上之学生优待粮

注:此表格根据冀鲁豫行署财政处编制的《各级政府机关财政供给制度及系统表》和《冀鲁豫区各级政府机关粮食供给制度及系统表》整理。其中边区财政包含教育经费等八项内容,边区公粮包括教育粮等三项内容,表格只选取了与本书内容相关的社会事业费和社会事业粮。

---

① 蔡勤禹:《试论山东抗日民主政权的社会保障政策》,《青岛大学师范学院学报》,2008年第4期,第78页。
② 河南省财政厅、河南省档案馆合编:《晋冀鲁豫抗日根据地财经史料选编》(河南部分四),北京:档案出版社,1985年版,第68—71页。

表 4-6　冀鲁豫区各级政府机关津贴编制表(1943 年 1 月)①

每月津贴单位:元

机关\职务\金额	6.00	5.00	4.50	4.00	3.50	3.00	2.50	2.00
行署	主任	处长部长局长监委	科长秘书	科员股长	办事员	警卫班班长	警卫交通侦查员正副班长	通讯勤务饲养炊事担夫
专属		专员秘书主任	科员监委	科员股长	办事员		同上	同上
县政府			县长秘书	科长特派员	科员股长	办事员	同上	同上
区公所				区长	助理员	文书	同上	同上
附注	一、各级油印员除按其职别发给津贴外,得依其技术优劣发给优待技术津贴,计分一元,一元五角,二元三角。 二、各级医生津贴分四元,六元,八元,十元,十二元五等,技术特别优良者,得特殊增加之。司药、兽医每月五元。看护员分二元,三元两等,看护长四元。 三、各级承审人员暂按每人十元发给。 四、其他技术人员津贴另定,但最高不得超过三十元。							

表 4-5 和表 4-6 反映了冀鲁豫行署对干部保健及政府工作人员的津贴进行了详细的划分和说明,这既体现了冀鲁豫行署对这项工作的重视,也是出于提高行政效率的考虑。1943 年 9 月,行署分析了社会形势的变化,认为抗日战争进一步向前发展,通货膨胀物价高涨以及以前的保健方案很多地方存在不合理的地方,所以在充分调研的基础上颁布了《冀鲁豫行署训令——为重新颁发冀鲁豫区各级政权干部保健办法并提出几点应该注意事项由》。新颁发的《冀鲁豫区各级政权干部保健暂行办法》从干部保健目的、保健待遇、享受保健条件、保健种类、保健手续、保健组织等方面进行了详细地阐释。《办法》的变化主要体现在,首先,在保健条件的规定上,"除有病年老及身体过度虚弱等条件外,并提出工作成绩、工作年限等

---

① 河南省财政厅、河南省档案馆合编:《晋冀鲁豫抗日根据地财经史料选编》(河南部分四),北京:档案出版社,1985 年版,第 75 页。

条件,对各级负责干部更多照顾等"①。这种变化侧重了对革命贡献大的脑力工作者的优待,引起一些同志的不满,政府加强了对所属干部的思想教育工作。其次,干部保健政策的执行更加实事求是,例如,《办法》中强调对比较负责的干部优待,但是对于一些一般干部确实存在身体问题的也必须注意保健,解决他们的营养问题。又如干部保健费的发放分为甲乙丙三种,以鸡子为标准计算,鸡子价格由发款机关于发款时参酌市场价格。这些措施说明冀鲁豫行署的干部保健工作并不是止于规定,不唯上,不唯下,只唯实,根据实际情况不断调整,使其更加切实可行,为干部的健康以及边区工作健康有序可持续的发展创造了条件。

  冀鲁豫行署在把握这些宏观事件的同时,重点关注与党政干部生活密切相关的事项,例如,1944 年 5 月 22 日颁布了《冀鲁豫行署通知——为增加结婚会餐费由》。由于物价飞涨,以前规定的结婚费不敷应用,决定"今后区级以上政民干部经批准结婚者,结婚会餐费准按猪肉十斤价格(按当地市价)开支,并允许食用麦子一顿(按参加实有人数实报实销)"②。另外对政府因为突击工作,临时招聘的雇员津贴粮的发放进行了规定,在工作时间内粮食、柴、菜金与政民干部相同,津贴粮每月以小米 10 至 20 斤为标准,这项工作打破了身份界限,对于处于社会边缘的人的社会保障有一定的积极意义。

  晋察冀边区 1941 年 8 月颁布了《晋察冀边区行政委员会关于政权工作人员保健问题的决定》,通过对《决定》的比较分析,可以归纳出,晋察冀边区的干部保健工作具有普遍性,与其他根据地的干部保健工作具有很多相同点,都体现了政府对于干部保健工作的重视,从保健办法、保健组织、保健手续等方面进行了详细的规定,对于保健条件也从职务、工作年限、工作贡献、身体素质等多方面进行了综合性的考量。另外,晋察冀边区结合本地区的特殊情况进行了一些具体说明,例如,由于边区环境艰苦、财力有限,所以边区工作人员应该积极进行体育锻炼,各级政府应该置备一些体育器材,并组织引导他们进行体育活动。这项规定对于生产力水平低下的敌后根据地来讲,能够从积极方面防御疾病的发生,提高党政干部的身体素质,对于党政干部大有裨益。另外规定"领取保健费者,应适当使用,确使发生保健作用,不应任意挥霍,如有违背情事,保健委员会应即请本会

---

  ① 河南省财政厅、河南省档案馆合编:《晋冀鲁豫抗日根据地财经史料选编》(河南部分四),北京:档案出版社,1985 年版,第 232 页。

  ② 同上书,第 358 页。

(行署或办事处)停发其保健费"①。晋察冀边区加强了对保健费的监察，既是对党政干部福利的维护，又防范了贪污和浪费，这项规定对于党政干部充分享受福利有重要的意义。同年9月，中共晋察冀北岳区党委颁布了《关于干部保健工作的决定》，对干部保健的组织领导、经费、具体执行等方面进行了详细的规定。

4.4.2 妇女保健及婴幼儿保育

妇女保健和婴幼儿保育是抗日战争时期各边区政府进行社会福利的一项重要内容，边区政府基于妇女的生理特点以及婴幼儿健康成长的需要，在各根据地普遍执行政策措施保护妇女和儿童的权益。这些措施的执行既是中国共产党作为无产阶级先锋队政权性质的体现，也是社会对弱势群体的一种呵护，是一种维护社会正义的措施，有利于社会的稳定和抗日战争的开展。

各根据地对妇女保健及婴幼儿保育工作非常重视，许多边区政府从各时期的《施政纲领》中对其进行规定。1939年4月，陕甘宁边区颁布《陕甘宁边区抗战时期施政纲领》，提出保育儿童，禁止对儿童的虐待，将对婴幼儿的保护提升到一个高度。为了具体执行这项规定，1941年1月21日颁布了《陕甘宁边区政府关于保育儿童的决定》，提出建立保育行政组织——保育科，负责孕妇、产妇和儿童的调查、登记、统计、卫生、教育、奖励等工作。对妇女及婴幼儿的保护包含以下内容：①凡人民生育婴儿，满一周岁时经检查认为健康强壮，每儿发给奖励金二元；②产妇产前修养一个月，产后修养一个半月，提高产妇待遇，男子不得与孕妇及乳母提出离婚，妇女月经期间给生理假三天，发放卫生费；③严禁打胎，私自打胎者以犯罪论；④成立保育人员训练班，各级党政军医疗卫生机构免费给孕妇、产妇及儿童治疗疾病；⑤给婴儿及儿童发放津贴，设立托儿所②。这些关于妇女及婴幼儿的保护及福利措施内容全面，从妇女怀孕、生产到日常的生理卫生等都有相应的福利待遇，这对于陕甘宁边区的妇女保健及婴幼儿保育工作的开展有重要的保障作用。1940年8月，晋察冀边区在《中共中央北方分局关于晋察冀边区目前施政纲领》中，提出"反对童养媳、溺婴及戕害青年发

---

① 魏宏运主编：《抗日战争时期晋察冀边区财政经济史料选编》(财政金融编)，天津：南开大学出版社，1984年版，第550页。

② 以上内容根据陕西省档案馆、陕西省社会科学院合编：《陕甘宁边区政府文件选编》(第三辑)，北京：档案出版社，1987年版，第33—36页整理。

育的早婚恶习"①。1943年通过的《中共苏皖区委苏南施政纲领》提出要奖励妇女参加生产,保护女工、产妇及儿童的利益。1944年通过的《苏中区施政纲领》,提出要保护女工、产妇及儿童的利益,并提倡剪发放足。

陕甘宁边区颁布的《陕甘宁边区政府关于保育儿童的决定》具有普适性,各根据地颁布的关于妇女保健及婴幼儿保育的基本措施都与此相同,都是基于妇女的生理特点,分为对产妇、乳母及生理期妇女的保健,对婴幼儿主要关注其健康成长、教育以及良好的生活习惯的养成,并根据战时的特殊情况,设立托儿所等机构帮助照看婴幼儿。这些规定使敌后根据地的妇女和儿童享受到了基本的福利,但是各根据地的措施并不是完全一致的,边区政府结合本地区的实际情况以及生产力的具体水平进行了适当的调整。例如,新四军二师1944年颁发了新的供给制度,结合军队的特殊情况对妇女及小孩的养育进行了说明,"妇女产小孩时发布料三丈、棉花三斤、草纸三刀、鸡四斤、鸡蛋六十个、红糖三斤、猪肉四斤(小产除布料与棉花不发外),其余按照规定发给之,妇女每年增加短裤一条;小孩伙食待遇与战士同,但未满五足岁之小孩,其粮食、菜金可折价发钱,以便换小孩所必须的营养品"②。关于产妇和儿童的待遇规定中,对于一些特殊情况都进行了说明。例如,在产妇的待遇中对小产者如何享受社会福利进行了说明;儿童的福利待遇中对于未满五足岁的儿童,粮食、菜金折价发钱,这样既避免了浪费,同时满足了儿童成长过程中的营养需求,对于儿童的健康成长有重要的意义。

抗战时期战时儿童保育运动蓬勃发展,在这一运动的影响之下,1938年陕甘宁边区成立了战时儿童保育院,在敌后抗日根据地儿童保育方面产生了重要的影响。保育院分为乳儿部、婴儿部、幼稚部、小学部,针对不同年龄段的儿童采取不同的保育措施。在儿童的生活、衣、食、行等方面制定了具体的措施,以饮食为例,"食物以便利营养为主,以儿童年龄大小、体格强弱定质量与分量。乳儿部是以人乳代乳粉牛奶羊奶等三小时一次;婴儿部是流动性的食物如杂汁豆腐大米小米粥、白菜等,每日四次;幼稚生吃大米、白面、麦片、杂汁、白菜、洋芋等每日三次,还有一顿点心;小学部因年龄较大,而买大米、白面又很困难,所以食物主要的是小米、蔬菜,每星期吃两

---

① 《晋察冀抗日根据地》史料丛书编审委员会、中央档案馆编:《晋察冀抗日根据地》(第一册文献选编上),北京:中共党史资料出版社,1989年版,第403页。
② 安徽省财政厅、安徽省档案馆编:《安徽革命根据地财经史料选》(一),合肥:安徽人民出版社,1983年版,第401页。

次大米白面和肉,每日三次"①。这一规定,既考虑了儿童的成长需要,又兼顾了边区的经济发展水平,具有较强的针对性,有利于推广。保育院在保育儿童的健康之外,进行适当的教育,培养儿童良好的卫生习惯、劳动习惯以及生产技能,以为抗战以及社会经济发展培育人才。年龄大的儿童,组织儿童剧团、歌咏队,宣传抗日救亡,每星期二四六下午,小学部的儿童都有劳作课,如牧牛、杨、砍柴、缝衣等,幼稚生则制造手工玩具,激发儿童思想。由此可见,对儿童的保育工作以战时环境为基础,与战时环境紧密结合,在保育儿童的基础之上,培养抗战救亡的人才。

山东抗日民主政府针对根据地的生产力水平以及抗日战争形势的变化,不断调整妇女及儿童的福利标准,不断上调妇女保健及婴幼儿的保育费用,对于之前存在的极"左"或极右的内容进行修订和补充。1944年颁布了新的政策,对产妇保健期限、吃饭标准、经期休养及婴幼儿7岁之前各年龄段保育标准做出了具体的划分和说明②。这样详细的划分使山东抗日根据地的妇女保健和婴幼儿保育工作开展起来更加具有针对性和指导性。冀鲁豫行署各级政府机关财粮供给制度中社会事业费和社会事业粮中,明确提及了产妇婴儿保育费及产妇婴儿保育粮,这说明妇女保健及婴幼儿保育费用已经纳入政府的财政预算,避免政策流于形式,保证了政策的有效落实。各级政府在颁布宏观政策的同时进行了许多细小的工作,体现了对妇女和儿童的关爱。1943年,冀鲁豫行署发动社会募捐,帮助流亡灾难儿童解决冬衣问题,这一行动使根据地对儿童的保护打破了地域的限制,实现了社会统筹发展。安徽革命根据地将"四四"儿童节定为童工特有之例假。

根据在延安生活过的王仲安的回忆,"孩子生下来就按规定供给,孩子无论男女都有自己的定量,还另发布为孩子做衣服。婴儿一般吃母乳,母乳不足,就用大灶小米粥表面的米油加糖喂,居然也能喂成又红又胖的娃娃。遇到行军,带孩子的女干部一般都配一匹马,还有公务员照顾"③。当事人的这段回忆从微观角度记录了边区政府对婴幼儿的保育,从一个侧面印证了边区政府婴幼儿保育的历史客观性。

另外,对妇女权益的保护是抗日根据地社会福利的重要内容。1941年

---

① 《陕北的战时儿童保育院》,《全民抗战周刊》第八十四号,1939年8月19日,第1231页。
② 山东省档案馆、山东社会科学院历史研究所合编:《山东革命历史档案资料选编》(第13辑),济南:山东人民出版社,1983年版,第256—257页。
③ 高中永主编:《中国共产党口述史料丛书》(第1卷),北京:中共党史出版社,2013年版,第41页。

晋察冀边区政府颁布《婚姻条例》,体现的基本精神包括:男女社会地位一律平等,实行严格的一夫一妻制;建立和睦快乐的家庭,婚姻自由自主自愿;反对早婚,男二十岁女十八岁才准结婚;严禁买卖婚姻、童养媳、蓄婢纳妾;妇女有财产继承权;男女感情不合不能同居者,可以离婚①。这对于妇女的政治权利和经济权利进行了具体的说明,可以全面、彻底地保障妇女的权益,改变了几千年来妇女受压迫和剥削的情况。1943年,晋冀鲁豫边区政府颁布了《妨害婚姻治罪条例》,对贩卖妇女、买卖婚姻等行为定罪并制定相关处罚措施,将对于妇女婚姻权益的保护上升到了法律法规的角度。

各抗日边区政府及党、政、军机关成立社会保育机构,在所管辖地区进行充分调研,逐一登记,保证每一位妇女和儿童可以享受到社会福利,并根据现有条件尽最大能力保障妇女的权益,满足婴幼儿成长的需要,并根据实际情况不断调整福利标准,提高福利水平。同时各根据地相互配合,打破地域限制,保障了流浪儿童和灾民、难民中的妇女和儿童的利益。总之,各根据地从思想上高度重视,从制度、财政等方面进行保障,使妇女和儿童充分享受到了社会福利。

4.4.3 特殊人才的社会福利

教师作为教育的主体,在社会教育中发挥着重要的作用,任何时期都是促进社会进步的重要力量,各边区政府对教育非常重视,对教师的社会福利有相应的规定。教师的社会福利不仅体现在物质上,更体现在对教师的尊重,提高教师的社会地位。1941年5月,陕甘宁边区在其《施政纲领》中提出"改善小学教员生活,尊重知识分子,欢迎科学艺术人才"②,将对教师的优待和尊重提高到了政府施政纲领的高度。1942年5月25日,晋察冀边委会为纪念"六六"教师节,拨发奖金二千元,奖励模范小学教师,对教师进行精神上和物质上的慰劳,以提高教师的社会地位③。这项措施虽不能从根本上改善教师的生活,但是对于提高教师的积极性有重要的象征意义。淮北边区针对根据地的具体形势,从减免负担方面对教师进行优待,对于教师的自身薪粮部分不予征税。山东民主政府对教师的保健、医疗奖

---

① 魏宏运主编:《华北抗日根据地纪事》,天津:天津人民出版社,1986年版,第244页。
② 西北五省区编纂领导小组、中央档案馆:《陕甘宁边区抗日民主根据地·文献卷》(下),北京:中共党史资料出版社,1990年版,第77页。
③ 魏宏运主编:《抗日战争时期晋察冀边区财政经济史料选编》(财政金融编),天津:南开大学出版社,1984年版,第830页。

励等都做出了具体的规定,"小学教员身体虚弱及患病者,每月发给保健费1—3元,患病者由公家负责治疗,小学女教师除享有生活费外,每月发放卫生费1元,对于成绩优良者给予增加生活费的奖励"①。山东民主政府将教师的福利落实到微小之处,能够更加广泛和有效地维护教师的利益,促进教育事业的发展。

对教师的尊重与奖励在中国共产党领导的敌后抗日根据地比较普遍。1943年太行区公布了《民国三二年度太行区模范义务教员选拔奖励办法》,要求各地区按程序选出模范的义务教员,分成等级,按不同等级给予物质奖励,"甲等由专署发给奖金80元,边府发给特等奖状一幅;乙等由专署发给奖金60元,边府发给优等奖状一幅;丙等由专署发给奖金40元,边府发给普通奖状一幅;除前列奖励外,由专署负责,每人增奖图书一册,甲等模范教员,除规定奖金外,专署发给特别奖金,此外并一律登报奖励"②。太行区对模范义务教员的奖励,物质奖励和精神奖励相结合,在当时的生产力水平之下,奖金是很丰厚的,对于保障和改善模范义务教员的生活有重要的意义。

1943年,晋冀鲁豫边区政府教育厅拨款13000元,奖励成绩优良的义务教员,同时为改善小学教员生活,规定自本年1月份起,小学教员薪金增加20%,并且每年发给《新华日报》一份。这不仅有利于改善小学教员的物质生活,而且有利于提高他们的精神境界,调动工作的积极性。同年山东省战时工作推行委员会发布了《关于加强国民教育工作的指示》,提出改善小学教师的生活待遇:"一级教员,全年高粱四百至五百斤;二级教员,全年高粱三百五十至四百斤;三级教员,全年高粱二百五十至三百斤。同时提高政治待遇,小学教员一般应为小学所在村的当然村政委员;区小学教师救国会主任,应为该区当然行政委员;县小学教师救国会主任,应有参加县政府扩大行政会议权利。"③山东战时工委的政策将中小学教员的生活待遇和政治待遇都相应提高,将中小学教师纳入行政系统,不仅调动了他们的积极性,而且有利于行政决策效率的提高。1944年3月,晋冀鲁豫边区政府发布《评选与奖励模范义务教员通令》,规定了边区评选模范义务教员的程序,并要求发给奖品,举行一定的仪式,进行精神褒奖,以扩大影响。

---

① 山东省档案馆、山东社会科学院历史研究所合编:《山东革命历史档案资料选编》(第7辑),济南:山东人民出版社,1983年版,第170—171页。

② 《民国三二年度太行区模范义务教员选拔奖励办法》,《边区政报》第一卷第四十期,1944年3月16日。

③ 魏宏运主编:《华北抗日根据地纪事》,天津:天津人民出版社,1986年版,第386页。

技术人才是恢复和发展生产力的重要因素,提高技术人才的福利能够增强根据地发展的动力。抗战时期敌后根据地本身存在一些技术性人才,另外还有一些从国统区和沦陷区逃亡过来的技术人才。各边区政府首先欢迎各种技术人才进入根据地,其次对各种技术人才实行较好的社会福利,例如,奖励技术发明,提高技术人员的津贴等,这些措施对于技术人才安心改进技术,恢复和发展生产力有重要的意义。苏中抗日根据地提出奖励及优待农具发明家,适应了边区农业发展的需要。山东民主政府按照技术工人的技术水平,将其划分等级,不同等级享受不同的津贴,并且根据工作年限进行调整。冀鲁豫边区在制定财政预算时将技术人员津贴设定了最高限,不能超过三十元,这是根据冀鲁豫区的实际情况制定的标准,技术人员的津贴一般高于党政机关工作人员的津贴。

1941年4月,中央军委制定了《中央军委关于军队中吸收和对待专门家的政策指示》,对于有专门学识的人才例如工厂厂长、医院院长"物质上给予特别优待,物质优待的标准依照其能力学识的程度规定之,要使他们及其家属无生活顾虑,专心工作,在战时要保证他们的安全"[1],对于国民党及无党派的军事专家,要采取措施积极吸收,予以优待。各地区以此为基础制定了符合本地区实际情况的政策、方针,晋冀鲁豫边区1941年10月15日和11月1日分别颁布了《晋冀鲁豫边区奖励生产技术办法》和《晋冀鲁豫边区优待专门技术干部办法》。在前一个文件中规定"对工农业生产工具或办法有所改良与发明者,以本边区之原料制成代替仇货及舶来品者,对各种日用必需品之制造有所发明与改良者均给以五十元到两千元的奖励,首次引用其他地区进步之工农业工具或方法者给予十元至二百元奖励"[2],另外,发明及改进所需要的试验费用和场所各级政府给以大力支持。在《优待专门技术干部办法》中,对农业、造林、畜牧及农村副业等专门技术干部,冶金采矿、水利、无线电制造、制药及各种其他工业部门的专门技术干部,会计师、医生等人的优待进行了具体的说明。工程师的津贴根据学历、工作经验、技能分为四个等级,分别为40到50元,30到40元,20到30元,15到20元,会计师和医生根据其技术水平给予每月15—50元津贴。另外,还提出了对技术干部的精神优待和帮助,"充分予以研究之机会及便

---

[1] 武衡主编:《抗日战争时期解放区科学技术发展史资料》(第2辑),北京:中国学术出版社,1984年版,第22—23页。
[2] 河南省财政厅、河南省档案馆合编:《晋冀鲁豫抗日根据地财经史料选编》(河南部分一),北京:档案出版社,1985年版,第127页。

利;供给必需之图书仪器及工具"①。同时,对于冒名顶替骗取奖金者,追究其责任并收缴奖金。晋冀鲁豫对技术人才及技术干部的福利政策,既符合晋冀鲁豫边区的实际情况,又具有一定普遍性,代表了各边区政府在这项工作上的共性特征。例如,按等级和技术水平发放津贴,对于发明给予奖励等,最终使技术人员获得了社会的尊重,调动了技术人员发明和改良技术的积极性,取得了良好的效果,发挥了巨大的作用。

教师和技术人才是抗日战争时期各根据地享受福利的主要对象,这一时期进入根据地的人才中还包括一些文艺人才,他们受到反动政府以及敌伪政府的迫害,进入敌后根据地后,各边区政府高度重视这部分人的社会福利问题,尽最大努力保障他们的生活,并为提高他们的生活水平不断调整福利标准。这对于文艺人才的创作产生了重要的作用,丰富了边区的业余生活,对于扩大边区影响、宣传中国共产党的抗战方针和政策发挥了重要的作用。

一些士绅对于抗日民主政权的创建表示理解和支持,并奔走其中,边区政府对这部分人表示衷心的感谢。苏北抗日根据地明确提出行政机关欢迎一切士绅、抗日党派的人士来参加,并且在社会福利方面向其倾斜,在生活上予以特殊优待,从政治地位和物质方面实现对这部分人的福利,最终巩固和扩大统一战线。1941年,山东省战时工会发布《关于优待参加抗战工作之士绅名宿及特殊技术人才的通知》,为便于士绅名宿及特殊技术人才参加敌后抗战工作,对其生活予以优待,具体标准为"每人每日菜金两角,每人每月津贴五元至十五元,粮食尽可能筹给细粮,年高或身体羸弱行动困难者可供给代步工具"②。

老年人、残疾人等社会弱势群体是社会福利辐射的重要对象,各边区政府制定了相应的政策,从社会救济和社会福利的双重角度对这些人进行帮助,确保他们可以正常生活。尊老是中国几千年来的优良传统,抗日根据地对老年人的优待与尊重,贯穿于社会救济与社会福利等项内容,政府将其作为一项日常工作进行领导与管理。1941年,陕甘宁边区政府公布了《陕甘宁边区养老院组织规程》,在陕甘宁边区组织养老院,养老院受民政厅领导,不能继续服务革命的六十岁以上的革命工作者、无法维持生活的六十岁以上的抗属老人、曾经有功于国家社会的现在无法维持生活的六十

---

① 河南省财政厅、河南省档案馆合编:《晋冀鲁豫抗日根据地财经史料选编》(河南部分一),北京:档案出版社,1985年版,第152页。

② 魏宏运主编:《华北抗日根据地纪事》,天津:天津人民出版社,1986年版,第221页。

岁以上的边区老人进入养老院养老。老人在养老院的待遇如下：老人衣食住等均由院方负担；老人如系革命退职同志，仍发原领津贴，如系抗属及其他老人，每月酌发津贴若干元；养老院之设备，须适合老人生活环境；老人有病者，送入医院诊治①。这些规定虽然不是非常细致，但是提纲挈领，对于老人的衣食住行以及保健就医等工作进行了说明，有利于抗日根据地边区政府在战争及自然灾害的双重影响下加强对老人的照顾。边区通过这种措施既表彰了对革命有贡献的老同志，同时继承和发扬了中华民族的传统美德。

中国抗日根据地的社会福利政策由于战时环境及生产力水平的限制，社会福利的受众并不具有广泛性，很多福利措施主要是针对党政干部，社会福利的内容并不是很深入，表现为保健、发放津贴和提供奖励等。但是当时根据地的社会福利是与当时的生产力水平相适应的，对社会发展起到了积极的促进作用，对人民的生活起到了一定程度的保障作用，属于社会管理的一种有益尝试，并且与社会救济相融合，是一种保护和延续有机生命力的重要内容。

4.5 文教卫生

文化教育和卫生防疫是中国共产党进行社会建设的重要内容。广泛的、深刻的文化教育措施的采取，对于教育人民、提高人民的文化素质有重要的作用，有利于培养文化及科技人才，为社会发展提供支持。另外，通过文化教育活动，人民群众对于中国共产党的政治信仰和执政理念有了深刻的理解，增强了对于中国共产党的政治认同感。卫生防疫工作的开展，在疾病、瘟疫流行，医疗水平低下的背景之下，尽可能地控制和预防了各类疾病的流行，对于保证人民的身体健康，促使根据地人民群众形成正确的卫生习惯和卫生观念有重要的意义，有利于改变落后的社会习俗，促进社会文明与进步。

4.5.1 文化教育

文化教育工作是各边区政府非常重视的一项工作，这项工作的积极开

---

① 陕西省档案馆、陕西省社会科学院合编：《陕甘宁边区政府文件选编》（第三辑），北京：档案出版社，1987年版，第325页。

展既有利于人民素质的提高,丰富人民的业余生活,同时有利于对抗国民政府以及日本侵略者的教育活动。抗日根据地各边区政府颁布专门的法令、法规对文化教育工作做出规定,一些地区在《施政纲领》中做出了专门的说明,将这项工作提升到一个高度。例如,晋冀鲁豫边区在其《施政纲领》(1941年)中提出,"实行普及免费义务教育,建立与健全正规学制,大规模的举办各种学校;开展群众性的社会教育,扫除文盲,特别是男女青年的教育"①。晋冀鲁豫边区的规定比较全面,从义务教育、青年教育到群众性的社会教育都进行了说明,并提出基本的目标在于扫除文盲。1940年,晋察冀边区颁布了《中共中央北方分局关于国民教育的指示》,提出加强国民教育,对于文化教育工作的开展有重要的指导意义。1941年,淮南抗日民主政府在今后施政方针中提出加强文化教育工作,"提高人民的民族自尊心和自信心,提高民众的政治文化水平,培养干部人才,以树立新民主主义的文化教育基础"②。淮南边区将文化教育工作与群众的政治文化水平的提高结合,培养干部,以强化统治基础。

晋察冀边区以提高民族抗战情绪,激发民族战斗精神为宗旨,积极发展文化教育,恢复乡镇小学,小学教育免费,设立农民补习学校、夜班、识字班,组织宣传队、剧团到民间进行宣传。1941年,中共山东分局在"抗战第五年的山东十项建设运动"中将"开展社会文化与群众性的文化教育工作"作为其中一项重要的工作,提出"开展以学校教育为主的国民教育工作,普遍成立初小、高小,并在县、专区分别成立一个以上中学和各种专门干部学校与专业教育;广泛建立与健全社会教育工作,使识字班、夜校、俱乐部普遍建立并充实内容,有组织有计划的用各种各样形式去进行社会教育,配合学校教育进行"③。1943年,山东省在其施政纲领中进一步提出"发展新民主主义的文化教育事业",将其阐释为广泛开展群众性的文化教育运动,改善原有学校,普及教育,减少文盲,适应敌后环境以及根据地需要及可能,设立中等学校以及各种专门学校,发展社会教育,广设民校、识字班、冬学、农村俱乐部,提高人民文化知识以及政治觉悟。这充分说明了中共山东分局对文化教育事业的重视,同时能够根据社会形势的变化不断调整政

---

① 河南省财政厅、河南省档案馆合编:《晋冀鲁豫抗日根据地财经史料选编》(河南部分一),北京:档案出版社,1985年版,第118页。
② 《淮南抗日根据地》编审委员会编:《淮南抗日根据地》,北京:中共党史资料出版社,1987年版,第108页。
③ 中共山东省委党史资料征集研究委员会编:《山东抗日根据地》,北京:中共党史资料出版社,1989年版,第81页。

策,将社会教育的推广逐步纳入其社会管理体系。

陕甘宁边区对文化教育工作也非常重视。1938年8月,边区教育厅公布了《陕甘宁边区建立模范小学暂行规定》和《陕甘宁边区小学法》,《小学法》中对于抗战时期下学的学制进行了规定,边区小学修业期为5年,前3年为初级小学,后2年为高级小学,合称为完全小学。1939年初,根据形势的变化,教育厅对教育的工作方针与计划进行了调整,颁布了《一九三九年边区教育的工作方针与计划》,提出了八项任务:"(一)使最高教育行政机构更能适应战争变化的环境;(二)充实各县教育行政干部;(三)建立县教育基金;(四)加强各学校的军事化与课外的抗战动员活动;(五)加强各学校的生产运动;(六)发展民众教育,大量消灭文盲;(七)训练战时科学技术人才;(八)教育厅要具备自己能印刷课本读物的能力。"①上述规定明显的变化在于强调各学校的军事化、课外的抗战动员活动以及训练战时科技人才,这是根据战争局势的变化进行的调整,为了抵抗日本殖民者的"治安肃正运动",坚持自力更生在教育领域的体现。1939年,日本的侵华策略发生了变化,对中国共产党领导的敌后抗日根据地进行疯狂的进攻。由于日本迅速灭亡中国计划的破产以及日本调查机构对中国共产党以及敌后抗日根据地的调查,日本殖民当局以及日本军方对中国共产党以及敌后抗日根据地的性质及作用进行了重新评估。1939年3月,日本华北方面军在拟定《治安肃正要纲》时充分考虑了共产党的因素,提出"对于中国共产党的认识,从治安肃清的对象的观点来说,不能不彻底。当时我们还没重视中共军,对他们只是视为在我占据地域内残存和潜在的蒋系败兵一样的残兵,或是抗日匪团之类,我们轻视他们,当时我们以为他们早晚被扫荡或灭亡,想不到他们那么大的力量"②。这一论述表明日本殖民者已经充分认识到了中国共产党的力量,对其战略态度发生了根本性改变,在当时是比较具有代表性的观点。引发日本方面对中国共产党及其敌后抗日根据地进行重新评估的原因主要来自两个方面:一、从华北战场的战争态势分析,百团大战给日本殖民者以沉重的打击;二、从满铁调查成果分析,"中国抗战力调查"对于中国社会政治、经济以及历史进行了深入、彻底的调查,在调查报告书中凸显了中国共产党的地位,所以,华北方面军最终提出一切措施要围绕集中剿灭中国共产党。在此之后,日本殖民者将军事进攻的重点转

---

① 陕西省档案馆编:《陕甘宁边区政府大事记》,北京:档案出版社,1991年版,第28页。
② 祁建民:《满铁调查部〈中国抗战力调查报告〉及其根据地认识》,《历史教学》,1992年第8期,第15页。

向敌后抗日根据地,实行思想、政治、经济和军事的综合性攻击,开展"治安强化运动",不断"蚕食"敌后抗日根据地,这种战争局势的变化,对于中国共产党领导的社会保障运动的开展产生了重要的影响。

1940年2月,陕甘宁边区举行了第二十一次政府委员会议,听取并讨论了教育厅长周扬关于边区教育工作的报告。为了促进边区教育事业的健康、有序发展,会议作出了以下决议:"(一)扩大师范学校,除正式开办第二、第三师范外,另在陇东分区成立师范学校;(二)重新成立督学团,建立分区常驻督学制度;(三)成立边区教育委员会,作为边区最高教育领导机关;(四)成立编审委员会,负责学校教材的编审工作;(五)在司法、农业、行政、会计等专业训练班的基础上,成立行政学校,林伯渠为校长;(六)为加强社会教育,将社教工作团扩大为21人。"①1940年3月颁布《陕甘宁边区实施普及教育暂行条例》,提出了普及教育的办法,5月公布了《陕甘宁边区升入师范学校女生奖励办法》,对升入师范学校的女生进行奖励。1941年7月,边区政府举行第七十次政府委员会议,提出"加强教育行政干部的配备,加强师资力量的培养,加强教育经费。将教育厅学校教育科分为中学教育和小学教育两个科"②。陕甘宁边区政府发展文化教育工作的政策一方面强调了社会教育的普及性,一方面加强了对社会教育的领导与管理,将社会教育政策落到实处,发挥了重要的社会作用。

陕甘宁边区政府在重视教育、颁布相关的法律、法规的基础之上,于1940年12月颁布了《陕甘宁边区实施义务教育暂行办法》,对义务教育的年限以及入学办法进行了具体的规定,实行初级小学三年的义务教育,8到14岁为受义务教育的年龄,逐步推行,六年内完成。在具体实施办法上,第一年为13至14岁之学龄儿童全部入学,第二年12岁以上学龄儿童全部入学,第三年11岁以上学龄儿童全部入学,第四年10岁以上学龄儿童全部入学,第五年9岁以上学龄儿童全部入学,第六年全部学龄儿童入学。陕甘宁边区对义务教育的规定,具体而详实,既规定了义务教育的年限,同时考虑了边区经济以及教育发展水平,逐年推进,符合实事求是的原则。另外,陕甘宁边区推行义务教育最根本的原因在于其维护人民根本利益的立场。

为了使文化教育工作得到顺利发展,在条件极其艰苦、经济发展困难的时期,陕甘宁边区采取各种措施筹措教育经费。1939年8月15日,边区政府公布《陕甘宁边区各县教育经费筹措暂行办法》,规定各县筹措教育经

---

① 陕西省档案馆编:《陕甘宁边区政府大事记》,北京:档案出版社,1991年版,第53页。
② 同上书,第109页。

费的来源,仅限于以下四个方面:"1.该县原已确定为教产(包括土地、房屋、林、营业、牲畜在内)及教育基金(指现金)之常年花利收益;2.买卖婚姻、赌博、缠足之没收款及罚款;3.学校自行生产之收益;4.在自愿原则下,向人民劝募之学款"①。另外,各县原已被确定为教育基金的现金,都被作为教育基金使用,各学校自行组织生产的收益,都作为教育经费的收入,这些收入虽然不能从根本上满足文化教育事业发展的需要,但是在国贫民穷、战乱频繁、自然灾害频发的情况下一定程度上解决了教育持续发展的经费需要。为了保障经费的合理使用,同日边区政府公布了《陕甘宁边区各县教育经费管理暂行办法》,规定了各县教育经费使用的流程,"保管——支配——审核——批准",其中各县政府的第二科负责保管,第三科负责支配,教育经费管理委员会负责审核,教育厅最后批准。各县教育经费管理委员会征收经费,须制备三联收据,一联给出款者,一联存管理委员会,一联报教育厅,同时各县教育经费管理委员会须将每月收支情形,按月造表,连同单据呈报教育厅审核,这一流程系统使教育经费的征收、使用趋于规范,提高了教育经费的利用率。其中教育经费管理委员会的职权不仅包括审核全县教育经费的支配,还包括规定应募教育经费之数量,计划与推动筹募教育经费事宜,计划改善教产保护及扩充教产。另外,在教育经费的使用方面,坚持专款专用,教育经费不得移作其他用途,各县教育经费归各县使用,不得转移他县。

1944年,浙东抗日根据地公布实施《浙东敌后临时行政委员会施政纲领》,对于文化教育工作,提出"实行抗战与民主的普及教育、改善中小学教师待遇、提高其文化政治水平,改进社会教材、推行社会教育、奖励抗日书报之出版发行、提高科学知识与文艺运动"②。浙东地区在文教事业中坚持"教育与群众结合""教育与实际联系""学与用一致"的原则,制定了基本的方针,"社会教育重于学校教育""成人教育重于儿童教育""干部教育重于群众教育",重点开展社会教育、成人教育以及干部教育。这是根据当时的社会形势的变化以及人民的要求对文教事业的改革。1945年1月,抗日战争即将取得胜利,浙东地区在其施政纲领中对于教育工作进行了进一步的规定,提出"实行抗战与民主的普及教育,创办各类学校及各种短期培训班,吸收抗日青年,知识分子及失学失业与流亡青年,训练培养抗建人材,

---

① 陕西省档案馆、陕西省社会科学院合编:《陕甘宁边区政府文件选编》(第一辑),北京:档案出版社,1986年版,第317—318页。

② 中共浙江省委党史资料征集研究委员会、浙江省档案馆编:《浙东抗日根据地》,北京:中共党史资料出版社,1987年版,第86页。

编制抗战民主教材,务使学习与抗建实践生活相联系"①。这一规定显示,浙东地区发展文教事业的方针发生了转变,在满足战时需要的同时,开始向民生实践转移。总之,浙东地区以民主教育为切入点,强调提高教师的待遇,同时将文化教育与抗日书报的出版发行,提高科学知识与文艺运动结合起来。广东抗日根据地的学校教育在抗战期间受到了很大的影响,例如,琼崖地区的学校教育,"抗战爆发后十多间中学停办,几百间高级小学,开课的不到百分之五,几千间初级小学,现在开课的也不到百分之十"②。为了发展教育,广东抗日根据地筹建了一批中小学,博罗县的三乡中学、石坝中学、罗浮中学、惠阳县的象山中学和河源城小学都是这一时期创建的,1944年,东江东宝行政督导处在安宝县创办了东宝学校,"惠东行政督导处召开中小学会议,重新制定教学大纲,修改教材"③。这些措施对于保障人民的教育权益有重要的意义。

　　抗日根据地的文化教育,内容非常全面,包括儿童教育、青年教育、妇女教育、学校教育以及干部教育,同时积极开展扫盲运动。在儿童教育方面侧重于根据地贫穷儿童教育,但是由于现实及历史因素,根据地产生了大量的贫穷儿童,无法入学,各边区政府发挥主观能动性,开展免费教育或者公费教育。1940年10月,晋绥抗日根据地提出设立公费生,并作出了具体的规定,"为优待抗属儿童及贫寒优秀子弟,一月由公家给米三十斤,书籍文具等均由公家发给"④,将公费教育与优待抗属结合起来,体现了政策的双重性。山西省第二游击区颁布了《山西省第二游击区免费公费生条例》,对贫穷儿童的教育体现了相同的精神。对妇女进行教育不仅是对妇女权益的保障,而且具有革命性的意义,打破了几千年来男尊女卑的传统。抗日根据地边区政府将妇女教育作为国民教育的重点,妇女的文化素质得到了提高,同时对于中国共产党的拥护逐渐增强。另外,为了培养政工干部,提高政府的管理水平,中国共产党积极开展干部教育,特别是廉政教育,以保持中国共产党鲜活的生命力。

　　中国共产党在文化教育方面采取的措施,从教育内容、教育形式以及

---

　　① 中共浙江省委党史资料征集研究委员会、浙江省档案馆编:《浙东抗日根据地》,北京:中共党史资料出版社,1987年版,第141页。
　　② 《李吉明关于抗战情况的报告——琼崖的一般情况和党的组织、宣传教育、青年及妇女工作概况(1940年4月10日)》,中央档案馆、广东省档案馆:《广东革命历史文件汇集》,广州:广东省供销学校印刷厂1983年版,第77页。
　　③ 《东江纵队史》编写组编:《东江纵队史》,广州:广东人民出版社,1985年版,第108页。
　　④ 王星慧:《抗日根据地之贫童教育探析(1937—1945)》,《东北师大学报》,2015年第1期,第173页。

教育作用方面充分与政治结合在一起,不仅保障了人民受教育的权利,同时使人民的政治素质得到提高,逐渐脱离了旧政权的势力范围。人民对中国共产党的政治理念充分理解及认同,体现了政治动员的作用。另外,文化教育在提高人民文化素质的基础上,丰富了人民的业余生活,在保证人民群众温饱的基础上,通过丰富的精神生活实现对人民更高层次的保障。这些文化教育措施的开展,培养了大批的科技人才,对于抗日根据地生产的恢复与发展以及军事工业的发展,发挥了重要的作用,对于保证战争的需要以及保障人民的生活有重要的作用。

4.5.2 卫生防疫

抗日战争时期敌后抗日根据地疾病和瘟疫流行,人民的身体健康遭受了严重伤害,影响了人民群众的基本生活。以陕甘宁边区为例,"伤寒、回归热、肺炎等急性发热的传染病常常夺去成年男子的生命,成人死亡率高达3%;1944年1月至5月,延安县因传染病而死亡2016人,占全县人口的3.2%;因传染病和接生、育儿知识的缺乏等种种原因,婴幼儿的死亡率高达60%;对志丹、安塞、子长部分地区的调查,188个妇女共生婴儿1028个,而夭折645名,死亡率高达67.2%,而甘泉杨庄寨同期出生婴儿数尚不及夭折数"[①]。根据地严重的疾病和瘟疫出现的原因是综合性的,既有历史的原因又有现实的因素:首先,严峻的战争形势使社会混乱、人民生活流离失所;其次,复杂的政治形势的影响,日本帝国主义将侵略重心转移到抗日根据地,对根据地实行封锁及扫荡,使根据地长期无法与外界实现商品流通;再次,社会生产力水平落后,医疗水平落后,乡村地区还存在非常落后的社会习俗;最后,严重的自然灾害的发生。总之,各方面因素的综合作用,使根据地缺医少药,落后的社会习俗加剧了这种局面,造成了根据地疾病、瘟疫的流行,产成了严重的社会影响。

中国共产党在敌后抗日根据地积极开展文教卫生工作。1938年,陕甘宁边区举行第十七次主席团会议,对改变与加强边区卫生工作做出决议,"改组卫生委员会;民政厅成立第三科,专管卫生行政工作;扩大边区医院医疗机构,将医务管理科分为医务、管理两科,另增设卫生科"[②]。这些决议对于边区的卫生工作有重要的指导意义。1939年,陕甘宁边区制定了边区

---

① 王元周:《抗战时期根据地的疾病流行与群众医疗卫生工作的展开》,《抗日战争研究》2009年第1期,第61页。

② 陕西省档案馆编:《陕甘宁边区政府大事记》,北京:档案出版社,1991年版,第11页。

医务建设计划,增设妇产科和小儿科。1941年,陕甘宁边区政府通过《国医国药奖励优待条例草案》,对国医国药人士进行相应的奖励。1942年,边区政府公布《陕甘宁边区防疫委员会组织条例》,规定边区成立防疫总会,直属于边区领导,统一管理全边区的防疫工作,同时委员会设总务、防疫统计、环境卫生、宣传教育、医务治疗5个股,各分区、县均设立防疫分会,负责管理各该地区的防疫工作。1941年,晋冀鲁豫边区颁布了《晋冀鲁豫边区施政纲领》,提出"逐渐建立民众医院、增进医务设备,对贫苦抗属及人民实行免费或减费治疗,奖励私人医院之建立;利用各种土产药材,改良自制药品;欢迎与培养医务人才,并给与优待加强人民的卫生教育,提高人民的卫生常识,注重公共卫生"①。这一规定将卫生工作提高到施政纲领的地位,赋予其法律效力。抗日根据地的医疗卫生政策对于消灭疾病,特别是消灭一些疫情有重要的帮助,有利于保持人民的身体健康。

对产妇、婴儿进行救助以及做好防疫工作是敌后抗日根据地各边区政府开展卫生防疫工作的重点。较高的婴儿夭折率以及产妇死亡率,对人民的身心健康造成了极大的伤害,所以各地区将妇女儿童卫生工作,作为一个重点。1939年5月,为了实施边区第一届参议会通过的关于发展边区卫生事业的提案,民政厅制定了边区医务建设计划,确定将边区医院迁往安塞县进行扩建改造,除原设内科、外科外,新增设妇产科和小儿科。另外,在各分区及神府、安塞县等地设立卫生所,以满足人民群众就医的需求。同年12月,陕甘宁边区第二次代表大会通过了《关于开展卫生保健工作的决定》,对产妇的卫生教育提出要求,并制定了减少因不卫生而致婴儿死亡的计划。1942年,陕甘宁边区制定了专门针对儿童的法规《陕甘宁边区政府关于保育儿童的决定》,在这一文件的指导之下,"边区政府设立了主管妇幼卫生的行政组织,在边区政府民政厅设立了保育科,各县市政府第一科内添设保育科员一人,区、乡政府内添设保育员各一人,暂由区、乡妇联兼任,专门负责产妇、儿童的调查、登记、统计、卫生、奖励、保护等工作"②。1940年,山东省临时参议会在《山东省战时施政纲领》中对产妇和婴儿的保育进行了规定,提出要优待产妇,保育婴儿,建立托儿所。抗日根据地边区政府开展产妇及婴幼儿保育工作不仅有利于妇女及婴幼儿的健康,而且具有强烈的政治影响。抗日根据地的卫生防疫工作与社会福利工作具有一

---

① 河南省财政厅、河南省档案馆合编:《晋冀鲁豫抗日根据地财经史料选编》(河南部分一),北京:档案出版社,1985年版,第119页。
② 陕西省档案馆、陕西省社会科学院合编:《陕甘宁边区政府文件选编》(第三辑),北京:档案出版社,1987年版,第33—36页。

定的重合性,对于妇女及婴幼儿的保育就具有双重的性质。

瘟疫的流行不仅影响了人民的生命安全,还造成了社会秩序的混乱。为了预防及彻底清除瘟疫,边区政府纷纷采取相关措施,各地区展开充分的宣传,《新中华报》开辟了专门的"防疫"栏目,宣传清洁卫生和防疫的相关常识。各地区建立了专门的领导机构推进这一工作的开展,以陕甘宁边区为例,1940年成立了延安防疫委员会,同年边区政府设立卫生处,各县设置了卫生科员,各区设置卫生员,各乡设置卫生委员会,初步建立了卫生行政系统。在此基础上,1942年陕甘宁边区防疫总委员会成立,负责边区防疫工作的筹划及管理,开展清洁卫生教育,并促使人民群众形成清洁、良好的卫生习惯。为了进一步推进卫生防疫工作的开展,"1942年5月边区通过了《预防管理传染病条例》,对传染病进行分类,并规定相应的报告和防治制度"①。在晋冀鲁豫边区,各县设立了卫生委员会,动员群众积极投入到卫生防疫运动中,另外,在具备条件的行政村设立由3—5人组成的卫生委员会,推动基层卫生防疫工作的开展。在山东抗日根据地,据不完全统计,仅在胶东地区,从1943年到1945年6月,用于百姓的医药费达到412000元,1945年接种疫苗的人数达到36万人,接受免费治疗的群众达到26900人,这一时期在滨江区的平民医院,诊断治疗病人将近3500人。"其他如专署及各县,凡设有公共卫生部门的机关,都设门诊给所在地附近的群众看病,共十七个门诊单位,三年来共计治病在三万九千二百四十次"②,充分保障了人民的医疗权益。

对疫病的防治是非常重要的,具有长远意义,但面对当时非常严重的疫病情况,光靠预防还远远不够,中国共产党在抗日根据地展开了积极的治疗工作。边区医疗卫生水平低下,缺医少药,在治疗方面存在很大的困难,为了解决这一问题,八路军和新四军向地方进行了医疗支援,各军区发出指示,要求部队医疗卫生部门尽可能地为地方群众提供医疗服务。"1944年晋察冀军区卫生部在边区内的埠平、灵寿、易县卫生组织,边区政府也设立了卫生设施指导委员会,作为边区卫生行政的咨询机关。当有传染病流行时,边区政府也组织医疗队下乡,免费为群众看病给药,并帮助当

---

① 王元周:《抗战时期根据地的疫病流行与群众医疗卫生工作的展开》,《抗日战争研究》2009年第1期,第63页。
② 山东省卫生史志办公室:《山东卫生历史报刊资料选编》(第1辑),山东省卫生史志办公室1986年版,第78页。

地中西医生,举办医生培训班,扶助私人药铺。"①晋察冀军区采取的措施在当时是比较有代表性的,各军区纷纷举办医疗培训,帮助地方群众看病,组织宣传队宣传医疗卫生机构,在瘟疫之后进行消毒等。这些措施对于遏制疫病的传播有重要的意义,同时体现了中国共产党军队拥政爱民的理念,使人民群众更加拥护中国共产党。

文化教育及卫生防疫作为中国共产党在敌后抗日根据地开展社会保障的重要措施,在当时对保障人民群众的生存发展权发挥了重要的作用。将敌后抗日根据地的文教卫生措施置于社会保障的视阈中考察,其呈现了以下特点:1.高度关注民生,将维护人民的根本利益作为出发点,文化教育以及卫生防疫与人民的切身利益息息相关,所以中国共产党对于这两项工作高度重视,从关注民生的角度进行充分思考。2.在开展文教卫生防疫工作的过程中注重各部门协调发展,例如,建设厅、教育厅以及民政厅等各部门充分合作,军政、军民协调发展。3.重视文化教育、卫生防疫等项工作的建设性、长远性及规范性,突出社会建设与管理,积累了丰富的政权管理经验。

综上所述,中国抗日根据地的社会保障,在内容方面虽然存在不平衡的特征,但是社会救助、社会优抚、社会保险、社会福利以及与之相关的卫生防疫、文化教育都得到了一定程度的发展。面对严重的自然灾害和战争灾害,应急性救助和生产性救助使人民渡过了饥荒时期,并部分地恢复和发展了生产,社会救助的价值得到了体现。对抗日军人及抗属的优抚,分类细致、内容全面,最大限度地保障了这部分人的基本生活,并全力提高其生活水平,促成了参军的热潮,激发了抗日军人奋勇杀敌的决心和勇气。由于条件限制,社会保险和社会福利执行得并不是很全面、彻底,但是其中的一些内容,例如养老保险属于中国共产党对社会管理的有效尝试,具有重要的意义。妇女保健及婴幼儿保育打破了中国几千年来男尊女卑的桎梏,既是一种思想观念及社会习俗的变革,同时属于对弱势群体的照顾,不仅保护了这部分人的基本权利,而且具有深刻的政治意义。卫生事业的发展有利于人民身体健康,防止疫情的扩散,文教方面的措施有利于提升人民的文化素质,丰富人民的业余生活。

---

① 王元周:《抗战时期根据地的疫病流行与群众医疗卫生工作的展开》,《抗日战争研究》2009年第1期,第64页。

第5章 中国抗日根据地社会保障的特点

中国抗日根据地的社会保障并不是完全意义上的现代的社会保障,没有成熟的模式可以参考,没有完整的理论体系进行指导,没有丰富的经验可以借鉴,完全是中国共产党在战争情况下,根据战争及经济发展的实际情况,进行的学习、摸索、实践。其在发展过程中呈现了高覆盖率与低水平相结合、行政立法与思想动员相结合的特征,同时在实施过程中根据实际情况对政策及实践进行了检讨与修正,以保证社会保障良好、有序地运行。

5.1 高覆盖率和低水平相结合

社会保障覆盖率及社会保障水平是衡量社会保障的重要指标,中国抗日根据地通过积极有效的措施尽最大可能使社会上每一个拥护抗战的群体得到保障,实现了社会保障的高覆盖率。但是由于社会形势瞬息万变,生产力发展水平有限,高覆盖率下的社会保障并没有实现高水平运作,最终呈现了高覆盖率和低水平结合的特征。

5.1.1 社会保障覆盖面广

抗日战争时期中国敌后抗日根据地的社会保障覆盖面非常广,这一方面是由于中国共产党是广泛的民族利益的代表,另一方面是由于这一时期特殊的政治、军事形势。中国共产党从1937年建立晋察冀抗日根据地开始,相继建立了19块抗日根据地,对于敌后抗战的开展发挥了重要作用。各抗日根据地边区政府在中国共产党的统一指导下,结合本地区的政治、经济、文化、战争的实际情况,积极开展社会保障工作。陕甘宁边区作为中国共产党敌后抗战的中心,对社会保障工作非常重视,其具体实践对其他抗日根据地的社会保障有一定的辐射示范作用。位于华北地区北部的晋察冀边区,是抗日战争时期中国共产党在敌后创建的第一块抗日根据地,在牵制敌人大量兵力、英勇抗战的同时,在社会救济、社会优抚、社会保险和社会福利方面都取得了突出的成绩,为晋察冀地区的发展以及整个抗日根据地的发展都做出了贡献。晋冀鲁豫抗日根据地在社会保障方面,特别是在社会救济方面的工作解决了几十万灾民的生活问题,具有重大意义。另外,晋绥抗日根据地、山东抗日根据地、苏北抗日根据地、苏中抗日根据地、苏南抗日根据地、淮北抗日根据地、淮南抗日根据地、皖江抗日根据地、浙东抗日根据地、鄂豫皖抗日根据地、湘鄂赣抗日根据地、广东抗日根据地等都积极开展了以保障战时需求和人民生活为核心的社会保障工作,并取得了一定的成绩,为抗日战争的胜利以及社会的有序发展创造了条件。华南地区由于地处偏远,是中国共产党社会保障工作比较薄弱的地区,但是当地政府仍积极探索社会保障的基本模式。

从覆盖的人群来看,抗日根据地的社会保障对社会各阶级、各阶层人群都有所涉及。从社会救济方面看,对因战争及自然灾害产生的灾民、难民,各地区积极采取了各种措施进行救助。由于灾民、难民的流动而产生的外来灾、难民,各地政府制定了专门的政策、措施,并提出了具体的办法,对于灾后农业生产的恢复与发展以及农民生活都进行了详细的安排,以农民互助为主的农村发展基本模式对于农村社会保障有重要的意义。

从社会优抚方面说,对现役军人的衣食住行做出了具体的安排,退伍军人、伤残军人以及荣誉军人的生活得到所在地政府的关注,成立了相关的专门机构对其进行帮助,军属和烈属不仅予以物质奖励还进行精神嘉奖,许多地区进一步细化工作,对烈士及军人的弟妹生活问题也进行了规定。一些地区对富裕抗属的优待进行了专门的说明,1942年宋劭文在答复晋察冀边区士绅先生提出的问题时提到,"对于抗属的优待有两方面,一方面是精神的;一方面是物质的。富有的抗属生活上不成问题,应着重精神上的优待,这样还可以节省财政上的开支,减少人民负担"[①]。另外,由于敌后抗战存在游击区,对于游击区抗属的保障是一项重要的内容,晋察冀边区政府提出重视游击区的优抚工作,并注意保障抗属的安全。

社会福利方面,对妇女、儿童、青年、老年人、残疾人等相对弱势群体,党政工作人员、技术人员以及各级别教师的待遇进行了具体规定,不仅要满足其基本的生活,还要在可能的范围内提高这部分人的生活水平。各边区政府进行这项工作时非常细致,以妇女儿童的社会保障为例,将妇女的

---

① 魏宏运主编:《抗日战争时期晋察冀边区财政经济史资料选编》(总论编),天津:南开大学出版社,1984年版,第452页。

保障分为孕妇的保障、产妇的保障、哺乳期妇女的保障、经期妇女的保障等,儿童的保障按年龄段进行了严格的划分,这些措施将对妇女、儿童的保护落到了实处,并不是流于形式。对于技术人员和知识分子的福利优待,具体分为党员知识分子和非党员知识分子、本地技术人员和外地技术人员等。在陕甘宁边区,为了优待老人,建立了养老院,规定"在食宿衣服费用方面都比一般公务人员优越,创造了适于老人休养的良好条件;工作人员退休的每年发给养老金;民间老人不能自给的,政府发给养老金"①。

社会保险方面,对城市中公营工厂工人、私营工厂工人的保护提出了详尽的措施,城市学徒的利益也得到了保护。1941年颁布的《晋冀鲁豫边区劳工保护暂行条例》在保护学徒基本的生活之外,还对师傅教授学徒技艺提出了要求,师傅对学徒须加紧技艺教育,不得隐瞒不教,学习期不得超过两年。各边区政府还在施政纲领中出台专门的文件对农村雇工的利益进行了维护。

对于一些特殊群体,各边区政府出台一些专门的法令法规进行说明。例如,对于一些生活在敌后抗日根据地的友军家属的利益,各级政府应该正确对待,对于伪军及汉奸家属,在没收其财产时应具体考察其是否有危害人民利益的行为,对于流亡干属要实地调查并予以优待。对这部分人的关注,将社会边缘群体纳入了社会保障体系,体现了抗日根据地社会保障的全面性。抗日根据地社会保障的内容与相关政策要和抗日民族统一战线的基本政策相结合,所以各边区政府对于地主、富农、私营企业主等人的利益进行了维护,并保障了这部分人的基本权利。例如,琼崖地区抗日政府采取"保护商人自由营业,发展商业;废止高利贷,政府兴办低利贷,鼓励合作社之发展,建设银行,发行代用券,对付敌人搜取及扰敌金融"②的政策,这一规定使琼崖地区的商业经济得到了发展,商人的利益得以维护。由于琼崖革命根据地的地缘关系,其统治地区有大量华侨存在,所以东江纵队在具体的工作过程中实行"护侨护商"的政策。另外,琼崖革命根据地处于多民族地区,对于经济落后、生活困难的少数民族人民,政府进行帮助与救济,阜龙乡抗日民主政府对其管辖范围内的黎族、苗族人民,即使在财政经济困难的情况下,仍然拨出专款,帮助他们解决耕牛、种子、农具等问题,使其有能力开展生产,满足基本的生活需要。

---

① 曹占泉:《陕西省志·人口志》,西安:三秦出版社,1986年版,第116页。
② 《琼崖东北区政府抗战时期施政纲领》,海南行政区财经税收史领导小组办公室、海南行政区档案馆编:《琼崖革命根据地财经税收史料选编(革命回忆录部分)》,海口:海南人民出版社,1984年版,第135页。

抗日根据地边区政府的社会保障工作既能够一定程度上实现常态化，又能够抓住关键时间节点，在群众最需要的时候提供帮助。例如，1943年颁布的《中共中央晋察冀分局关于目前反"扫荡"形势和我工作方针的指示》对于善后工作做出了重点指示，敌人扫荡后各级政府应积极采取措施进行应对，"县团以上机关过去驻地群众损失严重的，应组织慰问，并帮助群众盖房子，解决其困难；治疗伤病员，改善其生活；发动群众迅速回家，修改房屋，抓紧医疗工作；立即恢复商店、合作社工作，解决群众食盐、棉布等需要，进行救灾"①。这些规定的出台以及采取的措施，一方面体现了中国共产党在社会治理上的快速反应，一方面说明了中国共产党在社会保障工作中能够抓住一切时机，有利于生产的恢复以及人民生活的保障，能够保证长期抗战的需要。

5.1.2 社会保障水平偏低

抗日根据地各级政府社会保障工作的覆盖面虽然很广，但是在这种高覆盖率之下呈现了低水平运作的特征。主要表现在社会保障的内容侧重于维持生存的项目，没有满足人民群众的精神文化需求，例如，社会救济主要是为了解决人民群众特别是农民面对战争及自然灾害如何存活下去的问题。为了满足战争的需要，重点发展与战争动员相关的内容，例如，社会优抚对抗日军人及抗属的优待激发了军人抗战的积极性，保证了军队的数量以及作战的英勇程度。而社会福利与社会保险等现代社会保障体系中的核心内容，需要高度发展的社会生产力水平支撑，社会福利在抗日根据地主要涉及对党政工作人员、技术人员以及教师的优待福利，范围狭小，且仍然以满足基本的生活为主要内容，不够深入。抗日根据地的社会保险作为非常时期的制度，内容集中在对工人的劳动保护方面，养老保险、失业保险等内容，虽有触及但还不够深入，不能完整地反映工人阶级及劳动人民的需求。当时的社会保险"由于考虑到战时环境和经济条件，它只对因公负伤、残废、死亡和生育做了规定，对职工丧失劳动能力时的待遇也不能过高，只能以维持基本生活为准则，且有些待遇带有供给制因素"②，体现了这一时期社会保险项目少、标准水平低的特征。另外，许多关乎社会保障的政策法规并没有细化，不能落实到位，缺乏执行的可能性。

---

① 《晋察冀抗日根据地》史料丛书编审委员会、中央档案馆编：《晋察冀抗日根据地》（文献选编下），北京：中共党史资料出版社，1989年版，第882页。

② 宋士云等著：《新中国社会保障制度结构与变迁》，北京：中国社会科学出版社，2011年版，第34页。

形成抗日根据地社会保障低水平运作的主要原因是迫于当时的社会形势以及抗日根据地发展的具体情况,战争及生产力水平的双重因素导致了这种状况。首先,中国抗日根据地是在抗日战争中发展起来并逐步壮大的,解决战争的需要是各边区政府的最主要任务,所有的政策也必须在这一基础上制定、执行,所以中国共产党在这一时期提出了"战争高于一切"的口号。由于抗日战争时期中日民族矛盾是主要矛盾,所以群众的暂时的、部分的利益必须服从于永久的、抗日的整体利益,与战争动员相关的社会保障项目发展得很好。各地区的财政政策也并不是一味地强调军需,而是将军需和民生这对看似矛盾的主体统一起来,民生和军需兼顾,既保证民需,又照顾民生。

其次,敌后抗日根据地基本都处于偏远的农村地区,分布得比较分散,交通和通信极其不发达。这些地区主要的经济来源是农业,在战争环境中农业的脆弱性凸显,天灾人祸都会对农民形成灭顶之灾,加剧社会的不稳定。根据地的工厂大多数依靠手工业的生产模式,不同于资本主义的现代工厂,也不同于封建经济的手工作坊,很大一部分是军事工业,以生产军需品、满足战争需要为主。只有一部分工厂生产基本的生活用品,由于缺乏良好的工业基础,生产效率也很低下。商业的发展不是按照市场运行规律运作,主要服务于战争的需要,所以其发展呈现了低水平运作的特征,抗日根据地农业、工业、商业由于各种因素的限制都没有充分发展。另外,各根据地政府面临着日本侵略者的侵略,还要警惕、提防国民党顽固势力的进攻,复杂的政治形势为共产党社会保障的顺利开展设置了阻碍。

再次,对于社会保障问题,中国共产党缺乏相关经验及必要的理论指导,完全属于摸着石头过河。中国共产党从建立之日起以工人斗争和军事斗争为主,对于政权建设的经验积累很少,土地革命时期建立了中华苏维埃共和国,在武装斗争、土地革命和根据地建设方面进行了积极探索,并取得了突出的成绩。但是,抗日战争时期社会形势发生了巨大的变化,国内战争转变为民族战争,政治形势更加复杂,原有的经验、模式已经不能满足新的形势的需要。马克思、恩格斯、列宁等人在其经典著作中虽然对社会保障进行了论述,但是没有与中国国情结合,缺乏针对性和确切的指导性,毛泽东、刘少奇、林伯渠等人对社会保障的理解是在社会实践中逐步建立起来的。这些因素说明抗日根据地的社会保障处于探索阶段,这是其呈现低水平运作特征的原因之一。

中国共产党领导人民群众在抗日根据地采取的社会保障的相关措施,基本实现了对管辖区内全体社会成员的基本生活保障,人民在生命受到威胁时得到了救助,并在现有的基础上尽可能提高了人民的生活水平,虽然属于低水平运作,但是体现了中国共产党全心全意为人民服务的宗旨,这也是中国共产党与国民党在社会治理方面的一个重要区别。

5.2 行政立法与思想动员相结合

抗日根据地的社会保障在方式方法上摒弃了封建政府和反动政府的强制命令和摊派手段,特别是在社会保障资金的筹集上,在政府宣传动员的基础上突出群众自愿的原则,强调行政立法与思想动员相结合。行政立法是通过国家立法手段保证社会保障相关措施的法定性和强制性,这是任何一个国家和政权推行政策的最主要的手段,它能够保证政策、措施顺利推行并发挥作用。行政立法手段在保证社会保障措施强制推行的同时会带来一些负面影响,操作不当会造成群众的逆反心理,由于形势的特殊性会形成政策与实际情况的出入,所以在坚持行政立法的同时,根据地采取思想动员的手段,加强宣传,进行说服教育,深入调查研究。

5.2.1 行政立法

制定、颁布、执行相关的法律、法规、条文是社会治理的重要手段,是保证社会良好有序运行的重要保证。中国抗日根据地边区政府在开展社会保障工作的过程中,针对社会救济、社会优抚、社会福利、社会保险都出台了相关的法律文件或者政策指导,使这些内容具有了法律效力,并保证了政策的强制性。下面以晋冀鲁豫抗日根据地为例,具体分析抗日战争时期行政立法手段在社会保障中的体现。

1941年,晋冀鲁豫边区政府在中共中央北方局对边区目前的建设提出的十五项主张的基础上,制定并公布了边区的施政纲领,十五项内容中有五项与社会保障的内容有关,"第二条加强与扩大武装力量,实行全民武装自卫,建立人民子弟兵;第五条努力经济建设,增加边区财富,确切保障一切抗日人民财产所有权;第七条调节劳资双方利益,巩固阶级团结;第十一条保障女权,实行男女平等;第十二条建设卫生行政,减少人民疾病死亡"[①]。这些规定使社会保障的基本内容上升到政府施政纲领的角度,具有

[①] 河南省财政厅、河南省档案馆合编:《晋冀鲁豫抗日根据地财经史料选编》(河南部分一),北京:档案出版社,1985年版,第114—119页。

了法律效力,赋予了其强制性,使其更加具有指导性和执行力。

关于救灾工作,晋冀鲁豫边区政府针对各种形势出台了一系列的政策、法规,保证人民渡过灾荒时期。1942年颁布《旱灾救济贷款暂行办法》《晋冀鲁豫边区政府关于组织运输救济灾民的命令》《晋冀豫区党委关于节食渡荒的指示信》,1943年颁布《根据地外来灾民登记安置办法》《晋冀鲁豫边区政府指示——关于节约救灾》《晋冀鲁豫边区政府号召克服连续灾荒》《冀鲁豫行署关于扑灭蝗灾抢救秋禾的指示》《冀鲁豫行署关于安置流浪灾民的指示信》。这些法规表明政府对于救灾工作非常重视,认真调查,积极部署,在具体工作方面细致、全面,这些关于救灾的法规、命令、指示,提高了政府社会救济的效率和效用。

战争时期,社会优抚工作与战争动员有密切的联系,能够调动人民群众参军及作战的积极性,所以各边区政府非常重视。1943年,冀鲁豫行署颁布训令《为颁布冀鲁豫区荣誉军人抚恤暂行条例注意事项由》,并颁布了《冀鲁豫区荣誉军人抚恤暂行条例》,对荣誉军人的管理及抚恤进行了具体阐释。为了使各地对安置在地方上的荣誉军人统一待遇,同年冀鲁豫行署发布新的通知《关于荣誉军人之待遇由》,荣誉军人的"粮食及菜金——照部队战士之规定数量待遇;津贴——照各该荣誉军人在部队时之原津贴发给;烧柴——照一般工作人员之规定发给;鞋袜——鞋子每年每人四双,袜子每年每人两双;衣服——照政民工作人员待遇之规定办理;学习费——每人每月一元"①。1943年12月25日,冀鲁豫行署颁布《冀鲁豫区优待抗战军人家属暂行条例》,对抗属的权益进行了保护。1944年,随着形势的发展颁布了《冀鲁豫行署关于优抗工作的指示》,对优抗粮的发放原则、抗日军人弟妹优待、流亡于根据地的抗属、灾民中的抗属、抗属土地的耕种等问题进行了细致地规定。同年,冀鲁豫行署颁布训令《为重新解决与修正冀鲁豫区荣誉军人抚恤暂行条例由》,鲁西银行、冀南区银行联合发布通令《颁发对流亡抗属生产贷款暂行办法》,这些条例对于荣誉军人及流亡抗属安家及建立事业有重要的帮助。针对社会优抚制定及颁布的法令、条例,根据形势不断进行调整,体现了政府对这项工作的重视以及行之有效的指导。

社会保险和社会福利在敌后抗日根据地发展得虽然不是很充分,但是在行政立法方面还是比较全面的。1941年,晋冀鲁豫边区颁布并实施了

---

① 河南省财政厅、河南省档案馆合编:《晋冀鲁豫抗日根据地财经史料选编》(河南部分四),北京:档案出版社,1985年版,第135页。

《晋冀鲁豫边区劳工保护暂行条例》及《晋冀鲁豫边区优待专门技术干部办法》，将对劳工的保护以及对技术干部的福利优待提升到一个高度，对于边区生产的恢复与发展、经济的发展以及技术创新有重要的作用。对于妇女儿童，1941年边区政府颁布了《冀鲁豫行署训令——为颁发产妇婴儿保健办法由》及《冀鲁豫区产妇婴儿保健办法》，以政府训令的形式对产妇、婴儿作出优待，以保障他们的安全。1943年，冀鲁豫行署在原有的基础上重新颁发了《冀鲁豫区各级政权干部保健暂行办法》，对干部的保健费、保健饭进行了具体的规定，并对一些可能出现的情况进行了补充说明。

综上所述，晋冀鲁豫边区政府在社会保障工作中行政立法手段的使用是比较充分的，并且发挥了重要的作用。晋冀鲁豫边区对行政立法手段的使用只是19块根据地的一个代表，其他各边区政府都积极采取立法手段，以其法制性和强制性，保证了社会保障的全面性、有效性以及深入性，规定既严格又灵活，考虑到了各地的实际情况和可能出现的状况，保证了根据地人民不会因为具体形势的变化而失去保障。

5.2.2 思想动员

立法手段具有强制性，但是在社会治理方面如果只是一味强调强制性，在一定程度上会引发人民的反感，起到反作用。而且抗日根据地军事及政治形势非常复杂，各阶级利益虽然暂时统一于抗日民族统一战线之下，服从于抗日战争的大局，但是仍然存在矛盾与斗争，只采用强制手段会造成社会的混乱。各边区政府在使用行政立法手段的同时，扩大宣传、对人民进行说服教育、进行细致的调查研究，使人民自觉、自愿地服从、配合领导。美国记者爱泼斯坦参加中外记者西北访问团，对陕甘宁边区人民的生产和作战热情感触很深，并做了详细的记载："边区最惊人的事情，就是他们在生产和作战方面的广泛动员。边区建立这种广泛的动员，用的方法差不多和其他地方完全相反——法令减少到最低限度，以村为民主选举的基本单位，减轻农民的田租和利息的重荷，由于农民对多做工作能多得剩余的信心提高，大大地鼓励了生产，由于提高了生产的愿望，合理的方法和合作社组织发展起来了，由于农民对保全并增加全未有过的幸福有了决心，便生长了一种极明显的自觉的抗日的爱国主义。"[①]爱泼斯坦的论述分析了中国共产党民众动员的实质，人民幸福感提升，自觉地投入生产和战斗，这也是中国共产党社会保障工作能够顺利开展的重要基础。

[①] 齐文编：《外国记者眼中的延安及解放区》，历史资料供应社，1946年版，第5页。

由于生产力水平低下以及通讯手段滞后,人民群众对政府的政策、法规并不是很理解,甚至缺乏了解,这样就不能很好地执行,所以宣传是使人民了解政府政策、减少抵触情绪的重要途径,对于社会保障的顺利开展有重要的意义。各边区政府通过各种宣传手段积极开展宣传工作,例如陕甘宁边区通过小学校进行宣传,将全校编成九个大队,每队分为三个组,分发各村,利用儿童语言以及群众喜闻乐见的方式进行宣传,收效很大,同时用个别谈话以及群众会议的方式进行宣传。晋冀鲁豫边区利用各种机会向群众普遍深入地进行宣传教育工作,对群众生活的改善,采取逐渐的温和的方式,多利用调节仲裁,以求得双方自愿。其中冀鲁豫区党委在1941年《关于春耕运动的指示》中提出,"除联办和救济所制宣传品外,各地应根据不同地区,不同时期,提出具体口号,民革室、剧团等各地的宣传组织应立即恢复,同时政府要组织卫生展览和法令,以奖励条令进行通俗解释"[①]。

苏南地区根据当时当地的实际情况,"从宣传解释入手,普遍进行宣传鼓动,造成一个广大的热潮,采用口头的、文字的、漫画的各种各样的方式进行"[②],通过通俗易懂的方式让人民群众更加理解政府的政策。1941年,淮北苏皖边区公布《行政公署直属区二十五天的粮食工作总结》,对粮食工作的方式方法进行总结,深入透彻地进行了宣传动员工作,使群众了解了自己的权利和义务,促进了工作的开展。晋冀鲁豫边区为发展棉花生产提出动员口号,"有花卖给根据地,莫让鬼子白抢去;有花卖给根据地,既有功又有利;种花费了血和汗,西边换来米和面;种花费了血和汗,鬼子抢去没法办"[③]。这些口号通俗易懂,喜闻乐见,老百姓听得懂也比较容易接受,能够减少社会工作的阻力。

抗战时期,有些外国记者进入中国敌后抗日根据地,如瑞士摄影记者沃特·博斯哈德在陕甘宁边区进行了连续报道,《新苏黎世报》刊登了他的8篇文章,其中一篇写道"通过进行有组织的、政治性的动员和树立个人典型,共产党领导层成功地形成了一个讲道德、有原则的核心组织,事实证明这在中国是独一无二的。而且,共产党点燃了许多中国青年的希望,使他

---

① 河南省财政厅、河南省档案馆合编:《晋冀鲁豫抗日根据地财经史料选编》(河南部分二),北京:档案出版社,1985年版,第271页。
② 中共江苏省委党史工作委员会、江苏省档案馆编:《苏南抗日根据地》,北京:中共党史资料出版社,1987年版,第236页。
③ 河南省财政厅、河南省档案馆合编:《晋冀鲁豫抗日根据地财经史料选编》(河南部分三),北京:档案出版社,1985年版,第213页。

们纷纷涌向延安,主动接受革命教育"①。这一论述从一个侧面反映了中国共产党在工作开展过程中对群众的动员与感召,这种动员与感召在社会保障工作中发挥了重要的作用。

社会保障是一项复杂的、系统化的社会工程,只有做到对社会成员的充分了解,才能使社会保障工作更加具有针对性、有的放矢。各边区政府为了实现对社会成员的充分了解,展开了积极的调查研究工作,了解社会成员的政治及经济状况,以展开针对每一个社会成员的不同的社会保障。1940年3月,陕甘宁边区政府召开党政联席大会,林伯渠在会议上作了《关于新民主主义政治的阶段问题》的报告,在报告中林伯渠提出"一切事情的计划,不是空的,而是有根据的,如土地问题、人口问题,这是国家之基本。如何使用现有土地?人口有多少?从外边移来的有多少?职业性别,这些调查清楚后,对于我们的施政纲领上,有很大的依据。因为做一切计划时,要估计我们的本钱,这些必须要调查统计,将来我们要设立调查统计科"②。林伯渠的讲话对调查的必要性、方法以及组织领导进行了充分的、耐心细致的解释,对于社会保障中的调查工作有重要的指导意义,对其他根据地有很大的辐射示范作用。在具体实践中,陕甘宁边区政府派人到每个村与佃户、雇工进行个别的谈话调查,另外为了避免营私舞弊,采取甲村调查乙村,乙村又调查甲村的方法,互相了解,互相监督。在具体的调查过程中,依据劳动力、土地质量等进行。为了保证调查结果的公正、客观,调查取得材料后召集村民大会进行统计,并选取代表进行监督,保证了社会保障的公平,能够尽可能使需要帮助的群众得到帮扶,并得到群众的认可。

1942年,苏南地区对苏南的环境及群众的要求进行深入周详的调查,加以研究,并要求把调查研究作为综合的任务,不能分开来。1943年,中共茅山地委在征粮工作中对社会调查提出了进一步的要求,强调必须充分深入进行政治动员,干部要深入基层,减少转弯抹角,同时方式方法要灵活,不能呆板公式化。晋冀鲁豫边区在落实累进税的过程中,进行了充分的调查评议工作,对工商业及其他收入详细耐心地进行调查计算说服工作,同时要求"进行调查评议,要抓紧时间,防止自流,要与群众斗争密切结合,调

---

① 张功臣:《外国记者与近代中国(1840—1949)》,北京:新华出版社,1999年版,第296—297页。

② 陕西省档案馆、陕西省社会科学院合编:《陕甘宁边区政府文件选编》(第二辑),北京:档案出版社,1987年版,第132页。

查中评议,评议中进行调查,相互配合,倾听群众意见,周密进行调查,防止调查评议对立与脱离群众的现象"①。晋冀鲁豫边区在累进税实施过程中进行的调查评议,从当地的实际情况出发,将此项工作落到了实处。在其他与社会保障相关的工作中,调查研究同样发挥了重要的作用。

林伯渠在《关于新民主主义政治的阶段问题》中对说服教育进行了阐释,"说服教育,不是强迫命令,呆板机械的。一个任务的完成,要使人心悦诚服。在干部中预先要说服干部,干部中有机械观点,只知其一,不知其二的偏见,所以首先要说服他们"②。说服教育、思想动员的方式能够和群众打成一片,使群众信服,这种方式有别于国民党的强制摊派,是共产党能够获得人民群众拥护的重要原因。对于一些资本家,边区政府采取说服教育的方式,尽量使资本家能够自觉地保证工人的权益。经过各种教育解释后,烧炭业克服了炭工的"自流"现象,并适当改善了工人生活。过去不到一定时间,厂主不给钱,有时算了账也不给钱。为了不影响炭工生活,政府负责与厂主交涉,现在已经能够做到每天出窑即算清工钱。另外,在许多企业,资本家设立保险金,炭工疾病及发生意外事件,可予以补助,如寺沟曾有两个炭工受伤,补助了一千二百元作为医药费③。

报纸杂志是宣传政策、思想的重要手段,中国共产党在敌后抗日根据地开展工作的过程中非常重视报纸杂志的宣传和思想动员作用。例如,在合理负担这项工作开展的过程中,《太岳日报》进行了多次报道,1942年6月27日第二版刊登了《本区一九四二年度合理负担整理办法》,1942年8月7日第四版刊登了《今年新合理负担关寨减少三分之一》,8月31日第四版刊登了《边区临参会太岳办事处为征收合理负担告全区同胞书》等。这些内容通过宣传党的政策、方针以及实践效果,使人民群众更加理解,更容易接受。

综上所述,中国共产党在抗日战争时期推进敌后根据地社会保障的过程中,充分考虑社会的政治、经济以及军事情况,采用的方式方法灵活多样,软硬结合,既保证了政策的强制性和执行力度,又促进了党群关系、社会关系的和谐发展,帮助人民渡过了困难,为抗日战争积蓄了力量。这样

---

① 河南省财政厅、河南省档案馆合编:《晋冀鲁豫抗日根据地财经史料选编》(河南部分一),北京:档案出版社,1985年版,第308页。
② 陕西省档案馆、陕西省社会科学院合编:《陕甘宁边区政府文件选编》(第二辑),北京:档案出版社,1987年版,第133页。
③ 陕甘宁边区财政经济史编写组、陕西省档案馆:《抗日战争时期陕甘宁边区财政经济史料摘编》(第三编),西安:陕西人民出版社,1981年版,第678页。

灵活多样的方式反映了中国共产党在社会治理方面的努力探索与尝试,为之后的社会保障以及社会管理工作积累了丰富的经验。

5.3 发展过程中对社会保障政策的反思与完善

中国共产党在抗日根据地的社会保障工作没有成熟的模式可以借鉴,完全凭借自身的努力与探索,虽然取得了一些成绩,但是在不同领域也出现了不同类型的问题。在政策的制定过程中,没能正确评估当时的社会形势,出现了"左"或右的倾向,在执行政策过程中存在形式主义,不能通过深入调查保证政策的实现。为了保证社会保障工作顺利开展,中国共产党不断地对这些问题进行检讨以及修正,保证社会保障工作可以沿着正确的路径发展,并积累了相关的社会管理经验。

5.3.1 对社会救济工作的反思与完善

社会救济是抗日根据地社会保障工作的重要内容,有序、有效的社会救济工作对于解决灾民、难民以及普通民众的生存问题,稳定当时的社会形势有重要的意义。社会救济是一个复杂的系统工程,抗日根据地需要救济的对象很复杂,加上受灾程度不同,这加剧了社会救济的复杂性。

在救济工作中存在着一般化、平均分配的问题,也存在不公平的现象。如不应被救济的得到救济,应救济的得不到救济,有一些吸烟的流氓获得救济,用粮食换烟吸,引起许多群众的不满,认为"救国公粮叫流氓吃,那么流氓太便宜了"。营私舞弊在社会救济的环节中造成了不良的影响。营私舞弊首先表现为私情观念的存在,1940年,陕甘宁边区复环县政府在工作报告中披露了社会救济中的私亲观念,"区委的同志在第一乡有林姓一家抗属,即救济十五元(此家庭比较还可自救),另有许世英一家七口人,现时即无办法维持,给了五元"①。其次,一些干部在分配救济粮及救济物资的过程中存在贪污等现象。在社会救济问题上,部分地区比较短视,把救灾仅仅看作是赈济和救急的事情,使救灾工作流于消极的耗费和被动的突击。另外在社会救济中,许多群众在获得救济物资后,存在浪费的现象。

---

① 陕西省档案馆、陕西省社会科学院合编:《陕甘宁边区政府文件选编》(第二辑),北京:档案出版社,1987年版,第355页。

以上问题在各边区政府是普遍存在的,政府在发现这些问题后积极思考,探讨整改措施。首先加强调查,认定需要救济灾民的数量以及应救程度。1940年,《陕甘宁边区政府关于赈济工作的决定》提出,"调查好需要政府救济者,必需经过群众的讨论,认为必要并确定数量后,再以区为单位的经过县赈济委员会的审查核准,即发给民政厅之救济三联赈票,使其持票直到指定之机关领取。各指定发赈之机关,收到赈票后,即按数量发给之,收回赈票并取得收据"①。陕甘宁边区经过探索形成的"调查→讨论→认定→核准→发放赈票→领取物资→收回赈票"的模式在充分调查讨论的基础上,将社会救济流程明朗化,一定程度上避免了社会救济中的不公平、不合理现象。一些地区根据受灾的具体情况,将社会救济分为急赈、缓赈,急需赈济而当地群众中又无法调剂的,立即给予救济,并不一定等到调查统计好再进行救济,如果那样就会使政府的政策趋于僵化,失去了救济的意义。

其次,对于社会救济中的贪污舞弊现象,各边区政府加强干部队伍建设,向其讲明社会救济工作的重大意义。因为这既是一种经济行为,又对党和政府树立形象有重要的政治影响,所以在社会救济中必须要肃清私情,公正客观。对干部的教育多谈方式办法,完成后再指示,细心说服,耐心对待。在此基础上严肃深入地审查现有的干部,将不能工作的迅速调离干部队伍,解决压榨群众、有私亲观念等问题。另外,监督是减少甚至杜绝腐败的重要方法,通过群众监督干部以及群众之间的监督,减少干部营私舞弊的可能性,使社会救济公正客观地进行,发挥其社会作用。

再次,在救灾的同时加强生产建设。生产救灾是根据地渡过灾荒、由贫困走向富裕的重要途径,在组织群众生产救灾时,要根据当时当地的具体条件和主观力量,抓住中心业务,使有限的资金、人力得到有重点的、合理的使用,纠正救灾脱离生产的偏向。太行区是遭受灾害比较严重的地区,1945年,太行区发表了《太行区合作社怎样组织群众生产救灾》,总结太行区渡过1942年到1944年大灾荒的经验,提出组织群众生产救灾应注意的三个问题,"第一,必须善于依照不同农节择定不同的中心业务;第二,善于依照不同地区择定不同的中心业务;第三,组织群众生产的方针是彻底为群众服务的方针"②。这些措施对于维护农民的长远利益,帮助农民恢复

---

① 陕西省档案馆、陕西省社会科学院合编:《陕甘宁边区政府文件选编》(第二辑),北京:档案出版社,1987年版,第151页。

② 《太行区合作社怎样组织群众生产救灾》,《解放日报》1945年12月13日,第三版。

生产,促进农村劳动力的恢复与发展有重要的意义,是中国共产党在社会工作中不断反思的思想结晶。

最后,加强对群众的教育。抗日根据地在长期的、反复的自然灾害中,出现了一部分等待救灾的农民,单纯依靠政府,不从事生产,好吃懒做。有些地区还出现了由于灾民失去生活保障,为求一饱而放弃自己仅有的财产,贱卖土地的情况,部分地区还存在拔豆芽等破坏青苗的事情。出现这些现象的一个重要原因在于政府管理、教育的缺失,为了防止这些现象的泛滥,政府加强对灾民的教育,向他们讲明形势的严峻性以及这些行为的严重后果。晋冀鲁豫边区一些村庄灾民自动定出规约,互相讨论,互相监督。所定规约如下:

① 领到救灾粮款,不准狂花浪费(意指换布、换物或购买其他奢侈品)。
② 有办法自救者不救济(意指防治、运输、锄苗、借粮等)。
③ 灾民有犯法行为者,不但受到政府处分,还要追交粮款。[①]

这个规约体现了政府教育的成果,对被救济的群众起到了限制作用,同时,产生了群众之间互相监督的效果,虽然并没有从积极方面提出奖励生产,但是仍然具有进步意义。

5.3.2　对社会优抚工作的反思与完善

社会优抚是中国共产党非常重视的一项措施。各边区政府积极开展社会优抚工作,增进军民感情,促进了社会稳定与和谐,对于战争的胜利及社会发展有重要的意义,但是在发展过程中存在着一些背离政府主观意愿的问题和偏向,引起了工作的混乱。这些混乱或者表现为政府管理的欠缺,或者表现为一些政策措施落实的不到位,亦或表现为政策措施的制定脱离了实际情况。详情见表5-1:

表5-1　中国抗日根据地社会优抚工作存在问题一览表[②]

政府管理	对抗属家数及人数未统计清楚,在优抚中存在一般化情况
	在优抚抗属过程中存在贪污舞弊现象,存在私情观念
	存在平均现象,个别干部怠工

---

① 河南省财政厅、河南省档案馆合编:《晋冀鲁豫抗日根据地财经史料选编》(河南部分一),北京:档案出版社1985年版,第339页。
② 根据《晋察冀抗日根据地》史料丛书编审委员会、中央档案馆编:《晋察冀抗日根据地》(文献选编下),北京:中共党史资料出版社,1989年版,第767页整理。

（续表）

优抗问题	实物优待过多,影响人民负担
	村统筹优抗粮,影响村款负担
	对于游击区的抗属照顾不周
	忽略了精神的和政治的优待
	部分抗属提出的有些要求过于苛求,接近于找便宜
	在巩固区对抗属优待的经常性不够
抚恤问题	残疾军人通过供给制进行抚恤,程序烦琐
	对荣誉军人的关心不够
	对牺牲了的军人家属安慰不够
	对荣誉军人中存在着的一些问题——行为不轨,还没有适当的解决

《中国抗日根据地社会优抚工作存在问题一览表》从政府管理、社会优抗和社会抚恤三个方面总结了社会优抚中存在的基本问题,这些问题是根据晋察冀边区的基本情况进行的总结,在当时的抗日根据地的边区政府具有一定的普遍性和代表性,各边区政府及各部队在认识到这些问题之后采取了整改措施。1939年,聂荣臻发表了《在中共中央北方分局党代表大会上的结论》,站在部队角度,对社会优抚工作提出了意见,"需要救济的抗属,应调查清楚,转催政府按法令优待。如政府因财政关系不能完全解决的,各群众团体应帮助解决;同时还要战士注意节俭,使能有余金寄回家中补助。另一方面在不妨碍战斗任务及勤务时,可准战士请假回家省视"①。这样一方面可以使战士回家宣传,扩大群众对八路军的信任,另一方面可以减少逃亡现象。

晋察冀边区政府对社会优抚工作进行调整,一定程度上改变了社会优抚工作中的混乱现象。1942年夏,确定给予轻伤的荣誉军人一次抚恤金六百元,帮助其从事生产或做小买卖。改变抚恤办法后,仅北岳区的受供给者就由三千余人减至四百余人,其中回了家,买了地,做了买卖,办理运销的人很多。这说明晋察冀边区的调整措施是有效的,对政府及优抚对象都是有利的。1942年冬,将抗属受一人份的优待改为按抗属人数享受优待,此外,抗属的精神和政治优待也提高了许多,群众给抗属助耕,逢年过节,送礼慰劳,军民关系得到了改善。

---

① 《晋察冀抗日根据地》史料丛书编审委员会、中央档案馆编:《晋察冀抗日根据地》(文献选编上),北京:中共党史资料出版社,1989年版,第253页。

抗日根据地的优抚保障政策并不是一成不变的,是随着战争形势的发展以及生产力水平的变化逐步走向成熟的。社会的优抚保障应该与生产力水平相适应,超越生产力水平的社会保障最终会对经济发展起到反作用。各边区政府的许多法令虽然对优待军人、抗属等做出了详尽的规定,但是由于形势的限制,最终不能完整执行。例如在荣誉军人待遇问题上,晋冀鲁豫边区在1943年的工作报告中提出,"荣誉军人为国效劳,按理应该享受国家的优待,今天我们没有更多的优待办法,所以只能在负担上加以优待。凡是荣誉军人,不管经营什么业务都不负担"①。根据形势进行调整说明抗日根据地优抚保障政策是灵活的,这种灵活性使政策更有针对性和实效。在优抚保障推进的过程中,边区政府不断同各种错误认识斗争,加强执行力度。许多地区存在不愿供给军队给养,不愿扩军给主力,只优待地方武装抗属,不优待主力军抗属等现象,在军队中存在单纯军事观点和军权高于一切的错误观点。优抚保障工作不断与这些现象作斗争,保证了这项工作的有序推进。另外,在代耕过程中许多地区落实并不到位,在后来的修正法案中,对代耕的具体原则和执行情况进行规定,强化了执行力度,促使这项工作切实有效地落实下去。

5.3.3 对劳资关系工作的反思与完善

抗日战争初期提出的劳动保护措施,延续了土地革命时期的做法,同时又根据抗日战争的发展进行了适当的和必要的修正。土地革命时期,党和政府相继颁布了几部法律文献,具体包括1930年6月全国苏维埃代表大会通过的《劳动保护法》、1931年11月中华苏维埃工农兵第一次代表大会通过的《中华苏维埃共和国劳动法》和1933年10月中华苏维埃共和国执行委员会通过的《中华苏维埃共和国劳动法》②。这些法律文件从雇佣手续、劳动合同、工作时间、休息时间、工资、女青工及童工、劳动保护、工会、社会保险、劳资冲突等方面进行了具体的规定。抗日战争初期的劳动法规和文献,例如1940年的《陕甘宁边区劳动保护条例(草案)》《中共苏皖区委为坚持江南敌后抗战之政治纲领》等,在宏观方面延续了土地革命时期劳动保护的基本精神,如都涉及了工作时间、工资、女青工及童工、劳动合同等方面的内容。

---

① 河南省财政厅、河南省档案馆合编:《晋冀鲁豫抗日根据地财经史料选编》(河南部分一),北京:档案出版社,1985年,第255页。

② 马举魁:《抗日民族统一战线与陕甘宁边区劳动立法的转变》,《理论导刊》,2010年第7期,第65页。

1937年抗日战争全面爆发之后,中共中央为了调动一切可以调动的力量参加抗战,对劳动保护的具体措施进行了调整。1939年1月,林伯渠在陕甘宁边区第一届参议会的《政府工作报告》中,提出了四项关于劳动保护的建议:"甲、废止过去苏维埃时代的劳动保护法。乙、取消对资本家、富农经营生产事业的各种限制。丙、严禁高利贷的剥削,严禁操纵市价垄断投机。丁、实行一种仲介制度,在政府仲介之下,劳资双方订立劳动契约,根据各地不同的生活条件,酌量增加工资,减少工作时间,改良工人生活待遇。"①林伯渠提出的四个方面在保证工人利益、改良工人生活待遇的基础上取消了对资本家的一些限制。这些措施对于调动资本家生产和抗战的积极性有重要意义,是针对当时的形势作出的调整。这种调整是必要的且及时的,但是并不彻底,仍然存在着"左"的倾向,增加工资,减少工作时间等内容不符合抗日战争的实际情况。

随着抗战形势的进一步发展,毛泽东认识到以往劳动保护政策的"左"的倾向,既不利于抗日战争的大局,也不利于对工人阶级根本利益的保护。针对这种情况,毛泽东在《论政策》中更具体地指出了在劳动保护方面应该做的调整:"切忌过左,加薪减时均不应过多,在中国目前的情况下八小时工作制还难以普遍推行,在某些生产部门内还须允许实行十小时工作制,其他生产部门则应随情形规定时间。"②这些认识纠正了中国共产党在劳动保护方面的一些过激的做法,同时避免了矫枉过正,将工人阶级的眼前利益和长远利益相结合,不仅将抗日民主政府的劳动立法纳入正确的轨道,而且使劳动保护最终成为促进社会良性运转的重要因素。

1940年9月,晋察冀边区政府发表《关于改善农工生活中的几个新问题》,对劳资关系问题进行了总结与反思,认为存在一些工资过高或强迫雇主雇佣工人的现象,提出在劳动政策的具体执行过程中要"照顾到大多数工人的生活改善问题,要为失业的工人找工作,并能继续进行工人生活的普遍改善,不能单调剂劳资关系;农业部门不能实行八小时工作制,应日出而作,日入而息;关于契约的问题要承认自愿缔约的原则"③。晋察冀边区的规定有利于发展生产并提高工人的生产效率、强化劳动纪律。1942年,安徽革命根据地对党的政策进行了集中讲解,在《党的政策讲授提纲》中提

---

① 陕甘宁革命根据地工商税收史编写组、陕西省档案馆:《陕甘宁革命根据地工商税收史料选编》(第一册),西安:陕西人民出版社,1985年版,第201—202页。
② 毛泽东:《毛泽东选集》(第2卷),北京:人民出版社,1991年版,第766页。
③ 魏宏运主编:《抗日战争时期晋察冀边区财政经济史资料选编》(总论编),天津:南开大学出版社,1984年版,第338页。

出,劳动政策的出发点是一方面改善工人生活,同时又使富农经济及整个资本主义生产力得到发展,使资本家有利可图。在调节劳资关系方面,除耐心教育与解释之外,还要采取契约自由的自然法则。对于就业问题提出具体的意见,"关于劳动保险极难,政府救济可能很少,且有将劳资斗争目标移到政府的危险,故基本上只能帮助工人就业,发展生产,扩大劳动雇佣,协助工人垦荒,低利或免利贷款,组织合作社或动员工人参加抗日部队"[①]。

1943年,李世农在《对乡村雇工工作的几点意见》中,根据在一个乡了解的材料对安徽革命根据地的雇工工作进行了总结。他认为在雇工工作中存在问题,主要表现为:对雇主的斗争方式强硬,缺乏一定的说服教育;忽视了对雇主利益的维护;只注意了雇工眼前的经济利益,忽视了对工人的教育与政治上的提高。针对这些问题,他提出了自己的意见,"首先,在党的乡村支部中进行'注意雇工工作'的教育,把雇工工作放到支部工作的议事日程上,有系统地进行这一工作;其次,纠正过去在政策上的偏向,认真执行照顾雇工,又照顾老板的正确政策;最后,不仅要注意到雇工眼前的经济利益,而尤应注意对雇工的组织教育工作,以提高雇工的觉悟程度"[②]。这些建议是建立在实践调研的基础上,具有很强的操作性和指向性。在此基础上,李世农还注意到一些细小的问题,如在支部中应该确定一个干部担任工抗理事长,因为如果雇工当理事长,老板讨厌,都不愿意请他,且雇工流动性大,不适合担任这一职务,这些细微的建议体现了中国共产党对这一问题的高度重视。

中国共产党针对形势的变化对劳动政策进行的不同程度的调整,是为了维护工人阶级的根本利益、长远利益。根据实际情况废除以往的八小时工作制,提出九或十小时工作制,在工资方面取消以往的最低工资,规定最低工资率,根据当地的实际生活水平由资本家和工人共同商定。这些调整在保证工人阶级根本利益的前提下,使资产阶级有利可图,调动了资产阶级以及富农的积极性,符合中国国情。

5.3.4 对其他相关工作的反思与完善

社会保障是一个系统工程,需要各部门、党政机关群众团体、各项政策

---

① 安徽省财政厅、安徽省档案馆编:《安徽革命根据地财经史料选》(二),合肥:安徽人民出版社,1983年版,第500页。
② 安徽省财政厅、安徽省档案馆编:《安徽革命根据地财经史料选》(一),合肥:安徽人民出版社,1983年版,第272—273页。

之间的互相支持与配合,但是在实际工作的开展过程中各项配合做得不够好,存在着一定的对立情况。例如,农会与合作社的对立问题,公营商店不扶助合作社的问题。由于政府机关与群众团体配合不够,且缺乏详细而缜密的调查研究工作,在一些根据地出现了敌对分子混入领导系统、村干部包办与不民主的现象,合作社社长独断专行,在营业上资敌、不执行政府法令、不代表群众利益等现象也都时有出现,单纯的经济观点盛行。这些问题的出现说明政府应改善系统内的配合关系,以求这些问题的彻底解决,并提高系统运作的效率。在具体的执行过程中,晋冀鲁豫边区提出密切各群众团体之间的配合,例如,在农村合作社与农会互相扶持;工会与妇女会、青年会等机构互相配合。密切群众以及群众团体与政府机关的配合,政府加强经济扶植,群众及相关团体加强对国家经济机关的服务。只有建立良好的、密切的联系,社会工作才能顺利开展。

抗日根据地社会保障是战争形势下的具有战时特征的政策,与抗日民族统一战线的建立、巩固与发展有密切的关系,在实际操作过程中很多地区只片面强调了团结,而忽略了适当的斗争,"打"和"拉"不能很好地配合起来,结果使地主、富农联合起来,向群众进攻,使群众的基本生存权益受到了损害,政治地位也受到动摇。地主进攻群众的方法:第一,利用共产党的政治口号打击干部群众,即所谓的"拉上打下"的策略;第二,用收买的手段,收买干部,威胁群众[①]。城市中工厂主收买及压榨工人的现象也存在,这些都不利于社会保障政策及措施的落实与开展。针对这种形势,各根据地提出"打"和"拉"结合,制定对待地主和富农的正确的政策,既在一定程度上维护他们的利益,巩固和扩大统一战线,又能规范其行为,使其在政府法令、法规的范围内活动,同时加强对干部、群众的教育,提高警惕性。

抗日根据地的社会保障既是经济问题,又是政治问题,一定程度上还是个军事问题,对社会保障的重视必须从政治、经济、军事几个维度来理解。但是在社会保障的运行中,很多地区将社会保障仅仅理解为经济问题,单纯的经济观点影响了社会保障措施的执行与效果。为了纠正这种观点,各根据地加强宣传,使各级干部充分认识到社会保障各项措施的综合性和长远性。例如,陕甘宁边区华池县政府在对1941年民政工作进行总结时提到,在灾荒饿死人的情况下,政府拿出大量粮款进行社会救济工作,帮助群众渡过了基本的困难,在当时具有很大的政治影响,所以在社会救济

---

① 安徽省财政厅、安徽省档案馆编:《安徽革命根据地财经史料选》(一),合肥:安徽人民出版社,1983年版,第305页。

工作的经验教训中强调"对于社会救济要强调公平性,在救济中扩大政府的政治影响"①。

对社会政策制定、执行及效果的反思是中国共产党社会管理及政府运作过程中固有的习惯和优良传统,各地区和各级政府都非常重视总结与反思。1941年,彭真在中共中央北方分局扩大干部会议上作报告,在"如何在边区把中央的政策具体化"一节中,对晋察冀边区社会政策进行了总结,认为边区在正确执行党中央政策的过程中存在偏"左"或偏右的错误,与社会保障相关的内容极大程度上表现为偏"左"倾向。具体情况见表5-2:

表5-2　晋察冀边区社会保障"左"倾错误表现一览表②

1. 个别地方工人增加工资超过了目前边区公营私营企业可能负担的限度以外
2. 强制雇主按工会规定的工资和待遇雇佣雇农
3. 劳动契约订立不依双方自愿,劳动契约期满不允许雇主解约
4. 个别地方在减租减息后,佃户不缴租或者毫无理由地不按期缴租
5. 佃户停止偿还本息,以破坏的态度去对待地主
6. 青年妇女以极无理的态度去对和善的婆婆
7. 个别地方的妇救会企图由"男的压迫女的"一个极端走向"女的压迫男的"另一极端
8. 审判汉奸没有革命的法治精神,乱没收汉奸的财物
9. 一部分积极分子,特别是青年和妇女,对劳动和生活的热忱远落在政治热忱后面

表5-2中存在的"左"倾错误,宏观方面包括税收制度、劳动法规等,微观方面包括妇女地位、劳动者的劳动热忱等,具有代表性和典型意义。针对上表中存在的问题,晋察冀边区政府在充分了解社会实际情况的基础上,加强对干部、群众的教育,强化监督,纠正以往出现的错误,并预防新的错误出现,制定社会规范,使社会保障工作沿着健康有序的路径向前发展。彭真总结的以上内容是建立在对晋察冀边区社会考察的基础之上的,如实反映了当时抗日根据地各边区政府的实际情况,对晋察冀边区的持续、有益发展有重要的意义。

抗日根据地在社会保障的发展过程中,注重对社会保障政策与具体工

---

① 陕西省档案馆、陕西省社会科学院合编:《陕甘宁边区政府文件选编》(第二辑),北京:档案出版社,1987年版,第204页。
② 根据《晋察冀抗日根据地》史料丛书编审委员会、中央档案馆编:《晋察冀抗日根据地》(第一册文献选编 上),北京:中共党史资料出版社,1989年版,第426页整理。

作措施的检讨与修正,一方面纠正了当时社会保障工作中存在的失误、偏差,保证了抗日根据地社会保障工作健康、有序地发展,另一方面这种及时的总结与反思,对于中国共产党积累社会治理的经验有重要的意义,反映了中国共产党实事求是的工作作风。

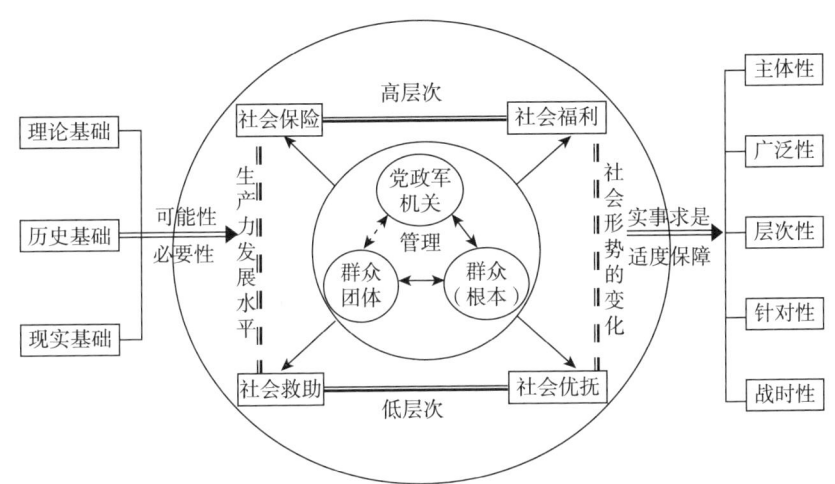

图 8　中国抗日根据地社会保障结构图

另外,中国共产党在推行社会保障的过程体现了"破旧立新"的特点。一方面,要废除这些地区在国民党统治时期制定的不合理的捐税制度,使人民从国民党以及旧军阀的奴役和压榨中解放出来。例如,晋冀鲁豫地区明文废除国民党的盐税等苛捐杂税,同时在税收方面坚持"地主减租减息,农民交租交息"的原则,减轻了地主阶级对农民的剥削,具有反对封建剥削的重要意义。另一方面,建立新的治理规则和规范,将根据地人民纳入新的社会管理体系之内。例如,在根据地建立新的税收制度,推行累进税制度,建立合理负担体系,根据社会政治、经济形势以及根据地的实际情况,制定税收标准,既保证了军事以及民生的需要,同时兼顾了农民阶级的利益。中国共产党领导的敌后抗日根据地的社会保障体系逐渐摒弃了中国封建社会的社会保障的特征,例如,地域以及宗法关系在社会保障体系中的维系作用逐渐弱化,建立一种现代化的社会保障体系,突出国家以及政府在社会保障中的责任。强化社会保障的社会性,破除封建社会社会保障体系的内容,是抗日根据地社会保障"破旧立新"特征的另一个重要体现。总之,中国共产党在推行社会保障的过程中"破旧立新",开启了建立新的社会管理体系以及社会管理规范的历程。(参图 8)

中国共产党在领导社会保障工作的过程中,充分理解马克思主义关于社会保障的经典理论,运用社会学中关于社会保障概念的界定以及理论的阐释,借鉴土地革命时期社会保障的经验和东北人民抗日武装力量后勤保障工作的经验,立足于抗日根据地的现实情况,在具备了可能性和必要性的情况下积极开展社会保障工作。各党政军机关及群众团体,代表群众利益,对社会救助、社会优抚等低层次的社会保障,社会保险、社会福利等高层次的保障进行领导及管理,同时在文教卫生工作方面积极探索。敌后抗日根据地的社会保障在具体工作的开展过程中,虽然受到当时生产力发展水平、社会形势以及战争局势的变化等因素的影响,存在一定的波动性和战时性,但还是体现了中国抗日根据地社会保障的广泛性、多样性、全面性和层次性。充分说明了在社会管理过程中,社会政策的制定与调整必须坚持实事求是的原则,必须建立适度保障,与生产力发展水平相适应。

第6章 中国抗日根据地社会保障的作用、经验及启示

抗日战争期间,中国共产党在领导人民进行革命战争、满足战争需要的同时,积极进行社会救助、社会优抚、社会福利和社会保险等活动,制定了相关的政策、法规,并进行了具体的实践。这些措施对于社会发展产生了重要影响,在推进社会保障工作的过程中积累了丰富的经验并总结了教训,为中国新民主主义革命时期以及社会主义革命时期社会保障工作的开展提供了借鉴,具有重要的启示作用。

6.1 中国抗日根据地社会保障的作用

抗日根据地的社会保障工作对于当时的战争及社会发展产生了重要作用,一方面提高了人民的生活水平、政治地位,增强了向心力和凝聚力,从政治上和经济上巩固了根据地;另一方面激励人民踊跃参军,积极参战,在军事上巩固了根据地。卫生防疫工作的进步、社会习俗的变化、文化教育的提高促进了新型社会关系的形成,这些都是社会保障促进社会进步的表现。

6.1.1 巩固了中国抗日根据地

抗日战争时期各边区在严酷的战争环境下,又经历了严重的自然灾害,这对本来不富裕的根据地人民来说无异于雪上加霜。1941年,陕甘宁边区华池县的七区,吴旗、水泛、元城三区以及柔远区一、二乡、白马区五、六乡等地灾情非常严重,在春荒困难的时候,群众吃草根树皮,树叶野菜,四至六月天旱没雨,吃树叶野菜也不可能。县政府想尽各种办法尽力救济,具体情况如表6-1:

表 6-1　华池县社会救济布置月份及粮、款情况表①

月份	四月	五月	六月	七月	合计
粮数(石)	150		50	35	235
款数(元)		4500			4500

华池县的数据代表了陕甘宁边区一个地区一个时期内社会救济的状况,1941 年,陕甘宁边区政府工作报告对整个边区的状况进行了说明,对人民生活改善的情况进行了详细的阐述。废除了农民的苛捐杂税,农民收入增加,深有感触地说:"革命前借地主陈谷一斗,收新谷时要还二斗,苛捐杂税几十种,每人每年要十五六元,现在什么都取消了,所收的粮食每年都有剩余,以前谁敢做这梦想。"雇农的社会地位得到提高,妇女的社会地位和家庭地位提高。延安市市长说:"延安新市场,天天在建筑,商人很有钱,经常有若干由绥、米来的劳动者在工作。每次唱戏,几十里远的妇女穿着新衣、骑着驴来看,不带干粮,都进馆子吃饭,这是以前没有的事。"②陕甘宁边区的政府工作报告中特别提到,边区没有乞丐,是有历史以来,全世界除苏联外没有的奇迹。工人的生活也得到了改善,延安的水泥工人 1932 年除由雇主供饭外,每天给工资二毛至二毛五分,1938 年每天给工资四毛至五毛,1940 年增加至每天给工资一元至一元二毛以上③。农业工人工资的增长以延安县四区四乡为例,详情见表 6-2:

表 6-2　延安县四区四乡农业工人工资情况表④

年份	长工	短工	月工	牧童	手工业工人
1939 年	每年 50—75 元	每日 3—5 毛	每月 8—10 元	每年 10—20 元	每天 5 毛
1940 年	每年 85—140 元	每日 5—8 毛	每月 18—20 元	每年 35—45 元	每天 1 元

---

①　陕西省档案馆、陕西省社会科学院合编:《陕甘宁边区政府文件选编》(第四辑),北京:档案出版社,1988 年版,第 202 页。

②　陕西省档案馆、陕西省社会科学院合编:《陕甘宁边区政府文件选编》(第三辑),北京:档案出版社,1987 年版,第 193 页。

③　同上书,第 195 页。

④　同上。

以上各方面的数据反映出陕甘宁边区的人民生活得到了改善,人民对于政府的充分信任和感激之情巩固了陕甘宁革命根据地。其他地区也非常关注群众生活的改善,浙东抗日根据地在战争频繁、支出浩大,财政十分困难的情况下,在地方福利事业上投入大量的资金,以保证人民生活。晋冀鲁豫边区政府积极开展战争的善后工作,恢复群众情绪及正常生活,分别地区、分别对象,组织慰问团进行安抚、救济、医疗、扫除污秽等工作。"据太行一分区 7 个村的统计,尽管 1942 年前后出现了前所未有的灾荒,但人民的收入逐年增加,1942 年每人平均收入为 2 石 2 斗 1 升,1943 年为 2 石 9 斗,1944 年为 3 石 3 斗 7 升。另外各抗日民主根据地的部队基本上每天每人可以吃到五钱盐、五钱油、一斤半蔬菜、每月还可以吃到一斤猪肉。"①在晋冀鲁豫根据地,政府通过了直接反映雇农工资和劳动保障合同的劳动立法,濮县丁庄、朱庄和吴庄的雇农在清明节就劳动合同的问题与地主进行了谈判,确定地主在未征得雇工同意的情况下不得将其解雇。另外,"在争取合理工资的斗争中,伙食费、医药费和市场交通费得到恢复,白衣卢村的雇农迫使地主答应提供丧葬费并付给在劳动中死亡的雇工工资家庭六个月工资"②,这些"小收益"使受尽地主阶级压榨的雇农有"隔世之感",人民的生活得到改善,同时对中国共产党的拥护日渐强烈。

敌后抗日根据地的人民,一方面收入增加,另一方面负担得到减轻。以陕甘宁边区为例,1941 年产量基数为 100,1944 年达到 124.1,增加了近四分之一。在人民的负担方面,以征收农业税为例,1941 年基数为 100,1944 年减至 80、减轻五分之一,1945 年更减至 60、减轻五分之二,人民的负担得到了绝对改善,另外,机关部队建立了不同程度的家务,成为改善物质生活的基础。1942 年 12 月,毛泽东在陕甘宁边区高干会上做了《经济问题与财政问题》的报告,对人民负担问题进行了阐释,"我们提议从 1943 年起,每年征收公粮 18 万石。以后若干年内即固定在这个数目上,不仅在目前全边区粮食总产量约 150 万石时是收这个数目,就是由于生产的发展,总产量增至更大的数目时(据许多同志估计,就现有劳动力加以调剂,能使边区粮食总产量达到 200 万石),我们也只收这个数目,这个数目以外的一切

---

① 谭克绳主编:《中国革命根据地史》(下),福州:福建人民出版社,2007 年版,第 616 页。
② 〔美〕拉尔夫·撒克斯顿:《晋冀鲁豫抗日根据地农民生计问题的解决》,南开大学历史系编:《中国抗日根据地史国际学术研讨会论文集》,北京:档案出版社,1985 年版,第 467 页。

增产概归农民,使农民好放手发展自己的生产,改善自己的生活,丰衣足食,穿暖吃饱"①。毛泽东的以上论述,将人民负担相对固定,减轻了人民群众的压力,提高了群众增产增收的积极性,有利于生产的恢复与发展。

1945年9月,边区政府以绥德县刘玉厚乡王玉堂、贺树德以及王生秀三户为例,分析了人民负担以及人民生活问题,具体情况如表6-3②:

表6-3 陕甘宁边区人民负担及人民生活不完全统计表

姓名	年份	收入	副业收入	人口		负担数
				大人	娃娃	
王玉堂	1940	2.5石	1.5石	2	1	无
	1941	3石	1石	2	1	1.2斗
	1942	3石	2.5石	2	1	1.4斗
	1943	3石	3石	2	1	1.4斗
	1944	3石	4石	2	1	2斗
贺树德	1940	3石	无	3	2	5斗
	1941	3石	1.2石	3	2	1.5斗
	1942	4石	无	3	2	1.8斗
	1943	4.5石	无	4	1	2斗
	1944	6石	无	4	1	2.5斗
王生秀	1940	12石		3	2	4斗
	1941	13.5石		3	2	7斗
	1942	15.5石		3	2	1石
	1943	11.6石		3	3	1石
	1944	10石		3	3	9斗

通过上述表格可知,人民生活在不断地上升,同时负担也呈上升的趋势,但是负担的上升低于生产的上升。由此可见,人民的生活水平不断提高,负担减轻,人民群众发自内心地拥护中国共产党的统治。

要理解工人工资标准与工人生活的变化,了解他们的生活水平是上升还是下降,必须从他们所得到的实际工资是增还是减中去得到答案。以延安为例,将铁匠、成衣工人、流动工人1937年得到的名义工资及可换得的物

---

① 中国财政科学院主编,陕甘宁边区财政经济史编写组、陕西省档案馆编:《抗日战争时期陕甘宁边区财政经济史料摘编》(第九编 人民生活),武汉:长江文艺出版社,2016年版,第50页。
② 同上书,第48页。

品(实际工资——以小米为标准)与1944年得到的名义工资及可换得的物品作一比较如表6-4①:

表6-4 延安地区工人名义工资及实际工资对比分析表

工人		1937年		1944年		比较	增加%
	年份 工资	工资	折合小米	工资	折合小米		
铁工		7—9元(每月、管饭)	4.6—6斗(每斗3元)	15000元(每月、管饭)	7.5斗(每斗2000元)	+2.9—1.5斗(每月)	163%—125%
成衣工人		9元(主家管饭)	6斗(同上)	15000元(管饭)	7.5斗(同上)	+1.5斗(每月)	125%
流动工人	大工	0.3元(日计、主家管饭)	2升(同上)	1000元(日计、管饭)	5升(同上)	+3升(每日)	150%
	小工	0.25元(同上)	1.66升(同上)	700元(同上)	3.5升(同上)	+1.84升(每日)	210.6%

上述表格表明,延安地区工人1944年的绝对工资与1937年相比,得到了大幅度的提高,工人生活水平得到了快速提升。从工资方面分析,工人的生活状况得到改善,工人副业的收益,对于工人生活的提高具有不可忽视的作用。以难民工厂为例,全体工人私人所有的猪41头,鸡144只,其中如袁广发、姚芝兰夫妻两人分工合作,袁广发开荒种地担水做重活,姚芝兰提苗摘拾做轻活,互相配合,1943年一年共收南瓜600个,洋芋700斤,豆角200斤,西红柿100斤,茄子100斤,黄瓜20斤,西瓜30个,菠菜30斤,供给全家四口人一年还有剩余。喂了3头猪,卖了1头、买回1石米,自己腌腊肉1头;喂了11只鸡,下了500个蛋;两只鸭子,下200个蛋。女工杨爱珍,1943年工作之余喂了两头猪,63只鸡、下鸡蛋500个以上,鸭子5只、下鸭蛋200个以上,白菜1500斤,洋芋500斤,南瓜100余斤。这些副业生产都是利用工余或者假日进行的,厂方与职工会负责组织和帮助其发展。

以上各方面的数据综合反映出陕甘宁边区各阶级、各阶层人民的生活得到了极大的改善,人民群众对于政府充满了信任和感激之情,拥护中国

---

① 中国财政科学院主编,陕甘宁边区财政经济史编写组、陕西省档案馆编:《抗日战争时期陕甘宁边区财政经济史料摘编》(第九编 人民生活),武汉:长江文艺出版社,2016年版,第109页。

共产党的统治,巩固了陕甘宁革命根据地。《太阳报》记者 M.武道在山西、陕西两省访问五个月之后,认为中国共产党治理的区域最"动人"的事情,就是人民大众生活的进步,人口相对稀疏的陕西东北部和山西西北部的人民,已经不再简单地依靠小米和黑豆混日子,也再没有衣服不足的苦痛。许多为了减轻人民生活负担的运动,例如变工运动,改造"二流子"运动,都获得了成功。在农民、工人以及军队中开展的选举劳动英雄,提高了每个人的生产积极性。M.武道在文章中写道:"每一个人——士兵、党的负责人、学生、工厂工人,都参加生产运动。在他们正规的职务之外,他们同时,种谷物和蔬菜,做木工、纺纱、捻毛线、织毛衣毛袜,酿蜜糖或者制造酱油。"①当时边区存在的医院医生、护士、医科学生等专业人士从事专业以外工作时间过长的问题,在外国记者的建议之下,得以改善,最终解除了医科学生的耕织义务,为边区培养了医学人才。

晋察冀边区虽然面对敌人的扫荡,但是在政府的号召之下,仍然积极生产,取得了很大的成绩。根据晋察冀边区三十一个县不完全统计,"垦荒三百二十三点七一亩;修滩二百一十五点八三五亩;开渠一百五十四里,共灌田三百三十三点七四三亩;给抗属代耕八十点七三九亩"②。这些措施为农业生产的发展奠定了基础,创造了条件,同时表明晋察冀边区优抗工作取得了一定的成绩,改善了抗属的生活。

在淮北抗日根据地,"雇工因增加工资及政府春荒贷款,已普遍上升为贫农。贫农因减息及政府贷款,一般能还清债务,赎地买牛,做衣服。中农因地方太平能安心生产,又得政府贷款。佃户中农受减租利益,一般均向富农发展,富农地主则感到无土匪、不受气,没有苛捐杂税,生活有了保证"③。抗日根据地的社会保障工作帮助民众渡过了严重的自然灾害,并逐步改善了生活,提高了社会地位,缓和了阶级矛盾,从政治和经济角度巩固了中国共产党领导的抗日根据地。

从另一个角度分析抗日根据地的巩固,表现在军事的巩固。各边区政府承担着重要的抗击日本侵略的任务,足够量的军队、过硬的军事素质以及积极的抗战态度是至关重要的。在民众觉悟不高、国家征兵制度没有完善的背景下,切实推行优抚保障使根据地人民对抗日民主政权更加热

---

① 齐文编:《外国记者眼中的延安及解放区》,历史资料供应社,1946 年版,第 17 页。
② 《群众》第七卷第十一、十二期合刊,1942 年 6 月 30 日,第 284 页。
③ 《淮北群众运动蓬勃开展》,《解放日报》1944 年 1 月 22 日,第二版。

爱,广大群众踊跃参军,掀起了参军的热潮,社会保障解决了抗属的生活困难问题,成为巩固和扩大部队的关键和必要条件。抗日根据地的优抚保障工作不仅从物质上满足了抗日军人和抗属的需求,而且提高其政治地位,采取措施解除他们的后顾之忧,这些都大大增强了部队的吸引力,很多地方出现了送子送夫参军的局面。淮南抗日根据地津浦路东各县联防办事处为了补充并扩大新四军,1940年5月及11、12月进行了征兵动员,采用志愿兵制度,经过政治动员,在没有强迫的情况下,计划基本完成[1]。"苏皖边区1944年扩军时,原计划扩兵3000人,后来扩到3600人,仍有不少群众积极报名参加。部队逃兵大大减少,如莒南优抗工作比较突出,该县1944年参军1000多人,只逃亡一人,后来又自动归队。"[2]1944年6月到1945年3月,解放军数量由47万增到90万,几乎扩大一倍,出现如此快速的增长是由于广大人民踊跃参军,这与中国共产党坚持的社会优抚政策密不可分。

由于中国共产党采取的措施增强了其向心力和凝聚力,人民真心拥护共产党的领导。1944年中外记者西北访问团在国民党当局的允许之下,从重庆出发,经过西安到达延安,他们先后在延安住了两三个月至五六个月不等,部分记者到达了晋绥地区,记录了敌后抗日根据地的发展。美国人鲁登分析了根据地人民对中国共产党和军队的拥护和爱戴,"共产党在他们所活动的那个区域内,是确实得到人民大众的拥护的,而且这个结论是凡到过那个区域出来的人士都众口一致的。鲁登指出共产党在中国有几个行政机构分开来的根据地,但八路军在所有这些区域内转战,到处都受到当地人民极高的敬爱"[3]。1944年3月18日《解放日报》报道,"1927年由山东逃荒来路东的移民彭维学,在民主根据地建立前,年年欠债,现在因为减租减息和全家加紧生产的结果,自己开了一座油坊,有两条大驴子,又娶了媳妇生了孩子,全家安安乐乐,最近又以十万元典了一垧地耕种。他说:俺的日子是共产党给的,俺死也跟共产党走"[4]。人民的生活得到了改善,革命和建设的积极性提高,冒着生命危险给部队送子弹、粮食、柴草等,

---

[1] 《淮南抗日根据地》编审委员会编:《淮南抗日根据地》,北京:中共党史资料出版社,1987年版,第58页。
[2] 陆玉、徐云鹏:《论抗日根据地的军事社会保障》,《抗日战争研究》1997年第2期,第105页。
[3] 齐文编:《外国记者眼中的延安及解放区》,历史资料供应社,1946年版,第3页。
[4] 安徽省财政厅、安徽省档案馆编:《安徽革命根据地财经史料选》(一),合肥:安徽人民出版社,1983年版,第353页。

妇女们给部队洗衣、做饭、做鞋,给伤病员喂药、喂饭。人民群众对子弟兵的支持,鼓励了军人的抗战情绪,密切了军民关系,军人奋勇杀敌,敌后武装不仅人数得到保证并增加,战斗力也得到了大幅度的提高。人民通过优抚措施认识到敌后武装是真正维护人民利益的军队,所以在战争及平时充分配合战斗以及优抚工作,这为抗日根据地的发展以及抗日战争的胜利奠定了重要的基础。抗日战争之后的解放战争,这种力量的作用更加凸显。

社会保障工作对于巩固抗日根据地的作用体现在团结各阶层人民有效地进行抗日斗争。通过地主减租减息、农民交租交息政策,地主与农民的矛盾缓和,地主阶级的抗日积极性被调动。合理负担政策,使人民承担的义务在合理范围内,调动了人民的积极性。通过对劳动政策的不断调整,工人的利益得到维护,雇主、私营企业主以及资本家的合理利益得到维护,劳资矛盾缓和。通过社会福利措施,妇女、儿童、老人、政民工作人员、技术人员等群体的利益得到维护。中国共产党最终使根据地的各阶级、阶层团结在抗日民族统一战线这个大政策下,阶级矛盾服从于民族矛盾,巩固了工农联盟,带动并督促他们积极有效地进行抗日斗争,使抗日根据地在战争及自然灾害的双重威胁下能够生存下来,逐步发展壮大,并发挥重要的作用。

关于这一问题,通过满铁调查部进行的"中国抗战力调查"可见一斑。满铁调查部是日本侵华机关——南满洲铁道株式会社专门收集情报的调查机关,1907年创立,1945年解散,其存在是为了日本帝国主义侵华政策服务。1939年,满铁调查部开展了"中国抗战力调查报告",尾崎秀实撰写了《关于中国抗战力调查委员会"昭和14年度总括资料"》,第2章分析了民众动员与中国政治,明确指出:"中国的民众动员存在着性质不同的两条道路:一是国民党的方向;另一是中国共产党指导的方向。前者包括国民政府战时编成的300万新军,完全是强制性的和义务性的,而且土豪劣绅从中舞弊,不仅难以收到战时动员之效,而且酿成广大农民的离反。相反,中国共产党把群众动员理解为群众自身的运动。也就是,根据群众的直接利益组织群众,与此同时以此种组织力将群众向政治(抗日)、军事(游击战)、生产等方面动员。"①日本调查机构的这段论述,从一个侧面证实了中国共

---

① 〔日〕尾崎秀实:《关于中国抗战力调查委员会"昭和14年度总括资料"》,《满铁资料汇报》第6卷第4号,第9页,吉林省社会科学院满铁资料馆馆藏资料,编号:18601。

产党"改善民生、实行民主"的政策对于动员民众的积极效果,人民群众是真心地拥护、支持中国共产党的统治,从而也说明中国共产党在敌后抗日根据地推广的社会保障政策具有良好的效果,发挥了重要的作用。

6.1.2 促进了抗日根据地社会进步

社会保障是社会文明进步的标志,中国共产党领导的敌后抗日根据地的社会保障工作在巩固了抗日根据地的同时,促进了社会进步,抗日根据地经济得到了恢复与发展。卫生防疫工作的进步使人民的生活质量提升,科学教育的发展为边区建设培养了人才,提升了人民的素质,丰富了人民生活。另外,当时盛行的一些传统陋习在社会管理及建设中逐步被摒弃,新的社会习俗使边区显示了新的面貌,人民生活呈现了新的气象。

各边区政府在组织人民进行抗日斗争的同时积极开展生产运动。大生产运动以发展农业为主,农业中以发展粮食为核心,同时注意实事求是、因地制宜,充分利用当地资源,一方面为社会保障提供了资金和物质支持,满足了人民当时的生活需要,提高了人民的生活水平;另一方面从长远角度分析促进了边区经济的恢复与发展,边区的农业、工业和商业都焕发了新的生机与活力。1939年,陕甘宁边区政府公布《陕甘宁边区人民生产奖励条例》及《督导民众生产运动奖励条例》,规定"一年中增加耕地面积十二亩以上者,发展牛或驴两头以上者,发展羊十五头以上者,开辟水田十亩以上者,在原有耕地基础上增加收成至百分之二十者,植树六十株以上者,对其他副业发展有特殊成绩者,按情况进行如下奖励:奖章或奖状、农具或耕牛、日常用品、奖金等"①。这对于表彰先进、调动人民群众发展生产的积极性有重要的意义。1941年,中共山东分局公布《抗战第五年的山东十项建设运动》,在第二项中提出建立自给自足供给后方的经济建设工作,对山东地区经济的发展提出了具体的建议,"广泛进行凿井开渠,兴修水利,开垦生荒、熟荒,扩大耕地,发展造林植树畜牧,增加农业副业;开展生产日常用品、土货特产运动,使纺纱、织布、造纸等必需生产有大量的发展;普遍开展生产运输消费等合作事业,平衡输出入,提高法币比值;定期召开农业与工业生产品展览会,奖励生产;开办工艺学校,培养各种专门生产建设人才,重资聘请专门技术人才"②。这些政策促进了山东地区农业、手工业经济的

---

① 陕西省档案馆、陕西省社会科学院合编:《陕甘宁边区政府文件选编》(第一辑),北京:档案出版社,1986年版,第207页。
② 中共山东省委党史资料征集研究委员会:《山东抗日根据地》,北京:中共党史资料出版社,1989年版,第79页。

恢复与发展,使战争及后方供给走向并基本实现了自给自足。

经过各根据地的努力,边区的大生产运动取得了巨大的成绩,各地扩大了耕地面积,粮食、棉花产量不断增加。"1943年,陕甘宁边区部队共开荒种地21.9628万亩,其中种粮18.5585万亩,共收细粮1.9192万石;种菜1.7409万亩,收蔬菜2281.0064万斤,做到了菜食自给;养猪约1万头,羊1.5万只,边区部队穿的棉衣、毛衣、鞋袜,住的窑洞、房屋,日用的桌椅、板凳、笔墨纸张,烧的柴禾、木炭,差不多全是自给生产出来的,边区机关和学校的生产也取得了很大的成绩,1943年边区党政军民学单位自给动手解决了全年开支的64%"①,"晋绥抗日民主根据地的兴县,1944年粮食产量达22万石,比1941年增加了2.7倍,晋察冀边区抗战八年中共扩大耕地面积180余万亩"②。

1941年,黎波涛在太行、太岳区贸易局局长及工厂厂长联席会议上为完成工业生产的奋斗目标进行了部署,提出改良现有的工具,使现有的生产方法更进一步克服劳动力缺乏的困难,具体应该做到"纺纱机研究成功,作到能纺洋纱,抓毛机研究成功,造纸技术改进作到两面光"③。这些细致的规定有利于增加工业产量,提高产品质量,在当时各根据地发展工业生产中有极其强烈的代表性和辐射示范作用。1943年,淮南地区在机关以及群众中开展生产运动,部分地解决了部队的物质困难,减轻了人民的负担。群众生产运动有利于战胜自然的限制与自然灾害的破坏,另一方面,生产的增加使得因为减租而损失了一部分利益的地主得到了一定的补偿,这使得各阶层的团结力增强。1943年,淮北行政公署公布了《淮北行政公署关于开展生产建设的决定》,制定了边区生产的基本方针,"在现有生产基础上发展生产,以农业为主,以工业为辅,发展私人农家经济和家庭手工业,组织机关部队学校进行生产"④。这个方针对工业发展的重要性、途径及发展生产的主体进行了阐释,指向性明确,为抗日战争后期淮北公署发展生产及取得抗日战争胜利奠定了物质基础。

抗日战争中敌后根据地普遍开展的大生产运动,促进了边区生产的恢复与发展。以陕甘宁边区为例,截至1945年8月,"日本投降前,重工业与

---

① 房成祥、黄兆安主编:《陕甘宁边区革命史》,西安:陕西师范大学出版社,1991年版,第275页。
② 谭克绳主编:《中国革命根据地史》(下),福州:福建人民出版社,2007年版,第616页。
③ 河南省财政厅、河南省档案馆合编:《晋冀鲁豫抗日根据地财经史料选编》(河南部分四),北京:档案出版社,1985年版,第445页。
④ 安徽省财政厅、安徽省档案馆编:《安徽革命根据地财经史料选》(二),合肥:安徽人民出版社,1983年版,第159—160页。

化学工业能炼铁、炼油、修造机器、配置军需品、制造三酸、玻璃和陶瓷;轻工业能年产布15万大匹以上,造纸一至二万令,并创立火柴厂,全部职工增至万余人。民间纺织业已有纺妇15万人以上,织妇4—5万人,各种织布机2—3万架"①。陕甘宁边区在工业方面取得的成就在各边区政府经济发展中是比较有代表性的,许多地区农业得到恢复和发展,工业体系基本形成,基本实现了自给自足,为抗日战争胜利奠定了物质基础,也是社会进步的重要体现。边区的大生产运动不仅克服了财政困难,改善了生活,而且减轻了人民负担,提高了党的威信,密切了同群众的关系。

在经济发展的同时,抗日根据地边区政府的卫生防疫工作有长足的进步。1939年1月,陕甘宁边区第一届参议会上,崔曙光、罗成德等18名参议员联名提出"建立边区卫生工作保障人民健康案",议案主要内容是"边区地广人稀、气候干燥、文化落后,虽自土地分配后,人民生活已有较大的改良,卫生文化亦稍建设,但以人员缺乏,财力支出不敷需要,因之,卫生保健工作,亟应建立"②。此项提案将边区卫生防疫工作提高到边区参议会的议事日程,确立了卫生防疫工作的重要地位,在此基础上边区政府出台了一系列卫生防疫的政策、法规。1941年,陕甘宁边区政府发布《抽调人员学习兽医和卫生的训令》《关于卫生处建设门诊部问题的训令》,甘泉县发生传染性极大的地方性瘟疫后,政府发布《令派医生前往甘泉救治瘟疫的训令》,派医务人员携带药品,前往救治,避免瘟疫蔓延。1944年,边区文教大会通过了《关于加强工厂文教工作的决议》《关于机关学校文教工作中几个问题的决议》《关于开展群众卫生医药工作的决议》等一系列专项决议,在工厂、学校、机关以及群众中普遍开展群众性卫生运动。

卫生防疫工作需要整个社会互相支持、互相配合,部队医疗条件与地方相比有一些优势,所以很多部队支援地方的医疗卫生建设。1937年至1949年,晋察冀边区部队门诊替居民诊治疾病9878330人,治愈7053127人,军队医院收容党政、群众41498人。③另外,部队积极帮助地方培训医务人员,以充实地方卫生防疫工作的有生力量。晋察冀军区1944—1945年帮助各级政权人员训练卫生人员,详情见表6-5:

---

① 陕甘宁边区财政经济史编写组、陕西省档案馆:《抗日战争时期陕甘宁边区财政经济史料摘编》(第一编),西安:陕西人民出版社,1981年版,第285—286页。
② 温金童、李飞龙:《抗战时期陕甘宁边区的卫生防疫》,《抗日战争研究》,2005年第3期,第158页。
③ 王元周:《抗战时期根据地的疫病流行与群众医疗卫生工作的展开》,《抗日战争研究》,2009年第1期,第70页。

表 6-5　1944—1945 年晋察冀军区训练卫生人员不完全统计表①

卫生人员类别\地方	国医训练班	助产训练班	区卫生协理员训练班	村卫生员	武装部卫生员	合计
军区		67				67
二分区			15	12	22	49
四分区	38		38	32		108
合计	38	67	53	44	22	224

晋冀鲁豫边区在八年战争中遭遇了重大的损失,在医疗卫生方面政府虽然积极努力,但是在抗日战争胜利前全边区患传染病者仍有 135 万人,政府计划增设卫生医院 27 处②。山东边区政府滨海区专署从 1943 年起组织所属卫生科、平民医院和巡回医疗队积极开展群众医疗工作,第三巡回医疗队在 1943 年 8、9 月内治疗群众 742 人,注射疫苗 302 人。设置于朱边区的治疗组,给群众减轻了 302000 余元药费的负担,设有公共卫生部门机关的 17 个门诊单位,三年来共计为群众治病达 39240 次③。

抗日根据地的卫生医疗工作对于遏制传染病的大范围传播,提高公共卫生水平以及人民群众的身体素质有重要的意义,为坚持长期抗战创造了必要的条件。另一方面,卫生医疗工作促使了新的社会风尚的形成,在边区政府推行医疗之前,许多地区由于生产力水平落后封建迷信盛行,通过巫婆等治病,不仅耽误了疾病的诊治,而且造成了社会风气的落后。卫生医疗工作的开展使群众可以接触到先进的医学知识,逐步摒弃了以往的落后观念。

社会风尚的进步在社会习俗方面的变化表现为:首先,男女平等,婚姻自由。男尊女卑,强迫、买卖婚姻等在中国封建社会长期存在,这种观念根深蒂固,边区政府倡导新式男女关系,强调男女平等,婚姻自由。1939 年 4 月,陕甘宁边区政府公布《陕甘宁边区婚姻条例》,对男女结婚、离婚、婚姻及子女财产关系等内容做出了明确、细致的规定。提出"男女婚姻照本人之自由意志为原则;实行一夫一妻制,禁止纳妾;禁止包办强迫及买卖婚

---

① 王元周:《抗战时期根据地的疫病流行与群众医疗卫生工作的展开》,《抗日战争研究》,2009 年第 1 期,第 69 页。
② 河南省财政厅、河南省档案馆合编:《晋冀鲁豫抗日根据地财经史料选编》(河南部分四),北京:档案出版社,1985 年版,第 676 页。
③ 王元周:《抗战时期根据地的疫病流行与群众医疗卫生工作的展开》,《抗日战争研究》,2009 年第 1 期,第 70 页。

姻,禁止童养媳及童养婚"①,以边区政府为主体的婚姻条例将男女平等、婚姻自由的观念上升到政府法令的角度,赋予其法律效力。许多地区对妨碍妇女身体健康以致影响生产的习俗,如缠足及不注意卫生等,积极进行改革。山东抗日根据地边区政府提出女子在社会上、政治上、经济上、教育上完全与男子享有同等权利,并特别予以帮助及保护,提高妇女之知识与生产能力。其次,抚恤老弱,保护儿童。前文对于老人、弱势群体以及儿童的保障已经进行了论述,各边区政府采取的保障这些人的措施,不仅维持了这些人基本的生存,而且使社会尊老爱幼的风气逐步盛行,特别是边区政府提出反对溺婴,反对堕胎,这对反对封建社会的重男轻女,保护婴儿生存权有重要的意义。再次,自由平等。等级观念在中国是非常深刻的社会观念,不同的社会等级享受到的社会待遇是不一样的,抗日根据地建立后,边区政府打破以往的阶级、身份观念,强调自由平等。陕甘宁边区一个雇农很有感慨地说:"端人饭碗服人管,以前雇农不能和雇主一起吃饭,他坐炕上,我坐地下。他吃好的,我吃坏的。现在不然,有工会保障,谁也不敢欺负。工资增加了几倍。以前有失业的,现在没有了。"②这个雇农的话深刻地反映了物质变化的同时社会关系的深刻变化,自由平等的观念逐步深入人心并逐步扩展。最后,良好健康的生活方式逐步形成。边区政府反对浪费,倡导勤俭节约,这既是物质极度贫乏的情况下,保障人民生活的必要措施,更是对中华民族传统美德的继承和发扬。另外边区政府反对吸食毒品,促进健康的生活方式的推广,淮南区在施政纲领中明确提出严禁烟赌,厉行废娼,革除社会不良风俗,提高抗战道德与优良风尚。反对营私舞弊有利于社会运行的公开、公正透明,这些是新的社会风尚的重要内容,对新风尚的形成有重要的推广和示范作用。

对文化教育的重视是社会进步的一个重要表现。1940 年,陕甘宁边区政府发布了《为实施义务教育暂行办法事》的指令,开启了陕甘宁地区义务教育的发展阶段。《陕甘宁边区实施义务教育暂行办法》规定,儿童八岁至十四岁为受义务教育年龄,不分性别均应受义务教育,对实施义务教育的具体要求进行了说明,并制定了违反义务教育法的惩罚标准。对特殊情况进行了解释,例如"儿童已达规定入学年龄而家庭贫苦无力供给入学或已

---

① 陕西省档案馆、陕西省社会科学院合编:《陕甘宁边区政府文件选编》(第一辑),北京:档案出版社,1986 年版,第 221 页。

② 陕西省档案馆、陕西省社会科学院合编:《陕甘宁边区政府文件选编》(第三辑),北京:档案出版社,1987 年版,第 193 页。

经入学而家庭无力继续供给者,由当地乡、区、县政府调查属实后,酌量采用下列办法予以补助:减少或免除其家庭之义务劳动;县政府给予救济或发动群众予以救济"①。陕甘宁地区关于义务教育的规定强制性和灵活性结合,使义务教育能够落到实处,发挥实效。同年陕甘宁边区颁布了《陕甘宁边区升学师范学校女生奖励办法》,为发展边区妇女教育,培养妇女师资做出了重要的贡献,进一步印证了边区政府倡导的男女平等的理念。

1943年7月,冀鲁豫行署为发展中学教育,奖励青年深造,颁布了边区中学生给养及医药费由公家供给的训令,决定"凡中学学生所需粮食及菜金、医药、讲义等费,至八月份起,一律由公家供给,敌区青年及流亡抗属等根据情况分别处理"②。1944年,浙东文教处第三届文教扩大会议根据实际情况,提出新的文教方针,本着"教育与群众结合、教育与实际联系、学与用一致"的精神,坚持"社会教育重于学校教育、成人教育重于儿童教育、干部教育重于群众教育"③。浙东地区教育发展强调的是成人教育与干部教育,这是根据地区的实际情况制定的有侧重点的政策方针,有利于整个社会接受教育,促进社会整体进步。淮南根据地路东区坚持在各种工作部门中保障知识分子的物质生活,尊重和团结知识分子,在抗日及日常工作中形成济济一堂的局面。在群众教育方面,全区成立了成人及儿童识字组三十二个,读报组四十三个,黑板报四处,农村剧团发展到三百个④。部分地区制定了优待学生及知识分子的政策,抗日根据地通过自身的政治理念吸引了敌占区及国统区大批知识青年来到延安,促进了抗日根据地文化教育的发展,有利于社会进步。晋冀鲁豫边区政府为鼓励文化事业的发展,设立文化奖金,每年暂定为一万五千元,奖励对象为浅近的科学作品及通俗的文艺作品、各种专门问题的调查研究、儿童读物及民众识字课本,并奖励文化干部及大众文化工作者⑤。

抗日根据地社会保障的顺利开展产生的积极影响还表现在促进了政治的进步,在社会保障体系之下,贫农、雇农的物质生活得到了基本的保

---

① 陕西省档案馆、陕西省社会科学院合编:《陕甘宁边区政府文件选编》(第二辑),北京:档案出版社,1987年版,第549页。

② 河南省财政厅、河南省档案馆合编:《晋冀鲁豫抗日根据地财经史料选编》(河南部分四),北京:档案出版社,1985年版,第204页。

③ 中共浙江省委党史资料征集研究委员会、浙江省档案馆编:《浙东抗日根据地》,北京:中共党史资料出版社,1987年版,第113页。

④ 《淮南抗日根据地》编审委员会编:《淮南抗日根据地》,北京:中共党史资料出版社,1987年版,第386页。

⑤ 《晋冀鲁豫边府创设文化奖金》,《解放日报》1942年4月11日,第一版。

障,参政的积极性得以提升,同时社会保障的发展激发了抗日根据地社会民主人士的参政热情。1941年2月,陕甘宁边区召开专员、县长联席会议,林伯渠在政权组织方面提出要贯彻执行"三三制"原则,2月17日,林伯渠出席民政厅主办的选举培训班总结大会并做出指示,"在今年选举运动中要彻底改善边区的政治机构,健全民意机关;要彻底建立起各级政权组织的'三三制',让边区人民很好地管理自己的政治生活"①。"三三制"原则的推广,使无产阶级、小资产阶级、社会进步人士、中间派人士以及其他爱国人士和谐相处,将最广泛的社会力量团结到抗日民族统一战线的阵营中,增强了民族凝聚力。另一方面,民主政治的建立与发展,使人民的生活发生了根本性的变化,人民当家做主的愿望倍增,例如,晋冀鲁豫边区里598个村政委员会的选举,贫雇农占35.1%,中农占43%,富农占15.4%,开明地主占6.5%。

中国共产党领导的抗日根据地社会保障工作的良好、有序开展,有利于新的社会关系的形成,建立全新的党政关系、军民关系以及官兵关系,缓和了阶级关系。1938年1月,外国记者安娜·路易斯·斯特朗第三次来到中国,在晋西北的八路军总部逗留了10天,斯特朗注意到"中国军队中罕见的,也是在世界任何地方所罕见的特点",领导人朴素、直率,没有"架子",军官和士兵之间形成了平等的关系。斯特朗论述的中国军队是指八路军,她在读者报告中写道,"在和他们朝夕相处的十天中,我还注意到了他们之间深厚的同志情谊。他们之间不存在内部倾轧,没有吵架,也没有粗暴的行为。我还记得战士们在谈到他们的指挥官的时候,脸上流露出来的喜悦神色。我注意到他们用担架抬上他们的伤兵,进行长途跋涉的情景。哪一支军队会如此关心普通的士兵?"②

在社会保障工作开展的过程中,党政军各机构互相配合,协同发展,农民与地主阶级的矛盾缓和,雇农的地位逐步提高,工人与工厂主协商处理问题,农民、雇农、工人的利益得到了保障,这在以往的封建社会和国统区是不存在的。政府通过相关法令纠正政策中的一些错误倾向,维护了地主、雇主、工厂主等人的利益,使社会关系趋向和谐,新型社会关系逐步形成。精兵简政等措施改变了人浮于事的现象,克服了官僚主义和命令主义的倾向,对于中国共产党工作作风的转变产生了巨大的影响。中国抗日根

---

① 陕西省档案馆编:《陕甘宁边区政府大事记》,北京:档案出版社,1991年版,第90页。
② 〔美〕安娜·路易斯·斯特朗:《人类的五分之一》,傅丰豪译,见《斯特朗文集》(三),北京:新华出版社,1988年版,第124—125页。

据地的社会保障工作从根本上有利于理顺社会关系,促进各边区社会秩序的和谐发展。

6.1.3 为解放战争时期的社会保障提供借鉴

中国共产党在敌后抗日根据地进行的社会保障工作是中国共产党在社会管理方面卓有成效的尝试,这一时期的社会保障工作持续时间长,发挥了巨大的作用,一些成果和经验为解放战争时期甚至新中国成立后的社会保障工作的开展以及中国现代社会保障体系的建立奠定了基础。从社会保障的内容方面看,解放战争时期延续了抗日战争时期的社会保障工作,从社会救济、社会优抚、社会保险以及社会福利方面开展社会优抚,同时根据具体的情况开展了土地革命工作。

抗日战争时期劳动保护工作得到了发展,解放战争时期在此基础之上进一步发展,逐步完善劳动保护制度,建立社会保险体系,形成了企业民主制度。1948年8月通过的《哈尔滨特别市战时暂行劳动条例》、12月通过的《东北公营企业战时暂行劳动保险条例》,都是以保护职工健康、减轻职工困难为宗旨,这一宗旨与方针完全继承了中国共产党在抗日战争时期维护工人阶级利益的宗旨与原则。在劳动时间方面,两个条例规定实行八至十小时工作制,这一规定在新中国成立后得到了沿用,1949年《中国人民政治协商会议共同纲领》第三十二条指出:"公私企业目前一般应实行八小时至十小时的工作制,特殊情况斟酌办理。"①八至十小时工作制是中国共产党抗日战争时期在实践中摸索,不断战胜"左"倾错误得出的历史经验,对于维护工人阶级利益以及促进社会发展有重要的意义,解放战争时期借鉴了这一规定。在企业管理方面,解放战争时期在公营企业和私营企业内都推行计件工资的劳动工资管理制度,建立工厂管理委员会,实行工厂管理民主化。抗日战争时期为建立及扩大抗日民族统一战线,采取了比较灵活的政策,但是仍然坚持民主管理的制度,解放战争时期借鉴了这一理念。

另外,中国共产党领导的抗日根据地的社会保障工作构成了中国新民主主义革命时期社会保障体系的关键一环。抗日战争时期的社会保障工作继承创新、承上启下,对土地革命时期的社会保障工作进行了总结,对于一些存在错误倾向的政策进行了调整,而抗日战争时期的社会保障措施又为解放战争时期的社会保障提供了借鉴。同时,抗日战争时期的社会保障

---

① 国家劳动总局政策研究室编:《中国劳动立法资料汇编》,北京:工人出版社,1980年版,第10页。

工作丰富了马克思主义的社会保障理论,毛泽东在其思想体系中提出的"将人民利益放在首位""将战争需要与人民需求结合起来""社会保障水平与生产力水平一致"等主张在抗日根据地的社会保障工作中得到了充分的体现。针对一些政策中存在的"左"的倾向,毛泽东在《论政策》中进行了论述,"切忌过左,加薪减时均不应过多,在中国目前的情况下八小时工作制还难以普遍推行,在某些生产部门内还须允许实行十小时工作制,其他生产部门则应随情形规定时间"[①]。这一主张不仅对劳动保护工作的顺利开展有重要的指导意义,而且体现了实事求是的理论本质,这也是毛泽东思想最主要的理论本质。总之,抗日战争时期的社会保障工作具有理论和实践的重要意义,在中国新民主主义革命时期社会保障体系中占有重要的地位,成为关键的一环。

6.2 中国抗日根据地社会保障的经验

中国共产党在抗日战争时期,对于社会工作边学习、边探索、边实践、边总结,不断纠正错误,积累了关于社会保障工作的丰富经验。在战争时期应该正确处理战争与民生的关系,首先满足战争的需要,社会工作应该服从于战争的发展,注重发展生产,为社会保障提供持续性动力。在强调群众参与的主体性的基础之上,动员社会各阶级、各阶层的积极性,协调各方面力量,促进社会整体进步与发展。

6.2.1 正确处理战争与民生的关系

中国共产党领导的抗日根据地的社会保障工作的实质是战争与民生的问题,中国共产党对于正确处理战争与民生的关系非常重视。抗战力量的主要源泉是广大人民,为了调动广大人民抗战的积极性,必须不断改善其生活,只有这样才能不断增强抗战力量。1940年,邓发在《论抗战中的民生问题》中阐述了中国共产党处理战争与民生问题的准则,"第一,必须切实执行政府的抗战法令;第二,必须彻底改革统制办法,实行战时物资统制;第三,实行有钱出钱有力出力的合理负担;第四,实行减租减息;第五,彻底改革兵役制度;第六,发展合作事业增加生产;第七,必须保护夏收秋

---

① 毛泽东:《毛泽东选集》(第2卷),北京:人民出版社,1991年版,第766页。

收,禁止粮食出口,调剂粮价"①。以上准则与中国共产党在抗日根据地采取的社会保障政策高度吻合,反映了中国共产党在处理战争与民生政策时的指导思想。

抗日根据地边区政府是中国共产党领导下的人民政权,不同于历史上的任何政权,它肩负着领导人民抗日与保护人民利益的双重任务。没有建设的工作,就不能进行革命的战争,没有战争胜利的保障,就不能有效地进行建设,战争与建设在特定环境下互相促进、相辅相成。中国抗日根据地的社会保障面临着战争的大环境,正确处理战争与人民生活之间的关系对于当时形势的发展以及保证、提高人民生活水平有重要的意义。各边区政府本着边实践边反思的精神,不断调节战争与民生的关系,抓住主要矛盾,集中满足战争的需要,坚持抗战高于一切,并协调解决人民的需要,在不破坏抗战及统战范围内尽可能改善民生。

中国抗日战争是长期性的战争,而且敌后抗日根据地处于敌人层层包围、封锁之中,经济发展水平有限,生产力水平低下导致物资积蓄有限,不能与敌人进行持久的战争,必须对敌后抗日根据地的财政经济政策进行统筹规划。1940年9月25日,彭德怀在中共北方局高级干部会议上对财政经济政策进行了分析,提出将财政经济建设与敌后抗日根据地的坚持密切联系起来。抗日战争进入相持阶段,国民党及日本侵略者对根据地破坏、封锁,根据地财政收入锐减,必需品供给困难,且坚持敌后长期抗战,需要强大的兵力,根据地的财政状况不能满足长期战争的需要,如不合理解决财政经济问题,就无法供给战争,可能影响敌后抗日根据地的巩固与坚持。"根据敌后特殊环境,需要在每一个战略根据地内,绝对做到财政上的统筹统支,量入为出,有计划的增加收入,节省开支,使军、政、救、建各费得到适当开支的比例,不致偏重偏废。"②

晋察冀边区政府北岳区在财政政策上,严格统筹统支,提出量入为出、量出为入相结合的原则,"民生与军需兼顾,要保证军需,就要量出为入,要照顾民生,又需要量入为出"③,根据地要有一定数量的兵员、干部,同时又要保证人民的生活过得去。在此基础上晋察冀边区对工作进行了检讨:在群众运动中,没有能够一般的在抗日高于一切的原则下进行民生改善,过

---

① 邓发:《论抗战中的民生问题》,《解放》第一百一十三期,1940年8月16日,第6—7页。
② 河南省财政厅、河南省档案馆合编:《晋冀鲁豫抗日根据地财经史料选编》(河南部分一),北京:档案出版社,1985年版,第8页。
③ 魏宏运主编:《抗日战争时期晋察冀边区财政经济史资料选编》(财政金融编),天津:南开大学出版社,1984年,第467页。

分强调了民生,过分强调了生活的改善,提出过高的要求,用强迫的方式吓走了地主、工厂主等,这些错误的观念和行为增加了统一战线开展的难度,不仅不能维护人民长远利益,更不利于抗日战争的胜利。

陈毅在总结江南游击区工作经验时,在抗战与民生的问题上重点探讨了游击区域抗战动员与解决民生的关系,抗战动员应该与解决民生问题相互联系,解决了民生问题有利于促成阶级合作,有利于粉碎敌人的离间计,有利于增强下层人民对抗战的深切认识。当时江南地区部分根据地改善民生过于站在劳动者立场,工资增加过多,各方配合不周,执行范围狭小,宣传鼓动不够,方式欠缺妥当。这些不正确、不合理地解决民生的方式,于抗战有百害而无一益,"若夫不顾及抗战之利害,强调某一阶级的狭隘利益,此乃为内战方针,而为我们所反对"①。陈毅从中华民族的整体利益和人民的长远利益出发,对抗战与民生问题关系的论述有利于江南地区抗战局势的整体推进以及民生的改善。

1940年中共山东分局进行工作总结,制定了《关于山东党领导民主政权工作的总结与今后的任务》,从军队和地方民主政权两方面反思了抗战及民生的关系。"军队应尊重政府的统一财政政策,在民主政权区域不准随意拉移款项、自打汉奸、罚款募捐等,而且在政权区域以外所筹的款项应向政府财政部报解转账,以求统一收支、统一预决算制度"②,同时要求军队要爱护根据地物力、人力,反对浪费给养、随便支差以使人民负担过重,荒废生产。各地民主政权要克服落后的地方保守观念,认清民主政权首要的任务是保障战争的胜利,应坚持一切为了战争的原则,努力保障军队的供给与补充,帮助军队特别是主力军扩军扩枪,协同军队作战,巩固与扩大军队,优待抗属。

1943年2月,晋察冀边区政府公布了《抗战勤务条例》,规定十五岁至五十岁的男子,十八岁至五十岁的妇女,均有服务抗战勤务之义务,男子每个月为五个工,妇女每年做四双军鞋③。这体现了各边区政府将满足战争需要放在第一位的策略,动员人民尽可能配合战争需要,负责战争勤务。

总而言之,建设新民主主义社会必须扶助人民,改善人民生活,削弱封

---

① 中共江苏省委党史工作委员会、江苏省档案馆编:《苏南抗日根据地》,北京:中共党史资料出版社,1987年版,第76页。

② 中共山东省委党史资料征集研究委员会编:《山东抗日根据地》,北京:中共党史资料出版社,1989年版,第64页。

③ 魏宏运主编:《华北抗日根据地纪事》,天津:天津人民出版社,1986年版,第375页。

建势力,提高人民生产的积极性。只注意改善生活而忘掉抗日的中心任务是错误的,不注意群众生活的改善也是严重危险的,必须将生活改善的斗争与抗日的解放斗争联系起来。但是一些地区特别强调了改善生活的经济斗争,不能把抗日与民生正确地联系起来,斗争方式采取了不合法的胁迫的方式,把群众暂时的、部分的利益凌驾于永久的、抗日的全体利益之上。所以改善群众生活的斗争要从积极的抗日和开展建设方面考虑,确定正确的纲领,把广大群众发动到抗日斗争中去。同时,坚持精兵简政,节省开支,做到"生之者众,食之者寡",以求财源恒足,使财政保持长久的健康状态。

6.2.2 开源节流发展生产

社会保障是一个系统的、耗费大的社会工程,需要大量的资金以及物质保证,抗日根据地物质贫乏,生产力水平低,原有的财政体系不能满足社会保障以及战争的需要,必须对财政经济政策进行调整。解决财政问题无外乎两条路,"开源"和"节流"。"开源"即发展经济、开展生产运动,"节流"即节省开支、厉行节约。1939年6月,中共中央书记处发出《中央关于严格建立财政经济制度的决定》,具体提出"财政经济日益困难,除积极加紧生产以谋自给外,目前特别要注意认真地严格地建立财政经济的制度,发扬艰苦作风厉行节约,以便坚持抗战,坚持长期艰苦斗争"[①]。中共中央书记处的指示体现了财政经济中"开源节流"的重要性以及中央对这一问题的重视,对于各根据地根据实际情况调整政策有重要的指导意义。

在经济发展与社会建设过程中,中国共产党通过发展生产、调整税赋、合理负担、社会募捐、献金运动、救国公债、国民政府拨款等方式积极开源。1944年5月,浙东行委会发布了《关于财政开源问题的指示》,专门对这一问题进行指导。发展生产是开辟财政来源的基础,只有生产提高、经济发展,财政才有稳定可靠的来源。毛泽东同志对于生产工作非常重视,1939年6月在延安高级干部会议上作了《反投降提纲》的报告,对生产问题做出指示,"一切可能的地方,一切可能时机,一切可能种类,必须发展人民的与机关部队学校的农业、工业、合作社运动,用自己动手的方法解决吃饭、穿衣、住房、用品问题之全部或一部,克服困难,以利抗战"[②]。

[①] 中央档案馆:《中共中央文件选集》(第十一册),北京:中共中央党校出版社,1991年版,第78页。

[②] 同上书,第118页。

1941年，林伯渠在陕甘宁边区第二届参议会上做政府工作报告，对作为保障部队物质供给和改善人民生活的中心环节的发展生产进行了总结与要求，"首先是发展农业，不违农时，扩大耕地面积，改良耕作技术并奖励和帮助移民。其次是发展工业，以私营为主，必须确定在私营生产中以发展家庭手工业为主。公营工业主要是打盐、纺纱织布和造纸，以及解决部队自身的需要"[①]。林伯渠对于陕甘宁边区生产的指导与计划是比较全面的，发展农业有利于改善各阶层人民生活、保障部队物质供给，发展私营手工业有利于解决边区私营生产中对手工业的巨大需要，公营工业的发展有利于提高人民的生活水平以及解决部队自身的需要。

各边区政府针对发展生产问题提出并制定了相关的法律、法规以及计划，1940年彭德怀从增加农业生产、发展工业生产、正确的贸易政策三个方面对华北地区实现自给自足提出了要求，并具体制定了晋冀豫边区1941年的经济建设计划。陕甘宁边区制定了《三十年经济建设计划》，规划了1941年陕甘宁边区的生产目标。1943年2月中共中央太行分局干部会议通过的《进一步加强财经建设开展对敌经济斗争》中，明确提出"用一切力量开展群众生产建设，增加与积蓄国民财富，建设自给自足的经济"[②]。1943年9月华中局发布了《关于开展生产运动的指示》，对于第二年春天的生产运动做出指示。11月淮北公署发布了《关于开展生产建设的决定》，提出了边区生产建设的基本方针："以农业为主，以工业为辅，发展私人农家经济和家庭手工业，对不同阶层采取不同方针，生产的主力军是直接生产者，要扶助贫农中农向富农方向发展，及鼓励富农生产，扶助原有工商业者，赞助地主经营工商业。"[③]这个方针有利于整个社会生产运动的发展，调动了各阶级的积极性。

江南地区在1940年《中共苏皖区委为坚持江南敌后抗战之政治纲领》、1943年《中共苏皖区委苏南施政纲领》、1944年《中共苏皖区委关于开展生产运动的指示》中多次强调发展生产，并提出"欢迎外地及敌占区的资本家、富豪、士绅同胞来根据地内投资、经营工商业，并给予保护，如不愿居

---

① 陕西省档案馆、陕西省社会科学院合编：《陕甘宁边区政府文件选编》（第四辑），北京：档案出版社，1988年版，第274页。
② 河南省财政厅、河南省档案馆合编：《晋冀鲁豫抗日根据地财经史料选编》（河南部分一），北京：档案出版社，1985年版，第223页。
③ 安徽省财政厅、安徽省档案馆编：《安徽革命根据地财经史料选》（二），合肥：安徽人民出版社，1983年版，第160页。

留时,可自由处理与携带其财产"①。这体现了中国抗日根据地极大的包容性和开放性,有利于边区经济的发展。山东省在《抗战第五年的山东十项建设运动》中提出了发展生产、实现自给自足的经济建设工作方针,1942年中共山东分局关于《抗战四年山东我党工作总结与今后任务》的决议中,对生产建设提出要求,"发展农业,奖励农民的手工业,调剂金融,增加收入,建设自给自足的财政经济"②。1944年7月,杨尚昆在《论华北抗日根据地的建立与巩固》中对华北地区生产建设进行了经验总结,对农业生产、工业生产特别是家庭副业生产进行了分析,在工业生产中提出了发展工业的基本原则:有计划的集中领导,分散经营;军政民互相帮助,改善民生,保证军队的供给③。这说明边区生产具有协调发展的特征,有利于社会整体的进步与和谐。

节省开支、厉行节约是中国共产党党、政、军各机关一贯坚持的传统,并倡导群众坚持。在社会救济中,各边区政府纷纷提出节约渡灾等口号,减少党、政、军的基本供应,鼓励军队发展生产,争取实现自给自足。在自然灾害严重的地区,教育民众寻找粮食的替代物如野菜等充饥,禁止使用粮食熬糖、酿酒,禁止吸烟,停止一切会餐,号召群众减少不必要的宴会及繁重的礼俗,废除馈赠,制止一切浪费行为。政府的公务费和办公费用降到最低,提高政府的行政效率,简化程序,倡导精兵简政,减少不必要的人员,肃清贪污、腐化等现象,不过不能因为节约而废事。节流的方式有利于减少社会消耗,使现有的社会产品能够在更大范围内满足更多的需要,是解决财政问题、满足社会保障需要的一个重要的方法,但是节流只能缓解困难,暂时解决出现的问题,不能从根本上解决,所以是一个治标不治本的方法。

总之,战斗、生产、教育是中国共产党敌后各根据地的三大任务,其中生产建设是基础,是巩固根据地的重要一环,战斗是保证,教育是巩固发展的措施。边区政府坚持正确的财政经济政策,在节流的同时积极开源发展生产,为社会保障提供了物质基础,为根据地的巩固和整个社会的进步创造了条件。农业生产是解决经济困难、开展经济建设的中心一环,工业生

---

① 中共江苏省委党史工作委员会、江苏省档案馆编:《苏南抗日根据地》,北京:中共党史资料出版社,1987年版,第245页。

② 中共山东省委党史资料征集研究委员会编:《山东抗日根据地》,北京:中共党史资料出版社,1989年版,第124页。

③ 魏宏运主编:《抗日战争时期晋察冀边区财政经济史资料选编》(总论编),天津:南开大学出版社,1984年版,第133页。

产是改善民生,保证军需的重要内容,家庭副业不仅可以繁荣根据地的经济生活,而且可以改变妇女的经济地位,改善妇女的生活。这几个方面协调发展,实现了经济繁荣,也是抗日根据地社会保障、社会发展的一个重要的经验。

6.2.3 协调发展合力保障

抗日根据地的社会保障工作面临的形势很复杂,而且抗日根据地分布在不同的地区,呈现分散性的特征,所以抗日根据地各边区政府动员群众并制定规章制度协调发展、合力保障。协调性主要体现在以下几点:首先,积极动员组织群众成立互助组、合作社,进行互济;其次,社会救济、社会优抚、社会福利、社会保险等内容综合发展,各项内容互相配合;再次,中国共产党领导下的党、政、军各机构分工明确又互相配合,协调发展;最后,各抗日根据地互相支援,以整体态势向前发展,最终促进整个抗日根据地社会保障事业的良好、有序、健康的发展。

满铁调查部在对陕甘宁边区调查的过程中对于"劳动互助社"进行了关注,边区由于缺乏劳动力,农民通过合作建立互助组,维护各自的利益。边区40%的劳动人口参加了合作社,"妇女合作社,在边区男子在前线作战,劳动力缺乏的情况下,补充了农业发展的劳动力,同时妇女参加生产打破了封建束缚,缠足等陋习被废除"[①]。根据满铁调查的资料显示,边区直接参加生产的农村女性达到50%以上。这些资料从一个侧面反映了边区农业合作运动的发展。

合作社不是群众团体或政府机关,是统一战线的群众性的经济组织,一切抗日人民,从工人、农民到资本家、地主均可参加。合作社虽然没有特殊的社会地位与行政的强制力量,但是有利于群众互助以及生产的发展。1941年晋冀鲁豫边区颁布的《边区合作社条例》,规定合作社的业务包括生产合作、运销合作、消费合作以及信用合作,政府对于合作社生产的产品减收手续费,代理推销,并向其提供低利率贷款,政府机关的货物合作社有优先采购权。这些具体的规定有利于合作社的生产发展,有利于群众生活的改善。1943年,冀鲁豫边区在原有基础上进一步修改颁布了《冀鲁豫边区农村合作社章程草案》,根据形势对加工业务、运销业务、供给业务、信用业务进行了细致的规定,并提出了农村合作社发展的宗旨:农村合作社以社

---

① 满铁调查部资料课:《民众把握戦こ於ケル"支那"赤色ルしトノ概况》(昭和十四年六月十五日),第14页,吉林省社会科学院满铁资料室馆藏资料,编号:00269。

员间经济上之互助与联合,扶植社员农业生产和手工业生产与改善社员日常生活,促进农村生产,加强对敌斗争为宗旨①。由此可知合作社对恢复和发展生产、帮助群众渡过严重灾荒、改善生活的重要意义。

1944年9月14日,《拂晓报》对淮南地区的"孙成钧的织布劳动互助组""盱凤嘉合作社"的建立及发展做了介绍,既表彰了先进又总结了经验,具有辐射示范作用。1944年,淮南地区提出了合作社的业务方针:"确定发展合作事业为第一,组织群众的劳资合作,发展根据地生产,达到自给自足,谋求群众生活的真正改善,同时照顾群众的消费问题。"②互助组及合作社建立在公平合理的基础上,自愿参加,成员民主商讨,解决了农村生产中缺乏生产工具或者缺乏劳动力的情况,实现了群众互助发展,通过合作社和互助组实现对每一个社会成员的保障。拉尔夫·撒克斯顿对中国敌后抗日根据地的互助运动的作用进行了分析以及评价,他认为"在许多地方,互助组也是村庄的扫盲班、读报组、健康卫生组,通过耕种、公有土地、设立公共粮仓等,成为所有村民的社会保险的源泉。许多互助组与村或区的消费合作社、信贷合作社和运输合作社协调合作"③。这一论述充分说明互助组一定程度上成为村庄的经济、政治和文化生活的中心,成为各个领域急剧变化的媒介。互助组的成立以及积极的活动有利于人民生活水平的提升、社会的稳固以及中国共产党政治目标与政治立场的表达。

中国敌后抗日根据地被日本侵略势力以及国民党势力包围,形势复杂,特别是灾荒严重的时候存在着严重的倒卖及走私粮食的情况。为了反对走私与囤积粮食,维持粮价平稳,共同渡过灾荒,各根据地积极采取合理调剂粮食的措施,取消根据地内一切粮食自由买卖,政府按时价实行派购制。晋冀鲁豫边区为了加强对粮食调剂工作的领导,各村根据需要酌设粮食调剂委员,或为村政委员会之一员,负责办理调剂等工作,业务上受调剂所指导,合作社成立后,调剂工作移交合作社负责④。一些地区对种子、劳动力等进行调剂,保证遭受严重灾害的地区可以重新生产,保障这一地区群众的利益,有些地区为了应对严重的自然灾害设立了义仓。这些体现了

---

① 河南省财政厅、河南省档案馆合编:《晋冀鲁豫抗日根据地财经史料选编》(河南部分一),北京:档案出版社,1985年版,第290页。
② 安徽省财政厅、安徽省档案馆编:《安徽革命根据地财经史料选》(二),合肥:安徽人民出版社,1983年版,第535页。
③ 〔美〕拉尔夫·撒克斯顿:《革命中的佃户:传统道德的持续性》,《近代中国》1975年第1期,第347页。
④ 河南省财政厅、河南省档案馆合编:《晋冀鲁豫抗日根据地财经史料选编》(河南部分二),北京:档案出版社,1985年版,第485页。

中国共产党领导的政权对于社会资源的调剂,有利于社会整体发展与进步。

中国敌后抗日根据地分散存在,很多地区存在交叉,而且统一于中国共产党的领导之下,对于灾民、难民的流动以及群众的迁徙,各地给予了极大的支持,纷纷出台了过境难民的优待条例或者外来难民的优待条例,保证这些外来人员的生活。1941年10月陕甘宁边区政府颁布《优待难民办法的布告》,颁布优待难民的办法10条,对移住或路过难民的救济、安置、优待进行了具体的规定。经各县登记的路过的难民,各县政府酌情发给路费,对移住难民各地政府应该予以安置,"分配住址及代找窑屋;帮助其解决食粮的困难;愿耕地者,为其解决土地、籽种、农具的困难;愿就工商及其他职业者,代为寻找职业并保护其利益,发动当地居民进行帮助与照顾"①。并根据实际情况制定了优待措施,例如,新移难民第一年完全免除义务劳动,第二、三两年减半负担义务劳动,享受一般居民同等的民主权利等。

1939年9月,由于日本侵略者决堤,晋察冀边区发生了严重的洪涝灾害,人民房屋财产被淹没,农作物损失惨重。为了整体抗战形势的发展、增强抗战实力以及晋察冀边区人民的基本生活,陕甘宁边区政府制定《救济晋察冀边区被灾难民暨慰劳八路军、新四军、陕甘宁边区地方部队募捐决定》,发起募捐运动,救济晋察冀边区被灾难民。10月陕甘宁边区政府通电晋察冀边区政府,"兹悉冀中各地遭受水灾,陕甘宁边区党政军各界暨二百万民众闻讯之余,特发动广泛之募捐运动,聊为救济之助,兹由边区银行汇上国币壹万元,并致慰问之意"②。这些捐赠虽然不能从根本上帮助晋察冀边区渡过困难,但是体现了各地区互助发展的基本精神。1941年冀鲁豫区受灾严重,晋冀豫成立各界救济冀鲁豫敌灾委员会,"一面向全世界控诉日寇暴行,一面号召全区民众广行募捐,兹首由联办捐助二万元,一二九师捐助二万元"③。

协调发展、合力保障的另外一个重要的表现,在于注重社会资源的整合。为了满足战争以及民生的物资需求,中国共产党尽可能进行社会资源的整合,坚持取之于敌、取之于民、取之于己,动员各方面的社会力量解决保障问题。取之于敌是通过与敌人的斗争获取生存和发展的必要物资,打

---

① 陕西省档案馆、陕西省社会科学院合编:《陕甘宁边区政府文件选编》(第三辑),北京:档案出版社,1987年版,第143页。
② 陕西省档案馆、陕西省社会科学院合编:《陕甘宁边区政府文件选编》(第一辑),北京:档案出版社,1986年版,第384页。
③ 《晋冀豫各界救济冀鲁豫灾民》,《解放日报》1941年6月24日,第二版。

破敌人的经济封锁,是一种强制性的手段。取之于民是通过深刻的政治动员以及广泛的宣传手段,使人民群众自发、自愿地提供物质支援。人民积极配合八路军和新四军,工匠协助其修理机器枪械,妇女帮助缝制军衣、编制草鞋,协助野战医院护理伤病员等,儿童进行了一些力所能及的宣传工作。取之于民的措施基于群众自觉自愿,与取之于敌的强制性原则不同,但是共同的作用是都为中国共产党领导下的敌后抗日根据地筹集了必要的军需以及生活物资,为抗日战争的进一步开展、战争形势的扭转以及人民基本生活的改善奠定了基础。在对外部社会资源进行整合的同时,对内部社会资源也进行了整合。中国共产党在后勤供应方面采取取之于己的原则,对军人以及党政干部进行节俭教育,在部队中宣传官兵一致的平等思想,动员党员缴纳党费,在有条件的地区鼓励工匠出身的士兵自己动手进行生产,号召官兵自己动手编制草鞋等生活必需品,采集各种野菜充饥。由此可见,中国共产党在敌后抗日根据地对社会资源进行了充分的整合,采取各种措施解决社会保障问题,并取得了良好的效果。

综上所述,中国共产党在领导社会保障工作的过程中,综合考虑政治、经济、地理等因素,实现了部门之间、地区之间、社会保障各项内容之间、行业之间、群众之间的互相配合、协调发展,尽最大可能实现了对每一地区、每一行业、每一个人的基本保障,并促进了社会生产的发展。这既是抗日战争时期中国共产党领导社会保障工作取得良好效果的原因,更是抗日根据地社会保障工作的宝贵经验,为社会主义革命时期以及社会主义建设时期提供了参考与借鉴。

6.2.4 强调群众参与的主体性

社会保障的健康有序发展需要政府发挥主导作用、社会团体密切配合、群众广泛参与。中国共产党敌后边区政府在领导社会保障的过程中制定并推行了社会保障的相关政策、法令法规,许多地区在施政纲领中对社会保障提出了基本要求,体现了政府在社会保障工作中的主导作用,履行了管理社会的职能。1942年,山东民主政府在其管理范围内组织进行了十项竞赛运动,提出"看哪个村庄没有乞丐,哪个县乞丐最少""救济灾民难民贫民确有成绩""看哪个政府执行政策最好,执行施政纲领最普遍、全面"[①]

---

① 山东省档案馆、山东社会科学院历史研究所合编:《山东革命历史档案资料选编》(第6辑),济南:山东人民出版社,1982年版,第399—400页。

的竞赛内容及标准,从一个角度体现了民主政府对改善民生以及社会保障的重视。鄂豫边区在《施政纲领》中确立了"团结边区内部各抗日党派、各阶级抗日人士及全体人民,发扬一切人力、物力、财力、智力,坚持边区抗战,保卫边区抗日根据地"①的指导思想,体现了中国共产党在领导社会保障工作的同时,注意发动群众,调动群众的积极性,强调群众参与的主体性。

中国共产党紧紧地依靠群众,深入发动群众、联系群众、保护群众,组织群众进行斗争。组织及动员农民阶级改进农业生产技术,发展农业生产,渡过灾荒;组织工人阶级积极发展工业生产,争取实现工业品的自给自足;组织工商业者积极发展商业,促进商品流通;动员地主阶级、资产阶级等积极抗日,为民族斗争做贡献,巩固和扩大抗日民族统一战线,知识分子等也被充分动员起来发挥了重要的作用。另外,对于群众团体如妇救会、农救会、互助组等进行扶植并给以指导,使其能够保障基本利益,并在抗战中发挥积极作用。1938年,晋察冀边区军政民代表大会在群众运动决议案中提出,"政府应即颁布改善与保障各阶级、各民族群众利益的各种条例与法令,如劳动法、土地法、商业法、婚姻法等"②。这一提案既是对群众利益的维护,更调动了群众的积极性,体现了中国共产党对群众工作的重视以及群众在社会保障及社会管理工作中的主体性。

抗日战争中群众工作的任务主要有对敌斗争、发展生产、发展组织,其中发展生产是中心一环,所以群众工作是与发展生产结合,从发展国民经济方面丰富人民生活。1942年毛铎发表《精兵简政在晋冀鲁豫边区》,提出通过发展生产、增加国民收入等方法爱护和节省民力,这些措施对于调动群众的积极性、体现群众的主体性有重要的意义。晋冀鲁豫边区提出"少开会多做事""反对滥用民力"等口号,订立抗战勤务条令,正确分析了民兵与群众生产的关系,民兵积极活动是好的,但是民兵数量过多,活动时间过久,会妨害群众生产劳动,因而提出"劳力与武力结合,广泛发展劳动互助小组,规定民兵不得超过当地居民百分之五,民兵服务时间,每月不得超过两日,农暇时间每月不得超过四日,纠正了以前民兵活动占全部生产劳动

---

① 周荣、汪小培:《抗日战争时期鄂豫边区的社会保障》,《湖北行政学院学报》,2004年第3期,第60页。
② 《晋察冀抗日根据地》史料丛书编审委员会、中央档案馆编:《晋察冀抗日根据地》(第一册文献选编上),北京:中共党史资料出版社,1989年版,第84页。

时间四分之一到三分之一的现象"①。对民力的节省和爱护使群众看到了中国共产党民主政权与旧政权以及与国民党政权的区别,增加了对抗日民主政府的信赖与热爱,调动了生产及抗战的积极性。

发动与组织群众的一个重要方式是以工代赈。以工代赈属于社会救济的范畴,与一般救济不同的是,以工代赈强调救济与建设相结合,救济对象通过参加必要的社会劳动获得赈济物或资金补贴。以工代赈对于增进社会生产力、铲除灾源并增加社会福利、改善基础设施有重要意义,为经济发展创造了一个相对良好的外部环境,进而刺激其自我发展。各边区政府积极采取措施,组织群众通过以工代赈实现了对部分群众的救济,加强了水利工程等基础设施建设,纺织等形式的以工代赈促进了边区自给自足的实现,运输等行业的以工代赈促进了边区经济逐步走向繁荣。1940年陕甘宁边区党委政府发布的《关于赈济工作的决定》,提出"注意灾民难民参加生产和介绍职业,如打盐、挖药材、打窑洞、做雇工等"②,这项规定让灾民难民通过身体力行的劳动进行必要的救济,体现了以工代赈的基本精神。1942年,晋冀鲁豫边区政府通过组织运输救济灾民;晋察冀边区1939年水灾后,共动用民工69万多名兴修水利,取得了突出的成绩;苏皖边区组织灾民把兴修水利作为抗灾、减灾,发展生产的重要措施;山东抗日根据地1944年共挖井13031眼,开渠20条,长达63里,疏浚河道1199里,筑河堤17处,对于生产的恢复与发展提供了重要的保障。

在强调群众参与主体性的同时,要坚持执行公平合理的负担政策。在抗战初期,部分根据地为了积累资金,采取向富户摊派的办法将社会的负担主体转嫁到地主、富农以及资本家的身上,这不利于抗战的开展以及经济的长远发展。随着减租减息运动的开展,封建剥削被削弱,贫农收入增加,凡是有负担能力的都开始向国家缴纳赋税,负担面积扩大到80%左右,地主、富农、资本家的负担额最高不超过其总收入的30%,巩固了抗日民族统一战线的社会基础。既要保证抗战的需要又使人民不因负担过重影响简单再生产的正常进行,赋税总额一般不超过总收入的15%③。

---

① 河南省财政厅、河南省档案馆合编:《晋冀鲁豫抗日根据地财经史料选编》(河南部分一),北京:档案出版社1985年版,第630页。

② 陕西省档案馆、陕西省社会科学院合编:《陕甘宁边区政府文件选编》(第一辑),北京:档案出版社,1986年版,第150页。

③ 星光:《中国抗日根据地的财政》,南开大学历史系中国近现代史教研室编:《中外学者论抗日根据地——南开大学第二届中国抗日根据地史国际学术讨论会论文集》,北京:档案出版社,1993年版,第371页。

为了体现群众参与的主体性,中国共产党领导之下的各边区政府对于生产、生活中的典型人物进行宣传,发挥其先进事迹的示范性和带动性,提高广大人民群众参与社会保障实践的热情和积极性。1945年,毛泽东在《必须学会做经济工作》一文中分析了劳动英雄和模范工作者的作用,"第一个,带头作用。因为你们特别努力,有许多创造,你们的工作成了一般的模范,提高了工作标准,引起了大家向你们学习。第二个,骨干作用。你们是群众中的骨干,群众中的核心,有了你们,工作就好推动了。到将来你们可能成为干部,你们现在是干部的后备军。第三个,桥梁作用。你们是上面领导人员和下面广大群众之间的桥梁,群众的意见经你们传上来,上面的意见经过你们传下去"①。毛泽东对劳动英雄和模范的作用分析比较透彻,表明了对劳动英雄的重视。

1942年,陕甘宁边区生产得到了一定程度的发展,劳动英雄不断涌现,在工厂中发现了赵占魁,农村中发现了吴满有,军队中发现了李位,机关中发现了黄立德,合作社中发现了刘建章。边区政府将其作为典型在群众中宣传推广,组织群众开展生产运动,取得了很好的效果。吴满有在生产中积极开荒、勤恳劳动、养牲畜,是乡邻公认的劳动者。为了发挥先进人物的作用,边区政府主席林伯渠、副主席李鼎铭发出通令,号召全区干部群众向吴满有学习。赵占魁在延安农具工厂担任熔炉看火的工作,在工作过程中"表现出始终如一、积极负责、埋头苦干、大公无私、自我牺牲的精神,边区政府发出'向模范工人赵占魁学习'的号召,希望全边区有千百万个赵占魁一样的模范工人涌现出来"②。另外,在移民垦荒中,树立马丕恩和胡文贵为典型,在教育方面树立邱玉生为典型等。树立典型、发挥先进人物的带动性和示范性是中国共产党在实践中进行的工作方式的创新,对于动员群众投入生产,激发其生产的积极性有重要的意义。

1943年冬,边区召开了劳动英雄大会,表彰了劳动英雄在生产运动中的巨大作用,这次大会产生了重要的辐射示范作用,涌现了一批模范工作者。为了适应这种发展趋势,边区政府召开全面的劳动英雄和模范工作者大会,采用群众选举的方式推举劳动英雄和模范工作者,代替了过去由政府选拔的办法,至此,劳动英雄和模范工作者运动进入了更加完备的阶段。1943年11月,边区第一届劳动英雄大会召开,作为中国历史上第一次出现

---

① 中国财政科学研究院主编,陕甘宁边区财政经济史编写组、陕甘宁档案馆编:《抗日战争时期陕甘宁边区财政经济史料摘编》(第八编 生产自给),武汉:长江文艺出版社,2016年版,第566页。

② 《向模范工人赵占魁学习》,《解放日报》1942年9月11日,第一版。

的劳动英雄及模范工作者代表大会,规模宏大,筹备时间长,在3万人空前欢欣热烈的气氛中揭幕。边区政府主席林伯渠同志发表演说:"像这样盛大的劳动英雄代表大会和生产展览会,在全边区全中国都是空前的,在这样一个战争环境又是比较穷困的地区,人民和军队今年居然能做到丰衣足食,这是边区人民和八路军伟大力量的表现。"①林伯渠论证了劳动英雄在边区生产中发挥的重要作用,称这是中国共产党领导之下的一个重要的创举,劳动者的积极性得以激发。

1944年12月,边区召开了劳动英雄和模范工作者会议,边区主席林伯渠首先指出,一年来劳动英雄与模范工作者运动蓬勃发展,涌现了大批各种行业的新英雄。劳动英雄不仅发挥了自身的作用,而且发挥了辐射示范作用,发展了组织性,领导群众创造各种模范单位,这充分说明了劳动英雄和模范工作者在新民主主义建设中的积极作用。林伯渠说:"我们不能以此自满,因为我们在进步中还有缺点。首先某些地方,政府对劳动英雄的具体帮助和教育不够,有些劳动英雄骄傲自满,脱离群众。"②同时号召大家互相交换经验,发扬优点,克服缺点,勇敢开展批评与自我批评,力求进步,以期完成目前边区民主建设的新任务。

综上所述,中国抗日根据地边区政府在社会保障工作中坚持发动群众,进行了广泛的社会动员,最大限度地实现了社会资源的整合,极力构建一种所有群众参与、保障所有群众利益的群众性社会保障模式。坚持组织群众生产的方针才是彻底为群众服务的方针,不仅使劳苦群众战胜了灾荒,而且一定程度上由贫穷转向了富裕。在生产中坚持"公私兼顾"的政策,得到了丰衣足食、兵强马壮的效果。在社会救济中反对"养懒汉",使每一个有劳动能力的人通过参加社会劳动获得救助。中国共产党在领导社会保障的过程中将群众路线贯彻到底,这成为抗日战争时期社会保障中积累的一个重要的经验。在强调群众主体作用的同时,各边区政府动员各阶级、阶层社会力量积极投身到社会保障事业中,同心协力,共促发展,形成了中国共产党领导的抗日根据地区政府战时社会保障的多种机制和多重主体。这些主体和力量共同作用,形成了边区有特色的社会保障运行机制。

---

① 中国财政科学研究院主编,陕甘宁边区财政经济史编写组、陕甘宁档案馆编:《抗日战争时期陕甘宁边区财政经济史料摘编》(第八编 生产自给),武汉:长江文艺出版社2016年,第577页。

② 《边区群英大会开幕,林主席致开幕词号召抑制自满力求进步》,《解放日报》1944年12月23日,第一版。

6.3 中国抗日根据地社会保障工作的启示

中国共产党在抗日战争时期对社会保障工作虽然进行了积极的探索,但是由于各方面条件的限制并没有形成成熟的模式,许多政策、措施只是现代社会保障措施的一种替代性安排。在充分理解、分析抗日战争时期中国共产党在敌后抗日根据地采取的社会保障措施的基础之上,我们能够得到一些基本的启示,那就是在现有生产力水平的基础之上应该尽可能地发展高层次的保障,同时防止社会保障管理中政府责任的缺失,强化政府在社会保障中的主导作用。

6.3.1 注重社会保障内容中的高层次保障

社会保障制度的产生与发展需要一定的物质条件、社会条件和政治条件,经济增长水平决定着社会保障的范围、形式和内容。抗日战争时期社会动荡,政治形势复杂,根据地生产力水平相对低下,生产上以自给自足为特征。简单的手工业和各生产单位之间的松散关系,决定了封闭的社会结构、简单的产业结构和狭小的生产规模,进而决定了抗日根据地的社会保障只能是一些原始的、处于萌芽状态的简单形式。保障内容集中在带有慈善性质的社会救助和济贫项目,保障的范围局限于某个地区或某个群体。

特定历史时期的社会保障有特定历史的局限性。由于处于战争年代,经济力量非常薄弱,企业的经济负担能力差,抗日根据地的社会保障在强调基础保障的同时一定程度上忽略了高层次的社会保障问题,强调了社会救助和社会优抚,忽视了社会福利和社会保险,社会福利覆盖面狭小,而且只能提供一些基本的满足生存需要的项目,设置的社会保险项目不多,待遇标准较低。但是作为现代社会保障的雏形,应该充分利用现有条件发展更高层次的保障——社会福利和社会保险。随着生产力的发展以及社会的进步,精神保障和服务保障应该成为政府实施社会保障的重要内容,精神保障对于丰富社会成员的精神文化生活有重要作用,服务保障对于满足社会成员生活的各方面需求、提升生活质量、提高社会效率有重要的意义。

另外,由于战乱环境和严重的自然灾害,社会保障需要"适应家庭结构变迁与自我保障功能弱化的变化,满足国民对有关生活服务的需求"①。陕甘宁边区等抗日根据地在建设与发展过程中通过文化教育、文艺演出等手段,丰富了群众的物质生活,但是形式单一、效果并不是很明显,群众对党的路线、方针、政策了解的缺失影响了政策的执行和实际效果。另一方面,社会保障水平并不是一个绝对的概念,也并非越高越好,应该与社会经济协调发展,如果社会保障水平与社会经济发展严重失调,这样即使社会保障水平再高,也是不可取的。解放战争时期中国共产党借鉴了抗日战争时期的经验,在条件具备的地区推行高层次的社会保障工作,为了平衡物价、稳定市场,与国民党展开了充分的货币战争和金融战争,并一直延续到新中国成立之后,对解放区以及新中国的经济发展有重要的意义。另外,在解放区推行工商业的注册制、钱庄注册制等,开办银行。这些措施对于社会保障的推行有重要的辅助意义,而且对于经济发展有重要的意义。由此可以看出,解放战争时期中国共产党在具体条件具备的情况下,积极推行高层次的社会保障措施,在保障人民基本生存的基础上,创造条件提高人民的生活水平。

综上所述,社会保障以保障社会成员的基本生存为目标,抗日根据地在保证了群众生存的基础上应该有意识地注重高层次的社会保障,从而实现社会保障政策的整体推进、体系化发展。抗日战争时期,中国共产党在社会保障体系初步形成的基础上,努力建立现代社会保障体系,更好地缓解社会矛盾,调动社会各阶级各阶层共同抗日,保证军需和民用,为抗日战争的胜利奠定了基础。

6.3.2 注重社会保障管理中的政府责任

社会保障管理是由一定的社会组织制定和实施社会保障政策的过程,包括社会保障的行政管理、社会保障资金的管理和社会保障对象的管理。"社会保障的行政管理要制定与社会保障有关的法律、法规和政策;社会保障资金的管理主要包括筹集社会保障资金、支付社会保障待遇、管理和运营社会保障资金;社会保障对象的管理是对社会保障对象提供一系列必要服务的过程。"②中国共产党对抗日根据地社会保障的管理侧重于行政管理,工作中颁布相关法律、制定相关的政策、法规,对社会保障的实施范围

---

① 郑功成:《社会保障学——理念、制度、实践与思辨》,北京:商务印书馆,2000年版,第12页。

② 邓大松等著:《社会保障理论与实践发展研究》,北京:人民出版社,2007年版,第181—182页。

与对象、资金来源、待遇支付、管理办法以及社会保障中有关方面的责任、权利、义务等做出规定,对社会保障良好、有序地运行发挥了重要的作用。

"社会保障的最终责任主体是国家或社会,从而需要由国家和社会统一管理,并体现出社会性,同时社会保障以国家财政为基本的经济后盾,其资金既有来源于政府财政的部分,也有企业或个人缴纳的部分"[①],社会保障的社会性是其重要的特征。中国共产党在敌后根据地推行的社会保障工作由于环境的特殊性,强调群众参与的主体性,这是这一时期社会保障工作发挥作用、取得效果的重要原因。但是在社会保险等内容上应该加强政府的领导作用,强化政府的责任主体地位。

1938年,时任全总西北执行局局长的毛齐平在总结陕甘宁边区职工运动时,提出"工人在疾病时,医药费全由厂方供给或雇主供给。疾病期间的第一星期内工资全部照给,第二星期内给工资三分之二,第三星期内给工资三分之一,厂方或雇主不得因工人生病取消工人的工作位置。工人如因工作病故或受伤害死亡时,厂方或雇主须依不同的情况予以抚恤。女工产前产后给假八星期,工资照给,并按产妇身体给以休养费"[②]。这些规定过于强调厂方和雇主的责任,维护了工人的利益,但是存在一定的"左"倾倾向,根据抗战的实际情况进行了调整。1940年颁布的《陕甘宁边区劳动保护条例草案》、1942年颁布的《陕甘宁边区战时公营工厂集体合同准则》,提出工人学徒因病医治或住院者,医药及伙食费概由医院或厂方负责,在此期间停发工资。

中国共产党虽然根据实际情况对政策进行了调整,减轻了厂方和雇主的负担,但是仍然强调雇主责任为主的原则,职工生病期间,雇主承担主要责任,要为生病职工发放工资和津贴,恢复期间个人和企业共同承担责任,按照一定的比例分担。这些规定在当时的历史条件下合理分担了社会责任,既保证了工人获得必要的合理的补偿和照顾,同时又避免了雇主承担过重的负担。但是在这一过程中并没有体现出政府对社会保障的领导责任,作为工人斗争领导机构的工会只是发挥了监督和协调的作用。社会保障作为社会化的行为,现代化的社会保障体系应该由政府、企业、个人共同承担责任,政府责任的缺失不利于社会保障的健康运行,更不利于社会保障体系的建立,这是抗日根据地社会保障可以更加完善的内容。

---

① 郑功成:《社会保障学——理念、制度、实践与思辨》,北京:商务印书馆,2000年版,第10页。

② 郭健:《延安时期社会保障拾零》,《中国社会保障》,2011年第7期,第23页。

当代社会保障是国家和社会依法建立的、具有经济福利性的国民生活保障和社会稳定系统,是各种具有经济福利性的、社会化的国民生活保障系统的统称①。社会救助、社会优抚、社会福利、社会保险作为社会保障的重要内容,互相配合、相辅相成,呈体系化综合发展,共同保障人民生活的基本需求,促进人民生活走向一个更高的水平。抗日根据地社会保障的各项内容互相渗透,例如,社会救助中涉及了对荣誉军人、流亡抗属的救助,这些措施具备了社会优抚的性质,社会优抚中对荣誉军人及抗属的待遇具有了社会福利的特征,社会保险中的养老保险体现了政府对老年人的社会福利,这些都说明社会保障的各项措施并不是孤立的,具有密切的内部联系。基于此,各边区政府在社会保障方面互相配合,整体推进。在社会保障整体发展方面,中国共产党领导下的敌后边区政府积极探索,取得了一定的成就,但是由于客观环境的限制仍然存在一定的问题,各地区出现了各自为政的现象,社会保障的内容没有实现高度的融合,影响了社会保障作用的充分发挥。抗日根据地的社会保障应该从宏观角度强调各根据地之间的互相配合,整体发展,各项内容之间应该互相渗透,更加深入地发展。

社会学研究中社会保护这个概念逐步兴起,"社会保护试图将每个个体公平地整合进社会,让每个人都能享受到经济发展的成果,让受排斥与被边缘化的群体能够重申自己的权利,比如为底层劳动者提供体面的工作环境,增加公民的社会参与度,保护脆弱的少数族群不受歧视与虐待等"②。社会学关于社会保护的阐释重点关注了公平这一特性,采取措施尽力保证每一个社会成员都能充分享受到社会发展的成果,并对一些特殊的群体重点关注。中国共产党领导的敌后抗日根据地的社会保障工作虽然没有明确的理论总结,但是其外延与内涵已经具备了现代社会保护的基本雏形,说明其存在与发展是符合历史发展规律的,是维护了最广大人民的根本利益的。

社会保护的手段一般分为政策性手段和社会性手段,通过这两种手段既能够为经济发展提供可能,又能够促进社会公平。《社会保障框架图》(图9)是现代社会学对社会保护政策的完整诠释,从中可以看出社会保护政策包含了促进手段、变革性手段、预防手段和供给手段。通过供给手段

---

① 郑功成:《社会保障学——理念、制度、实践与思辨》,北京:商务印书馆,2000年版,第10—11页。

② 林闽钢:《社会保障理论与政策:"中国经验"视角》,北京:中国社会科学出版社,2012年版,第251—252页。

保证社会的基本需求,通过预防手段保证人民在遭受不可预知风险时有应对能力,通过促进手段为经济发展创造机会,通过变革性手段维护社会公正,各种手段综合运用实现对社会成员全方位立体化的保护。

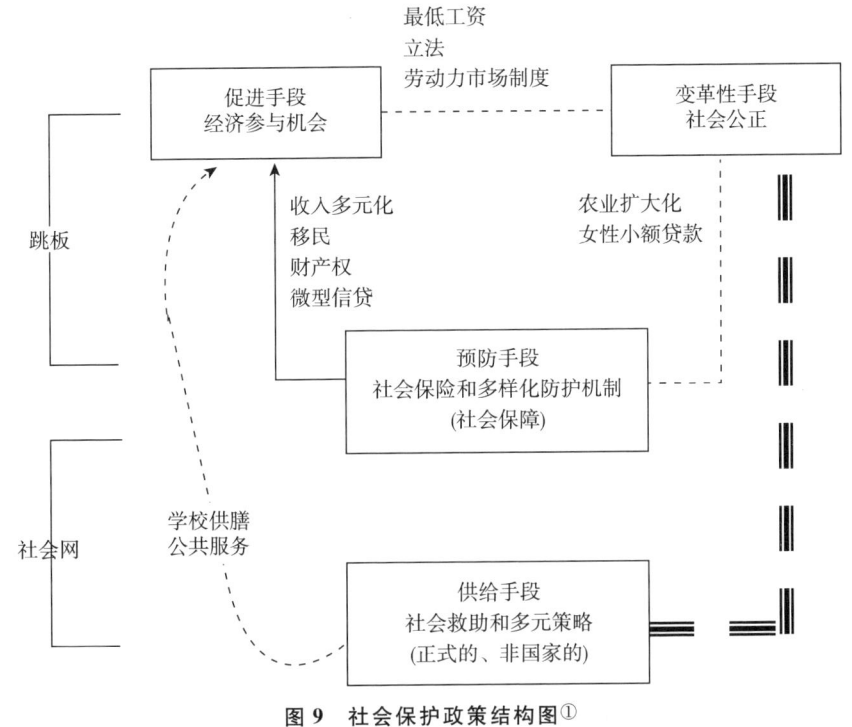

图9 社会保护政策结构图①

抗日根据地的社会保障与现代社会保护理论比较起来没有那么全面、深刻,但是关于社会保障的基本精神已经得到了体现,通过发展性救助、鼓励生产、以工代赈、调节劳动保护政策等措施为经济发展创造机会,实现经济的恢复以及持续性发展。通过社会救助、社会优抚、社会福利、社会捐助等多元策略供给社会的基本需求,解决人民群众的基本生活要求,并不断提高生活水平。在当时的历史条件下,缺乏必要的社会条件,变革性手段和预防性手段还存在一定程度的缺失,但是各边区政府都积极采取一些尝试性的措施,积累了一定的经验。例如,发放低息贷款鼓励人民自主生产,兴修水利解决农业发展的长远需要。由此可以看出,中国抗日根据地社会保障工作与现代社会保障虽然存在本质差异,但是在外延和内涵方面具有很大的相似性,充分说明了中国共产党领导的抗日根据地社会保障工作的

---

① 林闽钢:《社会保障理论与政策:"中国经验"视角》,北京:中国社会科学出版社,2012年版,第254页。

科学性、客观性以及可行性,由过渡性、替代性的安排逐步过渡成为一种制度性的措施,是值得被充分肯定的。

6.3.3 根据实际情况对政策进行调整创新

实事求是是马克思主义的重要理论品质,也是中国共产党制定方针、政策、法规的重要依据。土地革命时期中国共产党由于缺乏社会管理的经验,在社会保障的具体方针政策方面存在一定的错误倾向,抗日战争时期,在社会保障推行的具体过程中,中国共产党及时进行反思,对于缺乏实效或者存在错误的政策、方针进行调整。例如,在社会救济政策具体开展的过程中,对于存在的一般化、平均分配以及不公平的现象进行调整,规范社会救济物资发放的程序,并加强对人民群众的教育,动员群众互相监督。通过这些措施,社会上最需要救济的群众得到了帮助,社会救济工作发挥了应有的作用。在社会优抚工作方面,对政府管理、优抗以及抚恤方面存在的问题进行不断的反思,同不愿供给军队、不愿扩军给主力、只优待地方武装抗属而不优待主力军抗属、军队中存在的单纯军事观点和军权高于一切的错误观点进行斗争,保证了社会优抚工作的执行力度。在劳资关系方面,根据生产力发展水平以及抗日战争过程中巩固和扩大抗日民族统一战线的需要,对劳动政策进行了不同程度的调整,废除了土地革命时期以及抗日战争初期提出并坚持的八小时工作制,改为九小时或十小时的工作制。在工资方面取消了以往的最低工资,规定了最低工资率,根据当地的实际生活水平由资本家和工人共同商定。对劳动政策的调整在保证工人阶级根本利益的前提下,使资产阶级有利可图,调动了各阶级、阶层的积极性,符合抗日战争大局的需要,具有重要的意义。抗日战争时期中国共产党对社会保障政策进行的调整体现了实事求是的基本精神,是其能够稳定局势、促进社会发展的重要原因。由此说明,在任何历史发展阶段,制定方针、政策必须打破僵化、保守,克服本本主义和教条主义倾向,根据实际情况对政策进行调整、创新,从而使政策更加具有针对性和实效性,发挥其促进社会发展的进步作用。

6.3.4 注重社会保障的公平性

公平并不等于平均,它是指每一个社会成员都能充分享受社会发展的成果。公平性首先强调的是保障群体范围的广泛性,任何社会群体都不能游离于社会保障之外,同时每个保障群体受保障的层次均衡发展。另外,每一个社会成员享受的社会成果是全面的,应该既包括物质成果也包含精神成果。① 抗日战争时期的社会保障注重全面性,兼顾了社会各群体的利益,特别是边缘群体也被囊括到社会保障体系之中。例如,各边区政府对生活在敌后抗日根据地的友军家属、伪军家属以及汉奸家属进行区分,根据其行为表现制定具体的对待政策。冀鲁豫区在1944年的供给制度中,对犯人的供给办法进行了说明,"在押犯的粮食、菜金等费用,以犯人家属供给为原则,犯人家属无资力供给者,犯人籍贯不在当地,当地无家属者应予免收。羁押犯人的食量、柴火、菜金数目与政府什务人员数目相同"②。这些细致的规定使社会保障的覆盖群体更加全面,从一个层面实现了社会保障的公平性。

社会保障公平性的另一个表现在于,每一社会成员享受的社会成果是全面的。由于现实环境的限制以及当时生产力水平的低下,社会保障整体水平偏低,但是中国共产党在保障人民生存权益的同时,不断提高人民群众的生活水平。通过戏剧等形式的文化内容以及推广体育设施等丰富人民的业余生活,使人民群众在享受物质成果的时候能够充分享受到精神成果。社会保障推行过程中对社会成果的分配应该坚持物尽其用的原则,避免平均分配。陕甘宁边区1940年颁布了《陕甘宁边区政府关于赈济工作的决定》,提出了开展救济工作的基本方针,首先开展充分的调查研究,经过群众讨论之后认定具体的救济数额,然后按照一定的程序发放救济物资。这样就避免了平均主义,使需要帮助的人得到真正的救助,真正发挥了社会保障的作用。晋冀鲁豫地区对灾民如何使用领到的救灾粮款进行了规定,实行村民互相监督,避免浪费以及养懒汉现象的出现。

敌后抗日根据地的社会保障虽然还不完善,处于探索阶段,但是公平性原则得到了充分体现。公平正义是社会保障的应有之义,保证了社会保障措施效益的最大化,同时使广泛的社会群体享受到了社会成果,在面临严峻的战争以及严重的自然灾害的情况下保障了人民群众基本的生存权益。抗日战争时期敌后抗日根据地社会保障措施的公平性对于社会保障的开展有重要的推动意义,同时增强了人民群众对中国共产党的政治认同,巩固了中国共产党的执政地位。

总而言之,中国共产党领导下的抗日根据地的社会保障,虽然存在保障水平低、覆盖面窄、缺乏稳定性和持久性等问题,但是在战乱、严重的自

---

① 谭忠艳:《新形势下增强社会保障公平性的思考》,《长白学刊》,2013年第1期,第131页。
② 河南省财政厅、河南省档案馆合编:《晋冀鲁豫抗日根据地财经史料选编》(河南部分四),北京:档案出版社,1985年版,第407页。

然灾害、饥荒、国贫民穷等背景下，一定程度上解决了群众的基本生活问题，恢复和发展了生产，巩固了抗日民族统一战线。抗日根据地的社会保障继承了中国历史上传统社会保障的本土性特征，家国存于一体，但是逐渐摒弃了宗法制度的影响和传统社会保障中的血缘关系、地缘关系以及业缘关系，突出体现国家法定的社会保障权益，追求公平、正义、共享的社会发展目标。通过相关的制度安排以及法律法规，为特定的群体如被灾人群、抗属、荣誉军人、弱势群体等提供基本的生活帮助和支持，通过国家立法手段，对因疾病、失业、工伤、生育、年老而减少或丧失收入的群体给予补偿和帮助。这些制度与措施已经初步形成了现代保障制度的雏形，丰富了抗日根据地社会保障工作的内容，提升了抗日根据地社会保障在中国现代社会保障体系构建中的历史地位，一定程度上成为新中国社会保障事业发展的历史起点。

第7章 中国抗日根据地社会保障比较研究

中国共产党在抗日战争期间,根据战争形势的需要,开辟了敌后战场,建立了敌后抗日根据地。由于客观条件限制,中国共产党的敌后抗日根据地分布比较零散,存在时间也不同步,所以对抗日根据地的社会保障工作进行横向比较研究,不同抗日根据地社会保障政策在存在共同性的基础之上也有一定的差异。同时对抗日根据地的社会保障工作进行纵向比较研究,抗日战争时期的社会保障工作与土地革命时期的社会保障工作以及解放战争时期的社会保障工作既存在相同点也存在不同。为了厘清中国共产党社会保障工作的本质,将其与国民党的社会保障工作进行比较也有一定的必要性。

7.1 各抗日根据地社会保障政策比较分析

中国共产党在敌后先后建立了19块根据地,范围不断扩大,最初只有一个陕甘宁边区,到1945年抗日战争结束时,土地面积达到九十五万六千九百平方公里,人口为九千五百五十万,占有县城二百八十五座,跨越十几个省份。抗日根据地各边区政府在中国共产党中央的统一领导下,在军事建设方面,一面抗击敌伪,一面防御国民党顽固派的破坏,同时执行练兵、生产与巩固军民关系的任务;在经济建设方面,实行减租减息政策,发展生产,推广各种合作组织,提升劳动效率,同时改善人民生活,支持抗战需要;在文化建设方面,为敌后抗日根据地培养了大批革命干部,开展了大规模的群众文化运动,提高了边区人民的文化水平。

各边区政府在开展军事建设、经济建设以及文化建设的同时,综合考虑本地区的实际情况采取必要的及可能的社会保障措施,制定相关的政策。对各边区政府的这些政策、措施进行深入的比较及分析,可以归纳出各边区政府在社会保障方面的一些基本相同点。首先,政策出台的背景即各根据地面临的大的历史环境相同。抗日战争时期,中国社会的主要矛盾是中华民族与日本侵略者之间的矛盾,反抗日本侵略是最主要的任务,同时由于阶级矛盾的存在,中国共产党还要反抗国民党反动派的干扰。另外,抗日战争时期各抗日根据地处于偏远地区,交通通信不便,自然灾害频仍,生产力水平低下,在这些背景之下采取的政策、措施既具有社会保障的一般性特征,同时体现了一定的战时性特征。其次,各抗日根据地推行社会保障政策的过程中首先满足战争的需求,抗日战争时期坚持服务于战争的原则,以满足战争的需要为中心,通过社会优抚等措施保证扩军运动的顺利开展,激发军人战斗的勇气和积极性,有限的社会物资首先保障军队的需求,在保障军事需求的同时兼顾民生。再次,在社会保障的具体内容中,各根据地边区政府都以社会救济和社会优抚措施为主,社会福利和社会保险措施相对薄弱,这一方面是当时军事和政治斗争的需要,另一方面是当时生产力水平低下导致的,更是中国共产党维护人民根本利益的体现。最后,各边区政府的社会保障政策、措施都发挥了重要的作用,体现了进步意义,抗日根据地的社会保障措施尽最大努力满足了人民的需要,稳定了社会秩序,促进了社会的进步与发展,对于争取军事斗争的胜利、政治斗争的胜利以及经济斗争的胜利有重要的意义。

另外,各地区虽然在地理位置上具有独立性,但是在政策、方针以及具体的实践活动中存在互通性,各地区互相支援,呈现了协同和整体发展的特征。在了解这些共同点的基础之上,深入分析各抗日根据地社会保障的政策、措施,可以概括出其中存在的不同。

7.1.1 政策持续性不同

一般意义上来讲,政策的持续性能够保证政策的实效性,但是抗日战争时期由于社会形势的特殊性导致政策不能在同一标准下持续运行。各抗日根据地根据战争形势以及政治形势的不同,存在的时间有差异,坚持时间最长的陕甘宁边区政府达到 14 年,其政策虽然随着战争形势有所波动,但是体现了一贯性和持续性的特征。延续时间短的只有几年甚至几个月,所以在社会保障、改善民生方面只能零星地采取一些政策。陕甘宁边区政府 1939 年 1 月成立了陕甘宁边区参议会,至 1946 年先后举行了四次参议会大会,每次会议的提案中都涉及了社会保障的内容,具体情况见表 7-1《抗日战争时期陕甘宁边区参议会关于社会保障提案概览》。

表 7-1 抗日战争时期陕甘宁边区参议会关于社会保障提案概览

时间	会议		提案
1939年1月	第一届参议会		编号第八条　优待抗日军人家属案 编号第九条　提高妇女政治经济文化地位案 编号第十一条　建立边区卫生工作保障人民健康案
1941年11月	第二届参议会	政法提案	编号第十四案　优待抗属、女工等13条 编号第二十二案　为动员广大人民坚持抗战必须改善民生案 编号第二十四案　关于劳动保护等8条 编号第一八四案　关于劳动保护和社会保险案 编号第三〇八案　为安定劳工生活请政府设置保障部门案 编号第二五案　实行十小时工作制以增加生产案 第编号二七案　安置、救济灾民、难民等12条 编号第二八案　开展卫生医药工作,增进人民健康案等11条 编号第三一案　改善妇女待遇等9条 编号第三二案　保护母婴、保护儿童等9条
		文教提案	编号第四案　保障小学教师生活、提高小学教员待遇地位、优待小学教师案等4条
		经建提案	第一类　兴修水利、增加生产以裕民生案 第二类　救济灾民、难民、欢迎外来移民案等6条
1945年7月	第二届参议会第二次大会	特种提案	编号第九案　要求盟国将援华物资依照抗战数量和成绩等分配给八路军、新四军案 编号第六案　慰问大后方难侨难胞,责成国民政府切实救济、清查和公布历年赈款案 编号第十六案　请用大会名义通电慰问新四军及八路军案
		政法提案	编号第一案、第十二案、第十八案、第三十三案　加强拥军工作以利抗战案 编号第二案　加强革命秩序贯彻政府维护群众利益政策案 编号第五案　关于加强荣誉军人工作的提案 编号第二十七案　加强义仓领导,增加生产,防止年荒案 编号第十案、第三十二案　加强优抗,帮助抗工属建立家务案
		财经提案	编号第四案　发展工人节约储蓄福利事业与加强劳动保护案 编号第二十三案　兴修水利以防灾旱案 编号第十案　提倡生产节约、备战备荒,准备反攻案
		文教提案	编号第三案　提高小学教员待遇案 编号第四案　关于卫生提案(1)改良人民卫生方案(尤应注意儿童);(2)为改进边区人民卫生保育案;(3)为推广医药卫生以减少人民疾病死亡案;(4)提倡农村卫生运动,减少疾病,保育儿童案;(5)为改善群众卫生设备,消除疾病及注意保育儿童健康案;(6)请求政府推广卫生破除迷信,加强治疗保障人民健康及建立牲畜治疗以保障牲畜繁殖案

表 7-1 列举了抗日战争时期陕甘宁边区参议会与社会保障相关的提案,内容主要集中在社会救济、社会优抚、劳动保护以及文教卫生等方面。其中,1941 年第二届参议会的提案中提出了社会保险,这些提案大部分获得通过,边区政府据此制定了相关的政策、方针,推动了陕甘宁边区社会保障事业的发展。另外,1946 年抗日战争结束之后,陕甘宁边区召开了第三届参议会第一次会议,会议提案的内容延续了前几次会议的基本精神,重视社会保障,维护人民的切身利益。例如,政治提案的第四案提出救济灾荒,第五案提出继续优待抗日烈属及军人家属,第七条提出重申妇女缠足禁令以保护妇女健康,第十七案提出妥善实施复员计划,第十九案加强荣誉军人工作。这些提案既有对抗日战争时期社会保障提案的继承,也有基于新的社会形势的提案,例如妥善实施复员计划案,这充分说明了陕甘宁边区政府关于社会保障政策的持续性。

抗日战争时期中国共产党坚持一切服务于战争的原则,部分地区因为客观条件的限制首先满足战争的需要,对社会保障工作没有办法做到持续开展。社会优抚政策的特殊性在于,这项政策将战争需要以及民生需求结合起来,各地区都非常重视社会优抚工作的推广,对社会优抚的深入研究对于研究抗日根据地的社会保障有重要的代表意义。由于具体条件的限制,各边区推广的社会优抚政策在持续性方面并不相同,下面以抗日根据地的社会优抚政策为例,分析各边区政府颁布政策、采取措施的持续性问题。

1937 年 9 月 6 日,中国共产党将中华苏维埃中央临时驻西北办事处正式更名改制为陕甘宁边区政府,成为中国共产党中央所在地,全国抗日根据地的总后方。为了对抗战进行动员,1937 年 12 月 4 日,边区政府颁布《抗日军人优待条例》,规定了抗日军人在服役期间应享受的各项待遇,以及在战争中牺牲或在服役中因劳病故的抗日军人家属的各项抚恤办法等。1938 年 2 月,民政厅发布优待抗日军人家属的训令,指出"优待抗日军人家属是抗战动员的重要工作之一"[①],同时要求各地迅速组织耕田队,帮助抗日军人家属搞好春耕。5 月,民政厅根据具体情况,颁布了《关于残废牺牲老病等抚恤的规定》,对抚恤等级、标准及施行办法等做了规定。1939 年 7 月,边区政府召开边区第一次区长联席会议,对优抗工作做了安排,12 月,边区党委、边区政府、八路军后方留守处联合发出训令,要求各级做好宣传动员工作和优待抗属的工作。1940 年,边区民政厅发出指示信,确定了

---

① 陕西省档案馆编:《陕甘宁边区政府大事记》,北京:档案出版社,1991 年版,第 12 页。

1941年优待抗工属的政策和原则,要求"坚持重抗轻工的原则;用平衡原则代替平均作法;分清救济与供给的界限"①。同时颁布了《陕甘宁边区抚恤暂行办法》,对抗日将士中因革命战斗成残疾者,按照标准发给优待证和抚恤金,同时具体规定"抗日将士服务五年以上年满四十岁者(后方工作人员八年以上),发给年老优待证书,在职者每年发给优待金十元,退伍者每年发给优待金五元;抗日战士在伤病中或伤病后,因公积劳成疾,须休养滋养者,每月斟酌给予休养费或滋养费"②。由此可以看出,从1937年至1940年,陕甘宁边区政府在社会优抚方面的政策越发细致,并根据战争及社会生产的实际情况不断进行调整。

在此基础之上,1941年民政厅发出关于优待抗工属的指示信,进一步明确了为抗工属代耕的原则,在原有的基础之上提出了富裕抗属与贫苦抗属的代耕问题,不脱离生产的干部家属的代耕问题,女干部家属的代耕问题,具体为"富裕抗属少代耕,贫苦抗属多代耕;不脱离生产之干部家属不代耕;女干部家属同样代耕"③。8月,民政厅进一步细化优待抗属代耕工作,颁布了《陕甘宁边区优待抗属代耕工作细则》,规定"优待抗属要坚持物质与精神并重的原则。物质上保证抗属的生活水平不低于一般群众;精神优待在政治上提高抗属的地位,使人民尊重抗属"④。1943年,边区政府发出命令,公布《陕甘宁边区优待抗日军人家属条例》并附《优待抗日工作人员家属暂行办法》,规定了优待抗属的范围、原则、标准、办法等,在以往法令、法规的基础上提出注意提高抗属的政治觉悟,使他们向自力更生方向努力。1944年9月,陕甘宁边区在1940年《陕甘宁边区抚恤暂行办法》的基础上颁布了《陕甘宁边区抚恤优待条例(草案)》,规定凡因作战阵亡或因公积劳病故的抗日军人及抗日工作人员均可受到抚恤,并制定了具体的标准,同时废除了1940年的《陕甘宁边区抚恤暂行办法》。1945年,抗日战争即将胜利之际,为了纠正以往拥军工作的缺点,使拥军优抗方针更加具有针对性和执行力,边区政府发出了关于1945年拥军优抗工作的指示,重点阐释了帮助抗工属及退伍军人建立家务的问题。

从以上对陕甘宁边区社会优抚政策的梳理可以看出,陕甘宁边区的社会优抚体现了非常明显的政策连续性。这种连续性具体表现为:首先,时

---

① 陕西省档案馆编:《陕甘宁边区政府大事记》,北京:档案出版社,1991年版,第80页。
② 陕西省档案馆、陕西省社会科学院合编:《陕甘宁边区政府文件选编》(第二辑),北京:档案出版社,1987年版,第551页。
③ 陕西省档案馆编:《陕甘宁边区政府大事记》,北京:档案出版社,1991年版,第93页。
④ 同上书,第113页。

间上连续。从1937年边区政府建立开始到1945年抗日战争结束,基本上每年都有关于社会优抚的政策、法令、训令等出台,这样就保证了陕甘宁边区社会优抚政策能够长期持久地贯彻下去。其次,内容的连续性。研究社会优抚的具体内容,不难发现社会优抚的内容是逐步推进的,并不是每份命令的简单重复。1937年到1939年只是笼统地提出进行社会优抚,优待抗属,1940年之后对于代耕的具体细节进行了规定,特别是1941年对于富裕抗属和贫苦抗属进行了区分,对于女干部家属的优待进行了具体的说明,干部是否脱离生产成为制定优待标准的一个重要参考,并提出在对抗属物质优待的同时加强精神优待。1943年对抗属提出要求,要提高政治觉悟,自力更生。1945年在抗日战争即将胜利之时,将帮助退伍军人建立家务提升到了一个新高度,反映了战后重建的要求。以上都体现了社会政策在内容方面的逐步推进,这种推进使社会优抚的内容逐步全面,更体现了政策的延续性。另外,对原有政策法令的不断修订,也是政策延续性的重要体现。1940年,边区政府根据战争的实际情况以及生产力水平,颁布了《陕甘宁边区抚恤暂行办法》,对军人的伤亡情况进行区别,并制定了抚恤标准。随着社会形势的变化,这一《办法》亟须细化,1944年在其基础上颁布了《陕甘宁边区抚恤优待条例(草案)》,解决了战争及社会生产的需要,在体现政策延续性的同时,促进了社会的积极发展。

陕甘宁边区政府的政策延续性是比较突出及明显的,其他地区由于具体环境的限制,政策的延续性没有得到保证,只是存在较多的政策点。1938年1月,晋察冀边区召开边区军政民代表大会,曲阳县代表提出了优待抗战军人家属办法案、优待并抚恤因公受伤或牺牲之自卫队员办法案、优待义勇军家属办法案,完县代表提出了优待抗战军人家属办法案,这体现了各界人士对社会优抚问题的重视。同时,为了制止抗战初期的一些混乱现象,1938年,边区政府公布了《优待抗属暂行条例》《抗战军人伤亡抚恤办法》,主要是为了平衡人民负担与社会优抚的关系,避免激化社会矛盾。1939年,《晋察冀边区农民抗日救国会工作纲领》提出"组织慰劳团,在物质上、精神上慰问抗日军人及其家属,优待抗日军人家属,并解决其日常困难问题"[①],这一纲领体现了农民对于社会优抚工作的热情及重视。1943年,晋冀鲁豫边区先后颁布了《冀鲁豫行署训令——为颁布冀鲁豫区荣誉军人抚恤暂行条例注意事项由》《冀鲁豫区荣誉军人抚恤暂行条例》

---

① 《晋察冀抗日根据地》史料丛书编审委员会、中央档案馆编:《晋察冀抗日根据地》(第一册 文献选编 上),北京:中共党史资料出版社,1989年版,第260页。

《冀鲁豫行署通知——关于荣誉军人之待遇由》《冀鲁豫行署训令——为颁布冀鲁豫区优待抗战军人家属暂行条例并提示其基本精神与应行注意事项由》《冀鲁豫区优待抗战军人家属暂行条例》，1944年颁布了《冀鲁豫行署训令——为重新解决与修正冀鲁豫区荣誉军人抚恤暂行条例由》。可以看出，晋冀鲁豫边区社会优抚政策比较集中、重点突出，对于荣誉军人的社会优抚工作异常重视，制定了各种相关的政策。对于抗战军人的优抚，虽然制定了《冀鲁豫区优待抗战军人家属暂行条例》，并提出了抗战军人子弟的入学问题，但是政策仍显单薄，没有体现出继承与发展。

1941年，淮北公署颁布了《淮北苏皖边区优待抗属暂行条例》，规定凡参加各抗日部队之军人嫡系家属均享受优待。1943年，中共苏皖边区区委在《中共苏皖区委苏南施政纲领》中提出"尊重与爱护一切抗日军人，加强优待抗日军人家属工作，抚慰荣誉军人及阵亡将士家属，切实执行优抗条例，务使新四军及一切友军在根据地内的家属得到物质上的保障与精神上的安慰"①。苏皖边区的这一提法，将友军家属的优待工作提了出来，使其社会优抚更加全面。浙东抗日根据地并没有明确地颁布相关法令，只是在1943年及1945年的施政纲领中两次提到了优待抗属的问题。与浙东抗日根据地类似的是山东抗日根据地，1941年中共山东分局在《抗战第五年的山东十项建设运动》中，将努力优待抗属、爱护主力军作为一项重要的内容提出来，1943年在《山东省战时施政纲领》中提出"抚恤阵亡将士、荣誉军人，优待抗日军人家属，保护抗日军人婚姻关系，巩固并鼓励军人抗战情绪"②。1942年津浦路西颁布《优待抗属委员会组织条例》《津浦路西优待抗日军人家属暂行办法》。

由上可知，山东等抗日根据地对于社会优抚虽然非常重视，并制定了符合本地区的政策，但其政策并不能形成一个政策链，更多的是表现为一个政策点，逐步解决遇到的具体问题，政策的提出不是建立在对社会形势宏观的预判基础之上的。特别是浙东抗日根据地和山东抗日根据地，甚至很难查到专门的针对社会优抚工作制定和颁布的政策、方针，只是在其施政纲领和发展规划中有所体现。这样的呈点状分布的政策虽然与当时的政治、经济、军事以及社会环境的变化密不可分，但是由于缺乏持续性，一定程度上影响了政策效果的发挥。

---

① 中共江苏省委党史工作委员会、江苏省档案馆编：《苏南抗日根据地》，北京：中共党史资料出版社，1987年版，第244页。

② 中共山东省委党史资料征集研究委员会编：《山东抗日根据地》，北京：中共党史资料出版社，1989年版，第137页。

以上以社会优抚政策为例分析了中国各抗日根据地社会保障政策的延续性问题,之所以以社会优抚为例,是因为社会优抚政策关系到各边区政府的社会稳定以及军事发展,受到各边区政府的高度重视,具有极强的代表性。社会救济工作的开展与自然灾害的严重程度密切相关,自然灾害严重的时期,社会救助工作开展得比较深入,没有自然灾害的时期,社会救助工作停留在常规性工作层面。所以各地区自然灾害程度不同,社会救助政策的持续性也不尽相同。社会保险和社会福利与经济发展水平以及生产力发展水平密切相关,经济发展相对较快、生产力水平相对较高的地区,社会保险和社会福利发展较好,反之,政策发展则缺乏持续性。

在分析抗日根据地各边区政府社会保障政策的持续性时,社会优抚具有代表性,但是不能以偏概全地说社会优抚能够连续执行的地区,社会救济、社会保险、社会福利以及文教卫生措施也能持续发展,社会优抚不具备持续性特征的,其他政策也不具备持续性特征。从整体而言,各根据地边区政府在社会救济、社会优抚、社会保险、社会福利以及文教卫生方面的政策、措施的持续性是不相同的,体现了不同地区的个性特征,各地区的社会保障工作在实践上存在着差别。

7.1.2 政策成熟度不同

成熟的社会政策是符合社会需要的,对于社会发展能起到积极的促进作用,并且能够最大限度地兼顾社会各阶级、阶层的利益。政策的成熟度既有主观因素的影响,又受制于客观环境。主观因素方面,政策制定者对社会环境的了解以及自身的能力水平决定了政策是否能够最大限度地发挥促进社会发展的作用。客观因素方面,社会环境瞬息万变,这种变化会影响政策的效果,同时政策的受众对政策的理解和接受也会影响政策效果的发挥。中国共产党领导的各抗日根据地都能够正确处理战争需要与改善民生之间的关系,并根据本地区的实际情况制定相关的社会保障政策,发挥积极的作用,促进本地区社会经济发展,并逐步取得军事胜利。但是仔细研究,各根据地关于社会保障的相关政策的成熟度是不一样的。

社会保障是一个长期的系统性的工程,对于一些突发情况的处理则显示了政府政策的成熟性。例如,在社会救助这项内容中,面对自然灾害首先应该采取的措施是应急性救助,即第一时间满足人民群众最基本的生存需要,减少甚至避免伤亡及损失的出现。1943年,河南省遭受重灾,豫北林县是遭灾比较严重的地区,边区政府在财政极其困难的情况下,"毅然拨出粮食一百石,急赈灾难中的豫北人民,根据地的公粮店,以五百石粮食,调剂被劫后的林县人民"①,一定程度上避免了大灾之后的二次伤害。安徽省在社会救济中提出了"救急不救贫"的原则。另外,随着战争形势的变化,敌人对于抗日根据地的扫荡逐步加剧,扫荡之后的善后工作是非常重要的。1943年,晋察冀根据地发布的《中共中央晋察冀分局关于目前反"扫荡"形势和我工作方针的指示》中,对于善后工作做出了重点指示,敌人扫荡后各级党政军组织应积极采取措施进行应对,"县团以上机关过去驻地群众损失严重的,应组织慰问,并帮助群众盖房子,解决其困难;治疗伤病员,改善其生活;发动群众迅速回家,修改房屋,抓紧医疗工作;立即恢复商店、合作社工作,解决群众食盐、棉布等需要,进行救灾"②。这样的规定第一时间解决了群众的基本需求。这种面对问题及时处理的做法一定程度上体现了社会政策的成熟性。

政策的成熟性还体现在变通性方面,社会政策针对的是变化的社会形势,所以社会政策在坚持持续性的同时,应该不断进行调整,以更好地适应社会发展。1938年,陕甘宁边区第一次工人代表大会通过了《陕甘宁边区总工会抗战时期工作纲领》,1940年通过了《陕甘宁边区劳动保护条例(草案)》以及《陕甘宁边区战时工厂集体合同暂行准则》,陕甘宁边区此时关于劳动法规的规定,虽然纠正了苏区劳动法中不合理的部分,但是仍然存在某些"左"倾成分。例如,要求无论城乡工人一律实行8小时工作制,这在当时缺乏实行的必要条件,同时会对社会生产以及抗日民族统一战线造成消极影响。所以1941年边区政府在颁布的《施政纲领》中提出"调节劳资关系,实行10个小时工作制,增强劳动生产率,适当改善工人生活"③。之后重新通过《陕甘宁边区战时公营工厂集体合同准则》,对1940年的法规进行调整,使之更适合社会生产的需要。晋察冀边区、晋冀鲁豫边区、晋西北地区、山东地区、华中各抗日根据地都在劳动法规方面进行了相应的调整。其中《晋冀鲁豫边区劳工保护暂行条例》对工人的工资、工作时间、休假、劳动保护、劳动合同等内容进行了说明,正确反映了抗日战争时期劳动政策的基本原则和敌后根据地的实际情况,是抗日战争时期最具有代表性的劳动立法文献。由此能够看出陕甘宁边区以及晋冀鲁豫边区的政策成熟度是相对比较高的。

---

① 《太行军民合力救灾 春荒期平安渡过》,《解放日报》1943年6月15日,第一版。
② 《晋察冀抗日根据地》史料丛书编审委员会、中央档案馆编:《晋察冀抗日根据地》(第一册文献选编下),北京:中共党史资料出版社,1989年版,第882页。
③ 张希坡:《革命根据地的工运纲领和劳动立法史》,北京:中国劳动出版社,1993年版,第108页。

1941年11月,安徽革命根据地发布了《实行征粮政策的检讨》,对于部分地区征粮过程中存在的问题进行检讨,分析了执行政策上的"左"倾倾向、右的偏向以及存在的形式主义。"左"的方面:"在执行政策的方式上没有耐心说服群众,使落后的民众不了解登记地亩、人口、食量对合理负担的意义,民众对于反复调查生厌"①;右的偏向:部分同志采取放任态度,政策不能完全执行,在执行政策过程中不能开展深入的调查来保证政策的实现。在对问题细致分析的基础之上,提出了解决问题的方案,对于之后征粮工作的顺利、有序开展发挥了积极作用,使政策更加具有针对性,体现了政策的成熟性。在社会优抚方面,各根据地不断进行调整,不断完善优抗的标准,平衡优抗与人民负担的关系,强化为荣誉军人建立家务的问题,使社会优抚促进社会稳定和军事发展的作用愈来愈明显。

社会政策制定之后,科学、有序地执行是发挥其作用的重要影响因素,所以社会管理能力强的边区政府对于社会政策的执行会制定一定的程序。陕甘宁边区在社会救济中制定的政策,避免了社会救济发放及领取过程中的混乱局面,使赈济粮能够以最快的速度及时地发放到需要的人手中,使社会救济的作用得到了最大程度的发挥。既提高了社会救济工作的效率,同时体现了政府在社会管理中的较高水平以及有序性,说明陕甘宁边区政府制定的这一政策具有较高的成熟度。

政策执行过程中需要人民的积极配合,各边区政府在推行政策的过程中既应该强调法治的作用,同时要保证人民对于政策的理解与配合。苏南地区为了保证政策的顺利推行,根据当时的实际情况,"从宣传解释入手,普遍进行宣传鼓动,造成一个广大的热潮,采用口头的、文字的、漫画的各种各样的方式进行"②。这样喜闻乐见的方式有利于人民理解和接受政策。陕甘宁边区政府在宣传时利用儿童语言及群众能够接受的方式,同时利用个别谈话以及群众会议的方式,取得了很好的效果。充分地动员群众,使群众充分地理解党的各种政策,让人民群众自觉、自愿地接受党的政策,并积极执行,能够使政策有很好的执行效果。

另外,在政策执行过程中,并没有搞一刀切,对于政策对象有所区分。例如,在对待汉奸财产的问题上,浙东地区规定"除个别的真正当汉奸没收其个人应得的外,其家属其次要的伪军伪组织一般人员由政府保护。对于

---

① 安徽省财政厅、安徽省档案馆编:《安徽革命根据地财经史料选》(二),合肥:安徽人民出版社,1983年版,第39页。

② 中共江苏省委党史工作委员会、江苏省档案馆编:《苏南抗日根据地》,北京:中共党史资料出版社,1987年版,第236页。

逃跑在外无人管理之财产,可由军政共同保存,回时发还并用各种方式促其回头或参加抗战工作"①。1940年,晋察冀边区在《中共中央北方分局关于晋察冀边区目前施政纲领》中提出,"对汉奸审判,须依确实证据,其未参与汉奸活动之家属,不得株连,该家属之财产仍须依法保障。汉奸犯不服初审判决时,得上诉至边区最高审讯机关"②。对汉奸以及汉奸家属区别对待,依法处置汉奸财产,对分化、瓦解、争取汉奸有重要的意义,有利于巩固和扩大抗日民族统一战线。同时对于汉奸的分化处理、依法处理,不仅说明抗日根据地边区政府的政策的成熟性不断增强,还显示出其已经具备了现代管理模式的基本精神。

综上所述,中国共产党领导的敌后抗日根据地各边区政府,积极采取社会保障的各项措施,但是所颁布的政策、法令、法规的成熟度不尽相同。其中陕甘宁边区以及晋冀鲁豫边区政府实行的政策的成熟性相对较高,但是这并不能说明其他地区采取的政策是不成熟的、幼稚的。只是说明在政策的成熟性方面是不平衡的,有些政策一些根据地处理得比较成熟一点,有些政策另一些根据地处理得比较成熟一点。在抗日战争期间,社会环境比较混乱,战争形势多变,复杂的环境以及中国共产党在社会管理方面经验的缺乏,导致颁布的政策的成熟性存在一定程度的差别,但是各边区政府都在积极、努力地不断提升政策的成熟性,以增强政策的实际效果。

7.1.3 发展水平不同

中国抗日根据地的社会保障既是一个整体概念,又包含了多个个体,每一个个体在整体的指导下,根据自身的实际情况制定方针、政策,并逐步推进。由于每个抗日根据地所处的地理位置不同、面临的具体形势不同、战略任务不同、政权的稳定性不同,同时由于整个社会的经济发展水平不平衡,最终决定了抗日根据地社会保障的发展水平是不同的。建立时间较长的、政权比较稳固的,社会保障水平相对较高;建立时间短、面对的敌人比较强大的,社会保障水平相对而言低一点。

整体衡量中国共产党领导的各个抗日根据地,社会保障发展水平比较高的有陕甘宁边区政府以及晋冀鲁豫边区政府。具体表现为:首先,社会救济以及社会优抚的发展。晋冀鲁豫地区从1938年到1945年一直遭受严

---

① 中共浙江省委党史资料征集研究会、浙江省档案馆编:《浙东抗日根据地》,北京:中共党史资料出版社,1987年版,第41页。

② 晋察冀抗日根据地史料丛书审委员会、中央档案馆编:《晋察冀抗日根据地》(第一册文献选编 上),北京:中共党史资料出版社,1989年版,第403页。

重的自然灾害,特别是1942年到1943年反复遭受了水灾、旱灾、蝗灾、雹霜等,面对如此严重的自然灾害,晋冀鲁豫的社会救济发挥了重要的作用。边区政府通过募捐、拨款、拨粮、减免负担、节约等方式,基本保证了人民的最基本的需求,减少了大灾之后的二次伤害。特别是面临蝗灾,边区政府总结了自己的方法,取得了很好的效果。1944年太行区动员十一万人参加灭蝗,"首先分为围歼和清缴,其次依据经验以及科学不断创造新的灭蝗方法,最后树立灭蝗英雄模范,提高群众的积极性,最终蝗蝻停止蔓延,蝗区面积逐渐缩小"①。在晋冀鲁豫边区政府科学、有效地领导下,这一地区的社会救济取得了良好的效果,解决了人民迫切需要解决的问题,发挥了很好的社会作用。在常规的社会救济的基础上,陕甘宁边区政府对于外来移民以及过境难民的救济比较重视,1940年颁布了《陕甘宁边区政府优待外来难民和贫民之决定》,1941年颁布了《陕甘宁边区政府优待难民办法的布告》,1943年颁布了《陕甘宁边区移民难民垦荒的条例》。这些条例对于有效地处理外来难民问题,有重要的帮助,有利于社会稳定,同时也体现了陕甘宁边区在社会救济方面的整体性思维。社会救济是抗日战争时期社会保障中比较普及的内容,各根据地都积极开展,但是晋冀鲁豫边区能够有效地解决受灾范围广、受灾程度空前严重的自然灾害,陕甘宁边区在常规保障的基础上能够以整体性的思维处理这一问题,都是其发展水平的体现。

社会优抚对于稳定社会形势、推进军事斗争有重要的意义,所以各边区政府非常重视社会优抚工作。陕甘宁边区从1937年到1945年,基本每年都颁布了社会优抚的法令,在重视物质奖励的同时,重视对抗日军人及其家属的精神优待。对于一些特殊情况,也进行了说明,如颁布了《陕甘宁边区抗属离婚处理办法》,对于破坏军婚的行为依照法律进行制裁,规定"抗日战士之妻五年不得其夫音讯者,可以提出离婚请求,经查明属实,可以允许离婚"②。这一规定既考虑了抗日军人婚姻的特殊性,又兼顾了抗属的基本利益,体现了陕甘宁边区在社会优抚工作中的细致性和针对性。晋冀鲁豫边区政府社会优抚工作并不具备延续性,但是特别重视荣誉军人的优抚工作,1943年和1944年先后颁布了优待荣誉军人的法令,对于其享受社会优待、逐步自力更生并建立家务有重要的意义。

---

① 河南省财政厅、河南省档案馆合编:《晋冀鲁豫抗日根据地财经史料选编》(河南部分三),北京:档案出版社,1985年版,第629—633页。

② 甘肃省社会科学院历史研究室编:《陕甘宁革命根据地史料选辑》(第一辑),兰州:甘肃人民出版社,1981年版,第235页。

其次,社会保险和社会福利的开展。社会保险和社会福利是社会保障内容中高层次的内容,抗日战争时期由于社会生产力水平的限制,这两个方面的内容只是处于起步阶段,这种情况下,陕甘宁边区政府以及晋冀鲁豫边区政府已经积极尝试开展社会保险和社会福利工作,而其他大多数根据地仍然处于尝试阶段。1940年颁布的《陕甘宁边区战时工厂集体合同暂行准则》不仅进一步阐释了对工人的工伤保险,而且初步尝试了失业保险。对工人在工作期间出现伤病情况时医疗费的支付进行了更加严格、更加细致的规定,同时对因公致残而丧失工作能力的工人进行抚恤的标准进行了强制规定。对于工厂主解雇工人进行了具体的规定,"厂方解雇工人或学徒时,须在十天前通知工会,以便提出意见,(工人自动辞退时,亦须在十天前通知厂方),如工会同意解雇时,应由厂方发给一个月的工资作为解雇金,如违反法律被解雇与自动辞退者,不在此列"①。1942年,边区政府通过了《陕甘宁边区战时公营工厂集体合同准则》,对以往的条例进行了修正,提出解雇金由工人和厂方协商解决,这在一定程度上纠正了以往的"左"倾偏向。1941年颁布的《晋冀鲁豫边区劳动保护暂行条例》对工人的伤病的预防进行规定,同年,《冀豫工运纲领》进一步规定工厂要按照工人工资的一定比例付给工人保险费。对于养老保险,由于社会生产力水平的限制以及战争形势的严峻,并不普及,只是存在初步的尝试。1942年,冀中区颁布《冀中区总工会、农村合作社冀中总社关于各级社工厂职工待遇之共同决定》,提出"工厂在工资以外,按工资的十分之一存贮作为劳动退休金,于工人脱离工厂时发给之"②。这在一定程度上可以保障工人退休之后的生活,但是并不具备普遍意义,更多地在于对现代保险模式的有益探索。

社会福利方面,山东省民主政府、晋冀鲁豫边区政府以及陕甘宁边区政府都采取了积极措施。1940年11月,山东省民主政府提出"凡各级机关、部队、团体连级或县级以上干部,工作人员年老力衰者,按病之轻重每人每月发二元至五元之保健费,养病者发给养病费和药费"③,1944年、1945年根据通货膨胀的状况以及战争形势的变化,进行了修订,使之能够更好地满足干部保健的需要。晋冀鲁豫边区颁布了《冀鲁豫区各级政权干部保健暂行办法》以及《晋察冀边区行政委员会关于政权工作人员保健问

---

① 中华全国总工会中国职工运动史研究室编:《中国工会历史文献》(4),北京:工人出版社,1959年版,第166页。
② 同上书,第415页。
③ 山东省档案馆、山东社会科学院历史研究所合编:《山东革命历史档案馆资料选编》(第6辑),济南:山东人民出版社,1983年版,第44页。

题的决定》，强调对干部的保健，并加强对保健费的监察，将干部保健的工作落到实处，发挥实效。山东民主政府不断对妇女保健以及婴幼儿保育的政策进行修订和补充。对于妇女、儿童的保健，陕甘宁边区在其《施政纲领》中多次提及，并颁布了《陕甘宁边区政府关于保育儿童的决定》，建立了保育行政组织——保育科。其他抗日根据地边区政府针对妇女及儿童的保育也颁布了相关的法规。另外，陕甘宁、晋冀鲁豫等边区政府强调对教师及技术人员的优待，陕甘宁边区政府 1941 年通过了《陕甘宁边区养老院组织规程》，对老年人的衣食住行以及保健就医等方面进行了说明。这些政策、法规的颁布以及推行对于社会保障的发展有重要的意义。

社会保障水平高的另外一个重要表现在于社会保障的系统性发展。这种系统性发展一方面在于根据地基于社会发展的整体性需要，为其他地区提供帮助，例如，陕甘宁边区多次颁布优待移民、过境难民的条例。1939 年，晋察冀边区出现严重的自然灾害，陕甘宁边区在自身面临严重困难的情况下，发动社会各界募捐，边区二百万民众共捐助国币壹万元，表达了对晋察冀边区人民的慰问。另一方面在于社会保障内容之间的协调性发展。社会问题是复杂多变的，社会救济、社会优抚、社会保险与社会福利综合性发展是促进社会进步的重要因素，例如，陕甘宁边区政府颁布的一些法令中，对流亡抗属的救济既属于社会救助的内容，又属于社会优抚的内容。这种综合性发展对于社会保障的实效性的提高有积极的促进作用。

综上所述，陕甘宁边区、晋冀鲁豫边区的社会保障水平相对较高，山东民主政府在社会福利方面的尝试也表现了较高的水平，其他抗日根据地虽然积极采取社会保障的各方面措施，但是受制于现实环境，仍然在社会救济和社会优抚等低层次的社会保障的内容方面运作。抗日根据地社会保障水平的高与低，并不是现代意义发展水平的高与低，水平高的也并没有达到现代保障水平，高与低只是从当时的社会环境出发，进行比较而得出的结论。

社会效益是社会保障的实践准则，抗日战争时期，中国共产党各抗日根据地边区政府在社会保障方面积极推进，推进了军事斗争，发展了社会生产。同时各根据地的社会保障政策在政策持续性、成熟性方面以及发展水平方面存在很大差异。出现这些差异的主要原因在于以下几个方面：首先，各根据地由于分布地区以及存续时间的不同导致其面临的具体环境不同，这种具体环境包括根据地的生产力水平，敌我力量对比，自然灾害的严重程度。其次，政权的稳定性不同，稳定的政权是社会政策持续、有效推进的基础。陕甘宁边区、晋冀鲁豫边区是建立比较早、存在时间较长的根据地,政权的稳定性比较强,稳定的政权结构能够培养出较高的领导水平,浙东、苏南、琼崖等地区存在时间不长,而且期间行政区划经常发生变化,政权的稳定性差。最后,各根据地面临的形势不同,产生的需求以及核心任务不同。各根据地面临的共同形势是战争,满足战争需要与保障人民基本生活之间的关系是任何根据地必须解决的问题,在这一共同的根本问题的基础之上,本地区的实际情况决定了各地区在发展过程中需求不同、核心任务不同。

7.2 新民主主义革命时期不同历史阶段社会保障政策比较分析

中国共产党自成立之日起,虽然缺乏社会管理的相关经验,也没有成熟的政权建设的模式可以借鉴,但是一直在努力探索适合中国社会革命与发展的基本模式,积极开展社会管理及政权建设,积累经验。大革命时期中国共产党参加了国民革命和北伐战争,主要任务是反对帝国主义和封建主义,由于没有建立政权,所以并没有采取切实有效的社会保障措施。土地革命时期、抗日战争时期、解放战争时期中国共产党虽然局部执政,但是在其统治以及管理的地区都推行了社会保障工作,这些政策与措施之间存在继承与发展的关系,构成了中国新民主主义革命时期社会保障工作的基本内容。对这三个历史时期的社会保障工作进行比较分析,可以归纳出其中的共同点以及由于社会环境的不同导致的这几个时期社会保障工作的不同点。

7.2.1 新民主主义革命时期不同历史阶段社会保障政策的相同点

中国土地革命时期、抗日战争时期以及解放战争时期的社会保障政策,作为不同时期中国共产党进行社会管理模式的有益探索,对社会以及历史的发展发挥了重要的作用,积累了丰富的社会管理的经验,在具体内容以及发挥的作用等方面存在内在的一致性。

(1) 重视社会保障工作

中国共产党在新民主主义革命时期特别重视社会保障工作,这一方面是因为当时的军事以及民政的需要,为了保证战争和人民的基本需求,另一方面是中国共产党进行政权建设、进行社会管理的有益尝试。对社会保障工作的重视首先表现为成立专门的机构进行管理。土地革命时期中央苏区在政府管理系统中设立了劳动部和内务部。劳动部下设劳动保护局、失业工人介绍局以及经济评判局。内务部在中央设立内务人民委员会，下设社会保障局，1934年增设优待红军家属局；在地方设置卫生科，负责群众卫生以及医院、诊所疗养等工作，设置社会保证科，负责救济灾民、难民、抚恤等，设置优待红军科，负责执行红军优待条例。鄂豫皖革命根据地设立了劳工委员会，下设劳动保险局、劳动介绍所、劳动保护局以及劳动检查所。中央苏区以及鄂豫皖对社会保障工作的管理是土地革命时期各革命根据地社会保障管理的一个缩影。由此可以看出，土地革命时期对社会保障是非常重视的，管理体系是非常系统、全面的，能够提高工作效率，发挥巨大的作用。抗日战争时期负责社会保障工作的政府组织机构主要是民政厅，1939年，陕甘宁边区政府公布的《陕甘宁边区政府组织条例》对民政厅的职权进行了规定，卫生行政事项、赈灾、抚恤、保育及其他社会救济事项，劳资及佃业争议事项，禁烟、禁毒等事项都由民政厅负责。随着社会形势的发展，民政厅的管理事务不断调整。另外例如保育科、保险局、救灾委员会、荣誉军人管理委员会等组织在社会保障领域都发挥了应有的作用。解放战争时期，各解放区纷纷成立管理社会保障工作的专门机构，东北解放区作为建立时间比较早的解放区，对社会建设与保障工作非常重视。1946年8月东北政联行政委员会成立，下设的民政委员会、财政委员会以及教育委员会与社会保障工作密切相关，1947年6月在民政委员会下设卫生处，8月成立防疫委员会，之后成立了卫生委员会以及卫生部，这对于东北地区人民的卫生保健与防疫工作有重要的作用。1948年，中共华中工委成立了生产救灾委员会，并在各分区、各县成立生产救灾委员会，负责领导各地生产救灾工作。另外，土地革命、抗日战争以及解放战争时期，中国共产党鼓励工会、妇女、儿童等各种群众团体组织的建立、发展，对于社会保障事业的发展有很重要的辅助意义。

对社会保障工作重视的另一个表现在于将社会保障的政策、方针提升到施政纲领或者政府的政策法规的高度。1928年，中国共产党第六次全国代表大会通过了十大纲领，提出"实行八小时工作制，增加工资，失业救济与社会保险等"[①]，阐明了中国共产党在社会保障方面的指导思想。同年中共遂川县委颁布了第一份工农民主政权的政纲《遂川工农县政府临时政纲》。1929年10月的《广西东兰县革命委员会最低政纲草案》，对当时的瑶

---

① 宋士云等：《新中国社会保障制度结构与变迁》，北京：中国社会科学出版社，2011年版，第30页。

民的生活提出要求,"提高瑶民的智识教育;瑶民经济、政治、教育、工资上与其他人民一律平等;严禁虐待瑶民;没收山主的山场、土地、森林,分给瑶民"①。鄂豫皖区苏维埃代表大会通过了红色战士伤亡抚恤条例等,并以文件的形式下发。这些文件的颁布充分说明了工农政府对于社会保障及社会建设工作的重视。抗日战争时期,与社会保障相关的政策、法规比较集中,以1941年晋西北为例,先后颁布了《晋西北工厂暂行条例》《晋西北改善雇工生活暂行条例》《晋西北矿厂劳动暂行条例》。另外,1939年《陕甘宁边区抗战时期施政纲领》、1940年《中共中央北方分局关于晋察冀边区目前施政纲领》对保障儿童、妇女的利益进行了规定,1940年《山东省战时施政纲领》初步阐明了社会福利的思想,1941年陕甘宁边区的施政纲领提出改善小学教员的生活。解放战争时期,东北解放区由于建立时间早,对社会保障的探索也比其他地区成熟,1946年东北各省联席会议通过了《东北各省市特别市民主政府共同施政纲领》,对社会建设思想进行了初步的阐释。1946年3月,华中区颁布了《华中解放区第一次工人代表大会决议》《苏皖边区保护工厂劳动暂行条例》,4月颁布《苏皖边区政府关于颁布商标注册办法》,5月颁布《苏皖边区政府颁布改善民生基本原则》,这些文件对华中地区社会保障工作良好、有序地开展有重要的指导意义。1949年1月中共中央颁布了《中央关于新解放城市职工工资薪水问题的指示》,对解决解放战争中出现的新问题产生了巨大的作用。

(2) 关注民生,维护人民的根本利益

中国共产党在推行社会保障的过程中,由于面临着战争的环境,所以首先满足战争的需要,但是对民生仍然高度关注,维护人民的根本利益和长远利益。土地革命时期,工农民主政府组织、领导人民开垦荒地、兴修水利、改良土壤、植树造林,以提高粮食产量,解决人民的基本生存需要。据统计,1934年"江西方面,已经开了荒田三万多担,福建一万八千九百四十八担,粤鄂一万二千零十三担,瑞金开了荒田一千五百二十五担,并且开了荒土一千六百八十三担"②。对失业工人的救济是解决工人基本生活问题的重要措施,1931年中共湘赣省委第一次执委扩大会议通过了《中共湘赣省委关于工会运动决议案》,提出"救济失业工人,吸收失业工人加入工会,

---

① 《左右江革命根据地资料选辑》,北京:人民出版社,1984年版,第173—174页。
② 许毅主编:《中央革命根据地财政经济史长编》(上),北京:人民出版社,1982年版,第469—470页。

办理失业登记设立劳动保护介绍所,号召失业工人参加苏维埃与红军的工作,运用各种办法来救济失业工人"①。将对失业工人的救济与政权建设结合起来,号召工人推翻现有的反动政府的统治,体现了这一时期社会保障工作的一个重要特点。

抗日战争时期,由于天灾人祸,根据地人民生活极其困难,各边区政府积极开展社会救助工作,帮助人民渡过困难,满足基本的生存需求。在社会救助方面,在直接救助的基础之上,采取以工代赈的方式帮助灾民,恢复生产,同时通过发放贷款等方式帮助灾民从事贸易活动,逐步实现自食其力、自给自足。各边区政府在救灾方面的直接性救助活动和生产性救助活动,不仅解决了人民群众当时的需要,而且维护了其根本利益和长远利益,体现了中国共产党始终关注民生的理念。抗日战争时期社会保障政策对于民生的关注还体现在对土地政策的调整,为了巩固和扩大抗日民族统一战线,将土地革命时期"打土豪、分田地"的政策改为"地主减租减息、农民交租交息",虽然不能将土地分配给农民,但是采取措施减轻农民的负担,一定程度上维护了农民的利益。

1945年,抗日战争即将结束之际,新四军发布布告,提出没收敌产以及大汉奸、大卖国贼的财产,由城市管理与处理委员会救济失业工人及贫民,并提出实行新民主主义政策保护各阶层人民的利益。1946年,在苏皖边区临参驻委二次常委会上,邓子恢提出了五项救灾办法,即募捐救济、生产救灾、平衡粮价、惩奸救灾、减租减息,其中在生产救灾方面提出"对有劳动力的灾民应介绍到生产事业中去,有计划的兴修水利,开河垦荒,以工代赈,使灾民能够靠自己的劳动力取得生计"②。这种生产性救灾对于维护人民的根本利益和长远利益有重要的作用,在土地革命时期和抗日战争时期也是使用的比较多的救灾方式。针对华北地区1945年出现的严重的水旱蝗雹等自然灾害,1946年华中分局颁布了《华中分局关于紧急救灾工作的指示》,并不断地发放贷款,帮助人民解决基本的生存需要以及逐步恢复生产。为了改善民生,1946年苏皖边区颁布了《改善民生基本原则》,从没收地主土地、减租、减息、工人工资等方面进行整改,采取措施改善人民生活。1948年,豫皖苏区党委制定了《关于新区改善民生办法草案》,在原有草案

---

① 江西省档案馆选编:《湘赣革命根据地史料选编》(上册),南昌:江西人民出版社,1984年版,第163页。
② 江苏省财政厅、江苏省档案馆、财经经济史编写组编:《华中解放区财政经济史料选编》(第一卷),南京:南京大学出版社,1987年版,第78页。

的基础之上提出了"反恶霸"的主张,对于"经济上如恶霸贪污财物者,应清算退回,并实行减租息,赎地,调整工资等改善民生法令"①。东北解放区在坚持其他解放区的常规手段之外,针对东北地区匪患严重的情况,深入开展剿灭土匪与锄奸斗争,为人民创造良好的生活环境。1946年6月至12月总计歼匪近两万人,基本消灭了大小股匪,另外"据统计,共打掉县以上反共党、团组织190多个,捕获党、团骨干分子2000多名,破获间谍特务案件300多起,捕获派遣、潜伏特务1600多名"②。

总之,新民主主义革命时期,中国共产党在推行社会保障政策的过程中,正确处理战争与民生的关系,将人民的利益放在重要的地位。在社会救助、土地政策、救济失业工人等方面维护农民和工人的利益,满足人民生存的需求,并且尽最大努力为人民群众的生活创造良好的社会环境,为解决人民生活以及维护社会稳定发挥了重要的作用,获得了人民群众的拥护和支持。

(3) 在推行社会保障过程中注重社会动员以及社会资源的整合

社会保障工作是政府主导的行为,但是只靠政府却无法完成这项复杂的系统工程,需要进行广泛的社会动员,最大限度地实现社会资源的整合。新民主主义革命时期进行社会动员和社会资源整合的主要手段包括进行宣传和思想动员,同时动员社会各阶级、各阶层的力量进行社会建设,保证社会保障工作的顺利开展。

土地革命时期苏维埃政府通过标语、歌曲等简明通俗的方式进行宣传、动员,使人民群众可以理解中国共产党以及苏维埃政府的方针、政策。例如,1929年红军第四军用简明通俗的四言体形式起草了《红军第四军司令部布告》,对国民党军阀进行了声讨,并提出了代表人民群众利益的主张,其中提到了"饭可充饥,药能医病;地主土地,农民收种;债不要还,租不要送;增加工钱,老板担任;八时工作,恰好相称;军队待遇,亟须改订;发给田地,士兵有分"③。这是整个布告中比较典型的,表达了工人、农民、士兵的利益诉求,以及人民能吃得饱饭、看得起病的要求,人民群众能够看得明白、能够理解,因此才会支持中国共产党。上杭才溪区通过歌曲的方式动员妇女进行生产,"革命红旗迎风扬,妇女耕田又开荒,支援红军打胜仗,多

---

① 安徽省财政厅、安徽省档案馆编:《安徽革命根据地财经史料选》(三),合肥:安徽人民出版社,1983年版,第322页。
② 佟冬主编:《中国东北史》(第6卷),长春:吉林文史出版社,2006年版,第766页。
③ 许毅主编:《中央革命根据地财政经济史长编》(上),北京:人民出版社,1982年版,第85—86页。

收粮食送前方"。抗日战争时期通过群众喜闻乐见的方式进行宣传,苏南抗日根据地"从宣传解释入手,普遍进行宣传活动,造成一个广大的热潮,采用口头的、文字的、漫画的各种各样的方式进行"①。晋冀鲁豫边区为了动员人民群众发展棉花生产,提出了通俗易懂的动员口号,"种花费了血和汗,西边换来米和面;种花费了血和汗,鬼子抢去没法办"②,通过这样的口号,人民群众理解了种植棉花以及保护棉花的重要性。解放战争时期对宣传工作高度重视,通过通俗易懂的宣传向人民群众特别是新解放区的人民群众阐释主张。1948年,华中解放区专门召开了生产救灾教育工作讨论会,张鼎丞做了《关于生产救灾的宣传教育问题》的发言,提出进行文字宣传和口头宣传,"根据地点条件,适当运用报纸、传单、口号、标语(由上面统一规定)、歌谣、画报、黑板报、制订宣传大纲,编写教材等"③。另外,主张召开内部的、外部的、群众性的、社会性的会议进行宣传,对于贫雇农以及文化水平低的群众,注重口头宣传。这些宣传纠正了生产救灾中存在的错误思想倾向,推动了生产救灾工作的顺利开展。

  土地革命、抗日战争以及解放战争时期中国共产党在生产力水平低下、社会环境不稳定的情况下,全面推行社会保障政策,通过社会救助、社会优抚、社会保险以及社会福利措施保障了社会上各阶级、各阶层的利益,实现了社会资源的整合。工人、农民、军人的根本利益和长远利益得到维护,军属、烈属获得了物质奖励和精神嘉奖,妇女、儿童、青年、老年人、残疾人等社会相对弱势群体,党政工作人员、技术人员以及知识分子、教师的待遇得到了保证,公营工厂工人、私营工厂工人、农村雇工以及城市学徒的利益得到了保护。另外,在抗日战争时期,为了巩固和扩大抗日民族统一战线,提出"地主减租减息、农民交租交息",保护了部分地主阶级以及资产阶级的利益,激发了他们抗日的积极性,实现了抗日战争阵营的最大化。解放战争时期,由于出现了新解放区,对于新解放区人民群众利益的维护是社会资源整合的一个重要表现,1949年中共中央发出了《中央关于新解放城市职工工资薪水问题的指示》,"对于某些实行多年的劳动保

---

  ① 中共江苏省委党史工作委员会、江苏省档案馆编:《苏南抗日根据地》,北京:中共党史资料出版社,1987年版,第236页。
  ② 河南省财政厅、河南省档案馆合编:《晋冀鲁豫抗日根据地财经史料选编》(河南部分三),北京:档案出版社,1985年版,第213页。
  ③ 江苏省财政厅、江苏省档案馆、财经经济史编写组编:《华中解放区财政经济史料选编》(第四卷),南京:南京大学出版社,1988年版,第147页。

险制度与奖励制度,例如年关花红、例假、抚恤金等,不应取消,并应按往年实际情况发给"①。这对于新解放区社会形势的稳定,争取新解放区人民的支持有重要的意义。

(4) 实事求是,不断进行政策与实践的调整与创新

新民主主义革命时期,中国共产党在推行社会保障的过程中各时期面临的形势不同,中国共产党在制定以及推行政策的过程中,坚持实事求是的原则,对存在的错误倾向进行纠正,不断进行政策与实践的调整与创新。土地革命时期,苏维埃政府领导人民进行土地革命,打土豪分田地,没收地主土地分配给农民耕种,这符合土地革命时期革命斗争的实际情况,但是在具体的执行过程中出现了一定的偏差,存在着侵犯中农、消灭富农的倾向。为了纠正这种偏向,苏维埃政府下发了《关于土地斗争中一些问题的决定》,开展查田运动,正确地分析阶级成分,澄清阶级阵线,最终王明路线过"左"的土地政策彻底破产。中华苏维埃共和国《劳动法》的制定和修改也反映了实事求是对政策进行调整的特征,1931年第一届苏维埃共和国工兵代表大会颁布了《劳动法》,要求雇主每月拨出工资总额的10%—15%作为保险金。经过不断修改,1933年中华苏维埃共和国中央西行委员会颁布《中华苏维埃共和国劳动法》,要求工厂主或雇主支付全部工资总额的5%—20%的数目,交纳给社会保险局,作为社会保险基金。对社会保险金的规定一定程度上体现了"左"的倾向,在之后颁布的法律文献中逐步纠正,使之具有了更大程度的可执行性。

抗日战争时期,面对的政治、军事环境比较复杂,自然灾害严重,如此复杂的环境使中国共产党在推行政策的过程中在不同领域出现了不同类型的问题。前文"对发展过程中社会保障政策的反思与修正"一节对此进行了集中论述,在所有的反思内容中,对劳资关系工作的反思与修正是最具有代表性的。抗日战争时期的劳动政策延续了土地革命时期劳动政策的基本精神,抗日民族统一战线建立之后,中国共产党针对社会形势的变化,首先对劳动保护进行了调整。1939年,陕甘宁边区第一届参议会召开,林伯渠在《政府工作报告》中提出了关于劳动保护的建议,四点建议的核心内容体现为,在保证工人利益改良工人生活待遇的基础之上,取消对富农以及资本家经营生产事业的一些限制。在此精神指导之下,抗日根据地各边区政府纷纷调整原有的劳动政策,在保证工人利益与维护资本家利益之

---

① 中央档案馆编:《中共中央文件选集》(第十八册),北京:中共中央党校出版社,1992年版,第24页。

间找到平衡点,巩固和扩大了抗日民族统一战线,使劳动政策能够更好地服务于抗日战争。

在抗日战争结束之后,山东解放区为了管理新解放区,大胆提拔、使用干部,最终使管理人员数量增加、质量降低,干部家属、附属机关增加,1947年地方工作人员达十八万人,按照编制仅需八万人。为了节省开支,山东解放区首先实行精简,重新审查编制,"华东局决定地方精简十万人,重新审查编制,调整机关人员,在滨海区,只政府系统即减少了百分之五十三的人员,此后鲁中、鲁南、胶东、渤海亦先后执行"①。这一调整大大减少了财政的冗员开支,减轻了人民的负担。东北解放区的土地改革经历了清算分地运动、煮熟夹生饭运动、"砍挖"运动时期以及彻底平分老区土地时期。在平分土地运动过程中出现了打击面过宽、严重侵犯民族工商业、乱打乱杀等问题。1948年2月9日中共中央下达了《关于立即纠正土地改革打击面过大给东北局的指示》,为贯彻这一指示,东北局下发了《关于领导土地改革应掌握划分阶级等三个问题的指示》,最终东北解放区克服了平分土地运动中出现的错误,将土地运动引向了正确的轨道。至1948年10月,东北解放区老区的土地改革运动基本完成、取得成功。

综上所述,新民主主义革命时期中国共产党非常重视社会保障政策,并积极推行,进行政权建设,同时注重民生,维护人民的根本利益。在推行社会保障的过程中注重社会动员,进行资源整合,最大限度地争取了社会各阶级、各阶层的支持;坚持实事求是的原则,针对实际情况制定、调整政策、方针,方式灵活,保证了政策的执行效果。另外,在土地革命时期、抗日战争时期、解放战争时期都积极倡导节约,禁止浪费,部队以及行政机关争取实现自给自足。这一方面是由于物质的匮乏,生活条件的艰苦,更主要的是由于中国共产党坚持艰苦奋斗的优良传统。这一传统一直延续至今,对于中国革命、建设以及中国共产党精神的构建发挥了重要作用。

7.2.2 新民主主义革命时期不同历史阶段社会保障政策不同点

新民主主义革命时期中国共产党积极推行社会保障政策,土地革命时期、抗日战争时期、解放战争时期社会保障政策在内容、特点等方面存在内在的一致性,具有很大的共同点。但是在深入研究、分析之后,可以发现这几个时期的社会保障政策在历史背景、内容侧重点、发展水平以及对于社

---

① 薛暮桥:《抗日战争时期和解放战争时期山东解放区的经济工作》,济南:山东人民出版社,1984年版,第29页。

会发展的作用方面也呈现出不同的地方。

(1) 背景不同

1927年,国民党发动"四·一二"以及"七·一五"反革命政变之后,中国共产党立即组织召开了八七会议,确立了"武装反抗国民党反动派"的方针,成为中国由大革命失败到土地革命兴起的历史性转变。在进攻大城市失败后,中国共产党提出了"农村包围城市,武装夺取政权"的战略方针,转向敌人统治力量薄弱的农村,首先建立了井冈山革命根据地。之后,中国革命呈现了星火燎原之势,中国共产党相继建立了20几块革命根据地,在这些地区坚持将"土地革命、根据地建设、武装斗争"三者结合起来,并提出"依靠贫农、雇农,联合中农,限制富农,保护中小工商业者,变封建半封建的土地所有制为农民阶级土地所有制"的土地政策。在正确的纲领的指导下,中国共产党领导的革命根据地发展迅速。国民党为了消灭共产党的势力,扼制其发展,发动了五次"围剿"斗争,共产党领导工农红军取得了前三次反"围剿"斗争的成功。三次反"围剿"战争,共歼敌七万多人,缴枪五万多支,扩大了革命根据地,根据地的农业生产和其他各项事业蓬勃发展。

第五次反"围剿"失败之后,红军被迫进行战略转移,经过长征,保存了革命的有生力量。土地革命时期中国社会的主要矛盾是阶级矛盾,即人民群众与国民党反动派的矛盾,所以中国共产党这一时期的主要任务在于反对国民党反动派的统治。但是1931年"九·一八"事变之后,日本帝国主义逐步加紧对中国的侵略,占领东北,1935年发动"华北事变",华北危急,中国社会的主要矛盾逐渐发生变化,民族矛盾逐渐成为中国社会的主要矛盾。中国共产党在长征途中发表了《八一宣言》,并召开了瓦窑堡会议,提出"停止内战,一致对外"的方针。土地革命时期,中国共产党坚持"打土豪、分田地"的斗争,面临阶级矛盾与民族矛盾更替的复杂形势,中国共产党在开展社会保障工作过程中要解决很多复杂的问题,处理比较烦琐的社会关系。

1937年,日本帝国主义发动"七七事变",全面侵华,民族矛盾,即中华民族与日本帝国主义之间的矛盾成为中国社会的主要矛盾,社会主要矛盾的变化决定了中国社会主要任务发生变化。为了抵抗日本的侵略,实现全民族抗战,1937年国民党公布共产党提交的《国共合作宣言》,标志着各方努力促使形成的抗日民族统一战线正式建立。在抗日民族统一战线之下,国民党开展正面战场的抗战,共产党在洛川会议之后奔赴敌后,先后建立了19块抗日根据地。抗日民族统一战线建立之后的全民族抗战对反抗日本的侵略发挥了重要的作用,但是随着武汉、广州的失守,抗日战争进入到相持阶段。相持阶段日本将进攻的重点转移到敌后,使敌后抗日根据地面临严峻的形势,同时,国民党的抗战态度也发生了变化。国民党对于抗战的态度越来越暧昧,投降主义倾向严重,在此基础之上发动了"皖南事变",重创中国共产党领导之下的新四军部队,并且在中国共产党统治的敌后抗日根据地不断制造小摩擦,加剧了敌后根据地的危机。由于敌后抗日根据地主要集中在偏远地区,自然环境恶劣,交通不便利,分布零散,虽然有些根据地能够连接成片,但是这种连接是脆弱的,经不起敌人的冲击。中国共产党在敌后要面临敌、顽、我纠缠的错综复杂的形势,既要面对日本侵略者的进攻又要防备国民党的不断骚扰与摩擦,这使中国共产党领导的敌后抗日根据地发展空间狭小。这一时期社会保障事业的顺利开展对于保证人民群众的基本生存,巩固和扩大抗日民族统一战线,争取抗日战争的胜利有重要的意义。

1945年8月日本天皇宣布无条件投降,中国的抗日战争取得了伟大的胜利,这是中国人民的胜利。但是这一场胜利并没有给中国人民带来和平,1945年中国共产党和国民党在重庆谈判,签订了《停战协定》,然而1946年国民党军队对共产党中原解放区以及陕北解放区发动局部进攻,内战爆发。随之而来的是,中国社会的主要矛盾发生了变化,阶级矛盾再次成为中国社会的主要矛盾,即中国共产党领导之下的中国人民与美帝国主义支持的国民党反动派之间的矛盾。中国共产党领导的人民军队在战争初期实力弱小,要面对装备精良的国民党军队以及美帝国主义的干涉,所以在战略防御时期坚持消灭敌人的有生力量,不计较一城一地之失。这种战略方针使中国共产党忙于应付战争,并没有足够的时间、精力以及空间推进社会保障政策。随着战争的逐步推进,中国共产党实力增强,东北解放区建立并不断巩固,解放区面积逐步扩大。为了进一步巩固解放区,推动解放战争的顺利开展,中国共产党在解放区推行了社会救济、社会优抚、社会保险、社会福利等社会保障政策,重点推行了土地改革,建立了农民阶级土地所有制;并且在抗日战争时期的基础之上,在工厂集中的城市以及条件具备的地区,进一步发展社会保险,维护工人阶级的利益。另外,针对新解放区不断出现这一新的历史现象,中国共产党不断研究实际情况,制定方针、对策,丰富、充实社会保障的内容。解放战争时期的社会保障政策既产生于内战的复杂环境之中,同时也是产生于新中国成立前夕,对于新中国成立之后的现代社会保障体系的建立以及社会保障事业的顺利开展有重要的借鉴意义。

总之,土地革命时期、抗日战争时期以及解放战争时期,社会主要矛盾发生变化,阶级矛盾和民族矛盾交替成为当时社会的主要矛盾,社会主要矛盾的变化直接导致中国共产党的中心任务发生了变化。中国新民主主义革命时期不同历史发展阶段的大的历史环境的变化,决定着中国共产党在进行社会管理以及推进社会保障事业的过程中的侧重点是不同的。

（2）内容侧重点不同

土地革命时期社会保障内容的侧重点是土地政策和劳动政策。1928年,湘赣边区特委制定和颁布了《井冈山土地法》,这是中国共产党历史上第一部土地法,在这部法律文献中规定"分配土地的数量,以人口为标准,男女老幼平均分配;如遇天灾,或其他特殊情形时,得呈报高级苏维埃政府核准,免纳土地税;红军及赤卫队的官兵,在政府及其他一切公共机关服务的人,均得分配土地,如农民所得之数,由苏维埃政府雇人代替耕种"①。这部土地法提出将土地按人口平均分配,并充分考虑到了当时存在的特殊情况,例如,自然灾害时免除土地税,军人的土地分配以及耕种等。这在当时对于争取贫农、雇农有重要的意义,同时为激发军队的积极性发挥了重要的作用。在这部法律文献之后,赣西南革命根据地颁布了《赣西南苏维埃政府土地法》,中华工兵苏维埃第一次全国代表大会颁布了《中华苏维埃共和国土地法》。这一时期的土地纲领的共同点都符合中国共产党制定的"依靠贫农、雇农,联合中农,限制富农,保护中小工商业者,变封建半封建土地所有制为农民阶级土地所有制"的土地政策。这一政策符合土地革命初期的基本社会形势以及基本需求,是中国共产党在以往革命失败的基础上,基于对社会形势的深刻分析得出的结论,土地政策更成为中国共产党这一时期社会保障政策的一个重要内容。

土地革命时期社会保障内容的另一个侧重点在于劳动法规。1928年,中共遂川县委起草了《遂川工农县政府临时政纲》,提出"制定真正能够保障工人阶级利益的劳动保险法,实行八小时工作制,休息例假照给工钱,男女工作同等要得到同等工钱"②,对童工以及妇女产前、产后的利益进行了具体的说明。1930年,全国苏维埃区域代表大会通过《劳动保护法》,之后先后进行了四次修订:1930年工农民主政府通过《劳动暂行法》;1931年第一届苏维埃共和国工兵代表大会颁布《劳动法》;1933年中华苏维埃共和国中央政府修改了《劳动法》;1933年中华苏维埃共和国中央执行委员会颁布

---

① 黄惠运:《中央苏区社会保障研究》,北京:社会科学文献出版社,2013年版,第25页。
② 井冈山革命根据地党史资料征集编研协作小组、井冈山革命博物馆编:《井冈山革命根据地》(上册),北京:中共党史资料出版社,1987年版,第72页。

了《中华苏维埃共和国劳动法》。在劳动法规的历次修订中,中国共产党强化了社会保险制度,特别是在《中华苏维埃共和国劳动法》中提出"各企业各机关各商店及私人雇工,付给工人职工工资之外,支付全部工资总额5—20%的数目,交纳给社会保险局,作为社会保险基金,保险金不得向被保险人征收,不得从被保险人工资内扣除"[1]。中国共产党制定劳动法令并不断进行修订,体现了中国共产党对这一问题的重视。这一问题成为这一时期中国共产党社会保障工作的重点。

土地革命时期中国共产党在社会保障方面之所以侧重于土地政策以及劳动政策,主要原因在于当时的社会形势以及中国共产党的社会管理经验。中国两千多年的封建社会一直是地主阶级土地所有制,农民一直是被压迫和剥削的对象,农民斗争的目标主要是获得土地。作为最基本的生活资料,土地有重要的意义。中国共产党提出的土地纲领,平均分配土地给农民,能够调动农民的生产积极性,有利于争取到农民阶级的支持,同时因为中国共产党的阶级属性,特别重视维护农民和工人的利益,在重视土地问题的同时,强调劳动政策。但是,由于中国共产党在社会管理方面刚刚起步,缺乏社会管理的经验,阶级意识强化,导致中国共产党在劳动法规方面存在一定的"左"倾倾向,过于强调工人阶级的利益。

抗日战争时期中国共产党面临的形势更加严峻,战争形势严酷,自然环境恶劣,社会形势错综复杂。为了应对这些困难,中国共产党在社会保障方面特别重视社会救助和社会优抚。抗日战争时期敌后抗日根据地自然灾害发生的范围很广泛,大部分根据地都发生过自然灾害;种类多,发生过旱灾、水灾、蝗灾、雹霜等;有些地区自然灾害还交织出现,原因复杂,破坏性大。为了应对严重的自然灾害,避免大灾之后的二次伤害,各根据地边区政府制定了相关的社会救助法令法规,通过募捐、拨款、拨粮、节约等方式对灾民、难民进行安置。晋冀鲁豫、淮北等地区针对本地区出现的蝗灾,动用各方面力量进行灭蝗运动。在缓解了自然灾害的情况下,各地区采取措施恢复和发展生产,利用间隙抢种、补种,兴修水利,建立"义仓",实现互助生产。同时引导人民开展副业增加生产,"晋冀鲁豫边区政府组织妇女纺织换取粮食,产药材的地区组织民众刨药向合作社换取必需的生活用品,有些地区组织群众进行山货生产,扶持各种手工作坊,组织灾民运输赚取脚费"[2]。这些措施既解决了当前的问题又有利于社会生产的恢复与

---

[1] 石水:《中央苏区的社会保障立法》,《劳动保障通讯》,2001年第7期,第19页。
[2] 魏宏运主编:《华北抗日根据地纪事》,天津:天津人民出版社,1986年版,第386页。

发展,体现了中国共产党对社会救助工作的重视以及社会救助的思想及模式愈发成熟。

社会优抚工作是抗日战争时期中国共产党社会保障工作的另一个侧重点,对社会优抚工作的重视既是出于中国共产党的阶级属性,更主要的在于面对严峻的军事威胁,需要调动人民参军的积极性,激发士兵的战斗士气。中国共产党在抗日根据地持续有效地开展社会优抚工作,对现役军人、民兵、荣誉军人等进行优抚,对抗属、烈属以及遗族进行优待和抚恤。1937年至1945年,陕甘宁边区关于社会优抚的法规、条例达到14部之多,社会优抚的覆盖面广,内容全面,表明了陕甘宁边区对社会优抚工作的重视。晋冀鲁豫边区通过了《晋察冀边区荣誉军人抚恤办法》《冀鲁豫区荣誉军人抚恤暂行条例》《修正冀鲁豫区荣誉军人抚恤暂行条例》,苏中区颁布了《苏中区优待在乡荣誉军人暂行办法》。许多地区重点强调荣誉军人的建立家务问题,进一步改善荣誉军人的生活,同时对荣誉军人提出了约束,要求其遵守纪律并逐步实现自食其力,这些条例为荣誉军人的优待提供了法律保障。民兵是重要的正规后备兵源,对抗战有重要的辅助意义,所以各地区强调对民兵及其家属的优待等同于正规军。

解放战争时期中国共产党忙于与国民党的战争,在敌强我弱的情况下坚持消灭敌人的有生力量。为了巩固和扩大解放区,中国共产党深入推进土地改革,同时兼顾革命与建设,对旧政权进行改造,进行经济斗争和货币斗争,推进新解放区社会保障事业的发展。东北地区是国民党和共产党争夺的一个重要地区,为了稳固东北的战略地位,中国共产党加紧建设东北解放区,在其统治区域内积极推行社会保障政策。根据当时的社会形势,土地改革成为中国共产党解放战争时期重要的社会保障政策,东北解放区的土地改革分为老区改革和新区改革两个阶段。东北解放区老区土地改革分为清算分地阶段、煮夹生饭阶段、"砍挖"运动阶段以及和平分土地时期,1946年5月开始在解放区开展反奸、清算、分地斗争,初步满足了农民的土地要求。1946年12月至1947年6月,对之前土地改革过程中存在的"夹生饭"问题进行了系统地纠正,敌伪残余、封建势力被基本消灭,广大农民的土地要求得到了进一步的满足,获得了必备的生产资料。但是地主阶级对清算分地心怀不满,公开叫嚣"算就算,你也富不了,我也穷不了,把犁杖挂在屋檐上,也吃他几年"①。为了彻底动摇封建基础,1947年6月25日,东北局发出《关于继续完成土地改革深入群众运动的指示》,7月东北

---

① 张向凌主编:《黑龙江四十年》,哈尔滨:黑龙江人民出版社,1986年版,第104页。

局再次发出《关于挖财宝的指示》,要求各地进行"斗财宝、挖干货、追浮财"的斗争,彻底解决土地问题①。在这一政策指导下,一场空前规模的"挖干货"运动在东北迅速开展,经过一段时间的斗争,这一运动取得了丰硕的成果,"据合江省、吉林省、牡丹江专区、北安专区的统计,挖出地主的浮财,如金银、首饰、衣服、粮食等项,为数之巨,比没收地主土地的全部价值还大数倍"②。这对于进一步瓦解封建经济的存在基础,满足农民的土地要求,恢复农村经济有重要的意义,但是在发展过程中出现了打击面大的错误,伤害了一些中农,乱打乱杀扰乱了社会秩序。

1947年,人民解放战争转入反攻,革命形势迅猛发展,彻底消灭封建土地所有制的时机已经成熟,中共中央颁布了《中国土地法大纲》,这是彻底消灭封建土地所有制的革命纲领,提出普遍彻底平分土地。为贯彻这一政策,东北局发布了《东北局告农民书》《东北解放区实行中国土地法大纲补充办法》,毛泽东发文提出"全党同志须知,现在敌人已经彻底孤立了,但是敌人的孤立并不就等于我们的胜利。我们如果在政策上犯了错误,还是不能取得胜利。具体说来,在战争、整党、土地革命、工商业和镇压反革命五个政策问题中,任何一个问题犯了原则错误,不加改正,我们就会失败"③,将反对"左"倾错误提升到关系全国革命胜利的高度。东北解放区多次召开群众会议,在党中央的指示下,迅速纠正了以往存在的问题,将土地改革引向正确的方向,为之后各解放区的土地改革以及1949年之后的土地改革提供了借鉴。解放战争时期的土地改革满足了农民的土地需求,调动了农民的生产积极性,巩固了东北解放区,对保障人民生活以及争取全国的解放有重要的意义。

解放战争期间国民党向解放区倾销蒋币、汪币,造成棉花、粮食等物资外流,解放区物价飞涨、市场混乱、生产停滞,人民遭受了巨大的损失,生活没有保障。1946年10月,山东解放区提出今后工商工作的基本任务,"调剂供应,稳定物价,扶助生产,保障供给,以争取自卫战争的胜利"④。经过不断的经济斗争和货币斗争,解放区不但保持了物价的稳定,而且部分地完成了货币统一工作,关内的货币(冀南币、北海币、华中币、晋察冀边币、西北农币)先后实现固定比价,互相通用,促进了各解放区之间的贸易往

---

① 刘信君:《毛泽东与东北解放战争》,长春:吉林人民出版社,2004年版,第194页。
② 朱建华:《东北解放战争史》,哈尔滨:黑龙江人民出版社,1987年版,第218页。
③ 毛泽东:《毛泽东选集》(第4卷),北京:人民出版社,1991年版,第1286页。
④ 薛暮桥:《抗日战争时期和解放战争时期山东解放区的经济工作》,济南:山东人民出版社,1984年版,第285页。

来。1948年,中国人民银行成立,发行统一的新货币,按法定比价逐渐收回各地方货币,货币统一后,生产得到发展,市场繁荣。解放区新货币制度体系保护了广大人民的利益,成为中国新民主主义经济发展的重要保证,与国民党进行货币战争是中国共产党解放战争时期社会保障政策的一个重要内容。

随着解放战争的推进,对于旧政权的改造以及新解放区的建设成为中国共产党面临的一个新的重要的内容。为了加强对这项工作的领导,1946年提出巩固新解放区的中心环节,即"放手发动群众,进行反汉奸、反恶霸、反贪污、反讹诈斗争,同时进行减租减息,分配已没收的汉奸土地"①,加强对新解放区建设的领导。为了保证新解放区城镇职工的基本生活,1949年华中分局发出了《华中分局二地委关于新解放城镇职工工作决定》,提出"在教育的基础之上,组织失业职工复业、转业;扶助手工业和作坊事业,使失业工人能自立生产或能就业;沟通解放区交通贸易,繁荣市场,使职工有工可做;适当调整工资,劳资双方协商解决;对于无法解决的工人,可以发放小本贷款或以工代赈;春间进行生产备荒教育,想办法和资方共同度过春间灾荒"②。这一规定有利于城镇社会秩序的稳定,同时维护了工人阶级的利益,另外,这些措施有利于新解放区的稳定与发展,是社会保障政策在新解放区实行得比较有代表性的内容,也是解放战争时期社会保障政策不同于土地革命时期以及抗日战争时期的重要内容。各解放区在社会保障的推行过程中,根据社会形势的变化,积极开展剿匪运动和卫生防疫运动,保证人民群众的生命财产安全、身体健康,创造稳定、和谐的社会环境。

总之,土地革命时期、抗日战争时期、解放战争时期,中国共产党在自己的统治区域之内积极推行社会保障工作。由于社会具体形势的不同,三个阶段的内容侧重点并不相同,土地革命时期侧重于土地政策以及劳动政策;抗日战争时期为了满足战争的需要侧重于社会救济和社会优抚;解放战争时期是打破旧的社会秩序建立新的社会秩序的过渡时期,社会保障方面侧重于土地革命和社会建设。各个时期社会保障政策侧重点的不同充分说明中国共产党在进行社会建设的过程中,能够根据社会形势的变化调整政策,增强了政策的针对性。

---

① 薛暮桥:《抗日战争时期和解放战争时期山东解放区的经济工作》,济南:山东人民出版社,1984年版,第296页。

② 江苏省财政厅、江苏省档案馆、财政经济史编写组编:《华中解放区财政经济史料选编》(第六卷),南京:南京大学出版社,1988年版,第323—324页。

(3) 发展水平不同

土地革命时期中国共产党成立不久,缺乏社会管理经验,对于政权建设以及社会管理处于探索阶段,社会保障政策也体现了这一特征。这一时期对社会保障工作的探索具体体现在,积极开展社会救助、社会优抚、社会保险、社会福利以及文教卫生事业。对工人阶级的福利待遇、劳动保护等内容充分重视,特别是提出实行社会保险制度,雇主每个月按照一定的比例为工人缴纳保险金,作为工人生老病死以及伤残的补助和医疗专款,这一措施充分体现了中国共产党对工人利益的维护,同时体现了中国共产党的阶级性。另外在推行社会保障的过程中组织农民开展互助合作运动,发挥妇女、儿童、青年人、老年人在社会生产中的积极作用,这些措施都从根本上区别于中国之前的任何社会形态下的政权组织。对金融事业以及社会公共事业的建设以恢复和发展生产、保证人民的生存、提高生活水平为宗旨,为中国共产党领导这些领域的斗争与建设积累了经验。

在土地革命时期,中国共产党推出了一项具有创造意义的措施,1934年中央工农政府颁布了《优待红军家属礼拜六义务劳动制》,实行干部参加礼拜六义务劳动主要是优待红军家属,同时帮助劳动力缺乏的贫苦群众搞好生产,要求"替红军家属做一切关于土地、山林以及砍柴、挑水日常家事等工作;经常进行工作,务使红军家属能依据其需要经常得到一切的优待;严厉打击对礼拜六工作敷衍怠工的行为"①。这几项规定保证了干部星期六义务劳动的广泛性、长期性以及实效性。这一措施一定程度上推动了社会优抚工作的开展,有利于提升军队的战斗力,激发军人的战斗士气,同时打破了干部与普通人民群众之间的区别与界限,也是中国以往的社会形态以及政权组织不具备的,一定程度上体现了共产主义的特征。总之,土地革命时期中国共产党积极推行社会保障措施,但是由于缺乏相关的经验,许多措施在推行过程中出现了"左"或右的倾向。例如,社会保险金的标准制定的过高,分田地过程中不能正确处理阶级关系等。这些都表明这一时期中国共产党的社会保障政策处于探索阶段,这种对社会管理以及政权建设积极有效的探索为之后中国共产党社会保障工作的开展奠定了基础。

抗日战争时期的社会保障政策在土地革命时期的基础之上,根据实际情况,不断进行调整,走向完善。抗日战争时期社会保障政策走向成熟的

---

① 许毅主编:《中央革命根据地财政经济史长编》(上册),北京:人民出版社,1982年版,第429页。

主要表现是充分重视社会救助和社会优抚工作,对于高层次社会保障措施社会保险和社会福利逐渐趋于理性化。对社会救助的重视是为了在生产力水平低、天灾人祸的情况下,解决人民群众面对战争以及严重而频繁的自然灾害如何存活下来的问题,保证人民的基本生存,这是社会保障的基础。重视社会优抚,是因为战争时期解决战争需要是各边区政府面临的首要问题,通过对抗日军人以及军人家属的优待,激发军人抗战的积极性,保证军队的数量以及作战的英勇程度。所以,对社会救助以及社会优抚的重视基本实现了对管辖范围内全体社会成员基本生活的保障。

土地革命时期对社会保险和社会福利工作进行了初步尝试,但是在具体的实践过程中存在着一些错误倾向,例如,工厂主或雇主社会保险金缴纳过多等,抗日战争时期对这些问题进行了调整。1941年9月,晋冀鲁豫边区颁布了《冀豫工运提纲》,提出"工厂按工资给工人百分之五的保险费"[①]。百分之五的标准考虑了抗日战争时期经济发展水平以及抗日民族统一战线巩固及扩大的需要,纠正了土地革命时期百分之十五到二十的标准。另外,在社会保障政策推行的过程中,中国共产党对政策、方针不断反思,对各项工作进行了不断地调整,使之发挥最大的效能,这是抗日战争时期社会保障政策走向成熟的一个重要标志。总之,抗日战争时期中国共产党根据生产力发展水平以及社会形势的变化制定社会保障的相关政策,对社会发展起到了积极的促进作用,是对社会管理的进一步有效尝试,是一种保护和延续有机生命力的重要内容,是一种不断走向完善、走向成熟的社会保障政策。

解放战争时期,在社会管理方面破坏与建设并重,一方面对旧政权进行改造,另一方面建设新的社会秩序。社会保障方面,在强化社会救济、社会优抚、社会保险以及社会福利等措施的基础之上,一些具有现代意义的措施逐步推广。苏皖边区政府为了保证边区工商业的发展,在中共中央的领导下,颁布了《苏皖边区政府关于颁布商标注册办法》,规定了商品商标注册后,享受的权利,"政府予以专利,如有他人假冒,得予以法律保护;商品销售发生困难时,可呈请政府予以减税出口;各工厂创制精良之商品,或有益于社会民生之商品政府予以奖励"[②]。这些措施推动了解放区工商业的发展,同时也具备了一定的现代意义,之后华中解放区又颁布了《苏皖边

---

① 郭健:《延安时期社会保障拾零》,《中国社会保障》,2011年第7期,第24页。
② 江苏省财政厅、江苏省档案馆、财政经济史编写组编:《华中解放区财政经济史料选编》(第一卷),南京:南京大学出版社,1987年版,第178—179页。

区银行钱庄注册暂行条例》《苏皖边区商品商标注册暂行办法》，各地区的银行纷纷成立，发行统一的货币。这些工商业领域和金融领域的斗争对恢复和发展生产、平衡物价、稳定市场有重要的作用，而且这些措施对新中国社会管理、政权建设积累了丰富的经验。总之，解放战争时期的社会保障工作是对新民主主义革命时期社会保障工作的总结，一定程度上已经具备了现代性，形成了社会保障的基本体系，为新中国社会保障事业的发展奠定了基础。

新民主主义革命各个发展阶段的社会保障措施虽然发展水平不尽相同，但是呈现了继承与发展的关系。土地革命时期关于社会保障的经验在抗日战争时期以及解放战争时期得到了体现，解放战争时期社会保障发展相对而言水平较高，很重要的原因是对土地革命时期和抗日战争时期社会保障经验的借鉴，避免了很多弯路。例如，土地革命时期在工人权益的保护方面存在的"左"的倾向，在抗日战争时期以及解放战争时期不断得到调整，并将这种实事求是的精神，贯穿于中国共产党局部执政以及社会建设的全过程。土地革命时期，中国共产党通过标语、歌曲等简明通俗的方式进行宣传，动员民众，获得了很好的效果，这种通俗易懂的、发挥群众主观能动性的宣传方式在抗日战争以及解放战争时期得到了充分的运用。土地革命时期、抗日战争时期以及解放战争时期，中国共产党推行的社会保障政策以不断递进的方式向前发展，逐渐形成了新民主主义革命时期中国共产党社会保障的基本体系。

（4）作用不同

中国共产党领导的新民主主义革命时期的社会保障，从作用和功能角度思考基本都发挥了满足军事需要、解决人民基本生活需求的作用，但是由于其背景不同，内容的侧重点不同，最终产生的作用也不相同。土地革命时期的社会保障政策的作用如下。首先，使人民群众更加了解中国共产党的政策、纲领，深入理解其代表人民利益的阶级属性，起到了宣传的作用，强化了群众基础。中国共产党1921年成立，以马克思主义理论为其指导思想，由于成立时间不长，还有很多群众对其不了解。土地革命时期通过社会保障政策的推行，特别是"打土豪、分田地"的政策，农民阶级获得了土地，这使更多的群众了解了马克思主义，了解中国共产党是全心全意为人民服务的政党，更加信服中国共产党。这种实践的宣传效果，更加直观，比政策、法规的宣传作用更加明显。其次，巩固了工农联盟。这一时期的社会保障通过土地政策获得了农民的支持,通过劳动法规获得了工人阶级的支持。虽然土地政策和劳动法规还存在一些不合理的成分,但是其进步意义已经非常明显,农民阶级获得土地后,生活安定,可以购买一定数目的工业品,工人也可以获得一定的利益,在共产党的领导下,工人阶级和农民阶级都获得一定的利益,加上工人阶级和农民阶级天然的斗争一致性,工农联盟更加巩固。再次,有利于军事斗争的胜利。中华工兵苏维埃第一次全国代表大会相继通过了《中国工农红军优待条例》《红军抚恤条例》,这一系列条例,对维护红军及其家属的利益,调动其积极性有重要的意义。为了加强对社会优抚的领导与管理,1934年中央苏区专门设立了优待红军家属局,在地方设立优待红军科,管理优待红军事宜。这些措施对于调动红军作战的积极性有重要的意义,中国共产党领导的工农红军在前三次反"围剿"中以弱胜强取得胜利,一定程度上说明了社会优抚的作用。最后,促进社会关系的和谐发展。土地革命时期革命根据地民主政权建立,从政治理念上实现了人民当家作主,中国共产党推动社会保障措施的开展,维护人民群众的根本利益,在经济生活中实现人与人关系的变革;在社会生活中,妇女解放,逐步实现男女平等;在政治生活中,军民关系、干群关系、官兵关系打破了以往的对立,逐渐实现了和谐发展。

  抗日战争时期中国共产党在土地革命时期社会保障政策的基础上继续推行社会保障措施,这一时期的社会保障对于社会发展同样发挥了重要的作用。首先,满足了人民的基本生活。抗日根据地边区政府通过采取社会救济措施,帮助人民群众渡过了严重的自然灾害,人民生活状况逐步得到改善,社会地位得到提高,阶级矛盾缓和。其次,巩固和扩大了抗日民族统一战线,抗日战争逐步取得胜利。社会优抚政策提高了人民群众参军的积极性,1945年4月22日《解放日报》发表社论《解放区人民热烈参军》,指出"从1944年6月到1945年3月,解放军数量由四十七万增加到九十万,几乎扩大一倍"[①]。对于劳动政策的调整,纠正了以往"左"的偏向,在保护工人利益的同时,保护了工厂主和雇主的利益。社会福利政策可以争取到教师、外来知识分子、特殊技术人才等的支持,这些措施无形中扩大了抗日队伍。再次,促进了社会进步。通过社会保障政策,抗日根据地的经济得到了恢复与发展,卫生防疫工作的进步使人民的生活质量提升,科学教育的发展为边区建设培养了人才,同时提升了人民的素质,丰富了人民

---

① 《解放区人民热烈参军》,《解放日报》1945年4月22日,第一版。

的生活。另外,当时盛行的一些陋习在社会管理及建设中逐步被摒弃,新的社会习俗使边区显示了新的面貌,人民生活呈现了全新的气象。最后,抗日战争时期,中国共产党在敌后抗日根据地推行的社会保障工作,使中国共产党积累了丰富的社会管理与建设的经验,初步建立了社会保障的体系,为解放战争以及建国初期社会保障工作的良好、有序开展提供了经验。

　　解放战争时期,社会保障工作继续推进。这一时期的社会保障工作,首先为军事斗争争取了人民的支持。土地改革使农民阶级获得了土地,动摇了封建统治基础,农民为了保护既得的成果,积极支持中国共产党的军事行动。同时,社会优抚政策激发了群众参军及作战的积极性。另外,中国共产党在解放区进行了剿匪运动,以及强化卫生防疫运动,为人民群众创造了安定的生活环境,使他们可以安心生产。为了应对1945年8月至1946年3月出现的严重鼠疫,1947年9月东北行政委员会成立了东北防疫委员会,派出医疗队前往疫区,并培训防疫人员。群众性的防疫运动,使东北地区的鼠疫得到了基本控制。这些措施不仅使人民的生活水平逐步提高,而且使人民群众更加信服中国共产党。其次,社会保障政策有利于恢复与发展生产,经历了长时期的战争,中国社会百废待兴,中国共产党在已经解放的地区推行土地改革的同时,采取措施恢复发展工业生产,恢复交通,加强对财政、税收、金融、粮食工作的领导,稳步发展教育和科学文化事业。1948年,东北局下发了《关于全东北解放的形势与任务的决议》,强调"完成巩固东北和支援全国解放战争双重任务的中心环节是发展东北经济,建设东北的新民主主义经济基础,强调东北全党必须把经济建设任务放在压倒一切的地位"[①]。中国共产党根据实际情况,调整政策,与国统区经济萧条相比,解放区呈现了欣欣向荣的气象。最后,为建国之后现代社会保障体系的建立提供了借鉴。中国共产党在整个新民主主义革命时期坚持推行社会保障政策,坚持破旧立新,对旧政权进行改造的同时进行政权建设,与国民党展开了货币战争以及金融战争。虽然不是现代意义的社会保障,但是已经具备了现代社会保障的基本模式,1949年之后的社会保障工作就是在此基础之上开展的。

　　综上所述,中国共产党推行的社会保障政策贯穿于中国新民主主义革命的各个阶段,新民主主义革命时期中国共产党领导和推行的社会保障工作具有整体性和综合性。具体表现如下:首先,土地革命时期、抗日战争时

---

① 孙乃民主编:《吉林通史》(第三卷),长春:吉林人民出版社,2008年版,第602页。

期以及解放战争时期的社会保障工作具有继承与发挥的关系,在原则与理念方面,体现了战时性,主要是为了满足战争的需要,但是最根本的目的及出发点在于维护人民群众的根本利益。在政策的具体内容、操作方式以及精神实质等方面体现了内在的同一性。其次,抗日根据地、国统区与沦陷区的人民在物质保障方面互相支援,整体推进。

这三个时期的社会保障政策在存在背景、内容侧重点、发展水平以及作用等方面有相同也有不同。这些共同点的存在说明了中国共产党一贯的执政理念、政治信念,以及对于政策延续性的重视;不同点的存在说明中国共产党在制定政策方针以及推动实践的过程中,注重根据实际情况进行调节,具体问题具体分析,在社会管理以及社会问题的处理方面,方式方法渐趋灵活,经验愈发丰富。

7.3 抗日战争时期共产党与国民党社会保障政策比较分析

抗日战争时期,中国共产党在其统治的敌后抗日根据地开展了充分的社会保障工作,国民政府作为当时中国最大的政府,履行政府社会管理的职能,肩负推动社会经济发展以及抗战的责任,在其统治区域内也积极推行社会保障政策。同一时期,共产党和国民党都面临着相同的社会形势,民族矛盾成为中国社会的主要矛盾,反抗日本帝国主义的侵略成为整个中华民族最主要的任务,抗日民族统一战线将全国各阶级各阶层拥护抗战的人集中在一起。同时抗日战争时期中国出现了严重的自然灾害,战争的破坏以及自然灾害使人民群众的基本生存面临着严重的威胁,提高生活水平更无从谈起。面对如此严峻的形势,国民党和共产党都推行了包括社会救济、社会优抚、社会保险以及社会福利在内的社会保障政策,都颁布了相关的法令、法规。

共产党和国民党在抗日战争时期推行的社会保障政策具有一定的相同点:首先,都具有战时性,由于抗日战争这一大的历史背景的存在,双方在政策推行过程中都以服务抗战为主旨,社会保障的具体内容也都带有战时的临时性特征。其次,注重立法规范,通过颁布法律、法规推动社会保障事业的开展,这一方面说明了双方对社会保障工作的重视,同时说明双方对于社会保障的运作并没有成熟的模式,仍然处于探索阶段。

表格 7-2 的内容充分说明了共产党与国民党在推行社会保障的过程中注重法律、法规的运用,将相关政策、措施上升到法律高度。关于社会保障的法律、法规,覆盖面广,涵盖了社会救济、社会优抚、社会保险和社会福利;内容全面,在法律层面上各阶级、阶层的利益得到维护;时间跨度大,颁布的法规从 1937 年中国全面抗战开始到 1945 年抗日战争结束。在社会保障工作开展的过程中发挥了重要的作用。共产党与国民党推行的社会保障政策虽然具有共同点,但是由于双方在阶级属性、代表的阶级利益等方面存在着根本的差异,最终导致两党的社会保障政策在思想来源、政策的出发点、运行模式、落实程度、实际效果等方面存在不同。

表 7-2 中国共产党与国民党抗日战争时期社会保障立法不完全统计表

中国共产党	中国国民党
《关于救灾治水安定民生的具体办法》(晋察冀,1939)	《非常时期救济难民办法大纲》(1937)
《陕甘宁边区劳动保护条例》(1940)	《抗战建国时期难童救济教养实施方案》(1938)
《陕甘宁边区政府优待难民办法的公告》(1941)	《优待出征抗敌军人家属办法》(1938)
《苏中区优待抗日军人家属条例》(1941)	《社会救济法》(1940)
《晋西北矿厂劳动暂行条例》(1941)	《社会救济实施细则》(1940)
《陕甘宁边区政府关于保育儿童的决定》(1941)	《荣誉军人服务计划纲要》(1940)
《晋冀鲁豫边区优待专门技术干部办法》(1941)	《确定社会救济制度以济民生而利建国案》(1941)
《冀中区总工会、农村合作社冀中总社关于各级社工厂职工待遇之共同决定》(1942)	《社会保险法原则草案》(1941)
《冀鲁豫区荣誉军人抚恤暂行条例》(1943)	《健康保险法草案》(1942)
《关于加强国民教育工作的指示》(山东,1943)	《私设职业介绍所暂行办法》(1942)
《冀鲁豫区优待抗战军人家属暂行条例》(1943)	《现职军官佐属在抗战期间无力求学子女救济办法》(1942)
《冀鲁豫区各级政权干部保健暂行办法》(1943)	《社会救济法》(1943)
《苏中区改善农业雇工生活暂行条例草案》(1944)	《职工福利金条例》(1943)
	《各职业介绍机关实施失业人员职业训练办法》(1943)
	《伤害保险法草案》(1944)
	《社会保险方案草案》(1944)
	《普设工厂托儿所办法》(1944)
	《战士授田法》(1945)

7.3.1 思想来源不同

中国社会保障发展历程漫长、福利思想多元,实践内容丰富、制度模式独特,对抗日战争时期的社会保障事业进行考察,首先应该从中国传统思想角度分析其思想来源。中国共产党与国民党的社会保障思想都借鉴了中国传统思想中的"民本"及"大同"理念。"民本"思想强调保养民众,在《尚书·康诰》中曾有论述,"用义保民""用康保民","保民"是中国社会比较早的提出保障社会成员权益的思想主张。管仲将这种最初的"民本"思想做了进一步的具体阐释,"饥者得食、寒者得衣、死者得葬、不资者得振,则天下之归我若流水",管子的论述提出满足贫寒导致无法生存的社会成员最基本的生存需求的主张。《礼记·礼运》大同篇提出,"大道之行也,天下为公……故人不独亲其亲,不独子其子,使老有所终,壮有所用,幼有所长,矜寡孤独废疾者皆有所养",这一论述阐释了天下一体,互助共济的精神。中国传统社会的这种互助共济的思想在中国社会保障发展的不同时期得到了不同程度的体现。共产党和国民党社会保障思想的来源中都体现了中国的传统思想,例如"民本"思想、"大同"思想,在此基础之上,共产党社会保障思想最主要的来源在于马克思主义社会保障思想,国民党社会保障思想最主要的来源在于三民主义思想。

马克思主义社会保障理论从一般的、普遍的角度进行了论述,揭示了社会保障建立的必要性、资金来源、运行原则,论证社会保障最终是为了实现人与社会的全面发展。马克思认为:"在不变资本的再生产过程中,从物质方面来看,总是处在各种使他遭到损失的意外和危险中。"[①]这种损失以及危险使人的生活处于一定的风险,所以必须建立一种机制筹集一定的基金,以期能够应付这种风险,这是使劳动者在必要时得到帮助和救济,获得各种福利,促进社会的稳定与发展的必要条件。马克思和恩格斯并没有明确提出社会保障的概念,但是在其思想主张中已明确涉及了这方面的内容,蕴涵了社会保障的基本精神内核。列宁在继承马克思、恩格斯思想观点的基础之上,结合俄国的具体国情,对社会保障的模式进行了探讨,1912年在《关于对杜马提出的工人的国家保险法案的态度》中提出,最好的工人保险形式是工人的国家保险。对国家保险的对象、补偿原则以及管理进行了说明,提出了国家保险的核心原则,"在工人丧失劳动力的一切情况(伤残、疾病、年老、残废;还有女工的怀孕和生育;供养人死亡后所遗寡妇和孤

---

① 马克思:《资本论》(第3卷),北京:人民出版社,1975年版,第958页。

儿的抚恤)下,或在他们因失业而失去工资的情况下,国家保险都应给工人以保障"①。在具体原则方面,列宁提出应建立与生产力水平相适应的社会保障水平,采取灵活多样的资金筹集方式推进社会保障工作的开展。列宁关于"国家保险"理论的提出,使马克思主义社会保障思想进一步清晰,一定程度上促进了马克思主义社会保障基本理论框架的形成。

马克思主义社会保障理论随着实践的发展,内容逐渐具体化,原则逐渐细化,以毛泽东为核心的中国共产党第一代领导集体,将其与中国的国情结合,提出适合中国国情的社会保障理论。毛泽东以马克思主义社会保障理论的基本精神为指导,维护人民群众的根本利益,对中国革命的目的进行了论述,"为了使中华民族得到解放,为了实现人民的统治,为了使人民得到经济幸福"②,这一思想主张贯穿于中国革命实践的整个过程。1942年其在《经济问题与财政问题》中进行了进一步的论述,"一切空话都是无用的,必须给人民看得见的物质福利,为了革命、为了抗战,我们第一个方面的工作就是组织人民、领导人民、帮助人民发展生产,增加他们的物质福利"③。毛泽东的这一段论述结合了当时的战争形势,正确处理了满足战争需要与满足人民群众利益之间的关系,这在整个抗日战争以及之后的解放战争时期都得到了充分的体现。另外,毛泽东提出根据生产力发展水平开展社会保障工作,使双方能够互相促进,共同发展,最终能够维护人民群众的根本利益,恢复与发展经济,实现社会的根本性发展。

国民党的社会保障思想主要来源于三民主义,中国资产阶级革命先行者孙中山将其倡导的民主革命纲领进行高度概括,提出三民主义,即民族、民权、民生。三民主义是孙中山一系列挽救民族危亡、探索中国近代化的思考与实践的总结和高度概括,这种思考与经验上升为理论以后,对中国革命和建设产生了重要的指导和促进作用。孙中山的民生思想,最重要的两个原则,一是平均地权,即实行耕者有其田,一是节制资本,即私人不能操纵国计民生,这是其思想主张中非常重要的内容,为之后南京国民政府社会保障的推行提供了思想来源。孙中山非常重视民生工作,提出"所谓的民生就是人民的生活——社会的生存、国民的生计、群众的生命便是"④,在这一论述中孙中山将人民的生活与社会的生存联系起来,置于一定的高度。在具体诠释三民主义的过程中,孙中山对民生的重要性进行了进一步

---

① 列宁:《列宁全集》(第二版增订版)(第21卷),北京:人民出版社,2007年版,第155页。
② 毛泽东:《毛泽东文集》(第1卷),北京:人民出版社,1993年版,第21页。
③ 毛泽东:《毛泽东文集》(第2卷),北京:人民出版社,1993年版,第467页。
④ 孙中山:《孙中山全集》(第9卷),北京:中华书局,1986年版,第355页。

的阐释,"民生主义能够实现,社会问题才可以解决;社会问题能够解决,人类才可以享受很大的幸福"①,孙中山认为民生问题与社会发展密切相关,解决民生问题是人类享受幸福的重要前提条件。

孙中山对解决民生问题的责任主体以及资金来源提出了自己的观点,"今日所抱改造新世界之希望,则非徒保民而已,凡教民养民,亦当引为国家之责任"②。对这一论述进行分析可知,孙中山认为解决民生问题的责任主体是国家,由国家负责筹集资金,并负责具体措施的推广。民生问题的资金来源是国家,在国家如何筹集资金方面孙中山也提出了自己的观点,他在《中国铁路之计划与民生主义》中说,"将供给国家政费之需要而有余,然后举其余额,以兴办教育及最要之慈善事业"③。国家通过兴办铁路事业,一方面满足国家行政费用的需要,其余额用于改善民生。这一主张概括起来体现了孙中山晚年所积极倡导的实业救国思想,从当时中国的社会形势与具体国情出发进行思考,这一主张虽然具有一定的空想性,但是对中国资本主义经济的发展以及社会的进步有重要的意义。

救灾问题是关乎民生的重要问题,孙中山对于严重的自然灾害非常关心,对救灾提出了自己的主张,"在临急救灾方面,主要采取赈银赈粮、平粜粮价、预防疾病传染等积极措施。在长远备灾方面,孙中山在继承了中国传统的救灾措施的基础上,提出兴修江河水利、植树造林以及移民垦荒等救济办法"④。这些措施对于遭遇灾害的人来讲具有重要的意义,一方面能够满足人民重建生产生活的需要,另一方面,从长远角度有利于社会的进步。孙中山的救灾思想标本兼治,与其实业救国思想具有内在的一致性,为南京国民政府救灾实践奠定了丰厚的基础。

南京国民政府成立之后,继承和发展了孙中山的民生思想。1937年进入全面抗战阶段,1938年国民党召开临时全国代表大会,讨论通过了《临时全国代表大会宣言》,提出建国大业应该以三民主义为最高指导思想,在对民生主义的阐述中指出:"在全面抗战中,全国人民竭其所能以从事于克敌制胜,供抗战之用,抒国家民族之难;农夫工人尤为况瘁。对于此等劳苦之将士及民众,政府必当尽心尽力,加以爱护。凡出征军人家属之优待,残废军人之给养,伤兵之救护,难民之振卹,失业者之扶助,荦荦诸端,已举办及在筹备中者,务切实推进,俾臻完善。庶此等劳苦之将士及民众,得有所生

---

① 孙中山:《三民主义》,长沙:岳麓书社,2000年版,第192页。
② 孙中山:《孙中山全集》(第6卷),北京:中华书局,1985年版,第39页。
③ 孙中山:《孙中山全集》(第2卷),北京:中华书局,1982年版,第324页。
④ 兰图:《抗日战争时期国共两党社会保障事业比较研究》,东北师范大学2015年博士论文。

息,而益以发挥其贡献于国家民族之能力。"①这一论述体现了国民党对抗战的重视,在抗战建国纲领的指导下,将民生问题的解决理解为抗战取得胜利的必要条件。总之,南京国民政府建立之后,以三民主义作为指导思想,虽然最终在实践上有所偏离,但是继承并发展了其民生思想,使其成为推行社会保障工作的重要的思想来源。

7.3.2 出发点不同

中国共产党推行社会保障政策的出发点在于维护全民族的利益,中国共产党作为工人阶级的先锋队,代表了劳动者的利益。在民族危机逐步严重的情况下,共产党放弃了与国民党的恩怨,提出"兄弟阋于墙外御其侮""一致抗日"的主张,表现了以民族利益为重的政治气度。中国共产党推行的社会保障政策的出发点与这种以民族利益为重的政治气度是一致的。首先,在土地政策方面,提出"地主减租减息,农民交租交息"的政策,改变了以往"打土豪、分田地"的政策,这样既削弱了封建剥削,同时又能够调动地主阶级的抗战积极性,这样的政策调整是中国共产党基于民族利益考虑而做出的。其次,在劳动政策方面,坚持保障工人利益的前提下,对土地革命时期以及抗日战争初期的劳动保护政策的"左"倾倾向进行调整。1939年,林伯渠对劳动保护工作提出了建议,其中提到"取消对资本家、富农经营生产事业的各种限制;实行一种仲介制度,在政府仲介之下,劳资双方订立劳动契约,根据各地不同的生活条件,酌量增加工资,减少工作时间,改良工人生活待遇"②。毛泽东对这一问题进一步作出指示,"切忌过左,加薪减时均不应过多,在中国目前的情况下八小时工作制还难以普遍推行,在某些生产部门内还须允许实行十小时工作制,其他生产部门则应随情形规定时间"③。在此指导之下,各根据地纷纷颁布法令纠正以往的错误,例如《陕甘宁边区关于公营工厂工人工资标准之决定》《晋察冀边区行政委员会关于保护农村雇工的决定》《晋冀鲁豫边区劳工保护暂行条例》等,这些法令的颁布既强化了政策、法规的可执行性,同时兼顾了工厂主(雇主)的利益。最后,在社会优抚和社会救济中有一些特殊政策,例如,陕甘宁边区提出统治区域内的友军家属与共产党军队家属享受同等待遇,并且定期开展

---

① 荣孟源主编:《中国国民党历次代表大会及中央全会资料》(下),北京:光明日报出版社,1985年版,第461页。
② 陕甘宁革命根据地工商税收史编写组、陕西省档案馆合编:《陕甘宁革命根据地工商税收史料选编》(第一册),西安:陕西人民出版社,1985年版,第201—202页。
③ 毛泽东:《毛泽东选集》(第2卷),北京:人民出版社,1991年版,第766页。

与友军家属的联欢会,派人代友军家属写信。1937年通过了《关于对友军溃散官兵的处理》,提出争取溃散官兵参加抗战工作,"发动与组织群众去慰劳,派得力干部进行政治的宣传与教育工作及帮助他们解决各种困难,团结他们内部的先进分子"[①]。综上所述,中国共产党的社会保障政策在保障工人、农民的根本利益、长远利益的基础之上,兼顾各阶级、各阶层的利益,从整个中华民族的利益出发,缓和了社会矛盾,巩固和扩大了抗日民族统一战线,推进抗日战争的发展。

中国国民党的社会保障政策的出发点在于统治阶级的利益。1931年"九·一八"事变之后,国民党执行"不抵抗"政策,"攘外必先安内",坚持对共产党革命根据地进行了五次"围剿",并在红军长征途中进行围追堵截,给日本侵略中国提供了可乘之机,致使日本侵略势力长驱直入,中国的民族危机加剧。国民党坚持这一政策主要是出于阶级利益考虑,维护大地主、大资产阶级的利益。国民党推行的社会保障政策,同样体现了其维护大地主、大资产阶级利益的根本目的。国民党出于形势的需要也颁布了一些劳动法规,但是待遇标准低、项目不齐全,而且在具体的内容以及执行程度上打折扣,"例如,上海恒丰纱厂规定:职员病假两天抵折一天,于年终发给,计时扣除,工人病假期内不给工资。开滦煤矿规定:高、中、低级员司及其直系亲属生病时,可住本矿医院治疗,免收医药费,而工人不能享受;中、低级员司请病假1个月内不扣工资,高级员司3个月内不扣工资,而因工残废完全丧失劳动能力的工人,服务不足5年者不发待遇;工人退职,最高发给3年的工资,以后生活困难不管。颐中烟草公司的职工退休,最多只发给1个月的工资。太原西北实业公司规定:职工病假发半薪,病假超过10日者停薪,再超过10日者停职"[②]。这些措施明显体现了国民党政权的阶级本质,其制定的法规阶级、阶层分化明确,完全是为了维护资本家的利益。抗日战争时期,由于严峻的战争形势以及恶劣的自然环境,人民流离失所,饿殍遍野,国民党出于统治需要制定了社会救济的法案,并动员社会力量组建民间团体进行救助。但是这种救助实际效果有限,并没有真正的帮助灾民、难民摆脱灾害,没能避免自然灾害带来的二次伤害。另一方面,国民党为了自身利益人为制造了灾害,例如,为了阻止日军西进,1938年国民政府利用黄河伏汛期间决堤,造成平汉铁路以东地区洪水泛滥,给豫、

---

① 陕西省档案馆、陕西省社科院合编:《陕甘宁边区政府文件选编》(第一辑),北京:档案出版社,1986年版,第32页。

② 袁伦渠主编:《中国劳动经济史》,北京:北京经济学院出版社,1990年版,第34页。

皖、苏的百姓带来了深重的灾难,淹没耕地1200余万亩,共计1200万人受灾,390万人流离失所,89万人死亡。之后国民政府并没有进行有效的救援活动,相反国民党军队还在此区域内公开地进行抢劫活动,给人民造成了更深层次的伤害。国民政府此举虽然一定程度上是出于对日作战、阻止日本侵略的战略目的,但是完全不考虑人民的利益,将人民的利益置于脑后,事前没有通知、预警,事后没有有效的救助、优抚措施,完全暴露了国民党统治的阶级本质。

7.3.3 落实程度不同

社会保障是一项复杂的系统工程,社会效益是社会保障的实践准则,创造良好的社会环境,对于建立、健全社会保障运行机制,将社会保障措施落到实处有重要的意义。中国共产党在制定社会保障政策的过程中充分考虑了政策的可行性问题,所以各边区根据地在党中央的统一指导下,结合本地区的实际情况制定符合本地区的政策、方针。对妇女、儿童的保护是社会福利的重要内容,也是各根据地非常重视的,但是如果千篇一律,那么执行过程中就会出现许多问题,新四军二师根据地方的补助标准,结合军队的具体情况,进行了具体阐释,"妇女产小孩时发布料三丈、棉花三斤、草纸三刀、鸡四斤、鸡蛋六十个、红糖三斤、猪肉四斤(小产除布料与棉花不发外),其余按照规定发给之,妇女每年增加短裤一条;小孩伙食待遇与战士同,但未满五足岁之小孩,其粮食、菜金可折价发钱,以便换小孩所必须的营养品"①。以上规定非常细致,对小产者的物质供应做了特别说明,这样细致的规定特别是粮食、菜金可折价发钱充分考虑到了部队的实际情况,对于政策落到实处有重要的意义。为了避免政策流于形式,发挥其实效性,中国共产党在政策的执行过程中不断反思、修正。1943年,宋邵文在《关于晋察冀边区的政权建设和经济建设》中对之前的优抚工作进行了反思,认为社会优抚工作存在的缺点是"对于游击区的抗ami照顾不周;精神的政治的优待不够正常;抗属要求助耕有些过于苛刻;在巩固区对抗属优待的经常性不够;对荣誉军人关心不够,对牺牲了的家属安慰不够"②。经过对社会优抚工作的反思,对原有的政策进行了一系列的调整,使之更加具有可执行性。另外,为了使社会保障政策能够得到充分落实,在政策执行

---

① 安徽省财政厅、安徽省档案馆编:《安徽革命根据地财经史料选》(一),合肥:安徽人民出版社,1983年版,第401页。
② 《晋察冀抗日根据地》史料丛书审委员会、中央档案馆编:《晋察冀抗日根据地》(第一册 文献选编 下),北京:中共党史资料出版社,1989年版,第767页。

过程中强化监督,避免贪污浪费,同时强化政策执行的程序,陕甘宁边区在社会救济过程中不断摸索形成了"调查——讨论——认定——核准——发放赈票——领取物资——收回赈票"的模式,将社会救济流程明朗化,一定程度上避免了社会救济中的不公平、不合理现象。中国共产党社会保障政策分类细致,层次清晰、指向性明确、监管有力、流程明朗,并且不断进行调整,这些特质决定了中国共产党的社会保障政策具有很强的可行性,能够最大程度地被落实。

国民政府在社会管理过程中推行了社会保障政策,颁布了相关的法律、法规,但是由于其政权本质以及战争形势的影响,政策大多数都没有落到实处,最终成为一纸空文。抗日战争时期难民数量激增,国民党出于维护统治的需要颁布了社会救济的法令、法规,并推行了一系列相关措施,以适应战时需要。1937年,行政院颁布了《非常时期救济难民办法大纲》,并成立了"非常时期难民救济委员会",领导难民的救济、管理等事宜。1939年颁布了《非常时期难民服役纲要》《抗战建国时期难童救济教养实施方案》,1943年国民政府根据实际情况,颁布了《社会救济法》。南京国民政府制定的社会救济的法律、法规,对于社会救济工作的开展有重要的指导意义,但是其救济效果并不明显,"到解放前夕,全国仍有10%左右的城乡人口流离失所,靠流浪乞讨度日,得不到应有的救济"①。出现这种状况的主要原因在于国民政府的救难机制存在一些问题,首先,救济经费不能够得到保障,战争形势下政府经费主要用于军费开支,社会保障经费受到限制,而且国民政府不能够发动群众,所以在社会保障基金的筹措方面缺乏灵活性。其次,政府监管不力,贪污腐化严重,官僚习气重。社会保障包含社会救济、社会优抚、社会福利和社会保险,工作繁杂,而且要管理大量的钱粮物资,如果没有科学的管理,就不能有效地执行社会救济政策。另外官员的腐败以及行政效率低下,导致社会救济政策不能得到落实。在社会保险方面,1942年底国民政府颁布了《健康保险法草案》,1943年以盐业为试点推进社会保险,颁布了《川北区各盐工保险暂行办法》,1944年通过了《伤害保险法草案》。国民政府社会保险的立法效率低下,整个抗日战争期间不能及时、有效地出台社会保险法案,而且立法内容存在局限,仅仅提出了工伤保险和疾病保险,对于养老保险和失业保险等很少提及,这些导致了社会保险立法与实践的脱节,法令、法规不能够反映社会现实,必然不能

---

① 崔乃夫主编:《当代中国的民政》(下册),北京:当代中国出版社,1994年版,第73页。

发挥指导实践的作用,所以这些法规在落实上也存在问题。1937年,社会部制定了《各级党部难民救济工作实施办法》,规定"1.在战区或临近战区之各级党部应协助当地军政机关,并指导各级慈善团体办理难民登记、疏散及放赈等事宜。2.各级党部应将所在地所有难民、难童之人数、姓名、年龄、籍贯、性别、职业,调查清楚,呈报上级考核。3.在后方或边区各级党部应详细调查当地可能各项工业或垦殖事业,协同政府纠集民力规划举办之,务使难民从事生产,以谋根本之救济 4.各级党部应协同政府调查当地祠堂、庙宇及公益场所,借作难民收容所、难童教养院之用,其各祠堂、庙宇、公益场所原有之经费,亦应劝其捐助百分之十,以作难民救济、难童教养以开办难民生产事业之经费"①。这些规定比较细致,考虑比较全面,动员了社会各方面的力量进行社会救济,但是由于缺乏领导和监管,同时由于不能发动群众积极参与到社会保障政策的运行中来,所以,最终没有落实,流于形式。

7.3.4 运行机制不同

从一般意义上讲,运行机制是指在人类社会有规律的运动中,影响这种运动的各种因素的结构、功能及其相互关系,以及这些因素产生影响、发挥作用的过程和作用原理及运行方式,是制约决策并与人、财、物等相关的各项管理活动的基本规则,是决定行业的内外因素及相互关系的总称②。中国共产党和国民党在社会保障工作开展过程中运行机制不同主要是指双方的领导方式、监督管理等方面存在的差异。

中国共产党领导下的敌后抗日根据地分布比较零散,而且主要分布于落后地区,交通通讯极其不方便,中国共产党没有条件实现对社会保障工作的直接领导和指挥,所以对社会保障的管理采取统一的、间接的指导,具体由各边区政府负责的方针。各边区政府根据本地区的实际情况设立机构对社会保障以及与民生相关的各项工作进行领导,使社会保障的各项工作更加具有针对性和指导性。抗日根据地社会保障由政府机构负责,同时充分调动群众团体以及群众的积极性,使其参与到社会管理与社会建设中来。从政府机构角度分析,各地区的民政部门是主要的负责机构,负责卫生行政、救灾、抚恤、保育、劳资等事项,从宏观方面实现对社会保障事业的

---

① 秦孝仪:《革命文献》(第96辑),台北:国民党党史会,1973年,283—285页
② 郑伦仁:《大学学术权力运行机制研究》,博士论文,重庆:西南大学,第32页。

领导,财政厅负责税收以及救国公粮和救国公债问题,成为社会保障工作重要的资金来源。另外,为了实现对具体事务的管理,各地区在中央的统一指导下,根据具体情况成立了一些管理机构,例如,成立赈济委员会领导救灾赈灾工作;成立荣誉军人管理委员会,帮助荣誉军人重建家务。从群众团体角度分析,农民、工人、商人、妇女、儿童等纷纷组织社团,维护民生、促进抗战,1938年晋察冀边区成立农民抗日救国会,动员农民参加抗日战争;1939年山西省农民救国会提出改善农民生活,救济失业农民;工会作为工人的职业组织,发挥了组织工人活动、保护工人日常利益的作用。另外,妇女抗日救国会、抗日儿童团、优抗救济委员会的成立对推动社会保障事业的开展有重要的意义。

人民群众是历史发展的重要推动力量,在社会保障事业发展的过程中人民群众的互助对于保障群众的基本权益、恢复与发展生产发挥了重要的作用。合作社是群众性的经济组织,是群众生产运销的经济结合组织,也是动员广大群众参加对敌经济斗争的组织。合作社的成立可以在生产上吸收部分闲散的劳动力,把零星生产和集中运销结合起来,把分散生产组织起来,通过合作互助实现资源的整合,对人民群众提供最基本的保障,同时提高恢复和发展生产的能力。对于组织起来的合作社,政府提供资金、技术等扶持,合作社和互助组得到了发展。以太行区为例,1941年春季、1942年年底、1943年6月进行的三次统计显示,合作社呈逐年增加的趋势,具体情况见表7-3。

表7-3 太行区合作社历年增加情形①

时间＼县份	涉县	林县	武北	邢西	磁武
1941年春季	4		41	9	
1942年年底	31	9	29		6
1943年6月	41	26	76	19	28

在合作社发展得比较好、形成了一定基础的地区,各种法令能够得到相当程度的贯彻,合作社已经发展或者正在发展成为各阶层团结生产的组织,成为人民群众互相团结、互相合作,克服经济困难、生活困难的组织,成为边区经济建设中的一支生力军。参加合作社的有地主、富农、中农、贫

---

① 河南省财政厅、河南省档案馆合编:《晋冀鲁豫抗日根据地财经史料选编》(河南部分二),北京:档案出版社,1985年版,第103页。

农、雇工等,但是参加人数的比例有很大的区别,根据对太行区林安、武祁、黎潞三个县101个合作社14403名社员的阶层分布进行统计分析,地主阶级66人,富农815人,中农4703人,贫农7881人,雇工310人,其他628人,具体比例参见图10:

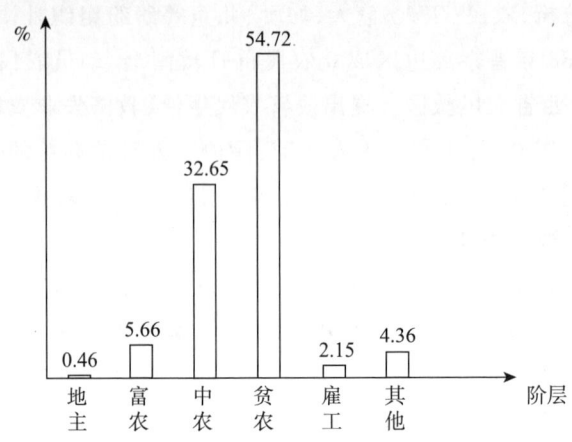

图10 太行区部分县合作社阶层分布比例图

这一比例图显示贫农入社比例最高,达到54.72%,中农占32.65%,在所有阶级阶层中,中农、贫农以及雇工入社的比例合计高达89.52%,充分说明在维护抗日民族统一战线的前提之下,合作社维护了最底层的劳动者的利益,对帮助其克服困难,维持生存,恢复与发展生产有重要的意义。在合作社发展的同时互助组织也得到了发展。发挥了同样的作用。

表7-4 太行区各地互助组组织统计①

县份	组织	人数	县份	组织	人数
赞皇	628	4113	临城	355	2123
偏城	383	2520	辽西	432	3997
武乡	1716	11807	昔东	423	2814
武西	451	5681	和西	254	1643

为了保障社会保障事业健康、有序地开展,中国共产党在实践过程中一方面对于社会保障的各个环节加强监督,一方面动员群众积极参与。由于社会保障是重要的民生工作,涉及大量的钱粮物资,极易滋生腐败,且工

---

① 河南省财政厅、河南省档案馆合编:《晋冀鲁豫抗日根据地财经史料选编》(河南部分二),北京:档案出版社,1985年版,第89页。

作烦琐,容易出现渎职的现象,所以中国共产党多次通过预防和制止腐败的法令、法规,要求领导干部廉洁,认真负责。另外,在工作中展开积极的调查研究,充分了解抗日根据地社会的实际情况,使方针、政策、措施更加具有针对性。在动员群众方面,采取措施激发群众的主观能动性,要求实现党员群众化,反对群众领导机关的官僚化。群众的积极参与为中国共产党社会保障工作的开展奠定了群众基础,同时获得了人民群众发自内心的拥护,发挥了政治动员的作用,巩固了中国共产党的执政地位。1941年林北县对民政工作进行了总结,在优抗工作方面,分为三个部分,政权给以优待、群众给予优待以及精神优待。通过这一现象可以看出人民群众在中国共产党的社会保障工作中占有重要的地位,夯实了敌后抗日根据地社会保障的基础。

表7-5 林北县1941年优抗工作统计表①

时间\项别	政权给予优待				群众给予优待	精神优待
	户数	人数	人数（不详）	粮数（斤）	元数		
春季	20	26	5户	2590		一、六区分社地十三个村,峪门口井等四村募米有四石余,募捐钱的有十二个村,有打水、打柴、送菜的。二、七区分社地四十余亩,送菜帮助耕作。三、五区山后帮抗属打柴、挑水,杨家庄捐粮。	一、光荣牌大半挂起。二、开会时设抗属席。三、新年普遍寄慰问信。
六月（公安队）	22	未计		84			
九月	159	577	4	11394			
十二月	212	652	六区未统计	16900			
贫抗生		8		2497			
中秋节招待饭	30	56	各区未计		50		
招待新战士家属	17	18			30		
元旦请饭	51	53			160		
发冬衣		9					

国民党在抗战初期提出"抗战救国"的纲领,合理地解决民生工作以促进抗战的发展,救济难民以及对失业民众进行组织与训练,以增强抗战的有生力量。在对社会保障领导的问题上,国民政府倡导"强国家、弱社会"

---

① 河南省财政厅、河南省档案馆合编:《晋冀鲁豫抗日根据地财经史料选编》(河南部分三),北京:档案出版社,1985年版,第323页。

的模式,积极推进国家与社会协调。例如在社会救济方面提出,"发动社会团体的救济力量,使广大的社会救济工作与政府的赈济政令紧密协调、互相呼应、群策群力,以求战时救济政策之表里贯彻,扩大救济工作的效果"①。倡导国家与社会团体合力保障,有利于促进对社会弱势群体的保障,更好地体现社会保障的成果。另外,国民政府作为当时最大的政府,积极地推进与领导社会保障是其行使政府职能的重要体现。为了体现对社会保障的领导,国民政府成立了专门的领导机构,1938年国民党临时全国代表大会通过了《改进党务并调整党政关系案》,提出在中央执行委员会下设立社会部,负责社会保障事务,具体职能包括"指导党员在自治、慈善、开垦、保育等社会团体中之工作,协助社会团体之组织,并策进其事业"②。这一时期社会部的职能体现的主要是指导性和协助性,并没有规定其具体的实质性的业务,1939年社会部隶属于行政院,其所掌管的事务逐渐系统化,逐渐具体、深入。1940年社会部正式改隶,原属于它的党团指导、妇女运动、文化运动、工商运动等职能划归其他部门,社会部增设了劳动局,负责动员、控制人力等职责。1941年8月,根据国民党社会部电社组字7544号记录,对省市县各级社会行政机构职掌细目综括,其中与社会保障相关的职能包括:"关于劳资争议之处理事项;关于社会福利、社会救济、社会服务及职业介绍之指导实施事项;关于贫苦老弱残废之收容教养事项。"③这一材料反映了社会部在社会保障方面的管理及领导职能。

在社会保障具体事务的领导方面,国民党成立了专门的机构。为了强化对社会救济事业的领导,国民政府成立了非常时期难民救济委员会,为了适应日益增多的救助事务,对其进行了改制,成立了赈济委员会,1945年为了处理战后问题以及大量出现的退伍士兵的安置等工作,将赈济委员会纳入行政院,成立行政院善后救济总署。在社会优抚方面成立了抚恤委员会,作为军事优抚事务的最高机关,负责伤亡官兵的抚恤、考核等工作,下设3个处,负责社会优抚的业务,具体参见图11《抚恤委员会下设机构及职权》。国民党在对社会保障具体事务的领导方面建立了中央一级的专职机构,随着社会保障事务范围的扩展,业务数量的增多,下设机构逐渐增多,在市、县等都建立了相应的机构负责专门的工作,使国民政府的社会保障机构逐步走向专门化、系统化,对社会保障工作健康、有序地开展有重要的意义。

---

① 秦孝仪:《革命文献》(第96辑),台北:国民党党史会,1973年版,第430—431页。
② 荣孟源主编:《中国国民党历次代表大会及中央全会资料》(下),北京:光明日报出版社,1985年版,第480页。
③ 社会部总务司:《社会部公报》第二十期,1941年7月。

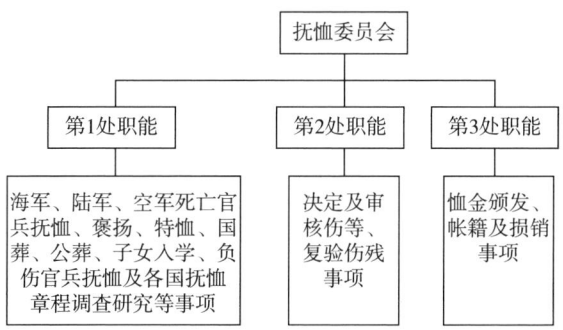

图 11　抚恤委员会下设机构及职权①

抗日战争时期由于战乱以及社会生产力水平低下,国民政府的社会保障资金虽然比共产党充裕,但是仍然很紧张。在这种情况下,为了维护社会保障机制的良好运行,国民政府加强了对社会保障资金的监督与管理。对社会保障资金的管理与监督,国民政府的措施是多层次的:首先,从财务制度本身思考,进行审计监督,编制预算以及财务审核;其次,从政府机构角度思考,设置监察机构监督,南京国民政府监察院具体行使这一权力;最后,从程序角度思考,通过赈务机关内部的运作方式实现监督,1930 年国民政府颁布《赈务委员会提付赈款暂行办法》,在抗日战争时期这一办法得到沿用。《赈务委员会提付赈款暂行办法》对社会保障资金的支出进行了细致的规定,首先由筹赈科根据委员会决议或者委员长手条开具支票,并加盖图章,之后移送秘书处进行登记,登记之后由秘书处加盖图章送还筹赈科,筹赈科将相关材料交付审核科,审核科审核认为手续合理、数款符合之后,盖章并将材料返还筹赈科,筹赈科最后呈请委员长签字盖章(具体流程情况参见图 12)。在这一过程中筹赈科、审核科等都有科长亲自负责,并加盖科长图章,盖章秘书由委员长亲自指派,这一规定一方面表明了对这项工作的重视以及监管的力度,另一方面由负责人签字盖章,责任落实到人,有利于对社会保障的资金进行管理,防止资金流失。另外在钱款领取之后单据返还筹赈科进行妥善保存,同样体现了对社会保障资金的管理。

国民党在社会保障工作的开展过程中建立了专门的领导机构,对社会保障资金进行了严密的管理,一定程度上借鉴了西方资本主义国家社会保障的模式,逐渐向体系化、制度化、专业化方向发展。但是在具体的实践过程中由于种种原因,最终导致国民党社会保障事业的效果并不理想。国民

---

① 兰图:《抗战时期国共两党社会保障事业比较研究》,东北师范大学 2015 年博士论文。

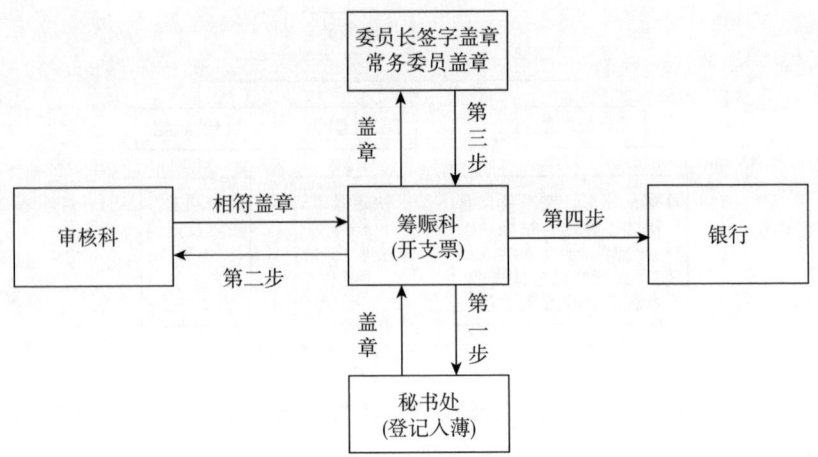

图 12　南京国民政府提付赈款流程图①

党行政体系内存在严重的贪污腐败和渎职现象,这导致人民无法享受到社会成果,同时由于社会经济发展落后,社会保障资金有限,还存在挪用的现象,社会保障工作开展过程中缺乏资金。另外,以四大家族为代表的大地主大资产阶级的存在,不仅使社会资源的分配失去了公平性,而且扰乱了社会秩序。

总之,共产党与国民党在抗日战争时期社会保障工作的运行机制存在一定的差异性,共产党重视调查研究,运用马克思主义的方法探求事物发展的规律,实事求是地制定政策,同时重视群众的作用,进行广泛的社会动员,群策群力,发挥社会成员的最大合力。国民党主要依靠政府推行政策,并没有真正发挥社会成员的作用,同时由于监管不力,使许多政策措施流于形式。

7.3.5　实际效果不同

中国共产党和国民党推行的社会保障政策,由于出发点不同,落实程度不同,导致政策的执行效果不同。

第一,对于社会形势的作用不同。共产党实行的社会保障措施缓和了社会矛盾,促进了社会和谐发展,国民党采取的社会保障措施,由于没有落实到位,阶级性突出,导致社会矛盾激化。中国共产党推行的社会保障措施维护了人民的根本利益,同时兼顾了社会各阶级、阶层的利益,缓和了地主阶级与农民阶级的矛盾、劳资矛盾,以及人民群众与领导干部之间的矛

---

① 李新军:《论南京国民政府时期社会保障资金监督与流失(1927—1937年)》,《孝感学院学报》,2011年第6期,第36页。

盾,使社会各阶级阶层能够团结在抗日民族统一战线之下,积极抗战。通过合理负担政策,使人民承担的义务在合理范围内,调动了人民的积极性;通过对劳动政策的不断调整,工人的利益得到维护,雇主、私营企业主以及资本家的合理利益得到维护,劳资矛盾缓和;通过社会福利措施使妇女、儿童、老人、政民工作人员、技术人员等群体的利益得到维护。国民政府推行了社会保障政策,但是由于主观及客观原因其积极效果没有得到发挥。以社会优抚为例,抗日战争期间国民政府大规模征兵,同时停止了退伍政策,所以战争结束时,退伍及伤残军人的安置成为一个非常严峻的问题。1946年设立了复员官兵计划委员会,归行政院管辖,确定缩编部队及官兵复员的基本方针,"拟分期个别转业军官 15 万人",同时拟定 150 万名官兵的三年集团转业计划,"如此庞大的官兵安置计划,仅薪金和事业费等就需法币 58.76 亿元,折合 17.80 亿美元"①。这些经费是国民政府没有办法承担的,而且抗战结束后,国民政府将重点转向了大规模的内战,再次开展大规模的扩军,官兵的安置计划再次搁置。由于政府对官兵的安置缺乏计划,官兵的生活得不到保障,而且引发了对政府以及社会的严重不满,导致大量的军人变成盗匪,对社会治安带来严重冲击。"据保守估计,20 世纪 30 年代,全国约有 2000 万土匪,他们中的相当一部分都有过当兵的经历。在抗战结束后所进行的大规模的官兵集团复员时,也有一部分军人因未得到适当安置而沦为土匪。"②由于国民政府社会优抚政策的失误,最终造成了社会的动乱,激化了社会矛盾。

第二,政治影响力不同。中国共产党在社会保障推行的过程中,进行了充分的民众动员,对人民利益的维护,增强了共产党的吸引力和凝聚力。通过社会保障,人民的生活得到了普遍改善,废除苛捐杂税之后,农民的收入增加,每年都有结余,而且政治地位得到了提高,可以参政议政,而且生活开始丰富多彩。中国共产党的社会保障政策促进了和谐的军民关系、官兵关系、社会关系的建立,有利于抗日根据地的和谐发展。国民党推行的社会保障政策,并没有使其政治凝聚力增强,相反地使人民群众认清了国民党的阶级本质,逐渐地开始反对国民党的反动统治。国民党虽然采取措施改善工人的生活,但是绝大部分劳工仍然生活在极度困难之中,在物价高涨、通货膨胀的情况之下,工人所享受的有限的福利基本被抵消。据统计,"昆明 127 家工厂工人每家每月的平均支出是 6635.22 元,但每家每月

---

① 皮明勇:《中国近代退伍军人安置问题初探》,《社会学研究》,1997 年第 3 期。
② 宋士云:《民国时期中国社会保障制度与绩效浅析》,《齐鲁学刊》,2004 年第 5 期。

的平均收入仅 5436.78 元,收入不抵支出;在支出成分中,食品支出在总收支中高达 64%,衣服支出仅占 4%"①。另外,工人工作时间随意增加,工作环境缺乏卫生保证,缺乏医药卫生措施,娱乐措施太少。许多资本家普遍随意延长工作时间,大多数企业的日工作时间超过 10 小时,少数企业甚至达到 15 小时,一些企业工作条件和环境非常恶劣,缺乏必要的劳动安全措施②。据《荣家企业史料》统计,"1943 年底,申四宝鸡厂共有工人 3361 人,其中童工有 1290 人,童工占了全场工人总数的 38.4%"③。国民党对政策的监管不利,最根本的原因在于其政权的阶级属性,这些措施一方面使人民处于水深火热之中,另一方面使人民认识到国民党的本质,开始不信任甚至怀疑国民党,最终使国统区的人民群众开始向往抗日根据地,信服共产党。

第三,对社会经济发展影响不同。抗日战争时期,由于中国共产党科学、有效的措施,在战争及自然灾害双重威胁之下,社会经济仍然得到了恢复与发展。由于抗日根据地耕地面积逐步增加,粮食、棉花等产量得到提高,"1943 年,陕甘宁边区部队共开荒种地 21.9628 万亩,其中种粮 18.5585 万亩,共收细粮 1.9192 万石;种菜 1.7409 万亩,收蔬菜 2281.0064 万斤,做到了菜食自给;养猪约 1 万头,羊 1.5 万只"④。晋察冀边区抗战八年共扩大耕地面积 180 余万亩。在工业生产方面,陕甘宁边区截至 1945 年 8 月,"日本投降前,重工业与化学工业能炼铁、炼油、修造机器、配置军需品、制造三酸、玻璃和陶瓷;轻工业能年产布 15 万大匹以上,造纸一至二万令,并创立火柴厂,全部职工增至万余人。民间纺织业已有纺妇 15 万人以上,织妇 4—5 万人,各种织布机 2—3 万架"⑤。总之,中国共产党在各根据地推行社会保障政策,采取促进农业和工业发展的措施,各地区农业生产得到了恢复与发展,工业体系一定程度上形成,社会产品基本实现了自给自足。国民党在其统治区域内推行的社会保障政策并没有取得实际效果,"农田面积逐年减少,国统区耕地面积战前为 3899.5 万亩,1941 年减至 3815.46 万亩,约有 840 余万亩的良田变成了荒地,同时人民的购买力逐渐下降,1937

---

① 陈达:《我国抗日战争时期市镇工人生活》,北京:中国劳动出版社,1993 年版,第 239 页。
② 秦孝仪:《革命文献》(第 99 辑),台北:国民党党史会,1973 年版,第 260—262 页。
③ 上海社会科学院经济研究所:《荣家企业史料》(下册),上海:上海人民出版社,1980 年版,第 369 页。
④ 房成祥、黄兆安主编:《陕甘宁边区革命史》,西安:陕西师范大学出版社,1991 年版,第 275 页。
⑤ 陕甘宁边区财政经济史编写组、陕西省档案馆:《抗日战争时期陕甘宁边区财政经济史料摘编》(第一编),西安:陕西人民出版社,1981 年版,第 285—286 页。

年农民的购买力指数为100,到1942年福建下降为45,青海下降为63,宁夏下降为66,广西下降为82,广东下降为81"①。工业方面工厂减产、停产严重,"1943年,重庆871家工厂停产、减产270余家,达三分之一"②。同时国统区地租飞涨,高利贷盛行,通货膨胀,经济每况愈下。

另外,共产党和国民党的社会保障政策的惠及范围也不尽相同,共产党在制定政策的过程中充分考虑了社会各阶级、阶层的利益,颁布的法令、法规规定详细,对于社会上一些特殊群体的利益也通过法规进行了说明。例如,晋冀鲁豫边区在1944年的供给制度中专门提出了犯人的供给办法,"在押犯的粮食、菜金等费用,以犯人家属供给为原则,犯人家属无资力供给者,犯人籍贯不在当地,当地无家属者应予免收"③,由此可以看出共产党的社会保障政策将社会的边缘群体也纳入了社会保障体系之中,政策的全面性决定了其惠及范围的广度。国民党制定的社会保障政策以维护大地主、大资产阶级的统治为出发点,所以政策的基本内容仍然侧重于维护大地主和大资产阶级的利益。例如,国民政府颁布的《现职军官佐属在抗战期间无力求学子女救济办法》,对无力就学的军人子女的救济限制在军官范围,忽视了普通士兵的利益,不仅使政策的受惠范围缩小,而且容易激化阶级矛盾、官兵矛盾。另外,国民党的社会保障政策规定笼统、抽象,考虑不到社会的边缘阶层,其政策的惠及范围越来越狭小,农民、工人以及普通的劳动者从既有的社会保障政策中不能获得利益,甚至不能维持基本的生活,在战争及自然灾害的双重迫害下,人民流离失所,仍然生活在水深火热之中。

综上所述,中国共产党和国民党在同样的社会环境下推行了社会保障政策,双方的政策的出发点不同、落实程度不同、最终的实际效果不同。面对同样的形势,双方的政策出现这么大的差别,主要原因在于:

第一,在政策制定过程中共产党充分考虑了社会形势,针对社会问题制定了行之有效的政策、方针,具有明确的针对性,有很强的可执行性;国民党在制定政策的过程中,某种程度上借鉴发达资本主义国家的经验,而不是立足于中国的国情,所以政策偏向抽象、空洞,在具体执行过程中会存在很多阻碍。

---

① 李凯:《抗日战争时期国统区经济之初探》,《延安大学学报(社会科学版)》,1996年第1期。
② 凌耀伦、熊甫主编:《中国近代经济简史》,成都:四川大学出版社,1988年版,第326页。
③ 河南省财政厅、河南省档案馆合编:《晋冀鲁豫抗日根据地财经史料选编》(河南部分四),北京:档案出版社,1985年版,第407页。

第二，共产党在执行政策的过程中，对于政策的执行情况不断反思、调整，纠正"左"和右的倾向，使之更符合根据地的具体情况；国民党在政策执行的过程中不考察实际效果，不注重反思、调整，更多地停留在政策层面。

第三，对社会保障的监管力度不同。共产党在执行政策的过程中，强化对各个环节的监管，肃清各种贪污浪费以及不作为的行为，提高了行政效率；国民党在政策执行过程中存在大量的贪污腐化行为，这些行为得不到制止，反而迅速蔓延，最终导致行政效率低下，社会保障政策得不到有效执行。

第四，社会动员以及对社会资源的整合度不同。共产党在推行社会保障政策的过程中，注重调动各阶级、各阶层人民的积极性，充分发动民众，在资金筹集、政策推行等方面都有人民群众参与进去。广泛的参与性使社会保障政策更加符合实际，更有针对性。国民党由于其阶级本质，为了维护大地主、大资产阶级的利益，害怕群众，不敢发动群众，依靠统治阶级的主观想法制定的政策，存在一定的空想性。满铁调查部对中国进行了一次抗战力调查，调查报告中的观点一定程度上佐证了这一点，"国民党在民众动员上落后于中共，国民党和共产党在理解民众动员上有明显的差异，国民党是依靠政府的命令强制动员民众从军和从事生产，而共产党则是把民众动员当成民众自身的运动来理解。也就是，根据民众的直接利益来组织民众，并依靠这种组织力来动员民众进行抗日活动、搞游击战和从事生产"[①]。日本殖民者是以侵略为目的进行调查，但是其结论也说明了中国共产党进行民众动员的范围和作用。

总之，出现这些不同的最根本的原因在于国民党和共产党的阶级属性不同，共产党代表人民的利益，以人民利益为根本的出发点；国民党代表大地主、大资产阶级的利益，害怕群众的力量，不敢发动群众。历史的实践证明，同样的社会管理政策，出自不同阶级之手，会有不同的社会效果。政策的体系性、先进性等固然重要，但是只有从维护中华民族的根本利益出发，把维护人民的利益放在首位，才能获得人民群众的支持，政策才能取得良好的效果。

[①] 祁建民：《满铁调查部〈中国抗战力调查报告及其根据地认识〉》，《历史教学》，1992年第8期，第14页。

结 论

抗日战争时期民族矛盾是中国社会的主要矛盾,中国共产党领导的敌后抗日根据地对抵御外来侵略发挥了重要作用,在领导军事斗争的同时,军需民用成为中国共产党必须解决的问题。中国抗日根据地的社会保障工作作为边区政府进行社会管理的一项重要内容,既解决了当时存在的一些关乎国计民生的问题,促进了社会进步,又探索了社会管理的基本模式,为社会主义建设时期的社会保障积累了丰富的经验。

1. 抗日战争时期中国共产党领导的敌后抗日根据地的社会保障植根于抗日战争这一基本的历史事件,内嵌于战争环境,作为一种战时经济体制并不具有持久性和常态性,突出体现了特殊性和临时性。解决军事需要是其面临的一项重要任务,是解决当时社会主要矛盾的关键所在。社会保障中对军人的优待,以及对荣誉军人、抗属等人的帮助和抚恤,对于动员人民参军、鼓舞部队士气产生了重要作用。在满足战争需要的同时,对人民利益的维护是边区政府的首要任务。面对严重的自然灾害、战争环境以及复杂的政治环境,人民的生存面临着严重的威胁,边区政府积极采取社会救助措施,帮助人民解决了温饱问题,渡过了严重的饥荒时期。通过发放低息贷款、组织人民互助等形式,帮助人民恢复和发展生产,维护了社会稳定。将人民利益放在首位,充分重视民生工作,体现了中国共产党一贯的宗旨和原则,是中国共产党的重要法宝之一,更是中国共产党获得人民支持,取得革命和建设胜利的重要因素。

2. 实事求是地对政策进行处理和调整,正确处理社会各阶层之间的关系。社会保障工作涉及社会各阶级、阶层的利益,在错综复杂的利益关系中找到一个平衡点,为社会保障工作健康、有序地运行创造了有利的条件。抗日战争时期社会各阶级、阶层统一于抗日民族统一战线的旗帜之下,要动员雇主、工厂主、富农进行抗日,提高他们的积极性,必须维护他们的利益。所以,各边区政府根据实际情况对现有政策不断进行调整。例如,在劳动保护方面,纠正了以往政策中"左"的倾向,认为工人八小时工作制等措施不符合实际,提出十小时工作制,以及各地、各行业可以根据实际情况制定最低工资等措施。这样既维护了工人阶级的利益,又体现了对雇主和工厂主利益的维护。在组织代耕队帮助抗属耕种、抚恤荣誉军人等问题上,逐步摒弃对抗属及荣誉军人超出群众承受能力的优待,消除了群众内部的对抗情绪。总之,社会各阶级、各阶层的团结有利于社会和谐以及抗日战争的发展。中国共产党在社会保障工作中实事求是地对政策、方针进行调整,促进了各阶级、阶层的团结,巩固了工农联盟。社会保障的重要性以及复杂性决定了现在的社会保障工作必须要综合统筹,处理好各方面的利益关系,实现社会稳定以及整体发展,推进社会保障更加理性化、实用化、功效化。

3. 建立适度的社会保障水平。社会保障水平与生产力发展水平以及政府的财政状况有密切的关系,适度的社会保障水平既能够发挥社会保障的基本功能,又能促进社会经济的协调发展,有利于社会稳定、社会公平以及提高效率,保证人民基本生活,促进社会进步。中国共产党对抗日根据地的生产力水平有充分认识,在考虑社会经济发展水平的基础上,重点发展社会救助,解决人民的温饱需求,缓解社会的燃眉之急。社会优抚方面,在保证了抗属及荣誉军人的基本生活之余,尽量丰富他们的生活,提高他们的生活水平,但是并没有超出整个社会的承受能力。对于社会保障中较高层次的社会福利以及社会保险,由于社会生产力水平的限制并没有得到普及和推广。由此可以看出,抗日根据地的社会保障是与其生产力发展水平相适应的,属于适度的社会保障。现代社会生产力水平提高,在满足人民基本的生活之余应该提高社会保障水平,在物质保障之余,发展精神保障和服务保障,以期建立现代化的社会保障体系,与生产力水平双向适应。

4. 社会保障过程中注意开源节流,这是解决财政问题的需要,更是中华民族优良传统的延续。社会保障作为一个系统的、耗费庞大的社会工程,需要大量的资金以及物质保证。抗日根据地物质贫乏,生产力水平低,原有的财政体系不能满足社会保障以及战争的需要,所以敌后抗日根据地开源节流,增加财政收入。各边区政府开展大生产运动,部分地区在农业和手工业方面实现了自给自足,另外通过征收救国公粮、发放救国公债、收缴汉奸财产、募集社会捐助等形式扩大财政来源,满足了人民的基本生活需要。各边区政府积极倡导节约,节流的方式有利于减少社会消耗,使现有的社会产品能够在更大范围内满足更多的需要,是解决财政问题,满足社会保障需要的一个重要的方法。但是,节流只能缓解困难,暂时解决出现的问题,是一个治标不治本的方法。厉行节约是生产力水平低下的情况下应对严重饥荒的需要,勤俭节约作为中国传统美德,抗日根据地的节流政策使其得到了延续和发展。开源节流也是当今社会应该借鉴的经验。

5. 抗日战争时期敌后抗日根据地的社会保障是中国共产党进行社会管理的有益尝试,积累了丰富的社会管理经验。中国共产党的正确领导和制定的各项政策是使工作顺利开展的决定性因素。抗日战争时期中国共产党以法令的形式颁布的社会保障法令,与现代社会保障有很大的差距,许多措施只是对社会保障制度的替代性安排。但是,在中国共产党缺乏相应的社会管理经验,处于探索阶段,存在着很多不足的情况下,作为社会管理的有益尝试,仍然为新民主主义革命时期和社会主义革命时期的社会保障和社会管理提供了借鉴。例如,在抗日战争劳动保护的经验积累之上,1948 年 8 月第六次全国劳动大会在哈尔滨召开。大会在《关于中国职工运动当前任务的决议》中提出"在工厂集中的城市或条件具备的地方,可以创办劳动的社会保险"①。1948 年 12 月颁布的《东北公营企业暂行劳动保险条例》,是新中国成立前夕较为完整的一个劳动保险条例。由此可见,抗日战争时期边区政府的社会保障措施积累了丰富的社会管理经验,是中国共产党发展史上的宝贵财富,展示了中国共产党博大的政治情怀。抗日根据地社会保障的措施增强了人民群众对中国共产党的认同,使中国共产党巩固了执政地位

6. 中国共产党在新民主主义革命时期不同历史阶段的社会保障政策虽然各具特色,但是从整体考察,土地革命时期、抗日战争时期、解放战争时期的社会保障工作不断推进,后一阶段在继承前一阶段的基础之上,发展创新。经历了奠基、发展的阶段,特别是到解放战争时期,中国共产党统治的区域不断扩大,开展大规模社会建设的可能性和必要性逐渐具备。所以,中国共产党在其统治区域内对旧政权进行改造,破旧的同时立新,采取一些具备现代意义的措施,例如展开货币战争、金融斗争等。这些措施为解放战争的胜利以及解放区的稳固发挥了重要的作用,并一直延续到新中国成立,为新中国的社会保障体系的建立奠定了基础。总之,土地革命时期、抗日战争时期以及解放战争时期的社会保障政策构成了中国新民主主义革命时期的社会保障体系,在中国共产党领导社会建设的历史上占有重要的地位。

7. 通过对抗日战争时期中国共产党与国民党的社会保障政策的比较

---

① 中华全国总工会中国职工运动史研究室编:《中国历次全国劳动大会文献》,北京:工人出版社,1957 年版,第 412 页。

研究可以看出，双方面临着相同的社会形势，即残酷的战争以及严重的自然灾害，两党都颁布了社会保障的相关法律、法规，推进社会保障的实践。但是双方政策的效果并不相同，其根本原因在于双方的阶级属性不同，共产党代表人民的根本利益，国民党代表大地主、大资产阶级的利益。历史的实践证明，同样的社会管理政策，出自不同阶级之手，会有不同的社会效果。政策的体系性、先进性等固然重要，但是只有从维护中华民族的根本利益出发，把维护人民的根本利益放在首位，才能获得人民群众的支持，政策才能取得良好的实践效果，才能发挥促进社会进步的作用。

参 考 文 献

1. 马克思主义经典著作

[1] 马克思,恩格斯.马克思恩格斯全集(第5卷)[M].北京:人民出版社,2016.
[2] 马克思,恩格斯.马克思恩格斯全集(第26卷)[M].北京:人民出版社,2016.
[3] 马克思.资本论(第3卷)[M].北京:人民出版社,1975.
[4] 列宁.列宁全集(第29卷)[M].北京:人民出版社,1985.

2. 中国共产党领导人文集、年谱、回忆录、日记

[1] 毛泽东.毛泽东选集(第3卷)[M].北京:人民出版社,1991.
[2] 毛泽东.毛泽东文集(第6卷)[M].北京:人民出版社,1999.
[3] 毛泽东.建国以来毛泽东文稿(第1册)[M].北京:中央文献出版社,1987.
[4] 朱德.朱德选集[M].北京:人民出版社,1983.
[5] 刘少奇.刘少奇选集[M].北京:人民出版社,1985.
[6] 周恩来.周恩来选集[M].北京:人民出版社,1980.
[7] 任弼时.任弼时选集[M].北京:人民出版社,1987.
[8] 林伯渠.林伯渠文集[M].北京:华艺出版社,1996.
[9] 逄先知.毛泽东年谱(1893—1949)[M].北京:中央文献出版社,1993.
[10] 中共中央文献研究室.朱德年谱[M].北京:人民出版社,1986.
[11] 中共中央文献研究室.刘少奇年谱(1898—1969)[M].北京:中央文献出版社,1996.
[12] 中共中央文献研究室.周恩来年谱(1898—1949)[M].北京:中央文献出版社,1989.
[13] 王焰.彭德怀年谱[M].北京:人民出版社,1998.
[14] 周均伦.聂荣臻年谱[M].北京:人民出版社,1999.
[15] 中央文献研究室.任弼时年谱[M].北京:中央文献出版社,2004.
[16] 中共中央党史研究室.张闻天年谱(1942—1976)[M].北京:中共党史出版社,2000.
[17] 中共江苏省委党史工作办公室.粟裕年谱[M].北京:当代中国出版社,2006.
[18] 李勇.蒋介石年谱[M].北京:中共党史出版社,1995.
[19] 聂荣臻.聂荣臻回忆录[M].北京:战士出版社,1983.

[20] 李维汉.回忆与研究[M].北京:中共党史资料出版社,1986.

[21] 王恩茂.王恩茂日记(抗日战争)[M].北京:中央文献出版社,1995.

3. 档案资料

[1] 吉林省社会科学院满铁资料馆.边区施政纲领解说[R].编号 00268.

[2] 吉林省社会科学院满铁资料馆.满铁调查部资料课.时事资料第二十二号.民众把握戦こ於ケル支那赤色ルіトノ概况(昭和十四年六月十五日)[R].编号:00269。

[3] 吉林省社会科学院满铁资料馆.抗日民族统一战线运动史——国共再合作に关する政治资料[R].编号 00272.

[4] 吉林省社会科学院满铁资料馆.南满洲铁道株式会社调查部译、中国共产党延安时事问题研究会编.抗战的中国丛刊(第三卷)抗战中的中国政治[R].编号:00273。

[5] 吉林省社会科学院满铁资料馆.中共二十年[R].编号 00279.

[6] 吉林省社会科学院满铁资料馆.战时的支那内政[R].编号 00341.

[7] 吉林省社会科学院满铁资料馆.蒋政权下的交通事业——铁道建设的中心[R].编号 00342.

[8] 吉林省社会科学院满铁资料馆.抗战力商业篇(三):生活必需品流通机构再编[R].编号 00347.

[9] 吉林省社会科学院满铁资料馆.抗战力商业篇(四):生活必需品管理机构诸问题[R].编号 00348.

[10] 吉林省社会科学院满铁资料馆.社会保险关系法规[R].编号 01036.

[11] 吉林省社会科学院满铁资料馆.中国统制经济的综合研究[R].编号 01980.

[12] 吉林省社会科学院满铁资料馆.大陆新作战と日支经济战[R].编号 01981.

[13] 吉林省社会科学院满铁资料馆.支那ノ战时经济能力[R].编号 01982.

[14] 吉林省社会科学院满铁资料馆.晋西北自治政府管内经济资料[R].编号 02071.

[15] 吉林省社会科学院满铁资料馆.陕甘宁边区农村经济关系诸问题[R].编号 03407.

[16] 吉林省社会科学院满铁资料馆.满铁资料汇报第 6 卷第 4 号·关于中国抗战力调查委员会"昭和 14 年度总括资料"[R].编号 18601.

[17] 吉林省社会科学院满铁资料馆.中国田赋问题[R].编号 25581.

[18] 吉林省社会科学院满铁资料馆.生命保险论[R].编号 25757.

[19] 中国第二历史档案馆.黄龙山垦区难民人数统计表[R].全宗号 116,案卷号:594.

[20] 上海市档案馆.上海特别市政府公益局监督慈善机关暂行条例[R].卷宗号:Q-113-4-5.

[21] 山西省档案馆.抗战以来人口、劳动力变化调查[R].A90-2-183-2.

4. 史料文集

[1]《近代史资料》编译室.陕甘宁边区参议会文献汇辑[G].北京:知识产权出版社,2013.

［2］安徽省财政厅,安徽省档案馆.安徽革命根据地财政经济史料选［M］.合肥:安徽人民出版社,1983.

［3］财政科学研究所.革命根据地的财政经济［M］.北京:中国财政经济出版社,1984.

［4］蔡鸿源.民国法规集成［G］.合肥:黄山书社,1999.

［5］东北解放区财政经济史编写组.东北解放区财政经济史料选编［M］.哈尔滨:黑龙江人民出版社,1988.

［6］鄂豫边区革命史编辑部.鄂豫边区抗日根据地历史资料［M］.武汉:鄂豫边区革命史编辑部,1984.

［7］晋察冀抗日根据地史料丛书编审委员会,中央档案馆.晋察冀抗日根据地［M］.北京:中共党史资料出版社,1989.

［8］晋冀鲁豫边区财政经济史编辑组.抗日战争时期晋冀鲁豫边区财政经济史资料选编［M］.北京:中国财政经济出版社,1990.

［9］晋察冀边区财政经济史编写组,河北省档案馆,山西省档案馆.晋察冀边区财政经济史料选编［M］.天津:南开大学出版社,1984.

［10］吉林省档案馆编译.伪满档案史料选编东北抗日运动概况(1938—1942)［M］.长春:吉林文史出版社,1986.

［11］江西档案馆,中共江西省委党校党史教研室.中央革命根据地史料选编［M］.南昌:江西人民出版社,1982.

［12］江西省档案馆.闽浙赣革命根据地史料选编［M］.南昌:江西人民出版社,1987.

［13］江西财经学院经济研究所.闽浙赣革命根据地财政经济史料选编［M］.厦门:厦门大学出版社,1988.

［14］江西省档案馆.湘赣革命根据地史料选编［M］.南昌:江西人民出版社,1984.

［15］江西省档案馆.湘赣革命根据地史料选编［M］.南昌:江西人民出版社,1984.

［16］江苏省财政厅.华中抗日根据地财政经济史料选编(江苏部分)［M］.北京:档案出版社,1984.

［17］江苏省财政厅,江苏省档案馆、财政经济史编写组.华中解放区财政经济史料选编［M］.南京:南京大学出版社,1986.

［18］韩延龙,常兆儒.中国新民主主义革命时期根据地法制文献选编［M］.北京:中国社会科学出版社,1981.

［19］淮南抗日根据地编审委员会.淮南抗日根据地［M］.北京:中共党史资料出版社,1987.

［20］河南省财政厅,河南省档案馆.晋冀鲁豫抗日根据地财经史料选编(河南部分)［M］.北京:档案出版社,1985.

［21］海南行政区财经税收史领导小组办公室,海南行政区档案馆.琼崖革命根据地财经税收史料选编［M］.海口:海南人民出版社,1984.

［22］华北解放区财政经济史资料选编编辑组.华北解放区财政经济史料选编［M］.北京:中国财政经济出版社,1996.

［23］国民政府文官处印铸局.中华民国国民政府公报［M］.成都:成都出版社有限公司发行,1945.

［24］孔永松,邱松庆.闽粤赣边区财政经济简史［M］.厦门:厦门大学出版社,1988.

［25］甘肃省社会科学院历史研究室.陕甘宁革命根据地史料选辑［M］.兰州:甘肃人民出版社,1983.

［26］雷志华,李忠全.陕甘宁边区民政工作资料选编［M］.西安:陕西人民出版社,1992.

［27］刘绍唐主编.民国大事日志［M］.台北:传记文学出版社,1986.

［28］彭明.中国现代史资料选辑(第一册)［M］.北京:中国人民大学出版社,1987.

［29］秦孝仪.革命文献(第96辑)［M］.台北:国民党党史会,1973.

［30］山东档案馆、山东社会科学院历史研究所.山东革命历史档案资料选编［M］.济南:山东人民出版社,1984.

［31］山东财政科学研究所,山东省档案馆.山东革命根据地财政史料选编［M］.内部资料,1985.

［32］山西大学晋冀鲁豫边区史研究组.晋冀鲁豫边区史料选编［M］.太原:山西大学晋冀鲁豫边区史研究组,1980.

［33］陕甘宁边区财政经济史编写组,陕西省档案馆.抗日战争时期陕甘宁边区财政经济史料摘编［M］.西安:陕西人民出版社,1981.

［34］陕西省档案馆,陕西省社会科学院.陕甘宁边区政府文件选编［M］.北京:档案出版社,1986.

［35］陕西省档案馆.陕甘宁边区政府大事记［M］.北京:档案出版社,1991.

［36］陕甘宁档案馆、陕西省社会科学院.陕甘宁边区政府文件选编［G］.北京:档案出版社,1987.

［37］陕西总工会工运史研究室.陕甘宁边区工人运动史料选编［M］.北京:工人出版社,1988.

［38］四川省社会科学院,陕西省科学院.川陕革命根据地史料选辑［M］.北京:人民出版社,1986.

［39］王礼琦.中原解放区财政经济史料选编［M］.北京:中国财政经济出版社,1995.

［40］魏宏运主编.中国现代史资料选编(抗日战争时期)［M］.哈尔滨:黑龙江人民出版社,1981.

［41］武衡.抗日战争时期解放区科技发展史资料［M］.北京:中国学术出版社,1984.

［42］薛暮桥.抗日战争时期和解放战争时期山东解放区的经济工作［M］.济南:山东人民出版社,1984.

［43］许毅.中央革命根据地财政经济史长编［M］.北京:人民出版社,1982.

［44］西北五省区编撰领导小组,中央档案馆.陕甘宁边区抗日民主根据地(文献卷上)［M］.北京:中共党史资料出版社,1990.

［45］豫皖苏鲁边区党史办公室,安徽省档案馆.淮北抗日根据地史料选辑(第五辑 财政经济部分)［M］.淮南市报社印刷厂,1985.

[46] 中央档案馆,辽宁省档案馆,吉林省档案馆,黑龙江省档案馆编.《东北地区革命历史文件汇集》(甲20)[M].内部出版,1990.

[47] 中央档案馆,辽宁省档案馆、吉林省档案馆、黑龙江省档案馆编:《东北地区革命历史文件汇集》(甲21)[M].内部出版,1988.

[48] 中共现代革命史资料丛刊.左右江革命根据地资料选辑[M].北京:人民出版社出版,1994.

[49] 中共山西省委党史研究室,山西省档案馆.太行革命根据地土地问题资料选编[M].太原:中共山西省委党史研究室,山西省档案馆,1983.

[50] 中国现代革命史资料丛刊.左右江革命根据地资料选辑[M].北京:人民出版社,1985.

[51] 中国科学院历史研究所第三所.陕甘宁边区参议会文献汇辑[M].北京:科学出版社,1958.

[52] 中共广东省委党史资料征集委员会.琼崖抗日斗争史料选编[M].海口:海南行政区委员会党史办公室,1986.

[53] 中央档案馆.解放战争时期土地改革文件选辑[M].北京:中共中央党校出版社,1981.

[54] 中共江苏省委党史工委,江苏省档案馆.苏南抗日根据地[M].北京:中共党史出版社,1987.

[55] 中共浙江省委党史资料征集研究委员会,浙江省档案馆.浙东抗日根据地[M].北京:中共党史资料出版社,1987.

[56] 中央档案馆.晋察冀抗日根据地文献选编[M].北京:中共党史资料出版社,1988.

[57] 中共山东省委党史资料征集研究委员会.山东抗日根据地[M].北京:中共党史出版社,1989.

[58] 中共中央党校党史教研室.中共党史参考资料[M].北京:人民出版社,1979.

[59] 中国科学院经济研究所.中国近代经济史参考资料丛刊[M].北京:生活·读书·新知三联书店出版,1957.

[60] 中华全国总工会.中共中央关于工人运动文件选编[M].北京:档案出版社,1985.

[61] 中国职工运动史研究室.中国工会历史文献[M].北京:工人出版社,1959.

[62] 中华全国总工会中国职工运动史研究室.中国历次全国劳动大会文献[M].北京:工人出版社,1957.

[63] 中央档案馆.中共中央文件选集[M].北京:中共中央党校出版社,1989.

[64] 中国第二历史档案馆整理.中华民国史料长编[M].南京:南京大学出版社,1993.

5. 相关论著

[1] 北京大学国际政治系.中国现代史统计资料选编[M].郑州:河南人民出版社,1985.

[2] 财政部财政科学研究所.抗日根据地的财政经济[M].北京:中国财政经济出版社,1987.

［3］蔡勤禹.国家、社会与弱势群体——民国时期的社会救济(1927—1949)[M].天津：天津人民出版社,2003.
［4］陈廉.抗日根据地发展史略[M].北京：解放军出版社,1987.
［5］陈达.我国抗日战争时期市镇工人生活[M].北京：中国劳动出版社,1993.
［6］陈廷煊.抗日根据地经济史[M].北京：社会科学文献出版社,2007.
［7］陈荣华,何友良.中央苏区史略[M].上海：上海社会科学院出版社,1992.
［8］陈继先.社会救济行政[M].台北：正中书局,1943.
［9］陈良瑾主编.社会保障教程[M].北京：知识出版社,1990.
［10］崔乃夫.当代中国的民政（下册）[M].北京：当代中国出版社,1994.
［11］邓大松,林毓铭,谢圣远.社会保障理论与实践发展研究[M].北京：人民出版社,2007.
［12］方明.抵抗的中国：外国记者亲历的中国抗战[M].北京：团结出版社,2017.
［13］房列曙.安徽敌后抗日根据地社会史研究[M].合肥：安徽人民出版社,2007.
［14］房成祥、黄兆安.陕甘宁边区革命史[M].西安：陕西师范大学出版社,1991.
［15］高中永主编.中国共产党口述史料丛书（第1卷）[M].北京：中共党史出版社,2013.
［16］郭德宏.抗日战争史研究述评[M].北京：中共党史出版社,1995.
［17］郭飞平.中国全史（第19卷中华民国经济史）[M].北京：人民出版社,1994.
［18］侯文若.社会保障理论与实践[M].北京：中国劳动出版社,1991.
［19］黄惠运.中央苏区社会保障研究[M].北京：社会科学文献出版社,2013.
［20］黄正林.陕甘宁边区社会经济史(1937—1945)[M].北京：人民出版社,2006.
［21］黄正林.陕甘宁边区乡村的经济与社会[M].北京：人民出版社,2006.
［22］霍燎原.东北抗联第一军[M].哈尔滨：黑龙江人民出版社,1986.
［23］黑龙江省地方志编纂委员会.黑龙江省志·第六十六卷·军事志（第七篇后勤）[M].哈尔滨：黑龙江人民出版社,1994.
［24］胡民新,阎树声.陕甘宁边区民政工作史[M].西安：西北大学出版社,1995.
［25］军事科学院军事历史研究所.中国抗日战争史[M].北京：解放军出版社,1994.
［26］孔令波,王承礼.东北抗日联军（上）[M].长春：吉林人民出版社,2005.
［27］刘信君.毛泽东与东北解放战争[M].长春：吉林人民出版社,2004.
［28］刘荣臻.南京国民政府时期社会保障事业研究[M].太原：北岳文艺出版社,2012.
［29］刘金章.现代社会保障通论[M].天津：天津科学技术出版社,1996.
［30］刘燕生.社会保障的起源、发展和道路选择[M].北京：法律出版社,2001.
［31］刘明逵.中国近代工人阶级和工人运动[M].北京：中共中央党校出版社,2002.
［32］李新,陈铁建.中国新民主革命通史（第九卷、第十卷）[M].上海：上海人民出版社,2001.
［33］李建国.陕甘宁革命根据地史[M].兰州：甘肃人民出版社,2009.
［34］李智勇.陕甘宁边区政权形态与社会发展(1937—1945)[M].北京：中国科学出版社,2001.

[35] 李文海.中国近代十大灾荒[M].上海：上海人民出版社，1994.

[36] 李文海.近代中国灾荒纪年续编（1919—1949）[M].长沙：湖南教育出版社，1993.

[37] 凌耀伦.中国近代经济简史[M].成都：四川大学出版社，1988.

[38] 陆仰渊，方庆秋.民国社会经济史[M].北京：中国社会经济出版社，1991.

[39] 卢希濂，李忠全.陕甘宁边区医药卫生史稿[M].西安：陕西人民出版社，1994.

[40] 马齐彬，黄少群，刘文彬.中央革命根据地史[M].北京：人民出版社，1986.

[41] 孟照华，王明宸.中国民政史稿[M].哈尔滨：黑龙江人民出版社，1986.

[42] 梅哲.构建社会主义和谐社会中的社会保障问题研究[M].北京：中国社会科学出版社，2007.

[43] 南开大学历史系、中国近现代史教研室.中外学者论抗日根据地——南开大学第二届中国抗日根据地史国际学术讨论会论文集[G].北京：档案出版社，1993.

[44] 彭真.关于晋察冀边区党的工作和具体政策报告[M].北京：中共中央党校出版社，1981.

[45] 齐文编.外国记者眼中的延安及解放区[M].历史资料供应社，1946.

[46] 齐武.抗日战争时期中国工人运动史稿[M].北京：人民出版社，1986.

[47] 清庆瑞.抗战时期的经济[M].北京：北京出版社，1995.

[48] 任学岭.陕甘宁革命根据地史[M].北京：人民出版社，2013.

[49] 宋金寿，李忠全.陕甘宁边区政权建设史[M].西安：陕西人民出版社，1990.

[50] 苏振芳.社会保障概论[M].北京：中国审计出版社，2001.

[51] 孙艳魁.苦难的人流——抗战时期的难民[M].桂林：广西师范大学出版社，1994.

[52] 孙乃民.吉林通史[M].长春：吉林人民出版社，2008.

[53] 上海社会科学院经济研究所.荣家企业史料[M].上海：上海人民出版社，1980.

[54] 莫泰基.香港贫穷与社会保障[M].北京：中华书局，1993.

[55] 谭克绳.中国革命根据地史[M].福州：福建人民出版社，2007.

[56] 王全兴.劳动法学[M].北京：中国法制出版社，2001.

[57] 王宗洲.中国劳动法规全书[M].济南：黄河出版社，1989.

[58] 王子今.中国社会福利史[M].北京：中国社会出版社，2002.

[59] 魏宏运.华北抗日根据地史[M].北京：档案出版社，1990.

[60] 魏宏运.华北抗日根据地纪事[M].天津：天津人民出版社，1986.

[61] 戎子和.晋冀鲁豫边区财政简史[M].北京：中国财政经济出版社.1987.

[62] 吴至信，李文海.民国时期社会调查丛编（社会保障卷）[M].福州：福建教育出版社，2004.

[63] 吴申元，郑韬瑜.中国保险史话[M].北京：经济管理出版社，1993.

[64] 郑功成.中国社会保障制度的变迁与评估[M].北京：中国人民大学出版社，2002.

[65] 郑功成.社会保障学——理念、制度、实践与思辨[M].北京：商务印书馆，2000.

[66] 赵效民.中国革命根据地经济史[M].广州：广东人民出版社，1983.

[67] 周积明，宋德金.中国社会史论[M].武汉：湖北教育出版社，2000.

[68] 朱超南.淮北抗日根据地财政经济史稿[M].合肥:安徽人民出版社,1985.
[69] 朱汉国.中国社会通史·民国卷[M].济南:山东教育出版社,1996.
[70] 朱建华.东北解放战争史[M].哈尔滨:黑龙江人民出版社,1987.
[71] 朱棱.社会保险概论[M].长春:吉林人民出版社 1988.
[72] 中国抗日战争史学会,中国人民抗日战争纪念馆.抗战时期的陕甘宁边区[M].北京:北京出版社,1995.
[73] 中共山西省委党史研究室.太岳革命根据地纪事[M].太原:山西人民出版社,1989.
[74] 中国妇女联合会.中国妇女运动史(新民主主义时期)[M].北京:春秋出版社,1989.
[75] 中国劳动法学研究会.劳动法论文集[M].北京:法律出版社,1985.
[76] 中国社会科学院近代史研究所民国史研究室,四川师范大学历史文化学院.一九四〇年代的中国[M].北京:社会科学文献出版社,2009.
[77] 张向凌.黑龙江四十年[M].哈尔滨:黑龙江人民出版社,1986.
[78] 张希坡.革命根据地的工运纲领和劳动立法史[M].北京:中国劳动出版社,1993.
[79] 张水良.抗日战争时期中国解放区农业大生产运动[M].福州:福建人民出版社,1981.
[80] 星光,张扬.抗日战争时期陕甘宁边区财政经济史稿[M].西安:西北大学出版社,1988.
[81] 谢忠厚.晋察冀抗日根据地史[M].北京:改革出版社,1992.
[82] 谢振民.中华民国立法史[M].北京:中国政法大学出版社,2000.
[83] 夏明方.民国时期自然灾害与乡村社会[M].北京:中华书局,2000.
[84] 徐百齐.中华民国法规大全[M].上海:商务印书馆,1936.
[85] 杨雅彬.近代中国社会学[M].北京:中国社会科学出版社,2001.
[86] 杨增宽、高冲等主编.永恒的荣光——甘肃抗战老兵口述实录[M].兰州:甘肃文化出版社,2015.
[87] 余伯流.中央苏区经济史[M].南昌:江西人民出版社,1995.
[88] 严忠勤.当代中国的职工工资福利和社会保险[M].北京:中国社会科学出版社,1987.
[89] 岳宗福.近代中国社会保障立法研究(1912—1949)[M].济南:齐鲁出版社,2006.
[90] 袁伦渠.中国劳动经济史[M].北京:北京经济学院出版社,1990.
[91] 朱斯煌.民国经济史[M].台北:台湾文海出版有限公司,1985.
[92] 周开发.民国经济史[M].台北:台湾华文书局印行,1967.
[93] 〔日〕中村三登志著,王玉平译.中国工人运动史[M].北京:工人出版社,1989.
[94] 〔美〕埃德加·斯诺著,董乐山译.西行漫记[M].北京:新华出版社,1984.
[95] 〔美〕安娜·路易斯·斯特朗著,朱荣根等译.斯特朗文集(第三卷)[M].北京:新华出版社,1988.

［96］〔美〕马克·塞尔登.革命中国的延安道路[M].哈佛大学出版社,1971.

6. 中文期刊

［1］蔡勤禹,李元峰.试论近代中国社会救济思想[J].东方论坛.2002(5).

［2］陈先初.抗战时期中国共产党民主建设的历史考察[J].抗日战争研究.2002(1).

［3］陈竹君.南京国民政府劳工福利政策研究[J].江汉论坛.2002(6).

［4］陈群哲.抗日战争陕甘宁边区的公营事业[J].江西社会科学.1999(7).

［5］杜君,欧瑞.抗日战争时期陕甘宁边区优抚安置及拥军支前研究[J].理论学刊.2017(4).

［6］杜俊华.论苏维埃时期中共的社会救济[J].甘肃社会科学.2007(3).

［7］杜俊华,刘玉萍.试论中央苏区的社会建设[J].江西社会科学.2006(12).

［8］邓红,郑立柱.抗战时期晋察冀边区的疫病及其防治[J].河北大学学报.2004(4).

［9］高尚斌.延安时期中国共产党建设的历史启示[J].中共中央党校学报.2001(8).

［10］高君,夏丽霞.毛泽东社会保障思想的当代价值[J].学术论坛.2011(2).

［11］高冬梅.论抗日根据地的弱势群体及其社会救助[J].河北师范大学学报.2008(2).

［12］高冬梅.抗日根据地救灾工作述论[J].抗日战争研究.2002(3).

［13］高冬梅.陕甘宁边区难民救济问题初探[J].河北大学学报.2002(2).

［14］高冬梅.民主革命时期中国共产党社会救助理念与实践历史考察[J].党史教学与研究 2008(3).

［15］高中华,孙新.新民主主义革命时期中国共产党社会救济史研究综述[J].宁夏党校学报.2010(6).

［16］高中华.中国共产党的社会保障观:发展与演变[J].人民论坛·学术前沿.2017(1).

［17］高中华.左右江革命根据地时期的民政建设[J].党史资料研究.2004(5).

［18］高学强.新民主主义革命政权的劳动保护立法[J].史学月刊.2011(5).

［19］郝平.论太行山区根据地的生产自救运动[J].山西大学学报.2005(5).

［20］胡慧芳.抗日战争时期苏皖边区的救灾渡荒工作[J].抗日战争研究.2008(1).

［21］黄正林.抗战时期陕甘宁边区的乡村妇女[J].抗日战争研究.2004(12).

［22］黄正林.抗战时期陕甘宁边区的经济政策与经济立法[J].近代史研究.2001(1).

［23］黄正林.20世纪80年代以来国内陕甘宁边区史研究综述[J].抗日战争研究.2008(1).

［24］黄正林.社会教育与抗日根据地的政治动员——以陕甘宁边区为中心[J].中共党史研究.2006(2).

［25］黄正林.抗日战争陕甘宁边区的社会生活[J].中共党史研究.2008(6).

［26］江红英.国民政府与抗战时期的劳工福利[J].四川大学学报.2009(1).

［27］江沛.华北抗日根据地的社会变迁评析[J].抗日战争研究.2000(2).

[28] 兰图.抗战时期国共两党社会保障事业比较研究[D]:[博士学位论文].长春:东北师范大学,2015.

[29] 李洪河,程舒伟.抗战时期华北根据地的卫生防疫工作述论[J].史学集刊.2012(3).

[30] 李金铮.论1938—1949年华北抗日根据地、解放区的农贷[J].近代史研究,2000(4).

[31] 李金铮.私人互助借贷的新方式——华北抗日根据地、解放区"互借"运动初探[J].中共党史研究,2000(3).

[32] 李新军.南京国民政府时期社会保障资金管理研究(1927—1937)[J].兰州学刊.2011(12).

[33] 李耀萍.陕甘宁边区和谐社会的观察与思考[J].西北大学学报.2007(1).

[34] 李凯.抗日战争时期国统区经济之初探[J].延安大学学报(社会科学版).1996(1).

[35] 李金铮.晋察冀边区1939年的救灾度荒工作[J].抗日战争研究.1994(4).

[36] 刘萍.对华北抗日根据地妇女纺织运动的考察[J].抗日战争研究.1998(2).

[37] 刘信君,李红娟.东北抗日联军后勤保障工作的实践与启示[J].东北师大学报(哲学社会科学版).2017(6).

[38] 刘信君.再论东北抗联精神——抗战胜利70年后的评述[J].社会科学战线.2015(6).

[39] 刘爱国.抗战时期中共执政陕甘宁边区研究综述[J].延安大学学报.2005(2).

[40] 罗平飞.建国前中国共产党抚恤优待及退役安置政策研究[J].中共党史研究.2005(6).

[41] 罗惠兰.中华苏维埃共和国对公民健康权的体制保障[J].党史研究与教学.2006(3).

[42] 陆玉,徐玉鹏.论抗日根据地的军事社会保障[J].抗日战争研究.1997(2).

[43] 吕伟俊,岳宗福.论中国共产党在新中国成立前领导的社会保障立法[J].山东大学学报.2005(4).

[44] 马举魁.抗日民族统一战线与陕甘宁边区劳动立法的转变[J].理论导刊.2010(7).

[45] 梅哲.列宁的社会保障思想研究[J].马克思主义研究.2007(8).

[46] 皮明勇.中国近代退伍军人安置问题初探[J].社会学研究.1997(3).

[47] 饶东辉.民国北京政府的劳动立法初探[J].近代史研究.1998(1).

[48] 宋士云.民国时期中国社会保障制度与绩效浅析[J].齐鲁学刊.2004(5).

[49] 宿志刚.抗战时期陕甘宁边区退伍军人安置问题研究[J].抗日战争研究.2008(4).

[50] 宿志刚.抗战时期陕甘宁边区代耕问题研究[J].史学月刊.2007(9).

[51] 苏新留.民国时期河南水旱灾害及其政府应对[J].史学月刊.2007(5).

[52] 孙语圣.民国时期的疫灾与防治述论[J].民国档案.2005(2).
[53] 谭忠艳,刘信君.中国抗日根据地劳动保护研究[J].学习与探索.2014(8).
[54] 谭忠艳.中国抗日根据地社会优抚研究[J].社会科学战线.2014(10).
[55] 谭忠艳.新形势下增强社会保障公平性的思考[J].长白学刊.2013(1).
[56] 谭忠艳.铭记历史 开创未来[N].吉林日报.2017-7-13.
[57] 谭玉秀.1927—1937年中国失业问题研究[D]:[博士学位论文].杭州:浙江大学,2006.
[58] 唐国平.中央苏区群众性卫生防疫工作探论[J].求索.2008(5).
[59] 田刚.中国共产党领导的苏区卫生防疫运动.北京党史[J].2007(3).
[60] 汪华.近代上海社会保障事业初探(1927—1937)[D]:[博士学位论文].上海:上海师范大学,2006.
[61] 王彦龙.陈云对东北解放区工人的贡献[J].社会科学辑刊.2015(3).
[62] 王彦龙.东北解放区的卫生防疫工作探析[J].社会科学战线.2015(7).
[63] 王彦龙.东北解放区社会优抚研究[J].社会保障研究.2015(2).
[64] 王彦龙.中国共产党在东北地区的社会保障探索与实践(1945—1949)[J].社会保障研究.2017(1).
[65] 王永平.论中央苏区的社会保障[J].毛泽东邓小平理论研究.1994(4).
[66] 王元周.抗战时期根据地的疫病流行与群众医疗卫生工作的展开[J].抗日战争研究.2009(1).
[67] 王印焕.民国时期的人力车夫分析[J].近代史研究.2000(3).
[68] 王印焕.近年来中国近代社会史研究概述[J].近代史研究.1999(4).
[69] 王春英.抗战时期难民收容所的设立及其特点[J].抗日战争研究.2004(3).
[70] 王士花.山东抗日根据地的国民教育[J].枣庄学院学报.2016(3).
[71] 王星慧.抗日根据地之贫童教育探析(1937—1945)[J].东北师大学报(哲学社会科学版).2015(1).
[72] 王倩,吴宝瑞.南京国民政府时期社会保障管理体制探微[J].人民论坛.2012(7).
[73] 王卫平.民国时期的慈善事业[J].江苏社会科学.2004(3).
[74] 王奇生.工人、资本家与国民党——20世纪30年代一例劳资纠纷的个案分析[J].历史研究.2001(5).
[75] 王识开.南京国民政府社会救济制度研究[D]:[博士学位论文].长春:吉林大学,2012.
[76] 王广彬.中国社会保障法制史论[D]:[博士学位论文].北京:中国政法大学,2000.
[77] 魏宏运.1939年华北大水灾述评[J].史学月刊.1998(5).
[78] 温金童,李飞龙.抗战时期陕甘宁边区的卫生防疫[J].抗日战争研究.2005(3).
[79] 吴永明,孙西勇.中央苏区的社会保障立法[J].中共党史资料.2006(4).
[80] 吴蕾.抗日民主政权的劳动立法[J].武汉理工大学学报.2005(4).

[81] 吴永明,孙西勇.中央苏区的社会保障立法[J].中共党史资料.2006(4).

[82] 武艳敏.民国时期社会救灾研究——以1927—1937河南为中心的考察[D]:[博士学位论文].上海:复旦大学,2006.

[83] 夏明方.抗战时期中国的灾荒与人口迁移[J].抗日战争研究.2000(2).

[84] 徐思彦.20世纪20年代劳资纠纷问题初探[J].历史研究.1992(5).

[85] 徐云鹏.土地革命时期红军的优抚制度[J].军事历史.1995(1).

[86] 杨志文.陕甘宁边区社会保障政策初探[J].中共党史研究.1997(6).

[87] 杨云霞.新民主主义革命时期女工劳动立法分析[J].西北大学学报.2010(1).

[88] 杨会清.人权保障在苏维埃共和国的历史实践——以防疫问题为中心的考察[J].同济大学学报.2004(6).

[89] 杨宏伟.抗战时期陕甘宁边区移民难民问题探析[J].延安大学学报.2005(6).

[90] 阎庆生.抗战时期陕甘宁边区的农贷[J].抗日战争研究,1999(4).

[91] 阎庆生,黄正林.抗战时期陕甘宁边区的宁村经济研究[J].近代史研究.2001(13).

[92] 袁金辉.论抗日民主根据地的人权建设[J].河南社会科学.2003(3).

[93] 岳宗福.理念的嬗变 制度的初创——近代中国社会保障立法研究(1912—1949)[D]:[博士学位论文].杭州:浙江大学,2004.

[94] 赵世瑜,邓庆平.二十世纪中国社会史研究的回顾与思考[J].历史研究.2001(6).

[95] 赵朝峰.土地革命战争时期的灾荒与中国共产党的对策研究[J].党史教学与研究.2004(5).

[96] 赵岩,曾鹿平.实事求是思想路线的具体体现——论从苏维埃劳动法到抗日战争时期陕甘宁边区劳动立法的两次转变[J].延安大学学报(社会科学版).1995(3).

[97] 赵朝峰,李黎明.山东抗日根据地的社会保障工作评述[J].石油大学学报.2005(1).

[98] 张同乐.1940年代前期的华北蝗灾与社会动员——以晋冀鲁豫、晋察冀边区与沦陷区为例[J].抗日战争研究.2008(1).

[99] 张丹.抗日战争时期陕甘宁边区的社会保障[J].江西社会科学.2000(11).

[100] 张玉玲,迟丕贤.山东抗日根据地和解放区妇女的教育及启示[J].妇女研究论丛.2005(4).

[101] 张晓丽.20世纪30年代苏区卫生防疫运动述论[J].安徽史学.2004(4).

[102] 张水良.华北抗日根据地的生产救灾运动[J].历史教学.1982(12).

[103] 张明爱,蔡勤禹.民国时期政府救灾制度论析[J].东方论坛.2003(2).

[104] 张杰,王省安.抗日战争时期陕甘宁边区的人口发展[J].延安大学学报.1995(4).

[105] 照川.洪湖苏区的抗灾斗争[J].党史文汇.2000(12).

[106] 郑功成.传统与借鉴:中国社会保障史研究[J].中国人民大学学报.2014(1).

[107] 郑功成.中国社会保障演进的历史逻辑[J].中国人民大学学报.2014(1).

[108] 郑立柱.华北抗日根据地抗属生存状况与政府应对[J].抗日战争研究.2013(2).

[109] 周荣.学识与事实:中西会通背景下的中国社会保障史研究[J].武汉大学学报(人文科学版).2007(2).
[110] 周荣."社会保障史"语境中社会保障概念的界定[J].湖北行政学院学报.2006(6).
[111] 周荣,汪小培.抗日战争时期鄂豫边区的社会保障[J].湖北行政学院学报.2004(3).
[112] 朱恩沛.试论抗日民主政权的民主建设[J].社会科学战线.1996(3).

7. 抗战时期报刊
[1]《八路军军政杂志》
[2]《边区政报》
[3]《拂晓报》
[4]《红旗周报》
[5]《红色中华》
[6]《解放日报》
[7]《晋察冀日报》
[8]《解放》
[9]《群众》
[10]《全民抗战周刊》
[11]《苏区工人》
[12]《苏北报》
[13]《太岳时报》
[14]《新华日报》
[15]《盐阜报》
[16]《盐阜大众》
[17]《真理》

后 记

本书是在博士毕业论文的基础之上改写而成，三年的博士学习生活，让我站在了更高的平台上看到了更加新奇、更加广阔的世界，看到了人生的更多的可能性，这三年必将成为我一生中非常珍惜及感念的一段时光。两年的工作经历让我的生活充满了全新的挑战，开启了一段崭新的人生历程。五年学习以及科研的成果凝结为一本书的出版，欣喜之余，内心仍有些许忐忑。

历史学家柯林伍德这样描述历史，"历史是人们在心灵中重温往事的一门学科"。这种对往事的重温或者回忆并不是十分可靠的，正如葛兆光先生所说，时间越久，记忆的遗失就越多，被反复提起的事件越发凸显，而被忽略的事件仿佛根本没有存在过似的，历史就在这种有意或者无意的强化和淡化的记忆中变了模样。所以任凭怎样思考和证明，历史工作者的研究始终无法彻底还原历史事实。虽不能至，心向往之，正是这样一个还原历史本身的终极追求使我们乐在其中。

清末文人孙宝瑄在其《忘山庐日记》中称："以新眼读旧书，旧书皆新书也；以旧眼读新书，新书亦旧书也。"本书的写作也许可资提供一种超越自身的契机，但是矛盾和困惑却依然存在；我的浅见拙识，无疑给研究留下了难以弥补的缺憾。可我却依然在寂寞和不安中寻得了一丝慰藉，这既是一种思考的悖论，也是研究的魅力所在。或许有那么一天，我会对本书粗糙的论述感到不安，但我想我不会后悔这一研究过程，不敢说大彻大悟，但毕竟曾经获得过一种因追溯并思考而增进的智慧，我实在想象不出，还有什么较之是更大的收获。

博士求学以来的学习、工作生活是学术视野开阔、学术能力养成的关键时期。几年来思绪不断在历史与现实、经验与借鉴、理论与对策中游走与勾连。一介驽马，终难成事，一路走来，需要感谢的人、令我感动的事太多。

在求学及论文写作过程中，取得的些许成绩凝聚了师长无私的关爱与不厌其烦的教诲。导师刘信君教授在我几年的学习生涯中包容我的无知，提升我的浅薄，教会我放下对生活的成见，做一个内心宽广的人。使我明白在学术面前、在浩瀚的知识海洋里、在每时每刻的生活中，要保持一颗谦卑的心、拥有一个向上的梦。在论文写作过程中，刘老师在繁忙的教学与研究以及烦琐的日常工作中，抽出时间对我进行指导，从题目的选定、资料的查找、框架的构建、开题报告的撰写到其后行文的展开，直至最终的定稿，都倾注了大量心血，这令资质愚钝的我心怀忐忑。刘老师的学术研究广博而深刻，学术视野广阔而深邃，学术精神慎思而明辨，他独特的人格魅力、严谨的治学之道以及渊博的学识深深地影响了我，这种影响必将伴随并指导我的一生。对于恩师的感激之心无以言表，唯求在将来的学习工作中，能凭借自身的勤奋与执着，报答师恩于万一。

感谢家人对我不求回报的支持，几年来你们理解我的坚持，支持我的决定，并无私地帮助我，你们的理解与支持是我前行的动力与保障。感谢我的父母，给予了我生命，也赋予了我对生活选择的权利，每每寂寞、不安、想要放弃的时候，我会想起你们的期望与鼓励。此时此刻我无比怀念我的母亲，多年来，无论生活多么艰辛、窘迫，为了给我提供更好的生活及学习环境，您毫无所求、毫无保留地倾尽所有，我仅有的一点智慧都来自您。子欲养而亲不待，生命的逝去是不可挽回的事实，是每一个人人生中必须面对的人生考量，我多么希望这种考量能够来得晚一点，慢一点。如今不能常相伴，唯有感恩与思念长存心间，并成为我一生向前奔跑的力量，赖以生存的温暖。

吉林大学这片沃土引导我阅读更浩繁的书籍，行走于更丰富的文字，洞悉更广阔的时代环境，帮助我走过生命的荒芜，从时间维度和空间维度不断拓展自己。吉大这个宽阔而坚厚的学术平台满溢着学术的滋养，使我不再单纯地依赖于外力，不再一味地依附于当下，使我明白思想独立、灵魂独立、人格独立是使生命、灵魂丰盈起来的必由之路。

吉林大学马克思主义学院各位老师通过授课、讲座、开题指导等形式对我进行教诲，启迪思维，他们对问题清朗的理解，鞭辟入里的论证使我受益匪浅。感谢马克思主义学院为我提供如此良好的学习及学术环境，这是我博士期间学习及科研的重要基础。马克思主义学院严谨而又向上的学习及学术氛围令我感到振奋，我为曾经在这样一个温暖、和谐而又向上的集体学习、生活过感到自豪，我会深深怀念在这里学习与生活的每一天，这是我人生中精神最丰富的时期，更将成为我人生中美好而深刻的回忆。对于一起学习的同窗好友在此我要表达深深的谢意，你们的关心与包容使我度过了充实又温馨的三年。同师门的师弟、师妹对于论文的构思、修改、校正等都提出了建设性意见,于我有很好的启发,谢谢你们。

感谢亦师亦友的硕士生导师东北师范大学历史文化学院刘景岚教授,刘老师在学术上引导我入门,在生活上一直关心我,在我困惑的时候为我指点迷津,让我感受到不期而遇的温暖以及生生不息的希望。您的信任与赏识推动我前行,资质愚钝的我能蒙如此错爱,实属幸事!感谢真心关心我的好朋友,你们如一缕阳光照进我的生活,于人生微凉之时,给我温暖,心情灰暗之时,给我色彩。衷心感谢在我攻读博士学位期间每一位关心过我、帮助过我、给过我鼎力支持而在此尚未提及的人们。

在吉林省社会科学院满铁研究中心工作两年来,真切地感受到了满铁研究中心浓厚的学术氛围,以及各位老师深厚的学术功底,备受鼓舞。各位专家、前辈在工作中言传身教,使我受益匪浅,武向平老师和王玉芹老师不仅为我的科研工作指明方向,而且在具体的研究方法上指点迷津,孙彤老师和景壮老师在资料搜集以及整理方面为我提供帮助,同一时间进入满铁研究中心工作的孙文慧,在资料翻译等方面为我提供帮助。能够在如此团结的集体内工作,内心充满感激,这些都将成为我进一步研究、前行的动力。

三年的学习,两年的工作,庆幸遇到了这样的良师、益友,丰富了我的生活阅历,让我感受到了希望与温暖,体会到了坚守的力量,增进了智慧与勇气。几年的经历使我明白,人的修炼要有知识的积累,思想的照耀,以及人格的支撑。本书的写作及修改,从最初穷经皓首的雄心壮志到最后唯恐出现纰漏的战战兢兢,我不断怀疑自己的选择,又不断否定自己的怀疑,经历了孤单、寂寞、冗繁、困顿,感谢曾经努力的自己没有放弃,坚持走到了今天,庆幸曾经有过一段"心守一事去生活"的岁月,赤诚而执着,单纯而明媚,无负当年的自己。用一篇浅薄的文字慰藉这段没有虚度的韶光,没有枉费的年华,庆幸循着最初梦想的那样风雨兼程,不计前路的拼命和酣畅淋漓的付出。黑夜褪去,黎明升起,原本灰暗促狭的心被希望照亮充盈,美好壮丽的世界等待着我去检验。未来的时光犹如一条无声的河流,在浩浩荡荡地、义无反顾地奔向大海。